Pour favoriser
la réussite scolaire

réflexions et pratiques

CRIRES-FECS

 CEQ

 ÉDITIONS SAINT-MARTIN

Pour favoriser la réussite scolaire : réflexions et pratiques

Centrale de l'enseignement du Québec : ISBN, 2-89061-047-0
Les Éditions Saint-Martin : ISBN, 2-89035-179-3
© 1992 Centrale de l'enseignement du Québec et
    Les Éditions coopératives Albert Saint-Martin de Montréal
    Tous droits réservés pour tous pays.
Dépôt légal : Bibliothèque nationale du Québec, quatrième trimestre 1992
Imprimé au Québec

Données de catalogage avant publication (Canada)

Vedette principale au titre :

    Pour favoriser la réussite scolaire : réflexions et
pratiques

    ISBN 2-89061-047-0 - ISBN 2-89035-179-3 (Éditions
Saint-Martin)

    1. Succès scolaire - Congrès. 2. Dropouts - Congrès.
3. Enfants en difficulté d'apprentissage - Éducation -
Québec (Province) - Congrès. 4. Jeunes en difficulté
d'apprentissage - Éducation - Québec (Province) - Congrès. 5. Éducation - Québec (Province) - Congrès. I.
Centre de recherche et d'intervention sur la réussite
scolaire. II. Fédération des enseignantes et enseignants
de commissions scolaires. III. Centrale de l'enseignement du Québec. IV. Rencontre sur la réussite scolaire
(1ère : 1992 : Québec, Québec).

LB1062.6.P68 1992   371.2'8'09714   C92-097203-9

Les Éditions Saint-Martin bénéficient de l'aide du Conseil des Arts du Canada
pour l'ensemble de son programme d'édition.

Emploi et Immigration Canada a contribué financièrement à aider à la préparation de cette publication.

Nous remercions plus particulièrement Margo Paquet qui a assuré le secrétariat
et Ginette Héroux qui a procédé à la révision linguistique. La conception
graphique est l'oeuvre de Denny Bernard et l'éditique, celle de Gaëtane Michaud.

Pour connaître les activités du CRIRES s'adresser à :
CRIRES, Bureau 1246
Faculté des sciences de l'éducation
Université Laval, Ste-Foy
G1K 7P4

TABLE DES MATIÈRES

Avant-propos

La présente publication se situe dans le prolongement de la RENCONTRE sur la réussite scolaire, organisée conjointement, en janvier 1992, par le Centre de recherche et d'intervention sur la réussite scolaire (CRIRES) et la Fédération des enseignantes et enseignants de commissions scolaires (FECS-CEQ). Cet ouvrage regroupe un certain nombre de conférences qui ont été prononcées à cette occasion et qui ont été revues et mises à jour.

Cette RENCONTRE avait comme projet de réunir des intervenantes et intervenants de première ligne - principalement des enseignantes et enseignants de commissions scolaires et des personnes-ressources du milieu de l'enseignement et de la recherche universitaire - de même que des représentantes et représentants des autres organismes partenaires du monde de l'éducation.

La RENCONTRE visait à mobiliser le plus grand nombre possible d'intervenantes et d'intervenants autour d'une action commune pour réduire l'échec et l'abandon scolaires. De façon plus spécifique, cet événement devait permettre de développer une lecture commune du phénomène, de prendre connaissance des résultats de recherches québécoises et étrangères sur le sujet et de partager des expériences de lutte à l'échec et à l'abandon scolaires. Comme pour l'organisation de la RENCONTRE, le CRIRES s'est associé à la FECS pour rendre possible la publication du présent recueil qui, espère-t-on, pourra servir d'outil pour mieux comprendre la situation et pour intervenir afin de contrer le décrochage et l'échec scolaires.

Rappelons brièvement que le CRIRES est un centre de recherche et d'intervention sur la réussite scolaire, créé conjointement par la Faculté des sciences de l'éducation de l'Université Laval et la Centrale de l'enseignement du Québec, qui s'intéresse dans une perspective multidisciplinaire tant à la recherche fondamentale qu'à ses applications pratiques et qui cherche à mettre au point et à expérimenter de nouveaux outils pour mener la lutte à l'échec scolaire.

Enfin, en terminant nous tenons à remercier toutes les personnes-ressources qui ont permis l'organisation de la RENCONTRE ainsi que celles qui ont contribué à l'évaluation et à la révision des textes, à leur saisie et à l'édition du présent ouvrage. Nos remerciements s'adressent aussi à Emploi et Immigration Canada et à la Centrale de l'enseignement du Québec qui ont rendu financièrement possible cette dernière opération.

Roland Ouellet
Directeur du CRIRES

Luc Savard
Président de la FECS-CEQ

La capacité des sociétés modernes d'affronter les restructurations économiques et sociales qui ont cours dépend, plus que jamais, du niveau d'éducation et de formation de leur population. Dans ce contexte, le défi que doit affronter l'école québécoise est de taille : le taux d'abandon des études y est un des plus élevé en Occident.

Pour favoriser la réussite scolaire présente un ensemble d'analyses et de propositions susceptibles de relancer l'école québécoise sur la voie de la réussite. Des spécialistes de l'éducation ont réuni leurs efforts, à l'initiative du Centre de recherche et d'intervention sur la réussite scolaire (CRIRES) et de la Fédération des enseignantes et enseignants de commissions scolaires (FECS-CEQ), afin de présenter une vision d'ensemble des facteurs qui expliquent la situation actuelle ainsi que des stratégies visant à assurer la réussite éducative du plus grand nombre.

Cet ouvrage s'adresse à toute personne préoccupée par l'échec et l'abandon scolaires et qui s'interroge sur les meilleurs moyens à mettre en place pour relever le défi de la réussite. Les spécialistes intéressés par la question y trouveront également à la fois des éléments de synthèse et de réflexion.

Introduction

S'il est un défi auquel est confrontée la société québécoise en ces années 90, c'est bien celui de sa survie que ce soit sur les plans démographique, culturel, linguistique, économique ou politique.

Qui dit survie dit aussi force et courage, ressources et énergies, intelligence et stratégies, compétences et expertises.

La société québécoise n'a d'autre choix que de consacrer toutes les ressources nécessaires à la préparation d'une relève énergique et instrumentée qui saura, à très brève échéance, apporter sa contribution pour faire du Québec de l'an 2000 un lieu où il fait bon vivre.

C'est à l'école qu'incombe, en partie, la responsabilité de fournir au plus grand nombre de jeunes québécoises et québécois une formation de base riche et qualifiante. Dans ce contexte, la réussite scolaire du plus grand nombre constitue une nécessité. Le défi pédagogique actuel est d'offrir à toutes et à tous, quels que soient leurs caractéristiques et leur potentiel, une formation de qualité qui, tout en respectant leur individualité, leur permettra d'appréhender adéquatement leur rôle de citoyenne et de citoyen.

L'histoire nous apprend qu'à l'égard de cette tâche l'école n'a pas ménagé ses efforts. En effet, depuis la Réforme Parent, des pas de géant ont été faits vers la démocratisation de l'enseignement. Mais l'analyse de la situation actuelle démontre qu'il reste encore beaucoup à faire. Le temps est venu de réévaluer les politiques et les stratégies éducatives. Le taux inquiétant d'échec et de décrochage scolaires révèle l'urgence pour l'école de réajuster son tir.

Le présent recueil se veut une contribution à cette remise en question de l'école, une réflexion sur les exigences multiples de la réussite scolaire. Vingt-neuf spécialistes en éducation se sont penchés sur la question. Leurs réflexions ont été regroupées en quatre parties qui s'attardent à autant de facettes de la réussite éducative[1].

Dans la première partie, la réussite scolaire est abordée comme réalité complexe. Un premier texte présente une analyse d'ensemble de la situation et suggère des balises pouvant guider l'école sur la voie de la réussite. Une perspective sociologique apporte en second lieu, un point de vue où c'est, non plus seulement l'école, mais toute la société qui est prise à partie. Le débat est enrichi par une perspective socio-économique, où les coûts de la réussite et du décrochage scolaires sont comptabilisés. Une analyse comparative des taux de redoublement et d'abandon entre les pays du Nord et ceux du Sud, ainsi qu'une revue synoptique des causes qui y sont rattachées précèdent une analyse critique du plan d'action du ministre Pagé. Ce dernier texte replonge le débat dans la réalité québécoise.

La deuxième partie présente sept textes qui examinent diverses composantes des clientèles scolaires : la petite enfance, les jeunes de milieux économiquement faibles, ceux éprouvant des difficultés de type comportemental, les analphabètes, les jeunes du secteur professionnel, ceux qui occupent des emplois à temps partiel durant leurs études et, finalement, ceux qui présentent une variété de symptômes fonctionnels, indices « d'épuisement scolaire ».

Les partenaires jugés essentiels à la réussite scolaire font l'objet des cinq textes suivants. En premier lieu, on aborde les relations entre la famille et l'école sous l'angle de l'adaptation scolaire des jeunes. Un texte traitant de l'impact du climat organisationnel sur la réussite scolaire interpelle les gestionnaires tandis que le rôle des enseignantes et des enseignants est pris en considération dans deux autres textes. L'un d'entre eux dégage les grandes orientations découlant des séminaires régionaux organisés par la Centrale de l'enseignement du Québec. L'autre se penche plus spécifiquement sur la perception que les enseignantes et enseignants ont des relations qui existent entre leur travail et la réussite scolaire des jeunes. Finalement, la dernière contribution de cette section précise le rôle que les orthopédagogues sont appelés à jouer eu égard à la réussite scolaire.

Cet ouvrage s'achève sur une série de sept analyses traitant des stratégies pédagogiques à mettre en place pour contrer l'échec et le décrochage scolaires. Suite à un inventaire des pratiques en cours dans les écoles du Québec, certains aspects de l'enseignement et de l'apprentissage de la lecture, de l'écriture et des mathématiques sont examinés. Finalement, les différentes formes d'évaluation sont envisagées en considérant leur impact sur la réussite scolaire.

Nous espérons que la lecture de ce recueil suscitera chez chacune et chacun un intérêt aussi marqué pour la réussite scolaire que celui qui a inspiré les collaboratrices et collaborateurs de cet ouvrage. C'est dans la mesure où tous les partenaires engagés dans l'aventure éducative investiront temps et énergie dans un projet éducatif collectif que nous pourrons préparer adéquatement le Québec de demain et conduire les jeunes sur la voie de la réussite.

Ajoutons, en terminant, que la RENCONTRE sur la réussite scolaire a donné lieu à une autre publication intitulée *La réussite scolaire : expériences novatrices dans les écoles québécoises* (disponible au CRIRES et à la CEQ). Cette publication présente le compte rendu d'une vingtaine d'expériences novatrices qui ont fait l'objet d'ateliers lors de cette RENCONTRE.

Jocelyn Berthelot, Marie Lamoureux, Roland Ouellet
Membres du comité chargé de l'édition.

Note

1   La féminisation des textes n'a pas fait l'objet d'une uniformisation, le comité ayant respecté le choix des auteures et auteurs à ce sujet.

PREMIÈRE PARTIE

Une réalité complexe

La réussite éducative de chaque élève : une responsabilité partagée

Robert Bisaillon
Président
Conseil supérieur de l'éducation

C'est dans une perspective mobilisatrice d'engagements que j'ai accepté de contribuer à identifier les balises de projets menant à la réussite scolaire. Je le ferai selon le mandat du Conseil supérieur de l'éducation, qui consiste à conseiller pour éclairer l'action ministérielle et l'action éducative en général.

Le contenu de cet article, qui s'inspirera des réflexions, études, avis et rapports du Conseil, n'engage bien sûr que celui qui le formule, mais j'ose espérer qu'il soit de quelque utilité pour apprécier les engagements individuels et collectifs à prendre.

Mais je peux déjà souligner qu'une étape importante a été franchie : l'éducation redevient un objet de préoccupation publique et ses artisans les plus compétents sont au rendez-vous. Cependant, rien n'est gagné d'avance : on sent même que le sol sur lequel seront pris les élans bouge de partout et il est d'autant plus nécessaire, dans ce contexte, d'examiner comment le défi de la réussite scolaire, qui apparaît d'abord sous la forme d'obstacles, peut se transformer en orientations et nous amener à formuler des objectifs durables pour l'action.

Aussi, dans les pages qui suivront, je m'attarderai d'abord à la nécessité de formuler un diagnostic global du décrochage et des abandons scolaires, ou plutôt à montrer l'intérêt que le diagnostic soit complet, afin que l'action envisagée porte sur toutes les causes : une vision intégrée de la problématique de l'échec scolaire permet en effet de départager la responsabilité propre de l'école, mais également celle d'autres institutions et celle de la société et d'indiquer que, de part et d'autre, des efforts devront être faits, et faits en convergence.

Je traiterai ensuite de l'importance de s'entendre sur la signification et la portée de la réussite souhaitée, tant il est vrai qu'une vision réductrice en la matière peut nous faire prendre de mauvaises décisions et nous conduire même à exclure des jeunes du système scolaire.

Enfin, j'insisterai sur quatre dimensions d'une véritable écologie éducative à aménager en faveur de la réussite des élèves, en privilégiant celles qui concernent les établissements scolaires. Mais je plaiderai aussi pour deux actions complémentaires de la part d'autres milieux extrascolaires.

1. Des phénomènes et des personnes

Au-delà des statistiques dont le mérite est parfois de provoquer une surdramatisation et une prise de conscience obligée des problèmes, il est utile d'examiner quelques phénomènes plus significatifs et plus éloquents que les chiffres ne montrent pas toujours et la situation des personnes qui font l'objet d'une telle comptabilisation.

Au nombre des phénomènes, il y a en premier lieu, indépendamment du taux d'abandon, au demeurant anormalement élevé, la situation sociale concrète dans laquelle se retrouvent aujourd'hui les jeunes qui décrochent : la marginalisation et l'exclusion, à échéance variable. En effet, si le marché de l'emploi s'est singulièrement contracté, la conjugaison du nombre de compétences disponibles et du discours social valorisant les formations qualifiantes ne peut permettre à ces jeunes qu'une insertion professionnelle aléatoire et une espérance de vie professionnelle très limitée. Pour chaque décrocheuse ou décrocheur, au moins deux jeunes se positionnent à moyen terme sur le marché du travail. Le sursis, quand il existe, n'offre aucune garantie au premier. Il se développe pendant ce temps un risque évident de fracture sociale entre une population active qui trouve déjà ses charges sociales élevées et une forte proportion de personnes confinées aux différentes mesures de protection sociale dont le coût augmente. C'est dire à quel point aujourd'hui la question de l'emploi devient cruciale pour l'insertion sociale et comment le phénomène du décrochage vient accentuer une situation par ailleurs déjà dramatique, celle du décrochage du marché des emplois.

Un autre phénomène à souligner, c'est l'importance d'autres lieux de socialisation, en dehors de la famille et de l'école, où les jeunes accèdent plus tôt à l'autonomie, sans en avoir nécessairement les moyens économiques : consommation, loisirs, vie sexuelle, autant de lieux où le jeune est placé dans des situations de spectateur, de client ou d'usager, à l'écart des tensions et des conflits qui caractérisent les situations réelles de travail. Il s'agit d'apprentissages coupés de la « praxis », comme de toute forme de gain matériel (Delcourt, 1989). Cette « socialisation de consommation » a un pouvoir d'attraction souvent plus fort que celui de l'école et entraîne quelquefois une diminution de motivation tant à l'endroit de la vie familiale que de la vie scolaire. Beaucoup de jeunes décrochent d'ailleurs des deux milieux.

De plus, j'aimerais attirer l'attention sur un troisième phénomène, relativement peu analysé, et qui a trait à l'appartenance sexuelle des décrocheurs. Nous savons que sur trois jeunes qui décrochent, deux sont des garçons. Mais nous sommes moins conscients, je crois, du fait que, dès l'école primaire, les garçons accusent un retard plus fréquent que les filles et qu'à l'école secondaire, les garçons connaissent davantage l'échec. Dans son rapport annuel 1988-1989 sur l'état et les besoins de l'éducation (CSE, 1990), le Conseil supérieur de l'éducation avait déjà constaté que l'avantage pris par les filles, dès l'école primaire, s'avère déterminant pour le reste de la démarche de scolarisation. Dans un avis plus récent portant sur les nouvelles populations étudiantes à l'enseignement supérieur, le Conseil remarque que cet avantage « augure déjà des différences notoires entre les hommes et les femmes, dans la persévérance aux études et dans l'accès au diplôme comme on le remarquera au secondaire, au collégial et à l'université » (CSE, 1992, p. 15).

Trois facteurs ou séries de facteurs expliqueraient cet écart grandissant : d'abord, la plus grande précocité des filles, notamment dans le développement du langage et l'apprentissage de la lecture, une attention plus soutenue en classe, une participation plus grande aux activités proposées et une autonomie supérieure à celle des garçons; ensuite le fait que les garçons cherchent en vain, au primaire, des figures d'identification masculine dans un univers très majoritairement féminin; mais surtout la motivation intrinsèque, qui paraît plus développée chez les filles que chez les garçons. Les premières :

« considèrent davantage leurs études comme un moyen de leur développement personnel et elles tirent une plus grande satisfaction de leurs activités scolaires. De même, elles savent que leur autonomie future et leur place dans la société dépendent de leur compétence : cette motivation supplémentaire est sûrement l'un des acquis de la lutte féministe que les étudiantes ont maintenant intériorisé. Pour plusieurs garçons, les études ne semblent pas constituer la seule voie qui leur permette d'assurer leur avenir : ils misent sur leurs qualités personnelles et comptent se donner, au moment opportun, la formation appropriée - une « formation sur le tas », qu'ils préfèrent à la formation scolaire. En un sens, ces garçons deviennent ici les victimes de leurs propres stéréotypes sexistes, car une telle stratégie n'offre plus les mêmes garanties de réussite sur un marché du travail qui exige de plus en plus de compétences ». (CSE, 1992, p. 16-17)

Enfin, la possibilité d'acquérir le statut d'adulte, pour fin de scolarisation, dès l'âge de 16 ans, est une incitation pour bon nombre d'élèves à décrocher de l'école régulière, souvent avec l'illusion que ce sera plus facile pour eux à l'éducation des adultes.

Ces phénomènes expliquent en partie la sociologie du décrochage. Mais il est utile d'examiner aussi les personnes qui décrochent et les raisons qui les amènent à décrocher, cet abandon de l'école étant généralement l'aboutissement d'un long processus qui a ses causes autant à l'extérieur qu'à l'intérieur de l'école.

En premier lieu, un certain nombre de causes externes prédisposent à rencontrer des difficultés dans le parcours scolaire : par exemple, si les jeunes enfants, particulièrement entre deux et cinq ans, ne sont pas suivis par les services de santé ou des services connexes, autrement dit s'ils ne sont pas malades ou en garderie, on ne dispose pas, en ce qui les concerne, de regard complémentaire à celui de leurs parents sur leur développement sensorimoteur, verbal et socioaffectif et, de ce fait, d'occasions de repérage des enfants particulièrement exposés ou menacés, des enfants affectés de troubles sérieux, voire déjà victimes de violence ou d'abandon (CSE, 1988). De sorte que la stimulation précoce des jeunes enfants a été très inégale quand ceux-ci se présentent à l'école pour la première fois. De plus, beaucoup d'enfants ne grandissent pas dans un milieu où la scolarité est valorisée, ce qui les rend d'autant plus vulnérables, lorsqu'ils rencontrent les premières difficultés. On comprendra que dans ces milieux l'encadrement familial fait défaut en ce qui concerne le travail scolaire. De plus, certains milieux sont dans des conditions telles de pauvreté que les enfants accumulent des carences qui ont des conséquences dommageables sur leur cheminement scolaire. Enfin, les maigres perspectives d'emploi, paradoxalement, peuvent aussi inciter au décrochage dans la mesure où le lien entre une scolarité réussie et l'accès à un emploi a été relativement intégré par les jeunes : comme si ceux-ci se disaient que, le but de leur scolarité s'estompant, cette scolarité perd de sa valeur.

En second lieu, il y a les causes internes au décrochage scolaire, celles qui interpellent précisément l'école au plan de sa mission, de ses pratiques pédagogiques, des relations maîtres-élèves, de la mise en oeuvre d'une vie scolaire. Car, avant de décrocher de la société, c'est de l'école que les jeunes décrochent. Il faut donc lire de l'intérieur, le processus de détérioration et les conditions de rupture en jeu, au sein des écoles et des classes. Car, à moins de croire en des déterminismes incontournables, même des conditions pénibles d'existence ou de famille n'engendrent pas nécessairement l'échec, le dégoût des études, la fuite devant l'effort, le décrochage ou le renvoi.

Des facteurs proprement scolaires agissent : on pense spontanément aux mauvaises performances scolaires, surtout celles qui persistent depuis le primaire, mais ces dernières sont elles-mêmes le symptôme d'un désenchantement plus généralisé, d'un manque d'intérêt et même d'un ennui profond, bref, d'une sorte d'aliénation renforcée par une faible estime de soi et un manque de confiance bien ancré. Pourtant, les élèves aiment généralement l'école, mais pas tous ses éléments. Un sondage réalisé à la polyvalente Joseph-Hermas-Leclerc de Granby (Conseil étudiant, 1991) nous apprend des choses éclairantes à ce sujet : ainsi la satisfaction est plutôt grande quand les jeunes sont confrontés à des affirmations groupées sous les thèmes « camaraderie », « relations amicales » et « aide pédagogique », avec une sourdine en ce qui a trait aux efforts faits par les professeurs pour rendre leur matière intéressante. Par ailleurs, les élèves sont moins satisfaits du suivi pédagogique et de l'aide personnelle dont ils éprouvent le besoin; et même si la grande majorité - 83 % - pense poursuivre des études supérieures, la moitié des jeunes se disent peu intéressés au contenu des cours : sans vouloir généraliser de telles données, on peut quand même noter que la relation pédagogique, la qualité de cette relation, est au coeur de la réussite scolaire.

Cette constatation est confirmée par une recherche-consultation tenue auprès des jeunes du primaire et du secondaire de 24 écoles de la région Bas-Saint-Laurent - Gaspésie - Îles-de-la-Madeleine : « les relations entre jeunes et adultes à l'école sont perçues comme primordiales, essentielles et déterminantes » (Gaudreault et Pelletier, 1990). Pour un jeune en recherche de son identité, le poids d'une absence de relation valorisante peut être énorme lorsqu'il se trouve en situation de difficulté. Le poids d'une absence de relation tout court également : beaucoup de jeunes ont décroché de l'école secondaire sans même une seule discussion avec un adulte à ce sujet.

Enfin, il faut dire que le projet personnel des jeunes ne tient pas tout entier dans leur projet scolaire : c'est plutôt le contraire qui est vrai; si le projet scolaire ne rencontre pas les aspirations du projet personnel, qui débordent le rendement scolaire, la pertinence de la fréquentation scolaire apparaît moins évidente. Pour beaucoup de jeunes, l'ensemble de la vie scolaire peut représenter une raison acceptable de persévérer à l'école malgré une déception face à leur succès scolaire. On comprendra qu'un climat scolaire axé exclusivement sur la performance « académique » peut constituer chez ceux-là une raison supplémentaire de se retirer.

Il est inutile de chercher à établir une hiérarchie entre les causes externes et les causes internes d'abandon, pas plus qu'entre les facteurs de chaque catégorie. C'est l'ensemble de ces causes qui fournit l'explication la plus juste du phénomène. Mais à travers ces causes, on voit que c'est la mission elle-même de l'école, en définitive, qui est mise en question et l'action de la société à l'endroit des enfants et à l'égard de l'école qui est pointée du doigt. Il s'ensuit que la réussite scolaire passera par des engagements complémentaires et convergents de l'école et de la société.

2. Quelques balises pour un projet de réussite

Il s'agit bien ici de balises, c'est-à-dire d'indications pour la route à suivre; d'indications aussi pour apprécier les mesures quii seront proposées. Quant aux mesures elles-mêmes, le principal danger à éviter c'est précisément qu'elles se juxtaposent ou s'additionnent sans une vision intégrée des objectifs qu'elles poursuivent comme des effets qu'elles recherchent.

En effet, « Le risque inhérent à une stratégie à court terme de prévention du décrochage, c'est qu'elle pourrait se substituer aux efforts absolument nécessaires que nous devons faire pour améliorer notre système d'éducation. Pareille substitution, ou même tout retard apporté à la solution de ces questions fondamentales, sous prétexte qu'il importe d'évaluer d'abord les effets des mesures de prévention du décrochage, constituerait un manque tragique de perspicacité. On se trouverait ainsi à nuire non seulement aux nombreux élèves qui continueraient de quitter l'école malgré les programmes spéciaux superposés aux structures actuelles, mais aussi à ceux qui poursuivent leurs études et reçoivent à l'école une éducation qui n'est pas la meilleure possible, ainsi qu'à l'ensemble de la société » (Ministère de l'Éducation, Ontario, 1987).

Aussi, j'aimerais situer ces balises souhaitables autour de deux grands principes organisateurs de toute mesure éventuelle : la nature de la réussite éducative et l'aménagement d'une véritable écologie éducative. Je crois d'ailleurs que ce sont ces deux questions qui doivent intéresser en premier les personnels scolaires, d'abord parce qu'elles relèvent de leur compétence, ensuite parce qu'elles représentent le terrain immédiat, accessible et naturel de leur action.

2.1 S'entendre sur la nature de la réussite éducative

L'éducation est un service public qui appelle une éthique propre : il doit être accueillant pour tous les enfants, quelle que soit leur origine culturelle, géographique ou socio-économique, quelles que soient également leurs prédispositions à la scolarisation. Cet acquis de la réforme des années 1960, maintenant inscrit dans toutes les chartes, demeure cependant fragile parce que tributaire des pressions sociales qui, d'une part, privilégient de plus en plus l'intégration complète de tous les enfants et, d'autre part, exigent la performance et même l'excellence souvent définies exclusivement en termes de rendement scolaire. Dans ce contexte, l'école témoigne de ce que nous sommes comme société et plusieurs choix ont été faits par le système scolaire qui traduisent ces pressions sociales.

Aussi est-il essentiel aujourd'hui, au moment de réactualiser nos engagements en faveur de la réussite des élèves, de nous entendre sur le sens et la portée de cette réussite. Je prends pour acquis que nous sommes toujours d'accord pour vivre avec le principe de l'accessibilité générale et que ce principe tient toujours, malgré des moyens infiniment plus restreints. De quelle réussite parlons-nous alors? Que visons-nous pour tous les enfants? Et que visons-nous pour tous les enfants qui n'empêche aucun de progresser et se développer et qui n'exclue personne de la réussite?

Le Conseil supérieur maintient sa conviction que la réponse à ces questions qui soit la plus équitable socialement, la moins préjudiciable individuellement et surtout la plus justifiée pédagogiquement passe d'abord par une perspective de formation fondamentale. C'est-à-dire que, au-delà des résultats scolaires, si chaque enfant a le droit de se développer personnellement et celui de s'intégrer le plus harmonieusement possible à la société, la formation offerte à l'école doit lui permettre d'acquérir des connaissances, habiletés et attitudes essentielles à ces deux objectifs. De cette conviction découlent immédiatement deux conséquences utiles, quel que soit l'ordre d'enseignement. La première : ce ne sont pas les contenus ou les disciplines qui constituent des objectifs à poursuivre, mais un plan de formation de l'élève auquel contribuent ces contenus ou ces disciplines. La seconde : un cloisonnement disciplinaire trop poussé, surtout à l'étape d'une formation de base comme celle qui devrait constituer le coeur de la scolarité obligatoire, risque de faire perdre de vue le plan de formation de l'élève. L'école secondaire, et à plus forte raison l'école primaire ne visent pas à spécialiser des élèves, mais à les aider à se développer et à trouver leur orientation durant ce développement.

Une deuxième conviction, en lien avec ce qui précède, situe la formation obligatoire dans le contexte d'une éducation de plus en plus permanente, ce qui se vérifie aisément dans le cas de ceux qui poursuivront des études et de plus en plus dans le cas de ceux qui accèdent au marché de l'emploi. En effet, l'éducation des adultes, au collégial et à l'université, est principalement polarisée de nos jours par la préoccupation de l'emploi à améliorer, à protéger ou à remplacer.

Par voie de conséquence, la maîtrise d'outils de base devient un objectif absolument primordial au cours de la scolarité obligatoire. Pour éviter toute ambiguïté, il ne s'agit pas de choisir entre des contenus à enseigner et des outils à acquérir, mais plutôt de suggérer que ces outils de base sont indispensables pour la vie future et qu'ils sont une bonne mesure de la valeur de la scolarité obligatoire : parmi ceux-ci, bien sûr, la connaissance et la maîtrise des langages formels, et en particulier de la langue maternelle, qui est un prédicteur reconnu de réussite ultérieure parce que seule elle donne l'accès à l'ensemble des savoirs; ces habiletés intellectuelles qu'on qualifie de supérieures - comparer, appliquer, comprendre, argumenter, analyser - qui sont aussi des connaissances à caractère durable. Il faut reconnaître que les principales critiques adressées au système d'éducation portent moins sur la pauvreté des contenus que sur l'absence de ces habiletés fondamentales. De la même farine, les critiques des élèves, a posteriori, portent moins sur ce qu'ils ont appris, que sur leurs difficultés récurrentes à se débrouiller par eux-mêmes dans des situations nouvelles d'apprentissage.

Enfin, la réussite éducative implique un certain degré d'intégration des savoirs, processus analogue chez les élèves à celui que nous suivons nous-mêmes, dans tout apprentissage, et qui n'est jamais fini mais qui doit commencer à l'école obligatoire : pour intégrer un savoir nouveau et en même temps en favoriser la rétention, il faut le greffer à ses savoirs antérieurs. Puis, en enrichissant ses connaissances, en acquérant des habiletés et en développant des attitudes, on restructure son intelligence, l'ensemble des savoirs. Enfin, en créant des liens nouveaux plus nombreux et plus riches entre les acquis antérieurs, on contribue à les consolider et à les affermir. On réorganise ses savoirs. C'est l'exercice même et le développement de l'intelligence. Enfin, la réussite s'exprime dans la capacité de transférer ses savoirs et de les appliquer à des situations nouvelles. Alors seulement s'acquiert une incorporation durable de ce qu'on a appris, utilisable non seulement sur le plan scolaire mais dans la vie elle-même.

Le résultat d'un tel processus, même inachevé? Qu'il suffise de rappeler que l'élève qui n'aura pas appris à intégrer ses savoirs (CSE, 1990) pourra connaître des blocages susceptibles d'éteindre même son désir d'apprendre, voire de mener à l'abandon scolaire. Car, si des étapes ne sont pas franchies en temps et lieu, si des savoirs ne sont pas greffés au moment opportun, si l'intégration n'est pas réalisée progressivement, le cheminement personnel pourra en être perturbé et il s'avérera difficile de continuer d'avancer.

Le Conseil est d'avis que le fait de se centrer ainsi sur ce qui se passe dans la tête, les paroles et les gestes de l'élève, au moment même où il apprend, équivaut à se préoccuper de la véritable réussite éducative, à favoriser une plus grande motivation et sans doute une plus grande persévérance dans les études.

D'où la nécessité d'élaborer une sorte de « profil de sortie » pour les élèves, par degré ou par cycle, peu importe, en fonction duquel doit se justifier l'apport de chaque matière, de chaque discipline.

Cette conception de la réussite éducative n'exclut aucun élève; au contraire, elle postule que, quel que soit le degré d'atteinte des objectifs d'un curriculum, chaque élève peut accéder, à l'étape de la scolarité obligatoire, à un degré de maîtrise des apprentissages de base en relation avec son potentiel. Elle postule même qu'il y a là une occasion de permettre l'accès d'un plus grand nombre au diplôme d'études secondaires ou à un diplôme d'études professionnelles. Elle postule enfin que, même sans réussir à satisfaire toutes les exigences de la sanction des études secondaires, chaque élève aura une plus grande chance de se débrouiller en société. Car, il faut rappeler que, même dans l'éventualité où serait atteint un objectif de diplomation de l'ordre de 80 %, il restera encore un élève sur cinq, accueilli par l'école en conformité avec sa mission, qui aura droit à une forme de réussite éducative sanctionnée par un autre moyen que le diplôme. Qu'advient-il de ceux-là, à moins qu'on les exclue d'emblée du système scolaire?

Or, cette démocratisation de la réussite ne peut être qu'un discours, une rhétorique utopiste. Elle est inscrite au coeur même de la nature de service public que constitue l'éducation. Mais je ne suis pas convaincu qu'elle fait des progrès substantiels et cela, pas seulement à cause des moyens qui sont donnés à l'école, mais à cause aussi des dispositifs que nous nous sommes donnés comme système scolaire au fil des ans. Faut-il changer notre modèle d'organisation et nos pratiques? Je ne suis pas loin de le croire, d'autant plus qu'à l'instar d'autres grandes organisations, nous sommes dans un passage, une transition d'un modèle fortement normalisé vers un modèle émergent où les responsabilités sont et seront autrement partagées.

Deux messages, dans le texte de Luc Savard, président de la Fédération des enseignantes et enseignants des commissions scolaires, m'ont frappé à ce sujet : celui qui veut qu'une amélioration des services éducatifs et de la qualité de vie au travail et à l'école soit possible si l'on favorise l'esprit d'équipe et la coopération de tous les personnels oeuvrant dans l'école; celui enfin qui témoigne de la volonté des participantes et participants aux séminaires régionaux d'améliorer les pratiques pédagogiques, « d'adapter l'enseignement et l'organisation scolaire aux élèves et à leurs besoins, de respecter les rythmes d'apprentissage des jeunes et de les impliquer davantage dans leur cheminement scolaire » (Voir p. 227).

2.2 Aménager une écologie éducative

C'est sur ce terrain plus concret et largement déterminant pour la réussite des élèves que je voudrais maintenant identifier les principaux éléments d'une véritable écologie éducative à aménager : en premier lieu, l'importance de diversifier autant la formation de base que les cheminements scolaires; en deuxième lieu, la mise en pratique d'une pédagogie interactive; en troisième lieu, le choix et l'établissement d'exigences rigoureuses, mais adaptées au cheminement des élèves; enfin, la mise en valeur d'une véritable dynamique d'établissement. Ces éléments concernent exclusivement la responsabilité du système scolaire. Ils pourraient traduire, là où cela compte, la volonté des milieux de faire un pas de plus vers la réussite scolaire des élèves.

Mais, comme l'école n'est pas le seul élément responsable de la réussite des élèves, il faut regarder en direction d'autres moyens à aménager, d'autres acteurs sociaux qui ont aussi des engagements à assumer : parmi ces moyens, une responsabilisation plus grande des milieux du travail et une collaboration mieux articulée de l'école avec la famille.

2.2.1 Une diversification assistée

Nous avons démocratisé l'accessibilité physique à l'éducation, mais nous n'avons pas tiré toutes les conséquences nécessaires de ce noble projet, notamment quant aux exigences de diversification posées par une population hétérogène et elle-même diversifiée : uniformité des pratiques, normalisation des comportements attendus, standardisation de l'évaluation, encadrement déficient ... Cette réalité nous reviendra toujours aussi dure : parmi les facteurs de réussite scolaire, il y a l'attention que chacun croit recevoir en accord avec ce qu'il est; il y a aussi les gestes qui doivent être posés au bon moment, et l'évaluation nécessaire que le système doit faire de ses politiques pour en diminuer les effets pervers.

La voie de la diversification est encore plus pertinente aujourd'hui et selon deux dimensions : la formation de base et les cheminements des élèves.

Au primaire...

Au plan de la formation de base, il nous faut nous questionner d'abord sur nos modèles d'intervention précoce, qui consistent souvent à reproduire les mêmes conditions que celles qui prévalaient au moment de la difficulté ou de l'échec. C'est le cas en particulier du redoublement, où les bénéfices reçus en termes de maturation sont souvent annulés par la reproduction des mêmes conditions d'apprentissage que celles qui ont permis ou n'ont pas empêché la difficulté ou l'échec. Par ailleurs la « promotion-chance au coureur » s'avère souvent une « promotion-illusion », encore plus démoralisante pour l'élève dont le déficit scolaire ne fait que s'alourdir, si des mesures spéciales ne sont pas mises à son service. Apprendre au primaire est un démarrage de la plus haute importance dont l'enjeu est déterminant :

> « L'école primaire est une étape à risques très élevés pour plusieurs enfants. Tacitement, en effet, elle néglige un certain nombre d'élèves, elle est tentée de s'imaginer qu'ils auront bien le temps de se reprendre. Pourtant, des observations convergentes montrent que le secondaire va continuer de les marginaliser et reconnaître officiellement une marginalité qui, au primaire, couvait déjà » . (CSE, 1985, p. 26)

C'est pourquoi il semble inutile de développer chez les enfants une confiance fictive en eux-mêmes, un faux sentiment de compétence qui, à la moindre difficulté, entraîneront le décrochage, même en persistant sur les bancs d'école.

Pour ce faire, trois pistes nous semblent devoir être considérées, qui tournent autour de l'aménagement des cycles au primaire. Même si nulle part on ne retrouve l'intention de remettre en question le découpage actuel en deux cycles, le Conseil est d'avis que cet élément représente un facteur important susceptible de rejaillir sur l'intervention pédagogique. En effet :

> « les cycles signalent que des ruptures et des continuités, des étapes et des rythmes, des répartitions et des progressions existent, qu'il importe d'ajuster le mieux possible à la psychologie et au cheminement de l'enfant » . (CSE, 1991, p. 41)

La première piste consiste à préciser clairement et de manière opérationnelle chacun des cycles, parce qu'il y a lieu de clarifier davantage les compétences qu'on souhaite y voir maîtriser par les élèves.

La deuxième piste vise une meilleure répartition des contenus car on retrouve, dans le parcours au primaire :

> « des périodes de travail de différente intensité qui exigent un investissement inégal de la part de l'élève; certaines d'entre elles sont à ce point exigeantes qu'il faudrait plus de temps aux enfants pour les traverser, alors que d'autres sont caractérisées par des moments de relative acalmie, qu'il faudrait peut-être mieux combler » . (CSE, 1991, p. 41)

À cet effet, un réaménagement des contenus permettrait d'accorder plus justement le temps des apprentissages aux défis cognitifs et aux capacités des élèves, chacun des cycles devant comporter des phases alternées d'initiation et de consolidation par rapport aux savoirs.

Dans cette perspective, une troisième piste, à explorer, pourrait amener à aménager trois cycles de deux ans au primaire et encourager, de ce fait, la constitution d'équipes restreintes d'enseignantes et d'enseignants. C'est pourquoi il faut aussi penser à un assouplissement du modèle de promotion, ajusté à des cycles révisés, modèle qui :

> « *permettrait à des enfants de poursuivre leur apprentissage scolaire personnel indépendamment de la répartition annuelle des objectifs, sans risque d'être étiquetés précocement de « génie » ou d'élève en difficulté. Il est clair qu'un tel ajustement lié à l'idée de progrès continu nécessiterait certains aménagements différents dans l'école et au sein des classes, au regard du regroupement des élèves, de la coordination des travaux, des pratiques d'évaluation et du modèle de promotion* ».* (CSE, 1991, p. 42)

Au secondaire ...

La même nécessité de diversification s'impose avec plus d'acuité, étant donné le caractère encore plus crucial de cette étape.

La diversification doit rejoindre ici les cheminements scolaires eux-mêmes, d'autant plus que l'école secondaire a accru ses exigences, depuis quelques années, en matière de sanction des études. Or, ce choix s'accompagne d'un curriculum de plus en plus uniforme. Mais :

> « *un système qui se donne, avec raison, des objectifs élevés en matière d'apprentissages scolaires et qui assigne ces objectifs a priori à tous les élèves sans distinction, doit éviter qu'une telle exigence de qualité ne s'accompagne d'une proportion moins grande d'élèves qui réussissent* » . (CSE, 1990, p. 6)

Quand on considère le nombre grandissant d'échecs qui découle, pour une part, de ce relèvement des exigences, on ne peut que conclure que le système scolaire a encore du progrès à faire en ce qui concerne l'égalité des chances.

Ainsi, trop d'élèves sont désorientés d'avoir à s'orienter selon le nombre d'échecs qu'ils accumulent, en fonction souvent de préalables qui ne sont pas nécessairement justifiés pédagogiquement et surtout qui sont imposés à l'ensemble dans la perspective de la poursuite d'études supérieures.

Il faut poursuivre en parallèle, mais de la façon la plus complémentaire possible, le double objectif de la réussite éducative pour toutes et tous est celui de l'obtention du diplôme de fin d'études secondaires. Cela ne peut se faire qu'en reconnaissant qu'il n'existe pas d'élève moyen fictif, mais plutôt des façons d'apprendre différentes qui ne peuvent être également servies par un système uniforme.

D'où la nécessité, d'une part, d'insérer un contenu technologique plus substantiel dans les cheminements de base, de prévoir une plus grande diversification du deuxième cycle du secondaire où l'élève, ayant atteint pendant les trois premières années de son secondaire les objectifs d'un curriculum commun, emploierait les deux dernières années non pas à se spécialiser de façon prématurée, mais à expérimenter, selon ses goûts et ses capacités, des champs du savoir nouveaux et à se former une idée mieux nourrie de son orientation personnelle.

Mais au-delà de cet aménagement, il faut aussi structurer des cheminements nettement plus différenciés, moins sur la base des contenus des programmes que sur celle des parcours d'apprentissage des élèves. Des cheminements différenciés éviteraient peut-être la mise en place de cheminements particuliers trop conçus comme des dispositifs de récupération et dont l'objectif, semble-t-il, est assez peu atteint de toute façon.

Reconnaître cette différence des élèves jusque dans le cheminement proposé va justement dans le sens d'une démocratisation réelle de l'école et des chances de réussite qu'elle offre. Dans la même perspective, l'élaboration d'une véritable politique d'apprentissage, où les liens existent de façon organisée entre l'expérience de travail et l'expérience de scolarisation, les deux étant intégrées comme des expériences complémentaires de formation, éviterait sans doute à moyen terme un investissement actuellement très onéreux pour raccrocher à l'école des jeunes qui, précisément, l'ont quittée parce que le cheminement uniforme proposé les aliénait.

Et de la même façon, il faut éviter de reproduire pour les adultes le type même de cheminement scolaire à l'intérieur duquel ils ont connu l'échec, en reconnaissant comme une base de formation valable les acquis expérientiels qu'ils ont réalisés et en acceptant qu'ils progressent dans des modules de formation où le rattrapage est accéléré.

2.2.2 Une pédagogie interactive

Le deuxième élément de cette écologie éducative concerne la pédagogie elle-même. Si elle peut être définie comme « le processus qui consiste à aider, dans certaines conditions sociales et institutionnelles, l'élève à apprendre et à se développer » (CSE, 1991, p.1), on doit souhaiter qu'elle se transforme à trois niveaux : d'abord entre les enseignantes et enseignants eux-mêmes, dont la principale caractéristique de la pratique est l'isolement. Pour la réussite des élèves, cet isolement est néfaste, car il évite la concertation sur les apprentissages essentiels, favorise le cloisonnement disciplinaire, donc ne favorise pas l'intégration des apprentissages et ne fait pas appel à l'entraide professionnelle. Or, la réussite des élèves ne peut qu'être le résultat d'une action commune et donc être plus que le résultat de « ses » élèves. En cette matière, l'organisation actuelle du travail, dans les écoles secondaires en particulier, est vingt ans en arrière des modèles les plus efficaces, ceux qui postulent que la complexité des problèmes et des défis appelle aujourd'hui une mise en commun des compétences, un partage des hypothèses de solution, un travail d'équipe responsable et une évaluation « communautaire » des efforts réalisés. C'est ce que je désignerais comme le terrain propre d'un professionnalisme collectif.

Un autre niveau d'amélioration souhaitable des pratiques pédagogiques est celui qui concerne, dans l'apprentissage, les relations entre les maîtres et les élèves. Je dirais que, dans ce cas, il y aurait des avantages à tirer d'un meilleur investissement des élèves, d'une « socialisation de production ». Les connaissances « appliquées » sont, pour la plupart des élèves, le vrai test de leur compétence. Je ne me réfère pas aux cahiers d'exercices qui occupent plus qu'ils n'aident à construire l'intelligence, mais à des apprentissages qui dépassent l'effleurement, le survol, l'accumulation de masses d'informations non signifiantes - le savoir en miettes. Je me réfère aux activités qui mettent en jeu des habiletés dont le développement demande une interaction, une aide, une sorte d'entraînement. Beaucoup d'élèves seraient prêts à de plus grands efforts si un autre genre d'apprentissage leur était proposé. En effet, les élèves du secondaire et, particulièrement ceux des trois premières années du secondaire, considèrent généralement leurs études comme faciles ou très faciles. Quand certains d'entre eux se rendent à l'enseignement supérieur, ils se prononcent encore plus fermement dans ce sens.

Malheureusement, un certain nombre d'élèves demeurent à l'école sans goût ni attrait, sans avoir l'impression de progresser ni d'en bénéficier au plan personnel, mais plutôt pour satisfaire à une exigence factuelle qui leur est complètement extérieure. La nécessité d'apprendre l'emporte sur le désir d'apprendre, qui est éteint. Ils versent alors dans un utilitarisme précoce et souvent poussé à l'absurde, se démobilisent. Mal équipés pour apprendre par eux-mêmes, ils investissent peu dans leurs études elles-mêmes. Il faut donc un relais à cette motivation qui garde l'élève à l'école pour des raisons socio-économiques. Ce relais se trouve seulement dans des apprentissages valables qui invitent à comprendre plutôt qu'à répéter, qui rejoignent l'expérience sans se résumer à l'expérience, qui se font dans un environnement et des relations « de bienveillance », qui font sentir à l'élève qu'il est un vrai partenaire dans ses activités scolaires, qui ne permettent pas à l'élève d'être au ralenti, d'attendre que cela soit sérieux, mais qui en font, chaque jour, un constructeur de son savoir. Une pédagogie responsabilisante, bref, qui propose des attentes élevées, mais sans écraser, en tenant compte de la réalité de l'enfant, mais en l'amenant aussi à développer son potentiel.

Enfin, la pédagogie doit aussi améliorer les relations qui s'établissent entre les élèves eux-mêmes dans l'apprentissage.

> « Il est acquis que le développement de l'intelligence s'effectue au contact des autres et que des interactions sociales au sein de la classe jouent un rôle de premier plan dans l'apprentissage. Ces interactions, que l'on admet volontiers dans le cadre des activités récréatives à l'école, sont cependant peu exploitées en classe pour la construction des savoirs ». (CSE, p. 35)

Pourtant l'élève apprend dans les motivations qu'il exprime, les intentions qu'il explique et les interprétations qu'il fournit; de même, sa confrontation avec les points de vue des autres est importante pour la qualité de sa réflexion et la précision de sa pensée. Une telle perspective va toutefois à l'encontre d'une recherche pure et simple de la performance scolaire... elle nécessite au contraire de la disponibilité. Aussi, « une intervention pédagogique qui exploite les interactions en classe stimule et entretient l'activité intellectuelle des enfants, tout en favorisant leur socialisation et leur facilite également le rapprochement avec les savoirs » (CSE, p. 35). Et une intervention pédagogique qui organise les interactions actives en classe choisit généralement le chemin de la coopération plutôt que celui de la compétition. Un certain discours, très actuel, voulant que le meilleur gagne, doit être remplacé par cette autre constatation : l'intelligence individuelle seule ne sera plus capable demain de résoudre des problèmes dont la solution fait appel à une foule de compétences complémentaires. De plus, les valeurs des gens avec qui les jeunes auront à travailler seront peut-être différentes, et même opposées aux leurs. L'école doit donc apprendre aux jeunes à composer, à transiger, à coopérer avec d'autres dans tous les milieux, sans chercher à les dominer. Cet apprentissage de culture et de civilisation est facilité par une pédagogie qui, en n'hésitant pas à préciser les exigences de travail des enfants et en tenant compte de l'évolution de leur autonomie et de leur maturité, établit entre eux des rapports de réciprocité au coeur même de l'apprentissage.

2.2.3 Une vie scolaire « accompagnée »

Sans entrer dans des développements trop longs, je voudrais souligner ici qu'aucun projet de réussite scolaire ne peut faire l'économie d'un accompagnement des élèves dans leur parcours scolaire. Certains appellent cette réalité l'encadrement. Le deuxième terme, d'origine militaire, peut trop se résumer à des dispositifs physiques ou administratifs. Le premier terme appelle la présence.

À moins d'avoir un réseau compensateur de relations affectives, par exemple dans la famille ou parmi les camarades, suffisamment solide pour affronter un milieu impersonnel, tous les jeunes ont de la difficulté à apprendre, et à durer dans l'apprentissage, si une image de leurs capacités, de leurs progrès ou de leurs erreurs ne leur est pas constamment renvoyée par un adulte, qu'il soit enseignant ou spécialiste, travailleur social, psychologue, intervenant communautaire ou directeur d'école.

Particulièrement pour ces jeunes qui ont des difficultés, et qui s'isolent, écrasés par ces difficultés, il faut un repère humain, ou au moins une bouée de sauvetage à visage humain. Dans ce contexte, l'accompagnement par la présence attentive au cheminement doit être une préoccupation partagée et assumée par l'ensemble des personnels scolaires. Des formules existent qui ont fait leurs preuves, mais qui démontrent en même temps que le personnel ne peut s'isoler dans son enseignement comme dans une forteresse. La compétence disciplinaire n'est pas l'atout exclusif pour la réussite des élèves. Néanmoins, des situations de plus en plus nombreuses, que nous connaissons tous, exigent des expertises plus spécialisées et un accompagnement plus autorisé de certains élèves, à certains moments de leur cheminement.

Les écoles secondaires, et même primaires, sont particulièrement démunies à ce chapitre, et la société doit investir des sommes énormes pour contrer les effets d'un accompagnement peu, pas ou mal réalisé durant le cheminement scolaire. La prévention a ici sa raison, et le travail scolaire des élèves et de leurs maîtres serait grandement facilité si cette présence « spécialisée » était mieux assurée, à condition toutefois qu'elle ne dispense pas de la communication entre les divers acteurs de l'école. L'élève est un tout : les interventions harmonieuses à son endroit ont plus de chance de succès.

Mais au-delà de cette présence éducative nécessaire, la vie scolaire des élèves doit aussi intégrer des occasions éducatives de vivre d'autres sortes d'engagements et d'expériences, dans un cadre moins formel que celui des cours, où les jeunes peuvent développer des talents, s'initier à des langages particuliers ou expérimenter les rôles de citoyen. Ce qu'on appelle communément la vie parascolaire est un facteur d'appartenance au milieu scolaire, en plus de permettre d'approfondir et de compléter des apprentissages.

Enfin, l'accompagnement des élèves requiert aussi une attention soutenue, institutionnalisée, au dosage nécessaire des travaux et leçons des élèves. L'école n'a pas à s'adapter dans ce domaine, au risque de « dévaloriser des études qui deviennent de plus en plus indispensables... » (CSE, 1992). Sur le terrain de sa mission propre, celle à propos de laquelle elle est imputable, elle doit créer un environnement propice aux études et soutenir la perception de l'importance de celles-ci en invitant le jeune à l'autonomie et à la responsabilité dans son cheminement. Cette exigence doit être explicite dans le contrat tacite qui lie le jeune et l'école, elle doit être graduée selon les âges et ne pas laisser d'espaces vides. Ceux-ci seront inévitablement comblés par des activités, tel le travail rémunéré excessif, qui finiront par diminuer l'importance même des études.

Même s'il est pénible de l'entendre dire, une forte proportion des personnels scolaires choisissent d'autres types d'établissements, précisément pour assumer cet accompagnement à leurs enfants, et souvent à grands frais. Pourquoi l'école publique serait-elle moins interpellée à ce sujet?

2.2.4 La mise en valeur d'un véritable projet d'établissement

C'est une des convictions les plus ancrées du Conseil que, au-delà d'un certain niveau de ressources allouées par l'État - qu'on souhaite par ailleurs le plus riche possible - la valeur éducative ajoutée dans un établissement dépend en définitive de la mise en oeuvre de son potentiel éducatif, toutes compétences convergeant, y compris celles des élèves. Cela se vérifie entre des écoles d'un même milieu, si homogène celui-ci soit-il.

Si l'État doit pourvoir, par les moyens qu'il y consacre, à la réussite éducative, c'est dans les établissements, un par un, que se joue la qualité de l'éducation. Pour deux raisons : la première, c'est la densité institutionnelle. Avant d'appartenir à un système d'éducation, on appartient, par notre activité, à l'ensemble immédiat où l'on exerce des fonctions. Cet ensemble est à son tour plus ou moins fonctionnel, plus ou moins efficace, selon que les personnels s'entendent sur l'essentiel, s'y engagent sur la base de leurs compétences respectives et assument collectivement le résultat de leurs efforts. C'est cette dynamique de l'établissement qui permet, en bout de ligne, de faire des choix - il y en a toujours à faire - en faveur des besoins constatés des populations étudiantes.

En l'absence de cette dynamique, par négligence ou à cause de la détérioration d'un milieu, c'est le poids des normes et des règlements qui prime, souvent au détriment d'initiatives ou d'innovations nécessaires. Et alors chacun y perd le sens de sa compétence, la valeur de sa contribution. Il suffit d'administrer l'école, mécaniquement. La bureaucratie règne. À la limite, la responsabilité est évitée.

L'autre raison qui justifie la mise en oeuvre de la dynamique de l'établissement, c'est que l'école est un élément d'un milieu social plus vaste, qui a ses attentes envers l'école et à l'endroit duquel l'école doit avoir ses exigences. Autant les formuler clairement, explicitement, publiquement. Pour cela, il faut établir des consensus à l'interne, qui permettront à chacun de parler de l'école comme de « son » école, et des solidarités autour des objectifs partagés : seule façon pour l'école de devenir un interlocuteur crédible dans son milieu. Pour arriver à cette « communauté » éducative, il faut changer radicalement, non progressivement, notre modèle de gestion; favoriser « ce passage d'une gestion par la structure à une gestion par la culture » (IQRC, 1990) où ce qui comptera sera moins la place occupée dans l'organisation et la tâche exercée dans un poste donné que le degré d'adhésion aux valeurs de l'institution et à celles du groupe. À ce moment-là, l'interlocuteur qu'est l'école dans un milieu donné a plus de chances de mobiliser, à cause de sa cohésion interne, les forces de son milieu en faveur de la réussite scolaire. Exprimant ce qu'il peut offrir, il est mieux placé pour obtenir ce qui lui est nécessaire.

2.3 Responsabiliser d'autres acteurs

À cause des transformations intervenues et qui continueront à survenir dans la structure socio-économique et dans la configuration des familles, avec des répercussions inévitables sur l'école, il faut interpeller ces deux autres acteurs que constituent le milieu du travail et la famille elle-même.

2.3.1 Responsabiliser le milieu du travail

Le phénomène du décrochage scolaire a des impacts considérables sur la santé économique d'une société, à cause des charges sociales qu'il engendre à long terme et de l'affaiblissement de la position de celle-ci dans un monde où les marchés nationaux d'hier ne sont plus que des économies régionales interdépendantes.

Le capital humain devient une richesse précieuse, mais qui continue à avoir les mêmes besoins et les mêmes droits de développement. À ce titre, il faut encourager les jeunes à persévérer dans leurs parcours scolaires, d'abord pour leur propre épanouissement, ensuite pour leur permettre d'acquérir une formation durable et de s'intégrer activement dans la société.

Mais il faut également que leur horizon n'apparaisse pas bouché dans les liens que leur formation entretient avec l'emploi. Le monde du travail a deux responsabilités à cet égard : d'abord, il ne doit pas inciter les jeunes à quitter l'école prématurément ou à se désintéresser de leurs études en leur offrant des périodes excessives de travail rémunéré en cours d'année scolaire ou en leur offrant un travail à temps plein dont on sait qu'il n'offre pas d'avenir. Ensuite, il doit collaborer à établir les modalités d'une politique d'apprentissage, ou d'enseignement coopératif, permettant à certains jeunes, en difficulté particulière dans le parcours scolaire régulier, de fréquenter l'école de manière satisfaisante tout en acquérant, dans le milieu approprié, des rudiments de formation non scolaire.

Par-dessus tout, le marché du travail doit contribuer à l'établissement d'une politique de l'emploi, seule garantie sociale valable d'une insertion professionnelle dans la dignité et seule mesure adéquate de l'importance accordée à la réussite scolaire.

2.3.2 Valoriser l'engagement parental ... et le soutenir

Par rapport à la famille, l'école est restée un milieu relativement stable. Mais elle vit avec les soubresauts qui accompagnent la transformation des familles, au point parfois d'avoir l'impression de les assumer tout entiers.

Or, malgré ces bouleversements, le milieu familial est encore celui qui influence le plus le cheminement scolaire des jeunes, soit par la considération qu'il accorde aux études, soit en vertu de la scolarité acquise par les parents, soit par les valeurs qu'il transmet, notamment en ce qui concerne la nature de la réussite. Ce que l'enfant vit à l'école est donc interprété en quelque sorte par ce qu'il vit dans son milieu familial. Et ce qu'il vit dans son milieu familial affecte son comportement scolaire. C'est vrai durant la grande partie, sinon la totalité du cheminement scolaire obligatoire.

La famille, ou la cellule parentale, et l'école sont donc des partenaires indissociables dans le parcours scolaire d'un jeune. Mais les parents ne savent pas toujours quelle contribution propre ils peuvent apporter à leurs enfants, surtout les parents pour qui « leur » école a beaucoup changé. De plus, un certain nombre de parents sont désemparés devant les nouveaux modes de transmission des résultats scolaires de leurs enfants, qu'ils comprennent mal et au sujet desquels ils sont mal à l'aise de demander des explications. Enfin, beaucoup de cellules familiales ont à leur tête un seul parent, le plus souvent une femme, dont la situation économique est précaire et pour qui les soucis scolaires sont souvent une préoccupation qui s'ajoute à beaucoup d'autres.

Depuis quelques années, la participation des parents à l'école s'est en quelque sorte davantage institutionnalisée, en vertu des dispositions de la nouvelle Loi sur l'instruction publique. Les parents sont invités à participer à l'orientation de l'école de façon privilégiée, mais il faudra attendre quelques années de cet exercice pour évaluer en quel sens cette participation transformera l'école. Il faut néanmoins souhaiter qu'une meilleure compréhension s'installe entre eux et les personnels scolaires et que leur collaboration porte sur des éléments essentiels du projet de l'établissement. Sinon, cette démocratisation pourrait n'être que cosmétique.

On conviendra toutefois que l'action la plus essentielle des parents s'exerce au jour le jour, en ce qui concerne la réussite des élèves. Pour que cette action renforce celle de l'école, il est nécessaire qu'ils en connaissent clairement les exigences, et surtout la cohérence de celles-ci, et qu'ils puissent intervenir aux bons moments et aux bons endroits dans le cheminement de leurs enfants. Un dépliant comme celui qui leur a été adressé l'automne dernier, (CEQ, *l'Éducation de mon enfant, ça passe aussi par moi*, 1991) constitue un excellent moyen d'intégrer les exigences qu'ils peuvent assumer, dans le champ de leur responsabilité. Mais on pourrait faire plus. Par exemple, à l'égard du développement des petits enfants, beaucoup d'animation contribuerait à aider les parents à penser croissance et apprentissage, en termes de relation véritable avec leur enfant, d'hygiène de vie à acquérir et d'éveil actif à stimuler. Une société « folle de ses enfants » doit reconnaître sa responsabilité à cet égard, faute d'offrir des services organisés. Une action par les pairs, structurée à partir des organismes de parents, pourrait aussi avantageusement assumer des actions de soutien et de réflexions sur la manière d'être parents d'enfants en cheminement scolaire.

Enfin, il faut tisser une solidarité dans le milieu autour de l'accompagnement des jeunes qui ont des difficultés scolaires liées à un manque de soutien dans le milieu familial : pour aider à faire des devoirs ou simplement pour être attentif au cheminement scolaire. Des élèves du secondaire trouveraient leur profit en consacrant quelques minutes par semaine à ce genre de supervision qui pourrait même leur valoir des unités dans la poursuite de leurs propres études. De la même façon, un modèle de soutien analogue à celui du grand frère ou de la grande soeur permettrait à beaucoup d'enfants de compter sur un adulte pour les accompagner le long de leur parcours scolaire. Ce ne sont pas là des mesures universelles, ni même applicables peut-être, mais des exemples qui permettent de comprendre que des solidarités horizontales peuvent faire beaucoup avec une économie de moyens, pourvu qu'elles répondent à un sentiment d'urgence partagé dans un milieu.

Conclusion

J'ai choisi, délibérément, d'accorder une place prépondérante aux balises qui sont sous la responsabilité immédiate et dans le champ de compétence propre des personnels scolaires. C'est ma façon de dire l'importance stratégique de ces derniers dans la réussite scolaire. J'ai voulu rappeler aussi, en avançant un concept de la réussite aussi éducative que scolaire, qu'une société ne se développe pas plus vite, et surtout pas mieux, en excluant de leur propre développement une fraction importante de ses jeunes.

Mais je sais également que ces balises, extrêmement exigeantes pour les personnels de l'éducation, pourraient ne pas empêcher le prolongement de ce cauchemar grandissant que constitue le décrochage scolaire si elles ne sont pas confirmées, soutenues et protégées par au moins les trois conditions suivantes :

- une affirmation de la mission éducative de l'État qui soit accompagnée de moyens favorisant la réussite de chaque enfant;

- la capacité pour les personnels scolaires d'exercer la totalité de leurs compétences au service de la réussite éducative;

- un soutien professionnel accru à l'exercice de ces compétences et au service des enfants les plus en difficulté.

Bibliographie

Centrale de l'enseignement du Québec (1991). *L'Éducation de mon enfant : ça passe aussi par moi,* FECS, selon une idée originale de Marie Champagne et Chantal Bourque.

Conseil étudiant (1991). *Les relations professeurs-élèves. Résultats d'un sondage du Conseil étudiant,* Polyvalente Joseph-Hermas-Leclerc, Granby.

Conseil Supérieur de l'Éducation Québec (1985). *Apprendre pour de vrai,* Rapport annuel 1984-1985 sur l'état et les besoins de l'éducation, Québec.

Conseil Supérieur de l'Éducation Québec (1988). *Pour une approche éducative des besoins des jeunes enfants,* Québec.

Conseil Supérieur de l'Éducation Québec (1990). *L'Intégration des savoirs au secondaire : au coeur de la réussite éducative,* Québec.

Conseil Supérieur de l'Éducation Québec (1990). *L'Orientation scolaire et professionnelle : par delà les influences, un cheminement personnel,* Rapport annuel 1988-1989 sur l'état et les besoins de l'éducation, Québec.

Conseil Supérieur de l'Éducation Québec (1990). *Les cheminements particuliers de formation au secondaire : faire droit à la différence,* Québec.

Conseil Supérieur de l'Éducation Québec (1991). *La pédagogie, un défi majeur de l'enseignement supérieur,* Québec.

Conseil Supérieur de l'Éducation Québec (1991). *Une pédagogie pour demain à l'école primaire,* Québec.

Conseil Supérieur de l'Éducation Québec (1992). *Les nouvelles populations étudiantes des collèges et des universités : des enseignements à tirer,* Avis à la ministre de l'Enseignement supérieur et de la Science.

Conseil Supérieur de l'Éducation Québec (1992). *Le travail rémunéré des jeunes : vigilance et accompagnement éducatif.*

Delcourt, J. (1989). Le décrochage et l'exclusion scolaires, *Revue, Ministère de l'éducation nationale,* Belgique.

Gaudreault, D. et Pelletier, G. (1990). La parole du jeune exige la métamorphose de l'école, *Apprentissage et socialisation,* vol. 13, no 4, p. 249.

Ministère de l'éducation, Ontario (1987), Radwsanski, G., *Étude sur le système d'éducation et les abandons scolaires en Ontario.*

Saint-Pierre, C. (l991). Transformations du monde du travail, dans Fernand Dumont ed., *La société québécoise après 30 ans de changements,* IQRC, Québec, pp. 67-79.

L'échec et l'abandon scolaires observés depuis la face cachée de la lune

Antoine Baby, professeur
Département d'administration et politique scolaires
Faculté des sciences de l'éducation
Université Laval

Où une chose et son contraire peuvent coexister sans se détruire ...

Cette réflexion s'inscrit dans la perspective que j'ai coutume d'appeler celle de « la face cachée de la lune ». Elle consiste à amener la lectrice et le lecteur, l'espace de quelques minutes, à considérer les choses du monde de l'éducation et en particulier la réussite scolaire, ses corollaires et questions afférentes, sous un angle inhabituel. Je précise tout de suite que, selon moi, cet angle particulier, malgré les apparences, ne contredit pas plus la façon habituelle et coutumière de voir ces choses que la face cachée de la lune ne contredit sa face visible. Dans la mesure où l'on tient au principe de contradiction si cher aux thomistes, principe suivant lequel une chose ne peut pas être autre chose que ce qu'elle est, en même temps et sous le même rapport, il est évident que ce que je viens de dire est paradoxal, voire contradictoire. Cela revient à dire qu'il y aurait en effet plus d'une façon de considérer les choses et elles pourraient coexister, sans s'exclure, même si elles semblent contradictoires au premier examen. Pour moi, cela n'est pas une contradiction qui pousse à la négation et à la destruction d'un de ses deux termes. C'est, au contraire, une contradiction qui pousse à la synthèse des deux termes. Ce point de vue inhabituel que j'entends vous proposer, ne détruira pas le vôtre, pas plus que le vôtre ne détruira le mien. Comme sociologue qui croit dans la puissance de la pensée dialectique, je tiens pour riche et féconde l'idée suivant laquelle il existe des contradictions en toute chose et en tout phénomène et que nous sommes tout à la fois vie et mort, vérité et mensonge, beauté et laideur, etc. Mon secret espoir est plus simplement que ce point de vue inhabituel des choses forcera la reconsidération et finalement l'enrichissement du point de vue habituel et coutumier.

On croit généralement, tant à l'intérieur qu'à l'extérieur de l'école, que toute la problématique de la réussite, de l'échec et de l'abandon scolaires est d'abord et avant tout l'affaire des pédagogues et le produit d'un choix essentiellement pédagogique. J'aimerais donc proposer que la contradictoire de cette proposition est tout aussi vraie que sa principale, c'est-à-dire que toute la problématique de la réussite, de l'échec et de l'abandon scolaires, comme la plupart des autres grandes questions en éducation, n'est pas d'abord, ni principalement le produit d'un choix pédagogique. Chemin faisant, nous essaierons de voir l'effet que peut avoir la contradictoire sur la principale quand on les considère à l'intérieur de cet étrange schéma de coexistence logique.

Une autre façon d'énoncer la contradictoire de cette proposition consiste à dire : « Toute la problématique de la réussite, de l'échec et de l'abandon scolaires est d'abord et principalement un effet de conjoncture, c'est-à-dire le produit d'une combinaison de facteurs sociaux, politiques, économiques extérieurs à l'école, en même temps que le reflet des idées et doctrines sociales générales à la mode ». On dirait autrement : la fille légitime d'un plus vaste projet de société, c'est-à-dire d'abord et principalement l'affaire de quelque chose qui se situe précisément à l'extérieur de l'école. J'utiliserai trois questions précises, non pas pour « démontrer » ma thèse, mais plus modestement pour l'illustrer et, dans chaque cas, j'envisagerai la question sous l'angle inhabituel que j'ai annoncé plus haut, espérant par là forcer la redéfinition du travail qui reste à faire et du partage des tâches entre les gens de l'école et ceux qui n'en sont pas. Parce que forcément, si les principaux paramètres de cette question ne sont pas d'abord définis dans et par l'école, ce qui est le sens de la contradictoire que je vous propose, il s'ensuit qu'on ne peut pas demander à l'école seule de régler tous les problèmes qu'elle paraît soulever. Il y aura nécessairement du travail à faire pour et par des gens qui ne sont pas de l'école; principalement pour celles et ceux qui détiennent les leviers du développement économique, ainsi que les leviers de la gouverne politique. Les trois questions que j'ai retenues sont les suivantes : 1) la question des enfants en difficulté; 2) celle des standards de la réussite scolaire et 3) celle de l'abandon scolaire.

Quand c'est le Québec qui est en difficulté ...

J'envisagerai la première question, celle des enfants en difficulté, sous l'angle du traitement qu'on lui a fait subir au fil des années. Nous verrons que, sur un assez court laps de temps, la considération que la société avait pour la question a suivi une fort déroutante trajectoire. Il y a 20 ans, 25 ans, dans le cadre du consensus relatif établi autour de la Réforme scolaire, on réclamait de partout, de toutes les sphères de la société, à cor et à cri, des mesures spéciales, des ressources spéciales et des classes spéciales pour les enfants en difficulté. Des parents étaient prêts à se battre pour que leurs enfants puissent bénéficier de ces mesures spéciales. Ça aurait été une sorte de crime pédagogique de ne pas donner à ces enfants les soins et services particuliers dont ils avaient besoin et de forcer leur intégration dans des classes régulières. Le Québec avait alors les moyens de ses ambitions de telle sorte que les classes spéciales bénéficiaient de subventions également spéciales, fort avantageuses. À tel point que je fus même demandé à quelques reprises pour aller « défendre » de jeunes conseillers d'orientation formés chez nous à qui les commissions scolaires reprochaient de ne pas trouver assez de cas spéciaux, de n'être pas capables d'en trouver autant que la courbe normale de Gauss en autorisait et que le ministère de l'Éducation, abrité sous la célèbre cloche, acceptait d'en subventionner. C'était l'époque où le Sigma faisait la loi dans l'école et décidait de ce qui était bon et mauvais pour les enfants.

Aujourd'hui, depuis quelque temps déjà, le projet politique, c'est l'intégration de gré ou de force dans le cadre d'une plus vaste redéfinition des priorités gouvernementales; et l'idée pédagogique à la mode est à l'effet que les mesures spéciales, telles les classes et les écoles spécialisées, ont pour conséquence d'enfermer les enfants en difficulté dans des ghettos. Ce qui n'est pas faux d'ailleurs. Voilà maintenant que des parents sont prêts à se battre et se sont effectivement battus pour que leurs enfants soient intégrés dans des classes régulières. Et le Québec s'est mis à avoir les ambitions de ses moyens puisqu'il n'avait plus les moyens de ses ambitions! Le Québec en difficulté avait soudainement d'autres chats à fouetter que ... ses enfants en difficulté! Et dans ce contexte, on ose croire que les politiques d'intégration sont essentiellement une affaire qui s'est réglée entre pédagogues? Je prétends qu'on peut tout aussi soutenir la contradictoire, et avec autant de chances de succès. Cette contradictoire que j'aime bien, est à l'effet que les pédagogues, comme d'autres spécialistes dans d'autres domaines, ont été appelés à l'aide et ne sont intervenus dans le débat que pour faciliter la rationalisation des dépenses publiques de ce secteur, dans une conjoncture de récession. Comme ce processus administratif coïncidait avec l'émergence de nouvelles valeurs récemment promues au rang de droits par les Chartes canadienne et québécoise, il a été relativement facile de trouver des doctrines justifiant l'intégration. Et les pédagogues qui ont travaillé en ce sens, l'ont fait avec autant de sincérité que d'expertise. Cela n'est aucunement remis en question. Ce qui est remis en question par cette contradictoire d'une principale si largement reçue, c'est l'explication donnée après coup pour justifier ce changement de politiques. Comment expliquer autrement que par l'antériorité du projet politique sur le projet pédagogique, l'étrange coïncidence observée entre d'une part, l'annonce au milieu des années 70 des premiers indices de récession sérieuse et conséquemment des premières compressions draconiennes dans les grands budgets de l'éducation et des affaires sociales désormais appelés « dépenses improductives » et d'autre part, les premières coupures dans les budgets spéciaux et l'apparition consécutive des premiers énoncés de politique d'intégration? Je n'en veux pour preuve que la parcimonie partout dénoncée (pour plusieurs, c'est un euphémisme!) dont a fait preuve le gouvernement au moment d'attribuer les nouvelles ressources humaines et matérielles qui auraient dû correspondre logiquement aux nouveaux impératifs et nouvelles exigences de cette politique.

Échec au Dr Spock

En ce qui concerne les standards de la réussite scolaire et les questions qui lui sont conséquentes comme celle de l'échec, il est certain que l'école a son mot à dire et doit par conséquent faire sa part. Ici la façon habituelle de voir les choses semble régner sans conteste. Voilà bien une question à propos de laquelle il est en effet difficile de soutenir la contradictoire du début. S'il en est une qui paraît pédagogique *prima facie,* c'est bien celle-là. C'est sans doute pourquoi, il y a déjà des consensus établis entre gens du monde de l'éducation sur bien des aspects de cette question. Nous avons déjà reconnu, par exemple, que nous en sommes rendus à un point où il faut resserrer les critères d'évaluation et hausser les exigences et les standards. Mais il faut aussi et surtout trouver les moyens de redonner aux élèves le goût d'apprendre et la fascination de développer leur potentiel et de se construire en fonction de ce potentiel, pour en finir une fois pour toutes avec l'ère de ce que j'ai déjà appelé « la pédagogie de complaisance » qui a prévalu largement durant les années 70, jusqu'au début des années 80.

Au demeurant, suivant la logique de mon propos, il faut aussi rappeler au passage et pour mémoire, aux interlocutrices et interlocuteurs qui ne sont pas de l'école, que nous n'avons pas inventé cette doctrine pédagogique de la complaisance, qu'elle n'est pas née dans les choux, qu'elle n'est finalement que l'enfant chérie d'une époque libertaire qui était celle de tous les affranchissements, de toutes les libérations : nationales, sexuelles, raciales, familiales, religieuses, morales, etc. La seule interdiction permise était celle qui avait pour objet l'interdiction : il était interdit d'interdire! L'école a suivi. Assez docilement, j'en conviens. Quand notre bonne société a fait son trip libertaire, l'école n'avait pas le choix que de suivre. Et le bon Dr Spock (Benjamin et non celui de « Star Trek »!) est entré dans la famille bien avant d'entrer dans l'école!

Les cégépiennes et les cégépiens dont les profs doivent aujourd'hui taper sévèrement les doigts parce qu'elles et ils ne savent pas écrire, sont les enfants qu'hier, à l'école primaire, les enseignantes et enseignants n'avaient pas le droit de garder en retenue, de punir, de corriger, à qui ils n'avaient pas le droit de donner des devoirs et des leçons et qu'ils avaient pour mandat impératif et lié de laisser « s'esprimer » pour le meilleur et pour le pire! Autrement dit, ils représentent assez fidèlement le type de jeunes que la société de l'époque demandait à l'école de former. La catastrophe ne vient pas tellement de ce que l'école a mal fait son travail. Elle vient plutôt de ce que la société a changé radicalement sa façon de voir les choses et son projet éducatif en moins de vingt ans. De libertaire et permissive qu'elle était, la société est devenue conservatrice, tatillonne et parcimonieuse. On interdisait à l'école d'interdire et maintenant, on voudrait interdire à l'école de permettre! Dans ce mouvement d'un extrême à l'autre, le lourd balancier a, au passage, littéralement assommé l'école, les enseignantes et enseignants ainsi que les élèves. Dans de très courts laps de temps, les commandes à l'école se contredisent de façon flagrante et on reproche à l'école de ne pas livrer la marchandise. Mais, Grand Dieu, quelle marchandise au juste?

Un tiens vaut mieux ...

On pourrait faire un raisonnement de même type en ce qui concerne les abandons scolaires. Pourquoi en fait-on d'abord et principalement la responsabilité de l'école, alors que le contexte économique déplorable ne peut rien garantir à la grande majorité des jeunes au sortir de l'école. On sait que, pour la plupart d'entre eux, l'école est une structure de « gratifications différées ». En ce sens, elle présente relativement peu d'intérêt en elle-même. Elle est surtout intéressante si les perspectives d'avenir permettent de croire qu'il vaut la peine de faire des « sacrifices » dans le moment présent. Tout le passage scolaire est en effet basé sur un lien de solidarité intergénérationnel qui, dans des circonstances normales, autorise la génération aînée à dire à la relève : « Crois-mois, mon fils, ma fille, un jour plus tard, tout cela te sera utile ». Or, pour accepter de bâtir sa vie sur des gratifications remises à plus tard et faire les sacrifices qui s'imposent, il faut être pas mal sûr de ce « plus tard ». Autrement, ce n'est pas la peine. Mais qu'en est-il du « plus tard » des jeunes d'aujourd'hui? Le moins qu'on puisse en dire est qu'il est problématique et n'invite ni à se priver pour garantir l'avenir, ni à parier le gros lot sur ce qui viendra après l'école.

On serait donc tout autant justifié de dire qu'en leur coupant toute possibilité de faire le moindre projet d'avenir consistant et de nourrir le moindre espoir à moyen terme, c'est aussi la conjoncture économique (Baby et Laflamme, 1992) qui est responsable des taux élevés d'abandon scolaire en forçant nombre de jeunes à jouer le « Un tiens, vaut mieux que deux tu l'auras! » et à prendre la première « job » du bord qui a au moins le douteux avantage sur un horizon bouché, de garantir le salaire minimum pour un petit bout de temps ... On peut toujours argumenter que l'école d'aujourd'hui est « plate » et démotivante. L'idée est devenue, semble-t-il, un leitmotiv dans les récents colloques régionaux du Ministre. Mais l'école d'il y a 20 ans, 30 ans, l'école que j'appelle symboliquement l'école du frère Octave, l'école primaire de ma génération, était-elle moins « plate » et plus motivante? Les gens qui sont tentés de répondre trop vite par l'affirmative, ne l'ont pas connue. Ou alors ils ont une mémoire optimiste hautement sélective. Le seul avantage réel que je lui connais sur l'école d'aujourd'hui, lui venait précisément de l'extérieur, et principalement de la conjoncture économique : elle pouvait tenir ses promesses d'avenir. La conjoncture la rendait crédible à nos yeux quand elle nous invitait à faire des sacrifices pour se construire et se préparer un bel avenir. Parce qu'il y avait de l'avenir pour la plupart d'entre nous.

À l'occasion d'une recherche sur les stages industriels en formation professionnelle initiale au secondaire et au collégial (Lemieux et Baby, 1992), nous avons pu reconstruire cette nouvelle logique du « here and now » qui cherche à tirer le maximum du moment présent plutôt que de miser sur l'avenir, à partir des propos mêmes de jeunes que nous avions interviewés. Nous avons pu expliquer, par exemple, le fait qu'une proportion non négligeable d'entre eux ne retournaient même pas à l'école après le stage, à quelques mois de la diplomation. Entre une offre ferme, même modeste, faite durant le stage d'une part, et un diplôme qui ne peut vous faire que des promesses de politicien d'autre part, la plupart n'hésitait pas longtemps, se disant que, s'il fallait un jour retourner à l'école, l'éducation permanente serait toujours là. Et je parie que nous pourrions en arriver à des conclusions semblables si nous tentions de voir s'il existe, pour certains jeunes qui décrochent, des liens entre le fait d'abandonner les études avant terme et le fait d'avoir occupé un emploi à temps partiel rémunéré pendant ses études. Ce serait là toute la différence ressentie de façon aiguë entre un futur incertain et brumeux et un présent aux contours modestes, mais précis et fiables.

Pour terminer sur la question de l'abandon scolaire, je ne résiste pas à la tentation d'envoyer une dernière bourde. Et si les jeunes du secondaire et du collégial, à la faveur d'une conjoncture qui invite à « prendre ce qui passe, quand ça passe », étaient en train de nous prendre aux mots de nos beaux discours sur l'éducation permanente et la formation continue et de procéder, eux aussi comme les adultes le font de plus en plus, à l'abolition des cloisons étanches de statut entre le fait d'étudier et le fait de travailler contre rémunération? S'ils étaient en train d'opérer un mixage opportuniste des deux statuts? De toute manière, ils s'entendent répéter quotidiennement que c'est fini le temps où on quittait l'école une fois pour toutes, avec tout le bagage voulu pour faire sa vie, et qu'ils devront périodiquement y retourner. Alors pourquoi ne pas commencer tout de suite? Quand il y a du travail salarié, on travaille. Quand il n'y en a plus, on étudie. Et quand la chance est pour nous, on mène les deux de front ... Pourquoi pas?

Ce genre de considérations invite à croire, je le souhaite, qu'il ne sera peut-être pas si facile de refiler à l'école toute la responsabilité du problème du décrochage et de le régler en ne travaillant que sur le terrain scolaire. On pourra bien m'accuser de tous les sophismes de la terre, mais personne ici comme ailleurs ne pourra m'enlever de l'idée que des perspectives d'emploi normalement intéressantes, aideraient à régler bon nombre de problèmes de motivation pour les études et d'abandon scolaire. Cela s'inscrit dans la même logique que celle que j'ai évoquée plus haut à propos de l'école du frère Octave. Elle était « plate », elle était autoritaire pour en être despotique et elle était, au surcroît très longue : quinze ans avant l'université! Mais il y avait toujours quelque part la lumière au bout du tunnel, l'espoir, que dis-je, l'assurance d'un avenir.

Pour un nouveau partage des tâches et des responsabilités

Il est bien évident que tout cela représente une façon bizarre et inaccoutumée de voir les choses. J'en avais prévenu la lectrice et le lecteur. Voyons donc quel genre de conclusions nous pouvons tirer du fait que nous avons postulé la coexistence possible de deux problématiques divergentes, voire opposées, de la triple question des enfants en difficulté, de celle de la réussite scolaire, de même que de celle du décrochage? Je dégagerai ici trois conclusions.

Premièrement il semble que cela permet de voir plus clairement comment l'école peut, souvent à son insu, servir de bouc émissaire de tous nos péchés de société. Dans une conjoncture de crise de société comme celle que nous traversons, l'analyse politique des causes de la crise conduit souvent à la recherche de boucs émissaires. C'est un peu comme dans la fable des animaux malades de la peste : il faut trouver un coupable, il faut qu'à quelque part, quelqu'un paie. Comme l'école a un peu l'âge et la candeur sans défense de ses clientèles, elle est fréquemment prise à partie. C'est souvent elle qui en écope et qui, en fin de compte, devient l'âne de la fable, « ce maudit animal, ce pelé, ce galeux d'où venait tout le mal ... »

Nul ne contestera en effet que nous traversons une crise qui dure. En témoigne quotidiennement son interminable cortège de faillites, de fermetures d'entreprise, de pertes d'emplois, de chômage, d'assistés sociaux, etc. Devant l'impossibilité de reprendre en main une économie partie à l'épouvante, la tentation est forte, pour nos chevaliers d'entreprise, quand cela ne serait que pour expliquer leur propre échec, de se retourner vers l'école pour lui dire qu'elle fait mal son travail et de dénoncer tantôt la piètre qualité de l'orthographe, tantôt une formation professionnelle qui ne serait pas à la hauteur de la situation et plus récemment des taux d'échec et d'abandon scolaires anormalement élevés. Pour ceux qui s'inscrivent dans cette problématique, tous les arguments sont bons! Comme dans la fable. La cour de l'école est tellement pleine de toutes récriminations d'une société frustrée qui n'est même plus en mesure de se donner un projet de société capable de galvaniser ses forces vives, que nous en sommes rendus à un point où les élèves ont de la difficulté à y prendre leurs ébats en récréation!

Les gens qui oeuvrent en éducation doivent cesser de plier l'échine à la moindre charge. L'école doit apprendre à résister énergiquement aux forces qui voudraient en faire la victime expiatoire de tous les péchés du monde. Plus énergiquement qu'elle ne l'a fait à ce jour. Elle doit refuser de se laisser enfermer dans une problématique unidirectionnelle qui statue péremptoirement que non seulement les problèmes d'école proprement dits, mais aussi les problèmes de société s'expliquent toujours, en dernier ressort, dans l'école, par l'école et à cause de l'école. Nous devons forcer nos partenaires à reconsidérer leur analyse commode et confortable de la situation et à accepter un nouveau partage des responsabilités; nous devons exiger une voix délibérative aux débats de société dès qu'ils mettent en cause l'éducation, pour n'assumer finalement que la part de responsabilité qui nous revient dans l'état actuel des choses. Plutôt que d'accepter sans regimber le rôle du baudet de la fable citée, nous serions mieux de camper le personnage du meunier de l'autre fable qui décida finalement d'« en faire à sa tête, le fit et fit bien »!

Je l'ai reconnu plus haut : il est évident qu'il existe certains liens entre les problèmes de notre économie, notamment ceux qui sont reliés à la main-d'oeuvre d'une part, et le problème général du « rendement » de l'école et en particulier, ceux de l'échec et de l'abandon scolaires d'autre part. Mais de là à dire que l'entièreté des problèmes de l'une s'explique par les problèmes de l'autre, il y a un abîme à franchir. On en est rendu à un point où c'est la faute de l'école si les entreprises québécoises ne sont pas assez productives et ne sont plus concurrentielles. Ce doit être aussi parce que nos entrepreneurs ont appris à compter avec les réglettes ...! Et pendant qu'on y est, pourquoi ne pas expliquer leur incapacité de faire face à la globalisation des marchés par le fait que l'école n'a pas assez insisté sur la méthode de lecture ... globale? Blague à part, si les gens qui détiennent les leviers de l'économie sont justifiés de s'inquiéter de la question de l'échec et de l'abandon scolaires en raison de l'incidence qu'elle peut avoir sur le fonctionnement de cette économie, il faut aussi reconnaître que l'argument devient carrément simpliste et abusif s'il est poussé plus loin, au point de faire de l'école, la seule responsable de tous nos maux. D'une part, cet argument n'explique pas tous les problèmes de notre économie, loin de là. D'autre part, et cela n'est jamais souligné avec assez d'insistance, il y a une interdépendance des deux ordres de problèmes qui fait que les problèmes sociaux et économiques affectent aussi singulièrement le fonctionnement de l'école et lui posent de sérieux problèmes. Je crois l'avoir démontré plus haut dans le cas de l'échec et du décrochage scolaires.

Une deuxième conclusion qui se dégage de cette mise en parallèle de deux problématiques fort différentes des mêmes questions, est qu'il devient nécessaire de procéder à un nouveau partage des tâches et des responsabilités. Partons de ce qui est pour moi un postulat : la solution globale de tous ces problèmes, même ceux qui ont un caractère pédagogique plus affirmé comme ceux de l'échec scolaire, déborde largement le cadre de l'école et interpelle d'autres agents économiques, sociaux et politiques. Ceux-ci ne pourront plus se défiler dans la mesure où la contradictoire de notre principale, c'est-à-dire cette façon inhabituelle de voir les choses de l'éducation qui est ici proposée, les a identifiés comme détenant une partie importante des éléments d'une solution globale. Ce postulat a donc trois conséquences pratiques. Premièrement il n'est plus possible d'aborder le problème des abandons scolaires sans tenir compte, par exemple, de l'impact que peuvent avoir sur ce problème, une économie délabrée et un marché du travail qui s'en va à vau-l'eau. Deuxièmement il ne suffit pas de réformer l'école pour venir à bout du problème; s'impose également, comme éléments de solution durable aux problèmes de l'échec et de l'abandon scolaires, la nécessité d'une reprise économique énergique et d'une restructuration du marché de l'emploi. Troisièmement la danse des boucs-émissaires est terminée et les chefs d'entreprise et les dirigeants politiques ne pourront plus se dérober au rôle qu'ils ont à jouer à la table de ce comité de salut public ... qui ne donne pas de jetons de présence!

Je propose pour terminer une troisième et dernière conclusion de cette problématique de la face cachée de la lune. Elle s'inscrit un peu comme le corollaire des deux premières. En forçant un nouveau partage des responsabilités et des tâches, cette problématique invite l'école à revoir sa propre contribution à la solution durable de ces problèmes. Outre la nécessité de redoubler d'ardeur tant sur le terrain de l'intervention que sur celui de la recherche directement reliées aux problèmes eux-mêmes, les intervenantes et intervenants doivent également travailler sur un plan plus politique à retourner la société à la logique et aux conséquences de ses propres choix. Si on veut que l'école assume plus de responsabilités et qu'elle les assume mieux, il faut cesser de s'ingérer dans son fonctionnement et d'entraver son développement. Plutôt que de lui couper les vivres, il faut au contraire et logiquement lui en donner plus et des meilleurs. Il faut travailler notamment à une plus grande autonomisation de l'appareil scolaire de telle sorte qu'il soit moins à la merci des caprices, des humeurs et des incohérences d'un seul sous-ensemble restreint et particulier de forces sociales, en l'occurrence celui de l'activité économique dominée par l'entreprise privée. L'école n'appartient pas qu'à l'entreprise. Elle ne doit pas être, pour reprendre une expression qui n'est malheureusement plus à la mode, qu'au « service de la classe dominante ». Elle est l'enjeu de toutes les forces en présence (Baby, 1990). Ce recadrage de la place de l'école dans le champ des forces sociales en présence suppose de la part des intervenantes et intervenants pédagogiques de première ligne une réappropriation de réels pouvoirs de décision. L'école ne sera à l'abri des intempéries sociales et économiques provoquées par les sautes d'humeur d'une seule classe que dans la mesure où elle bénéficiera d'un large pouvoir d'autodétermination assumé par celles et ceux qui la font.

Précisément à cause de l'interdépendance des deux ordres de problèmes, ceux de la société et ceux de l'école, mise en évidence par la problématique de la face cachée de la lune, les personnels scolaires devront également, par le truchement de leurs organisations de travail (parce que c'est là qu'il est possible d'entreprendre des actions collectives), s'impliquer davantage dans la redéfinition des rapports d'un nouveau projet scolaire à un plus vaste projet de société qui, dans le cas du Québec, tarde dangereusement à émerger. Comme l'un ne va pas sans l'autre et qu'il faut éviter à tout prix que ces rapports ne redeviennent des rapports de sujétion de l'école à l'économie, par exemple, ils devront donc s'impliquer également dans la définition du projet de société comme tel. Les intervenantes et intervenants scolaires ont, à cet égard, des antécédents historiques qui devraient tout à la fois les rassurer et les stimuler.

Si l'école de la Réforme nous avait permis de comprendre que réussir, ça s'apprend, la conjoncture récente nous a malheureusement enseigné qu'échouer et abandonner aussi, ça s'apprend. Quand on considère les malheurs qui s'abattent sur l'école comme étant aussi des effets de conjoncture, il est difficile d'envisager de véritables solutions en dehors d'une concertation active, efficace et respectueuse des compétences entre toutes les forces sociales concernées, qu'elles soient de l'intérieur ou de l'extérieur de l'école. À travers la Rencontre sur la réussite scolaire, ce que le monde de l'éducation a dit à toutes celles et ceux que la question concerne, c'est à peu près ceci : « Nous sommes déjà au travail. Nous voulons bien redoubler d'ardeur et d'ingéniosité pour hâter la solution des problèmes qui nous confrontent quotidiennement. Mais nous n'en viendrons jamais à bout seuls parce que ces problèmes ont des ramifications qui débordent largement le champ scolaire, échappant ainsi à notre contrôle. Prenez rapidement le relais sur ces aspects de la question et nous nous occuperons du reste! »

Bibliographie

Baby, A. et Laflamme, C. (1992). Quelques repères théoriques d'une problématique structuro-conjoncturelle de l'insertion profession-nelle des jeunes, *Alberta Journal of Educational Research,* (à paraître).

Lemieux, N. et Baby, A. (1992). Quand les stages en formation profes-sionnelle initiale deviennent l'anti-chambre de l'insertion profes-sionnelle, *Revue des sciences de l'éducation,* (à paraître).

Baby, A. (1990). L'École, lieu et enjeu, *Cahiers de recherche sociologi-que,* no. 14, Printemps, pp. 58-66.

Pourquoi faut-il combattre l'abandon scolaire? Une perspective socio-économique

Jean Moisset, professeur
Département d'administration et politique scolaires
Faculté des sciences de l'éducation
Université Laval

Pierre Toussaint, chargé de cours
Département d'administration et politique scolaires
Faculté des sciences de l'éducation
Université Laval

Si l'effort financier consacré à l'éducation au Québec traduit bien la haute valeur qui lui est attribuée, des voix de plus en plus nombreuses se sont élevées pour stigmatiser la relative inefficacité des systèmes de formation au double plan externe et interne. Le taux élevé de l'abandon scolaire est un parmi les indices qui ne laissent plus de doute à cet égard. Reprenant les données statistiques les plus récentes sur ce phénomène et les situant dans une perspective comparative par rapport au Canada et à d'autres pays industriels avancés, ce texte propose une analyse socio-économique de l'abandon scolaire au Québec et met en relief les principales raisons pour lesquelles il importe de le contrer.

L'abandon ou le décrochage scolaire n'est pas un phénomène nouveau, mais il a eu tendance à prendre de l'ampleur avec le temps, parallèlement à la scolarisation massive de la population du Québec. Avant la Réforme scolaire des années 1960, on ne parlait pas de décrochage scolaire mais de problèmes de sous-scolarisation et d'inégalité dans la dispensation des services éducatifs. Très paradoxalement donc, le décrochage scolaire peut être considéré comme un indice du succès relatif du système scolaire québécois en regard de la démocratisation de l'enseignement. Il n'en reste pas moins un indice négatif dans le sens d'un manque à recevoir des bienfaits qu'on est en droit d'attendre des efforts qui ont été et sont consacrés à l'éducation. Précisément, dans le cadre de cet article, nous nous proposons d'identifier et d'analyser les raisons de caractère socio-économique pour lesquelles il faut combattre l'abandon scolaire. Notre texte sera articulé autour des trois points suivants : dans un premier temps seront présentées et analysées quelques données caractéristiques du poids économique de l'éducation au

Québec et au Canada; dans un deuxième temps, seront examinés certains paramètres - dont le décrochage scolaire - relatifs à l'inefficacité relative des systèmes de formation au Québec et au Canada et enfin seront identifiés et analysés les éléments des coûts, économiques et sociaux, du décrochage scolaire.

Poids économique de l'éducation au Canada et au Québec

a)　Quelques données

Au plan macrosocial, l'éducation est un secteur lourd de l'activité économique. Quelques données, si besoin est, pour nous en convaincre. Au niveau de l'ensemble canadien, selon Statistique Canada, les pouvoirs fédéral, provinciaux et municipaux, en 1989, avaient dépensé 45 milliards de dollars environ pour la formation, soit à peu près 8 % du produit intérieur brut (PIB) ou 1 685 $ par habitant. En comparaison, c'est 80 % de toute l'industrie de la construction et plus que l'industrie automobile ou le secteur forestier et minier. De ces 45 milliards, 28 étaient affectés aux écoles (préscolaire, primaire et secondaire), 9 aux universités, 3,6 aux collèges et 3,6 aux établissements de formation professionnelle. Nous reviendrons sur ces données quand il sera question d'examiner l'efficacité des systèmes de formation au Canada. En attendant qu'en est-il de l'effort financier du Québec en matière d'éducation?

En 1989, au Québec, les commissions scolaires dépensaient 4,8 milliards de dollars pour les jeunes du préscolaire, du primaire et du secondaire. Si on y ajoute les dépenses du secteur privé, c'est à 6,7 milliards que s'élevaient les dépenses en éducation, pour ces ordres d'enseignement, soit 4,3 % du PIB qui était de 154 milliards de dollars, ce qui est du même ordre de grandeur que pour l'ensemble canadien. Mais si l'on considère la dépense de fonctionnement par élève, à l'exclusion du service de la dette, l'éducation des adultes et les immobilisations, on se rend compte que pour 1989-90 l'effort financier du Québec en matière d'éducation était relativement plus élevé que dans la plupart des autres parties de l'ensemble canadien. En effet la dépense moyenne par élève des commissions scolaires du Québec (4 900 $) par rapport au PIB par habitant (22 974 $) était en 1989/90 de 21,3 % comparativement à 20 % pour le Canada et à 19,2 % pour l'Ontario, mais moins élevée qu'aux États-Unis (22,4 %).

Il y a lieu cependant de souligner que l'effort financier du Québec en éducation était beaucoup plus élevé au début des années 1960 et ce jusqu'au milieu des années 1970. Alors qu'au Canada et aux États-Unis on observe ces dernières années une stabilisation, voire même une augmentation régulière du rapport de la dépense moyenne par élève au PIB par habitant, c'est en effet au phénomène inverse qu'on assiste au Québec, comme l'indique le Tableau 1 qui suit.

Tableau 1

**Dépense par élève dans les commissions scolaires
par rapport au PIB par habitant,
secteur des jeunes, Québec, Canada, États-Unis**

En pourcentage

	1976-77	1981-82	1986-87	1988-89	1989-90*
Québec	**23,1**	**28,1**	**23,8**	**21,8**	**21,3**
Canada sans le Québec	**17,0**	**18,1**	**19,5**	**19,4**	**19,6**
Maritimes	22,8	25,6	23,2	22,6	22,4
Ontario	17,1	18,4	19,5	19,1	19,2
Ouest	15,9	16,8	18,7	19,0	19,5
Canada	**18,4**	**20,2**	**20,4**	**19,9**	**20,0**
États-Unis	**18,1**	**18,6**	**20,4**	**22,4**	**22,4**

*Estimation

Source : Ministère de l'éducation du Québec, Indicateurs sur la situation de l'enseignement primaire et secondaire, 1991.

On dirait que le Québec s'essouffle après les formidables efforts qui ont accompagné et suivi la Réforme Parent. Pourtant, sur plusieurs plans il y a encore du rattrapage à faire, comme nous le verrons plus loin. En attendant, on peut s'interroger sur le sens, la signification des efforts financiers consacrés à l'éducation. Même si les idées qui seront développées à cet égard peuvent paraître théoriques pour certains, défonçage de portes ouvertes pour d'autres, il apparaît utile voire indispensable de cerner les justifications de l'importance socio-économique de l'éducation. Il sera en effet d'autant plus facile, après, d'identifier et de saisir les conséquences ou les coûts du décrochage scolaire qui sont en réalité les effets inverses des « bienfaits » de l'éducation.

b)   Les avantages de l'éducation

Commençons par affirmer clairement au départ que les dépenses affectées à l'éducation et à la formation sont des investissements, au même titre sinon davantage, que dans les secteurs de la production (mines, forêts, automobile) ou de la communication et des transports. Il n'y a pratiquement certes plus personne, à l'échelle internationale, qui ne reconnaisse que les ressources humaines d'une société ou les compétences d'une population constituent le facteur le plus important du rendement économique d'un pays.

- Au plan macrosocial

Beaucoup de recherches, tant théoriques qu'empiriques depuis Adam Smith avec sa *Richesse des nations* (1776) jusqu'à Psacharopoulos (1988), en passant par les Schultz et Denison (1960), « ont montré que l'éducation contribue directement à la croissance du revenu national en améliorant les qualifications et les capacités productives de la force de travail » (Psacharopoulos, 1988, p. 15). À quoi cela sert-il d'avoir des machines sophistiquées, des technologies avancées si un pays ne dispose pas des personnes-ressources qualifiées, capables de les utiliser et d'en tirer le meilleur parti? L'histoire économique, ancienne et récente, montre bel et bien que les pays économiquement les plus avancés, comme le Japon, l'Allemagne, les USA pour ne citer que ceux-là, sont les pays où les dépenses en éducation et la productivité sont les plus élevées. « La nouvelle clé de la compétitivité dans une économie mondiale, pour reprendre les termes du Conseil consultatif national des sciences et de la technologie, est le savoir-faire en gestion, combiné aux diverses compétences requises pour appliquer les nouvelles technologies le plus rapidement possible grâce à l'innovation permanente » (CSNST, avril 1991, p. 2). Tout cela est le résultat d'une bonne éducation de base qui aura donné aux individus les habiletés et compétences fondamentales, dont la plus importante de toutes, à notre avis, est la capacité de continuer à apprendre, dans un monde de plus en plus ouvert aux échanges et aux changements. Ceci rend l'éducation permanente indispensable.

- Au plan individuel

Nous venons de souligner que la contribution de l'éducation à la croissance et au développement économique des pays découle de l'accroissement de la productivité que les travailleurs éduqués en retirent. À ce premier avantage direct dont bénéficient les individus formés s'ajoutent en correspondance des revenus supérieurs, comparativement à ceux des gens moins éduqués, et ce tout au long de leur vie active. Des études menées dans plus de cinquante pays, de même niveau de développement, montrent une très forte relation entre les niveaux d'éducation et les niveaux de revenus. On a observé que généralement, à chaque âge, les travailleuses et les travailleurs les plus instruits gagnent plus que les moins instruits. Il est important de souligner ici que dans nos systèmes longtemps marqués par l'idéologie de l'État-Providence, plus les individus gagnent, plus les gouvernements en profitent par le biais des impôts qui leur sont versés. Les revenus supérieurs des gens instruits représentent un avantage individuel direct et un avantage social indirect par le biais de la fiscalité.

Évidemment, gagner des revenus, dans une perspective d'une vie entière, suppose l'obtention d'emplois réguliers ou tout au moins relativement stables. À cet égard, on note également que l'employabilité ou la probabilité d'obtenir un emploi augmente avec le niveau d'éducation ou, à l'inverse, que les gens non éduqués sont davantage victimes du chômage que les gens instruits.

À ces avantages directs et de caractère monétaire que procure l'éducation à ses bénéficiaires s'ajoutent des avantages externes non marchands, valables autant pour les individus que pour la société. Pour caractériser cette deuxième catégorie d'avantages de l'éducation, nous dirions très rapidement qu'ils sont liés aux activités cette fois non de l'agent producteur, mais de l'agent consommateur ou du citoyen. À ce titre, on porte au crédit de l'éducation des habitudes de consommation plus saines et plus équilibrées et en corollaire une meilleure santé. On constate également une cohésion sociale plus grande et des taux réduits de délinquance sociale et de criminalité, une participation plus élevée aux activités socio-culturelles, socio-communautaires et socio-politiques. Tous ces bénéfices apparaissent cumulatifs puisqu'ils sont généralement transmis de la génération des parents à celle des enfants.

À considérer tous ces avantages de l'éducation, directs et indirects, pour les individus comme pour l'ensemble de la société, on comprend pourquoi les gouvernements autant que les particuliers n'hésitent pas à investir dans la formation, d'aucuns allant même jusqu'à dire « tant vaut l'école tant vaut la nation ».

Les politiques en matière d'éducation au Québec et au Canada en général ont accordé depuis longtemps la priorité à l'accès à l'enseignement. Et ce n'est pas sans fierté que le Conseil consultatif national des sciences et de la technologie (1991, p. 13), citant les résultats de l'enquête annuelle 1990 du Forum économique mondial, soulignait que « pour la fréquentation de l'école secondaire, exprimée en pourcentage du groupe d'âge concerné, le Canada se classe au troisième rang mondial. Et quant à la fréquentation collégiale et universitaire, exprimée en pourcentage des personnes âgées de 20 à 24 ans qui fréquentent un établissement d'enseignement supérieur, le pays se classe au deuxième rang après les États-Unis, sa performance étant près de deux fois supérieure à la moyenne de l'ensemble des autres pays membres de l'OCDE à l'exception des États-Unis ». À ce même chapitre, les performances du Québec sont également dignes de mention. Il n'est pas besoin d'aligner ici des statistiques pour montrer ce qui est bien connu en ce qui concerne la progression extraordinaire de la scolarisation de la population québécoise du milieu des années 1960 à nos jours.

Il n'en reste pas moins que des voix de plus en plus nombreuses se sont élevées depuis quelque temps pour stigmatiser la relative inefficacité des systèmes de formation au Canada et au Québec. C'est qu'il y a de plus en plus d'indices qui ne laissent plus de doute à cet égard. C'est ce que brièvement nous allons examiner.

Quelques données relatives à l'efficacité des systèmes de formation au Canada et au Québec

De manière générale, le concept d'efficacité est employé pour exprimer les rapports entre les facteurs, encore appelés inputs ou intrants, et le produit, encore appelé output ou extrant, d'un système. Évidemment dans le domaine de l'éducation, le problème de l'efficacité est très complexe et exige qu'on l'examine à partir de plusieurs perspectives et sur la base de plusieurs indicateurs. Dans tous les cas cependant, il est nécessaire de connaître les buts et les objectifs assignés à l'éducation par la société et les individus qui en sont membres. Pour les fins de notre propos, il sera suffisant de rappeler la double notion d'efficacité EXTERNE et d'efficacité INTERNE dont on qualifie souvent les systèmes d'éducation. Reprenant les termes de Psacharopoulos (1988, p. 218), nous disons que « l'efficacité externe d'un système éducatif peut s'apprécier par sa capacité à préparer les élèves et les étudiants à leur rôle futur dans la société, celle-ci relevant de critères externes plutôt que de résultats observables à l'intérieur du système éducatif ». Dans cette première perspective, sont généralement considérées des mesures relatives à la qualité de la main-d'oeuvre formée, à sa productivité au double plan économique et social. À l'inverse, l'efficacité interne concerne les relations entre les intrants éducatifs et les résultats scolaires, à l'intérieur du système éducatif considéré. Dans cette deuxième perspective, sont examinés des indicateurs relatifs au rendement scolaire des élèves (réussite vs échec, diplomation vs redoublements/abandons, etc.).

a)   Efficacité externe

À l'examen du tableau qui suit, on se rend compte que l'efficacité externe des systèmes de formation au Canada est relativement faible.

Tableau 2

Compétitivité mondiale
Classement du Canada parmi 23 pays

Intrants	Rang	Extrants facteurs de compétitivité	Rang
Dépenses publiques par habitant en éducation	4	Efficacité industrielle	10
Fréquentation des établissements d'enseignement supérieur	2	Dynamisme financier	10
Fréquentation des écoles secondaires	3	Qualité de la main-d'oeuvre spécialisée	11
		Motivation des travailleurs	13
		Roulement des employés	14
		Orientation internationale	15
		Initiative des gestionnaires	15
		Disponibilité en main-d'oeuvre spécialisée	15
		Ouverture sur l'avenir	16
		Formation professionnelle	16
		Dépenses en R-D	17
		Exploitation de nouvelle technologies	18

Source : Rapport sur la compétitivité mondiale, IMEDE et Forum, 1990, cité par le Conseil consultatif national des sciences et de la technologie (1991)

On observe en effet un décalage considérable entre les positions du Canada par rapport respectivement aux intrants et aux extrants de son système global d'éducation et de formation. Pour douze facteurs importants de compétitivité qui sont autant d'indices d'efficacité externe de la formation, le classement du Canada parmi 23 pays varie entre les 10e et 18e rangs, parmi lesquels on citera notamment la qualité de la main-d'oeuvre spécialisée (11e rang) la disponibilité de la main-d'oeuvre spécialisée (15e rang) et la formation professionnelle (16e rang); par ailleurs, il se classe au 4e rang pour les dépenses publiques par habitant en éducation, au 2e rang pour la fréquentation des établissements d'enseignement supérieur et au 3e rang pour la fréquentation des écoles secondaires. Même si, comme le souligne le CCNST, (1991, p. 15), « le volet des extrants de l'enquête du Forum économique mondial s'appuie sur des opinions plutôt que sur des données, il n'en ressort pas moins que la population canadienne possède un important potentiel économique qui n'a pas encore été exploité ». La situation décrite à ce chapitre pour le Canada s'applique également au Québec. On sait que le système de formation professionnelle y souffre de sérieuses déficiences qui l'empêchent de répondre adéquatement aux exigences du marché du travail, particulièrement dans le secteur des techniques de pointe.

b) Efficacité interne

Au plan interne, c'est la faiblesse du taux de diplomation, ou à l'inverse l'ampleur du phénomène d'abandon scolaire, que nous considérerons ici comme indice patent de la relative inefficacité des systèmes de formation au Canada. Le tableau ci-dessous illustre la situation.

Tableau 3

**Fréquentation scolaire
Comparaison du Canada à l'échelle internationale
Taux de participation des jeunes de 17 ans au
système scolaire dans quelques pays**

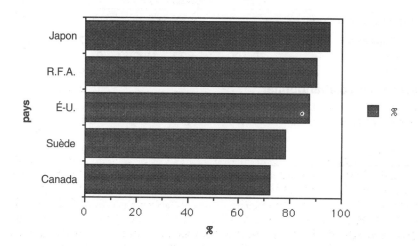

Source : Direction générale des Affaires de la jeunesse, Emploi et Immigration Canada, 1990.

Emploi et immigration Canada évalue à environ cent mille (100 000) le nombre de jeunes qui, en 1991, allaient quitter l'école secondaire avant d'avoir obtenu leur diplôme. C'est beaucoup, puisqu'en termes relatifs, cela représente un taux de décrochage scolaire de 30 %. Seulement donc un peu plus de 70 % des jeunes de 17 ans termineraient avec succès leurs études secondaires au Canada, comparativement à 94 % pour le Japon, à 90 % pour l'Allemagne (ex RFA) et à 87 % pour les États-Unis.

La situation au Québec ne semble guère mieux. Sur la base des données de Statistique Canada (recensement 1986), on estime que sur les 3 213 890 actifs du marché du travail du Québec, 986 000 travailleuses et travailleurs n'avaient pas de diplôme secondaire, soit 30,7 % (Dionne, 1990). La situation semble s'être détériorée si l'on se réfère aux données plus récentes des « *Indicateurs sur la situation de l'enseignement primaire et secondaire* » (MEQ, 1991) qui situent à 36 % environ le taux de décrochage scolaire pour 1988/89.

Un bref coup d'oeil sur le Tableau 4 ci-dessous permet de voir que le phénomène du décrochage scolaire évolue dans le temps et qu'il varie fortement selon le sexe.

Tableau 4

Nombre d'abandons et probabilité d'abandonner sans diplôme au secteur des jeunes, réseaux public et privé selon le sexe

	1975-76	1980-81	1985-86	1987-88	1988-89
Nombre d'abandons*					
Ensemble	**63 600**	**45 300**	**31 400**	**35 700**	**33 600**
Garçons	35 100	25 800	18 900	21 500	20 400
Filles	28 500	19 500	12 500	14 200	13 200
**Probabilité d'abandonner ** **					
(en p. 100)					
Ensemble	**47,9**	**37,4**	**27,2**	**35,7**	**35,7**
Garçons	53,1	40,8	32,1	41,4	42,4
Filles	42,6	33,8	22,1	29,7	28,8

Source : MEQ, Indicateurs 1991.

Il s'agit d'une estimation des abandons bruts qui ne tient pas compte des retours aux études.

** Il s'agit du complément de la probabilité d'accéder à un diplôme d'études secondaires selon l'âge au 30 septembre.

Au total, entre le milieu des années 1970 et le milieu des années 1980, la probabilité d'abandonner les études secondaires a enregistré une baisse considérable, passant de 47,9 à 27,2 %. On observe depuis une remontée qui situe le taux de décrochage scolaire à près de 36 %, plus élevé donc que le taux moyen canadien (30 %) ou américain (13 %), selon les données d'Emploi et Immigration Canada (1990) que l'on peut voir au Tableau 3 qui précède. De manière générale, les garçons décrochent des études beaucoup plus que les filles (42,4 % contre 28,8 %). Au plan régional, les données du MEQ (1991) montrent que les zones périphériques ont des taux d'abandon plus élevés que les régions urbanisées centrales.

Quand on examine ces données qui montrent l'ampleur du décrochage scolaire et qui reflètent à la fois la relative inefficacité des systèmes de formation au Canada et au Québec[1], il nous vient à l'esprit plusieurs questions. On peut se demander, entre autres, à quoi il sert de consacrer tant d'efforts et de ressources financières pour faciliter à tous l'accès à l'enseignement si les systèmes éducatifs ne se révèlent pas plus aptes à retenir les élèves et à les conduire jusqu'au terme normal de leurs études qui est l'obtention du diplôme. Loin de remettre en question l'objectif de la démocratisation de l'enseignement, une telle question, dans notre optique, est un appel pour un renforcement de la qualité des systèmes d'éducation par des mesures et des programmes d'action susceptibles entre autres de diminuer, sinon d'enrayer des phénomènes aussi néfastes que l'abandon scolaire.

Le succès de telles actions passe par la compréhension de ce phénomène et donc l'identification de ses causes multiples et complexes. Plusieurs chercheures et chercheurs se sont penchés récemment sur cette importante dimension du phénomène (Beauchesne, 1991; Lévesque et Pageau, 1990; Rumberger, 1987; Stern et al., 1988; Barrett, 1989). Quant à nous, à travers quelques-unes de ses conséquences socio-économiques, nous allons examiner à présent les coûts de l'abandon scolaire et donc les raisons pour lesquelles il importe de le combattre.

Les conséquences socio-économiques du décrochage scolaire

Il nous faut souligner d'entrée de jeu que le décrochage scolaire au Québec n'a pas, à notre connaissance, fait l'objet d'études empiriques détaillées en ce qui concerne ses coûts économiques et sociaux. Ou si études il y a eu, elles n'ont pas été publiées[2]. Par contre, des études ont été menées dans d'autres pays, notamment aux États-Unis. Elles seront fort éclairantes pour notre propos, compte tenu des ressemblances importantes que présentent le phénomène et les structures socio-économiques entre ici et ailleurs. Quoiqu'il en soit, à l'instar des bienfaits ou bénéfices de l'éducation, le décrochage scolaire entraîne des coûts pour les individus et pour la société.

Conséquences individuelles

Abandonner l'école avant d'avoir obtenu, en l'occurrence, son diplôme d'études secondaires affecte directement l'élève qui décroche et ces effets, à leur tour, entraînent d'autres conséquences que l'on pourra qualifier d'indirectes. Deux conséquences directes correspondant à la non ou à la mal-atteinte des objectifs majeurs de l'école seront ici identifiées.

a)   Savoir et savoir-faire

Le niveau du rendement scolaire du jeune décrocheur est relativement faible. Généralement, il n'aura pas acquis ce SAVOIR et ce SAVOIR-FAIRE que l'école est censée lui transmettre. Les observations faites dans la plupart des pays montrent que le jeune qui décroche, même après trois ou quatre années d'études secondaires, manifeste une très grande pauvreté de vocabulaire, une faible capacité quant à la lecture et à l'écriture et donc pour la communication orale et la rédaction. Par ailleurs, sa connaissance et sa maîtrise des notions et principes de base des sciences et des mathématiques sont plutôt limitées. À toutes fins pratiques, le jeune décrocheur, tant au plan des connaissances que des habiletés, présente de graves lacunes comparativement à ses collègues qui auront persévéré jusqu'au diplôme. On peut citer à cet égard les résultats d'une enquête réalisée en 1989 par le Conference Board of Canada selon laquelle « de faibles capacités de lecture, d'écriture et de calcul coûteraient à l'entreprise canadienne l'équivalent de 4,2 milliards de dollars par année en pertes de productivité, erreurs humaines et frais de formation additionnels » (cité par CCDS, 1991, p.8).

b)   Savoir-être

Ces faiblesses, quant à la performance scolaire, s'accompagnent très souvent d'un SAVOIR-ÊTRE mal assuré. L'école lâchée trop tôt, n'aura pas eu le temps de bien remplir sa mission de socialiser le jeune à certaines valeurs et à certaines attitudes. C'est ainsi, par exemple, que le jeune décrocheur, pour avoir expérimenté des difficultés et l'échec scolaires, manifestera un manque de confiance en lui-même et un manque d'estime de lui-même qui le rendront plus instable; pour avoir éprouvé moins de satisfaction personnelle par rapport à sa vie et à une certaine qualité possible de vie, le jeune décrocheur devient vite aigri face aux autres et à lui-même, candidat potentiel à toutes formes de délinquance ou déviance sociales, quand ce n'est pas au suicide. Bien sûr, on parle ici de tendance et de potentialité mais elles ne conditionnent pas moins d'autres dimensions, indirectes, mais plus tangibles et quantifiables de la vie du jeune décrocheur.

c) Employabilité

Les lacunes dont il a été question précédemment expliquent que le décrocheur, comparativement à son collègue diplômé, a une chance ou une probabilité beaucoup plus faible d'obtenir un emploi. Selon les résultats d'enquêtes menées aux États-Unis[3] (Sherman, 1987, p. VII) sur la base de données de 1986, le taux d'emploi des jeunes adultes de 18 à 24 ans qui avaient terminé leurs études au niveau du « high school » (équivalent du secondaire) était de 44 % plus élevé que celui de ceux qui avaient décroché; pour ceux de 25 à 44 ans, l'écart, toujours au détriment des décrocheurs, était de 36 % et pour ceux de 45 à 64 ans, le taux d'emploi des décrocheurs était de 28 % inférieur à celui des diplômés du secondaire.

De ces données globales, il doit être mis en relief que les exigences du marché de l'emploi en matière de qualifications, et donc de formation, augmentent dans le temps. Cela ressort clairement de l'augmentation constante du différentiel des taux d'emploi quand on passe des décrocheurs plus âgés vers les moins âgés. Autrement dit, le taux de chômage chez les décrocheurs d'aujourd'hui est plus élevé que celui des décrocheurs d'il y a dix ou vingt ans. Rien d'étonnant, puisque nos sociétés et nos économies d'aujourd'hui, plus complexes, plus technologisées, et plus informatisées exigent une plus grande scolarisation.

Le Conseil consultatif national des sciences et de la technologie (avril 1991, p. 4), dans son Rapport « *Apprendre pour gagner...* », estime que 64 % des nouveaux emplois créés au Canada entre 1986 et l'an 2000 exigeront un minimum de 12 années de scolarité Et pour sa part, Emploi et Immigration Canada (1989) avertit que d'ici la fin de la décennie, il y aura moins d'emplois pour les décrocheurs du secondaire. En effet, estime l'organisme fédéral, à partir du milieu des années 1980, le nombre des emplois nécessitant les qualifications de travailleuses et de travailleurs qui n'ont pas terminé le secondaire passera de près de la moitié (45,3 %) à un tiers (32,8 %) de l'ensemble des emplois offerts.

Ce qui vient d'être dit en ce qui concerne l'employabilité plus faible des décrocheurs aux États-Unis et au Canada en général, se vérifie également au Québec. Sur la base des données du Recensement de 1986, Louis Dionne (1990, p. 4) estimait comme suit les taux de chômage en fonction du niveau des études :

Tableau 5

Taux de chômage et niveau de scolarité

	Total	Hommes	Femmes
- 9 ans et moins de scolarité	16,7 %	15,7 %	18,6 %
- Entre 9 et 13 ans sans diplôme	17,9	16,6	19,9
- 9 à 13 ans avec diplôme	12,3	11,2	13,6

Il a observé également que les décrocheurs d'aujourd'hui sont significativement plus affectés par le chômage que ceux d'hier. Les données suivantes illustrent cette situation :

Tableau 6

**Taux de chômage selon
le sexe, l'âge et le niveau de scolarité**

	Moins de 9 ans de scolarité			9 à 13 ans sans diplôme			9 à 13 ans avec diplôme		
	% H	% F	% T	% H	% F	% T	% H	% F	% T
15 à 24 ans	34,5	35,9	34,9	25,3	29,6	26,9	18,0	19,3	18,6
25 à 34 ans	23,5	24,7	23,9	16,2	20,5	17,8	10,6	12,4	11,5
35 à 44 ans	16,3	19,1	17,4	12,4	15,1	13,6	8,2	11,9	9,9
45 et plus	12,6	15,7	13,6	9,9	12,7	11,0	8,2	10,3	9,0

Il est donc vrai d'affirmer que celle ou celui qui ne persévère pas dans la poursuite de ses études s'expose davantage à devenir chômeur. En outre, le décrocheur s'expose à être confiné à un éventail réduit d'emplois pour lesquels les conditions ne sont pas des plus intéressantes.

d)   Type d'emplois

Sur le plan de la qualité des emplois susceptibles d'être obtenus, les décrocheurs se voient également défavorisés par rapport aux diplômés. Dans son étude portant sur le décrochage scolaire aux USA, Joël Sherman (1987) observe que les emplois généralement obtenus par les décrocheurs demandent moins de qualifications, présentent des conditions matérielles plus dures tout en étant moins bien payés. Ces postes tels que les opérateurs de machines, les occupations non spécialisées du secteur des services comme serveurs dans les restaurants-minute, caissières de grands magasins, pompistes dans les stations-services, porteurs, etc. en 1986, étaient occupés selon les ratios suivants aux États-Unis :

16 à 24 ans :   62 diplômés du secondaire pour 100 décrocheurs

25 à 44 ans :   55 diplômés du secondaire pour 100 décrocheurs

45 à 64 ans :   45 diplômés du secondaire pour 100 décrocheurs.

À l'inverse, dans les postes intéressants et bien rémunérés liés à des activités professionnelles et managériales, le même auteur a observé que les garçons détenteurs du diplôme d'études secondaires, âgés de 16 à 24 ans, étaient deux fois et demie plus nombreux que les décrocheurs, l'écart étant légèrement plus faible pour les filles. Des observations semblables ont pu être faites ailleurs.

Ainsi en Californie, Stern et al. (1986) soulignent en effet qu'en 1982, pour 45 diplômés du secondaire effectuant un travail de bureau intéressant et bien payé, il n'y avait que 9 décrocheurs. Le ratio, plus faible pour les métiers spécialisés, était de pas moins de 18 diplômés pour 5 décrocheurs. Des résultats analogues ont été observés pour l'Ontario (Lawton, 1988). En ce qui concerne le Québec, l'étude de Dionne (1990, p. 13) souligne que 70 % des décrocheurs se retrouvent dans les postes mal payés des secteurs des services, de la fabrication, de la construction et des transports. Par ailleurs, ces postes sont relativement précaires, ce qui explique la plus grande instabilité des décrocheurs en matière d'emploi. On comprend dès lors que le diplôme du secondaire représente dans le contexte actuel une étape scolaire cruciale pour la formation de la jeunesse et de la main-d'oeuvre future.

e)   Revenu

Il en a été fait mention plus haut : les décrocheurs, en moyenne, gagnent des revenus inférieurs à ceux des diplômés du secondaire. L'étude de Sherman (1987, p. 71) estime pour les États-Unis que cet écart, était en 1984, d'environ un tiers pour les hommes et les femmes de 25 ans et plus. Et sur l'ensemble de la vie active (soit de 18 à 65 ans), les gains des diplômés du secondaire présentaient un différentiel moyen de l'ordre de 200 000 $ comparativement à ceux des décrocheurs : 260 000 $ pour les hommes (861 000 $ pour les diplômés contre 601 000 $ pour les décrocheurs) et 170 000 $ pour les femmes (381 000 $ pour les diplômées contre 211 000 $ pour les décrocheuses). Deux ans plus tard, l'inflation sans doute aidant, ce différentiel pour les hommes était passé à 580 000 $ (1 760 000 $ pour les diplômés contre

1 180 000 $ pour les décrocheurs) et pour les femmes à 300 000 $ (679 000 $ pour les diplômées contre 380 000 $ pour les décrocheuses).

Des études aussi détaillées n'ont pas été effectuées pour le Québec. Mais récemment, David Ross et Richard Shillington (1990) ont produit quelques estimations des revenus des décrocheurs comparativement à ceux des diplômés du secondaire pour le Canada. Elles vont dans le même sens que les résultats mentionnés plus haut concernant les États-Unis, à savoir que « les décrocheurs de l'école secondaire touchent un revenu beaucoup moins élevé pendant leur vie active (25 à 65 ans) que les personnes qui terminent leur douzième année ».

Nous basant sur les calculs de Ross et Shillington, on observe que, sur toute la période de leur vie active, les hommes diplômés du secondaire gagnent 400 000 $ de plus que les décrocheurs (1 500 000 $ pour les diplômés contre 1 100 000 $ pour les décrocheurs). En ce qui concerne les femmes, le différentiel de revenu entre diplômées et décrocheuses est de 300 000 $ (700 000 $ pour les diplômées contre 400 000 $ pour les décrocheuses).

Nous ne voudrions pas conclure l'analyse des conséquences du décrochage scolaire sans d'abord faire ces deux dernières observations. D'abord, nous voulons enlever la fausse impression que nous avons pu laisser jusqu'ici, à savoir que le décrochage scolaire explique à lui seul les différences observées, notamment en termes de taux d'emploi et de niveau de revenu, entre diplômés et non diplômés du secondaire. Il n'en est évidemment rien. Il n'est pas à démontrer ici que d'autres facteurs importants, comme l'appartenance raciale ou ethnoculturelle, le sexe, interviennent dans la plus ou moins grande facilité que l'on a d'obtenir un emploi et d'avoir un revenu plus ou moins élevé. Les résultats de l'étude de Sherman (1987) pour les États-Unis sont à cet égard très éclairants. McDill et al. (1986) pour leur part estiment qu'environ la moitié seulement du différentiel de revenu entre diplômés et non-diplômés du secondaire est à mettre au compte du décrochage scolaire. On vient de le voir d'ailleurs pour le niveau de revenu au Canada où les différentiels de revenu entre diplômés et décrocheurs, selon que l'on est une femme ou un homme, sont respectivement 75 % et 36 %. Ce qui doit donc être souligné, c'est que les filles, comparativement aux garçons, perdent beaucoup plus à ne pas poursuivre jusqu'au bout leurs études. On ne peut malheureusement pas en dire autant pour les membres des groupes ethniques minoritaires Noirs et Hispaniques, comparativement aux Blancs anglo-saxons, dans le contexte américain.

Nous voudrions en deuxième lieu souligner que certaines recherches ont de manière paradoxale montré que le décrochage scolaire peut avoir des effets positifs. C'est notamment le cas lorsque certains jeunes adultes, ne voulant plus rien savoir de l'école, n'en retirent non seulement plus rien pour eux-mêmes mais empêchent leurs autres collègues d'en tirer tout le bénéfice possible. Dans ces cas, il peut être préférable pour le jeune d'aller vers le marché du travail. En s'adonnant à une activité correspondant mieux à leurs préférences, selon Wehlage et Rutter (1986), certains des décrocheurs réussissent même à améliorer leur estime d'eux-mêmes et leur confiance en eux-mêmes. Mais au total, il n'en reste pas moins que le bilan est nettement négatif. Cette dernière remarque nous amène à examiner brièvement quelques éléments des coûts du décrochage scolaire pour la société.

Conséquences pour la société

Les conséquences du décrochage scolaire ont été analysées jusqu'ici en termes de coût ou de manque à gagner pour les individus et pour leurs familles, peut-on ajouter. Mais ces personnes sont des membres de la collectivité, de sorte que c'est la société tout entière qui indirectement se trouve touchée par l'abandon scolaire. Malheureusement, ces coûts sociétaux ne sont pas chiffrés. Nous en tenterons une estimation après avoir examiné ce que quelques recherches américaines nous en disent.

Il y a déjà vingt ans, dans une étude des coûts de l'abandon scolaire, Levin (1972) avait identifié sept (7) conséquences ou éléments de coût d'une éducation inadéquate : a) pertes de revenu national; b) manque à gagner pour les gouvernements en termes de revenus fiscaux; c) accroissement de la demande des services sociaux (bien-être social); d) augmentation de la criminalité; e) diminution de la participation à la vie politique; f) réduction de la mobilité intergénérationnelle; g) accroissement des dépenses de soins de santé. Et Levin d'estimer, pour 1969, la perte de revenus entraînée par les décrocheurs de 25 à 34 ans à 237 milliards de dollars, le manque à gagner fiscal correspondant à 71 milliards de dollars, et les coûts pour la prévention des crimes à 3 milliards. En y ajoutant d'autres coûts liés au bien-être social, le coût total atteint 77 milliards de dollars pour la seule année 1969. Plus récemment, un autre chercheur américain, Catterall (1985) a estimé pour les décrocheurs de 1981 la perte de revenus de toute leur vie à 228 milliards de dollars et à environ 68 milliards le manque à gagner fiscal de tous les niveaux de gouvernements.

En ce qui concerne le Canada, sur la base du nombre estimé de 100 000 décrocheurs pour 1991 par Emploi et Immigration Canada et d'une perte moyenne par décrocheur de 385 000 $ de revenus durant leur vie active, nous estimons que le manque à gagner de revenu total serait de 38,5 milliards de dollars et le manque à gagner fiscal de l'ordre de 12 milliards de dollars. Si l'on ajoute à la perte de revenus fiscaux les coûts de bien-être social, les dépenses de soins de santé, les coûts de prévention de la délinquance sociale et du crime, c'est à un montant total variant entre 14 et 15 milliards de dollars qu'on doit estimer les coûts sociaux du décrochage scolaire au Canada pour la seule année 1991. Et pour le Québec, ces coûts, sur la base de 30 % du total canadien, pourraient varier entre 4 et 5 milliards de dollars, soit environ les deux tiers des dépenses globales consacrées à l'enseignement primaire et secondaire public et privé en 1989 ou l'équivalent de toutes les dépenses de fonctionnement des commissions scolaires pour la même année.

Conclusion

Il sera important de poursuivre cette recherche sur les coûts économiques et sociaux du décrochage scolaire. Deux directions seront empruntées pour ce faire : d'une part celle d'un affinement des calculs qui ont été effectués notamment par l'actualisation des revenus (et pertes de revenus) futurs, d'autre part celle de l'utilisation de données statistiques plus récentes que celles de 1986, ce qui sera possible avec la publication des données du Recensement de 1991 de Statistique Canada. En attendant, de l'ensemble des faits qui ont été présentés et des idées qui ont été développées jusqu'ici, il est possible de dégager quelques conclusions, à la vérité fort simples mais importantes, comme fondements pour un plan d'action contre le décrochage scolaire.

1°   La ressource humaine est importante et son importance ne peut aller qu'en augmentant avec la complexification de notre société, la technologisation de notre économie et la mondialisation des échanges;

2°   La ressource humaine reste cependant une richesse qui est loin d'être exploitée à sa pleine mesure au Québec et au Canada, si l'on se compare, au plan de la compétitivité, aux autres pays industriels les plus avancés;

3°   Malgré certains avatars du fonctionnement de notre économie, il est encore vrai de dire aujourd'hui, tant pour les individus que pour la société « qui s'instruit s'enrichit »;

4°   Des efforts financiers considérables ont été consacrés aux systèmes d'éducation avec des résultats positifs pour la démocratisation de l'enseignement. Mais les taux élevés de décrochage scolaire indiquent qu'il y a encore beaucoup à faire pour améliorer la qualité de l'éducation et avoir des systèmes d'enseignement plus efficaces;

5°   Le coût de ce décrochage scolaire est particulièrement élevé quand on calcule la perte de revenu national et le manque à gagner fiscal qu'il entraîne. Et quand bien même un plan d'action devait, dans le cas du Québec, coûter sur les cinq prochaines années 500 millions de dollars, ce ne serait que le dixième des pertes de revenus fiscaux pour les seuls décrocheurs de 1991.

Voilà donc autant de raisons pour ne plus hésiter à entreprendre ce plan de lutte contre le décrochage scolaire, en sachant clairement que l'argent dépensé sera de l'argent investi et que cet investissement ne peut être que très rentable, tant pour les individus que pour la société. Face à de telles constatations, l'on souscrit très volontiers à la déclaration d'Emploi et Immigration Canada (1990) quand il souligne que « si l'abandon scolaire n'est pas maîtrisé, le taux de décrochage actuel se traduira par une perte inacceptable de potentiel humain, des coûts sociaux élevés et une grave pénurie des compétences requises pour développer l'emploi, la productivité et les revenus pour tous les Canadiens ».

Notes

[1] Nous signalerons juste en passant - puisque ce n'est pas l'objet de notre propos - que le redoublement est un autre indice important de l'inefficacité interne du système scolaire du Québec. Une recherche récente du ministère de l'Éducation (Ristic, 1990) établissait pour l'année 1989-90 à 76 931 le nombre d'élèves des commissions scolaires qui avaient recommencé une classe, soit 7,8 % de l'effectif scolaire total. Le coût de ce redoublement, selon la même étude, pouvait être estimé à 505,2 millions de dollars, soit 9,9 % de toutes les dépenses de fonctionnement des commissions scolaires en 1989/90.

[2] Au moment d'envoyer cet article, nous avons reçu une toute dernière étude de Marius Demers sur « *La rentabilité du diplôme* ». Elle corrobore dans l'ensemble les principaux points de notre analyse socio-économique du décrochage scolaire. C'est ainsi que l'étude de Demers (1991, p. 65) conclut que « le fait d'amener un décrocheur potentiel à obtenir son diplôme d'études secondaires procure à la société un taux de rendement réel de 8 % ». Il n'y a pas beaucoup de secteurs où les investissements ont un tel taux de rentabilité. Par ailleurs, une dernière étude du Conference Board du Canada (1992) corrobore également nos analyses. Selon cette étude, la société canadienne perdra plus de quatre milliards de dollars durant la vie active des jeunes qui ont décroché du secondaire en 1989.

[3] À noter, selon la même étude, qu'entre 600 000 et 700 000 jeunes et jeunes adultes de 14 à 24 ans abandonnent l'école chaque année (soit 325 à 375 000 garçons et 290 à 325 000 filles) Pour l'année considérée, environ 4,3 millions de jeunes entre 16 et 24 ans n'étaient pas inscrits dans un « high school », ni ne détenaient un diplôme de « high school ».

Bibliographie

Barrett, G. (1989). *Disaffection from School. The Early Years,* London : Falmer Press.

Beauchesne, L. (1991). *Les abandons au secondaire : profil socio-démographique,* Direction des études économiques et démographiques, ministère de l'Éducation, (février), Gouvernement du Québec.

Catterall, J. S. (1985). *On the Social Cost of Dropping out of School,* Stanford Education Policy Institute, School of Education, Stanford University, Stanford, CA.

Conference Board du Canada (1992). *Les coûts du décrochage scolaire pour le Canada,* Ottawa.

Conseil canadien de développement social (CCDS) (1990). Développement social en perpectives, *Supplément L'école avant tout,* no 1.

Conseil consultatif national des sciences et de la technologie (CCNST) (1991). *Apprendre pour gagner : éducation, formation et prospérité nationale,* Rapport du Comité du développement des ressources humaines, Ottawa.

Demers, M. (1991). *La rentabilité du diplôme, Direction des études économiques et démographiques,* ministère de l'Éducation (octobre), Gouvernement du Québec.

Dionne, L. (1990). *La scolarisation des travailleurs québécois : examen des données du Recensement de 1986,* Série Études et analyses, DEED, Ministère de l'Éducation du Québec.

Emploi et Immigration Canada (1990). *Projet national d'incitation à la poursuite des études,* Ottawa.

Lawton, S.B. (1988). *Persévérance scolaire et transition dans les écoles secondaires de l'Ontario; politiques, pratiques et perspectives d'avenir,* ministère de l'Éducation, Ontario.

Lévesque, M. et Pageau, D. (1990). *La persévérance aux études,* Direction générale de l'enseignement collégial, Ministère de l'enseignement supérieur et de la science, Gouvernement du Québec.

McDill, E. et al. (1986, fév.). A Population at Risk. Potential Consequences of Tougher School Standards for Student Dropouts, *American Journal of Education,* 94, pp. 135-181.

Ministère de l'Éducation du Québec (1991). *Indicateurs sur la situation de l'enseignement primaire et secondaire,* Québec.

Psacharopoulos, G. et al. (1988). *L'éducation pour le développement; une analyse des choix d'investissement,* Paris : Economica.

Ristic, B. (1990). *Le redoublement dans les commissions scolaires du Québec : le coût pour l'année 1989-90 et l'incidence sur le retard scolaire* (collaboratrice Diane Brassard), ministère de l'Éducation du Québec.

Ross, D. et Shillington, R. (1990). *Rapport sur le décrochage scolaire,* préparé pour le Comité sénatorial permanent des affaires sociales des sciences et de la technologie, Ottawa.

Rumberger, R. (1987). High School Dropouts : A Review of Issues and Evidence, *Review Of Educational Research* (57, 2, pp. 101-121).

Sherman, Joël D. (1987). *Dropping Out Of School, Vol. I : Causes and Consequences for Male and Female Youth,* Department of Education, Washington, D.C., Office of Planning, Budget and Evaluation.

Stern, D. et al. (1986). *Reducing The High School Drop Out Rate in California : Why We Should and How We May,* Berkeley, University of California.

Stern, D. et al. (1988). Combining Academic and Vocational Courses in an Integrated Program to Reduce High School Dropout Rates : Second Year Results from Replication of the California Peninsula Academics, *Educational Evaluation and Policy Analysis,* Vol. 10, No 2, pp. 161-170.

Wehlage, G. et Rutter, R. (1986). "Dropping Out : How Much Do Schools Contribute to the Problem?", *Teachers College Record,* vol. 87, no 3, pp. 374-392.

Le redoublement et l'abandon scolaire : comparaisons internationales

Miala Diambomba, professeur
Département d'administration et politique scolaires
Faculté des sciences de l'éducation
Université Laval

Roland Ouellet, professeur
Département d'administration et politique scolaires
Faculté des sciences de l'éducation
Université Laval

La baisse des ressources financières disponibles en éducation a relancé le débat sur l'efficacité des systèmes scolaires dans la plupart des pays du monde. En effet, malgré l'importance des moyens consacrés à ces systèmes depuis les années 60, la plupart des pays connaissent des taux de redoublement et d'abandon scolaire relativement élevés.

L'intérêt croissant pour ces phénomènes tient donc au fait que ceux-ci provoquent un accroissement important des coûts directs et indirects de l'éducation.

D'une part, les coûts directs augmentent parce que les redoublements et les abandons qui en résultent accroissent le nombre moyen d'années de présence d'un élève dans le système scolaire et qu'ainsi, l'État doit payer pour un nombre d'années plus élevé que celui qui est théoriquement requis, pour chaque élève qui termine le cycle d'études. Plus élevé est le taux de redoublement et d'abandon, plus coûteux est le système scolaire.

Les coûts directs augmentent aussi parce que les élèves qui redoublent prennent la place d'autres élèves. Plus élevé est le taux de redoublement, plus basse devient la capacité d'accueil du système scolaire. Même si la baisse de la capacité d'accueil ne se traduit pas par l'impossibilité d'accepter tous les enfants d'âge scolaire dans le système, comme cela est souvent le cas dans les pays en développement, elle se manifeste toutefois dans ces derniers cas, par une diminution du temps moyen d'encadrement de l'ensemble des élèves parce que le redoublement tend à augmenter le nombre d'élèves dans le système scolaire.

D'autre part, les coûts indirects augmentent également parce que les élèves qui redoublent tendent à abandonner l'école. On s'entend généralement sur le fait que les élèves qui abandonnent tendent à recevoir des revenus plus bas pendant leur vie active que ceux qui terminent leurs cycles de formation. Ces faibles revenus se traduisent par une baisse dans les revenus collectifs parce qu'ils signifient moins de taxes et d'impôts pour l'État. Par ailleurs, les élèves qui abandonnent l'école et qui sont incapables de trouver des emplois alourdissent les coûts sociaux. Non seulement tendent-ils à être pris en charge par le bien-être social, mais certains jeunes recourent aux activités illicites qui entraînent des coûts encore plus importants que ceux relatifs à leur scolarisation éventuelle.

Le regain de l'intérêt pour le problème du redoublement et de l'abandon scolaires s'explique donc par le fait que la solution à ce problème permettrait de diminuer les coûts de l'éducation et de contribuer à l'amélioration de la situation financière des systèmes scolaires, sans compter que pour bon nombre de pays, en particulier les pays industriellement avancés, l'obtention d'un diplôme de niveau secondaire constitue une exigence minimale pour s'insérer socialement et professionnellement dans la société.

But du texte et démarche

C'est pour éviter l'accroissement des coûts financiers et sociaux engendrés que le redoublement et l'abandon scolaires sont désormais au centre d'un débat important au Québec. En effet, le Québec est aux prises, depuis quelques années, avec une recrudescence du décrochage scolaire. On est donc à la recherche de solutions à ce problème. Cependant, puisque l'abandon scolaire est un phénomène mondial, la recherche de ces solutions pourrait s'enrichir en faisant l'examen de la situation qui prévaut dans d'autres pays. Voilà la préoccupation qui a présidé à la présente réflexion. Plus spécifiquement, ce texte vise à faire une recension sommaire de la façon dont le problème de l'abandon scolaire se présente au Québec et dans certains autres pays, dans le but de montrer comment ce problème se manifeste et s'explique afin d'éclairer davantage la situation québécoise.

Cette revue compare donc sommairement les taux d'abandon observés au Québec à ceux que connaissent d'autres pays situés à divers stades de développement. Cependant, étant donné l'absence bien souvent de données sur ce phénomène, nous traiterons également du redoublement, qui constitue l'un des facteurs à la base de l'abandon scolaire.

La présente réflexion ne prétend toutefois pas donner une vue complète de la question et de ce fait, devrait donc être considérée comme un point de départ pour d'autres études plus approfondies sur la problématique en question.

1. Les problèmes inhérents aux comparaisons des données

Les comparaisons internationales des indicateurs de l'efficacité des systèmes scolaires comportent des difficultés pour deux raisons. D'une part, les systèmes scolaires sont organisés différemment et, d'autre part, leurs objectifs varient selon les contextes économiques et sociaux auxquels ils se réfèrent.

En ce qui concerne le redoublement, par exemple, sa signification varie selon les écoles de pensée et, en particulier, selon les niveaux scolaires dont il est question. Alors que ce phénomène est souvent considéré comme un coût par les économistes, pour certains pédagogues, il s'agit d'un facteur positif car il permet aux élèves de renforcer leurs acquis; le redoublement devrait donc les aider à mieux réussir les classes subséquentes (Schwille et al., 1991). Par ailleurs, même en admettant qu'il s'agisse d'un facteur négatif, la comparaison internationale des taux de redoublement est rendue difficile à cause des différences dans les conditions d'organisation des activités d'apprentissage et même dans les objectifs poursuivis. C'est donc seulement en supposant que les conditions d'organisation de ces activités scolaires sont similaires qu'il est possible de comparer ces taux pour différents pays.

Ces comparaisons sont encore plus difficiles en ce qui concerne l'abandon scolaire. En tout premier lieu, cette difficulté tient au fait que les élèves quittant le système scolaire à un moment donné peuvent y revenir; en pareil cas, l'abandon est un phénomène temporaire et n'a probablement pas d'impact économique et social négatif. Par ailleurs, puisque les habiletés et les compétences requises pour l'insertion socioprofessionnelle sont structurées de façon pyramidale, il est possible que, même s'ils ne finissent pas les cycles de formation, les élèves quittent le système scolaire avec des niveaux adéquats d'habiletés leur permettant de fonctionner convenablement dans la société. On peut, par exemple, penser que dans un pays technologiquement peu avancé, le niveau des compétences techniques requises sur le marché du travail est relativement bas et qu'en conséquence, d'un point de vue strictement économique, les élèves quittant le système scolaire sans diplôme ne devraient probablement pas être qualifiés de décrocheurs.

En fait, on ne peut qualifier les élèves quittant l'école sans diplôme de décrocheurs que si l'on connaît, de façon sûre, les habiletés que les jeunes doivent posséder pour une insertion efficace dans la vie active et les niveaux scolaires nécessaires pour les acquérir. Or de telles habiletés varient selon les contextes et dans le temps même pour un contexte donné.

En conséquence, comme le précise l'UNESCO (1972), on ne peut faire de telles comparaisons que si l'on a une bonne connaissance :

a) **des structures scolaires**, c'est-à-dire, des conditions dans lesquelles les systèmes scolaires sont organisés : les objectifs scolaires, la durée des cycles scolaires, le mode de promotion, les conditions matérielles existantes, etc.

b) **des politiques scolaires.** Le fait par exemple de considérer l'enseignement primaire et une partie du secondaire comme un enseignement fondamental (dans plusieurs pays africains ce cycle comprend les neuf premières années d'études) auquel tous les jeunes doivent être soumis implique que, dans les pays où une telle politique est en vigueur, la promotion est presque automatique d'une année à l'autre, du moins officiellement.

c) **des contextes économiques et sociaux.** En effet, les exigences scolaires sont déterminées par le type et le niveau de main-d'oeuvre requis par les systèmes économiques et sociaux. Le fait de quitter le système scolaire prématurément pourrait constituer un problème majeur pour certains pays, sans que cela ne soit le cas pour d'autres.

d) enfin, **de l'histoire.** Certains événements nationaux peuvent entraîner des fluctuations épisodiques dans les indicateurs de l'efficacité d'un système scolaire.

Malgré ces difficultés, les comparaisons internationales des indicateurs du redoublement et de l'abandon sont d'une certaine utilité parce qu'elles permettent de relativiser la portée des problèmes qu'elles révèlent. C'est dans cette perspective que nous comparons les statistiques du redoublement et de l'abandon scolaires au Québec à celles décrivant la situation d'autres pays.

2. L'ampleur du problème du redoublement scolaire au Québec et dans d'autres pays

2.1 Les taux de redoublement au Québec

Le taux de redoublement est estimé, au Québec, à partir du retard scolaire. Au primaire, ce retard est mesuré par la proportion des jeunes de 12 ans qui n'ont pas encore commencé leurs études secondaires et, au secondaire, par le nombre d'élèves de 17 ans qui n'ont pas encore complété le cycle secondaire à cet âge. Le retard scolaire est donc un indicateur du fait que les jeunes redoublent une ou plusieurs années à partir du primaire.

Les données du ministère de l'Éducation du Québec (Tableau 1) indiquent qu'au primaire, la proportion des jeunes connaissant un certain retard scolaire représente près d'un quart des effectifs. Le taux de retard scolaire, qui a connu un fléchissement au milieu des années 80, s'est de nouveau accru à partir de 1988. Ainsi, même si la proportion de ces élèves est désormais moins élevée que pendant les années 70, elle atteint encore 22,9 % en 1989.

Tableau 1

Incidence du retard scolaire à l'enseignement primaire et secondaire

	1979	1980	1985	1987	1988	1989
Primaire	26,3	25,6	21,5	20,2	22,1	22,9
Secondaire	52,6	52,4	46,2	52,1	50,1	50,1

Sources : Ministère de l'Éducation du Québec, Indicateurs sur la situation de l'enseignement primaire et secondaire, 1989, 1990, 1991a.

On observe une tendance similaire au secondaire. D'après ces mêmes données, la proportion des jeunes du secondaire connaissant un certain retard scolaire a baissé de 52,6 % en 1979 à 46,2 % en 1985; elle est cependant remontée à 52,1 % en 1987 pour se situer à 50,1 % en 1989.

Qui sont celles et ceux qui redoublent? Il s'agit, selon Ristic et Brassard (1990), en majorité des enfants ayant des difficultés d'apprentissage (EDAA). Les données fournies par ces auteurs montrent (Tableau 2) que les élèves qui ont redoublé en 1989-90 représentent 7,8 % de l'effectif total du primaire et du secondaire des commissions scolaires du Québec. Le taux de redoublement était de 5,0 % au primaire et 12,2 % au secondaire. En termes d'ordre d'enseignement, c'est surtout au secondaire que ce taux est le plus élevé; 61 % du total des élèves qui redoublent poursuivaient ce type d'études en 1989. La différence entre ces données et celles du ministère de l'Éducation s'explique par le fait que dans le premier cas l'étude vaut pour une année donnée alors que dans le second cas, ce sont les redoublements pour l'ensemble des cycles qui ont été dénombrés.

Tableau 2

**Effectif scolaire et redoublement de l'ensemble
des élèves des commissions scolaires,
des EDAA et des élèves ordinaires en 1989-90**

	Préscolaire et primaire	Secondaire	Total
Ensemble des élèves des CS	601 887	384 064	985 951
Nombre de redoublants	30 003	46 928	76 931
Pourcentage des redoublants :			
. dans l'effectif scolaire	5,0	12,2	7,8
. selon l'ordre d'enseignement	39,0	61,0	100,0
EDAA, Effectifs scolaires	73 443	57 053	131 402
Nombre de redoublants	15 109	18 389	33 498
Pourcentage des redoublants :			
. dans l'effectif scolaire	20,0	31,7	25,5
. selon l'ordre d'enseignement	45,1	54,9	100,0
Élèves ordinaires des CS			
Effectifs scolaires	528 438	326 111	854 549
Nombre de redoublants	14 894	28 539	43 433
Pourcentage des redoublants :			
. dans l'effectif scolaire	2,8	8,8	5,1
. selon l'ordre d'enseignement	34,3	65,7	100,0

Source : Ristic et Brassard, 1990.

Cependant, c'est chez les élèves en difficulté d'apprentissage que le taux de redoublement est le plus élevé : 20 % de ces élèves avaient redoublé au préscolaire et au primaire en 1989-90 et 31,7 % au secondaire, pour un taux général de 25,5 %. En ce qui concerne les élèves dits « ordinaires », les taux étaient respectivement de 2,8 % au préscolaire et au primaire et de 8,8 % au secondaire, pour un taux général de 5,1 %. La proportion des redoublants était donc plus élevée au secondaire qu'au primaire tant chez les jeunes en difficulté d'apprentissage que chez les élèves « ordinaires ».

Comme les données de Ristic et Brassard suggèrent que le redoublement est essentiellement lié aux difficultés d'apprentissage, il y a lieu de se demander si l'attention ne devrait pas être focalisée sur les enfants qui connaissent de telles difficultés plutôt que sur l'ensemble des effectifs. Les enfants en difficulté d'apprentissage représentaient, en 1989-90, environ 13 % des effectifs totaux des commissions scolaires.

2.2 Les taux de redoublement dans d'autres pays

Lorsque la situation du Québec est comparée à celle d'autres pays, les résultats dépendent, d'une part, des données utilisées dans la comparaison et, d'autre part, des pays auxquels le Québec est comparé. Si l'on se base sur les données du ministère de l'Éducation, qui établissent le taux de redoublement à environ un quart des effectifs totaux du primaire et du secondaire, alors la situation du Québec se rapproche de celle des pays en développement, où ce taux pour le primaire représente souvent jusqu'à un tiers des effectifs. (Tableau 3)

Tableau 3

**Taux de redoublement au sein de l'enseignement
primaire dans certains pays en 1988**

Pays	Total	I	II	III	IV	V	VI
Tunisie	20	19	17	18	16	20	28
Gabon	31	39	27	31	22	21	36
Maroc	15	13	14	12	15	23	
Congo	34	37	23	40	35	34	36
Côte d'Ivoire28	21	20	26	24	29	4	
Zaïre	19	21	27	21	18	15	13
Haïti	9	8	10	11	12	11	5
Togo	32	37	30	35	27	30	20
Sénégal	15	9	9	12	12	15	32
Bénin	27	23	22	28	26	33	39
Burkina Faso17	14	12	15	13	17	38	
Mali	30	29	27	32	29	30	35
Belgique	16	10	14	16	18	20	20
France	6	9	6	5	5	6	
Allemagne	1						
Vénézuela	9						

Source : UNESCO, 1990.

Si l'on compare ces données (celles du Québec et de certains pays en développement) à celles que l'on observe dans d'autres pays industrialisés, comme la France et l'Allemagne, où ces taux sont respectivement de 6 % et de 1 % au primaire, et de 12 % et de 4 % au secondaire, on doit admettre qu'il y a des écarts considérables.

Les données des tableaux 3 et 4 montrent toutefois que ce n'est pas seulement au Québec que le taux de redoublement est élevé parmi les pays industrialisés. En Belgique, par exemple, ce taux est de 16 % au primaire et de 46 % au secondaire.

En ce qui concerne la répartition des redoublants par année d'études, ces tableaux montrent qu'alors que, dans les pays industrialisés, la proportion des redoublants est la même tout au long des différentes années des cycles scolaires, dans les pays en développement, où le système scolaire est très sélectif, les redoublants se retrouvent surtout dans les premières et les dernières années de chaque cycle. À cet égard, la situation du Québec se rapproche de celle des autres pays industrialisés où la loi oblige les jeunes à demeurer dans le système scolaire jusqu'à l'âge de 16 ans.

Tableau 4

Taux de redoublement au sein de l'enseignement secondaire en 1988

Pays	Total	I	II	III	IV	V	VI	VII
Maurice	13	4	5	6	21	31	9	29
Gabon	25	22	24	27	28	27	28	3
Maroc	17	11	9	9	36	11	13	35
Congo	33	27	29	35	43	19	20	45
Côte d'Ivoire	19	10	12	18	32	17	37	22
Zaïre	8	8	7	7	7	1	18	
Haïti	7	7	7	7	7	7	7	7
Togo	26	14	21	36	44	30	35	35
Sénégal	16	8	14	16	21	21	34	19
Bénin	32	22	34	33	38	33	32	4
Burkina Faso 38		19	12	16	18	29	13	17
Mali	33	28	25	47	20	36	23	
Belgique	46	32	41	49	51	52	48	57
France	12	10	14	8	12	16	12	17
Suisse	3	1	3	3	2	3	4	4
Luxembourg	12	13	7	11	11	10	8	21
États-Unis								
Allemagne	4							
Vénézuela	12							

Source : UNESCO, 1990.

Ce qu'on peut conclure de cette présentation comparative sommaire des taux de redoublement c'est qu'il s'agit bien d'un problème mondial. Dans une certaine mesure, ce problème n'est pas plus grave au Québec que dans certains pays industrialisés (bien que la liste des pays pour lesquels nous disposions de données demeure assez limitée). Par ailleurs, il semble qu'au Québec le taux élevé de redoublement aurait des causes structurelles. Il s'expliquerait en bonne partie par l'intégration des enfants en difficulté d'apprentissage dans les classes régulières. Toutefois, il n'a pas été possible de vérifier si les données pour la France et l'Allemagne incluent les EDAA.

Ces constatations ne diminuent pas l'ampleur de ce problème. Elles signifient simplement que le problème n'est pas aussi nouveau qu'on a l'habitude de le penser et que l'accroissement des taux de redoublement résulte, en partie, des politiques scolaires plutôt que des variables scolaires. On verra plus loin que c'est ce qui explique la recrudescence des taux d'abandon scolaire. Nous allons maintenant examiner ces taux d'abandon.

3. Les taux d'abandon scolaire au Québec et dans d'autres pays

Il y a peu de données systématiques sur l'abandon scolaire dans le monde. La rareté de ces données tient aux difficultés associées à la mesure de ce phénomène. L'une d'entre elles tient essentiellement au fait que l'estimation des taux d'abandon exige des renseignements fiables sur l'histoire scolaire des élèves, renseignements qui ne sont pas toujours disponibles.

3.1 Les taux d'abandon scolaire au Québec

Quelle est l'importance du phénomène d'abandon au Québec? Avant de répondre à cette question, il importe de souligner que même pour le Québec, il n'est pas facile d'y répondre avec exactitude parce que les données disponibles comportent une certaine marge d'incertitude. En effet, les données sur les abandons du ministère de l'Éducation sont estimées en faisant la différence entre les nouvelles inscriptions et les effectifs de l'année précédente et en excluant les départs liés à des phénomènes extrascolaires comme les décès et les départs du Québec. Il s'agit donc de données approximatives :

> « En l'absence d'un dénombrement systématique des abandons dans les fichiers-élèves, le nombre d'abandons fait l'objet d'estimations basées sur les inscriptions, le nombre de diplômés, ainsi que sur les variations démographiques ».
> (Ministère de l'éducation du Québec, 1991a, p. 36)

Ce genre d'estimation pose des problèmes de fiabilité, car en plus de reposer sur diverses hypothèses plus ou moins vérifiables, il ne tient pas compte de certains facteurs comme le retour aux études, la poursuite des études au collégial sans avoir obtenu un diplôme du secondaire, etc. (Ministère de l'Éducation du Québec, 1991b, p. 4)

Néanmoins, les données disponibles fournissent quand même une indication quant à la portée de ce problème au Québec. Ainsi il a été établi selon les *Indicateurs de l'enseignement primaire et secondaire 1991* du ministère de l'Éducation que la probabilité d'abandonner sans diplôme au secteur des jeunes était passée de 47,9 % en 1975-76 à 27,2 % en 1985-86 et qu'elle se situait à 35,7 % en 1988-89 (Tableau 5).

Tableau 5

Probabilité d'abandonner sans diplôme au secteur des jeunes, réseau public et privé selon le sexe

	1975-76	1980-81	1985-86	1987-88	1988-89
Garçons	53,1	40,8	32,1	41,4	42,4
Filles	42,6	33,8	22,1	29,7	28,8
Ensemble	47,9	37,4	27,2	35,7	35,7

Source : Ministère de l'Éducation du Québec, Indicateurs..., 1991a.

On note dans ce même tableau que si les filles ont moins de chances d'abandonner que les garçons, l'écart entre les deux a tendance à s'accroître dans le temps.

C'est à partir de ce genre de données qu'on a conclu à une situation alarmante de l'abandon scolaire au Québec et que le ministère de l'Éducation a lancé récemment un *Plan d'action sur la réussite éducative* (1992) pour contrer la remontée du décrochage scolaire.

Comment le Québec se situe-t-il à l'intérieur du Canada relativement au taux d'abandon? D'après les données d'une enquête réalisée par Statistique Canada en 1991 (Tableau 6), c'est au Québec que ce taux est le plus élevé; il y était de 27,3 %, comparativement à la moyenne nationale de 23,7 %.

Si ces données tiennent réellement compte des facteurs qui pourraient influencer l'écart entre les nouvelles inscriptions et celles prévues d'après les effectifs de l'année précédente, alors le problème de l'abandon est vraiment dramatique au Québec. Notons toutefois au passage que sur les 35,7 % d'élèves qui quittent le système d'éducation sans avoir obtenu leur diplôme d'études secondaires, on en retrouve, selon une étude récente du MEQ (1991b, p. 4), 9 % qui vont réussir plus tard, soit avant (1,3 %) soit après l'âge de 20 ans (7,7 %) à obtenir leur diplôme d'études secondaires. Il reste néanmoins que pour l'année en question (88-89) le volume d'abandon au Québec excédait de plusieurs points celui que l'on retrouve ailleurs.

Tableau 6

**Proportion des répondantes et répondants de vingt ans
à qui il est arrivé de quitter l'école secondaire
Répartition d'après le sexe et entre les provinces
Taux pour l'ensemble du Canada**

Province	% estimé garçons	% estimé filles	% global
T.N	31,6	19,7	25,9
I.P.E.	36,0	18,0	26,8
N.E.	33,0	15,3	25,0
N.B.	29,9	19,1	24,7
QC.	32,1	22,4	27,3
ONT.	30,9	17,8	24,7
MAN.	26,1	20,5	23,5
SASK.	17,8	16,6	17,2
ALB.	17,7	14,4	16,2
C.B.	20,3	19,5	20,0
Canada	**28,0**	**18,9**	**23,7**

Source : Statistique Canada, Enquête auprès des sortants, 1991.

3.2 Les taux d'abandon scolaire dans les autres pays

Comme nous l'avons déjà dit, les statistiques sur l'abandon sont aussi rares dans les autres pays qu'au Québec. Celles qui sont disponibles montrent que la situation du Québec n'est pas très différente de celle des autres pays industrialisés. Ce taux est même plus élevé dans certains autres pays. Par exemple, les statistiques citées par Rumberger (Tableau 7) indiquent que la moyenne nationale d'abandon scolaire aux États-Unis était de 22,8 % en 1972, de 27,2 % en 1982 et de 29,0 % en 1984. Ces pourcentages renvoient au nombre total d'élèves entrant en 9ème année mais qui ne terminent pas le cycle 4 ans plus tard. Ces taux varient d'un état à l'autre; ils étaient, par exemple, respectivement de 33,5 % en 1972 et de 43,3 % en 1984 en Louisiane, mais seulement de 8,5 % et 10,7 % respectivement au cours des mêmes années au Minnesota.

Tableau 7

Pourcentages d'abandon scolaire au niveau secondaire aux États-Unis pendant quelques années

	1972	1982	1984
Moyenne nationale	22,8	27,2	29,1
Minnesota	8,8	10,8	10,7
Louisiane	33,5	36,0	43,3

Source : US Department of Education, 1984, 1986.

Cependant, c'est dans les pays en développement que les taux d'abandon sont les plus élevés. Mesurées en termes de probabilités de survie dans le système scolaire (Tableau 8), les statistiques de l'abandon scolaire indiquent, par exemple, que 67 % des élèves inscrits en première année du primaire terminent leur quatrième année dans certains pays africains. Si l'on projette ces effectifs jusqu'à la dernière année du secondaire, les statistiques révéleraient que moins de 10 % des élèves admis en première année du primaire atteignent cette dernière année du secondaire.

Tableau 8

Proportion de la cohorte de 100 élèves atteignant la quatrième année du primaire dans les pays en développement en 1988

	1ère année	2ème année	3ème année	4ème année
Afrique subsaharienne	100	89	74	67
États arabes	100	98	94	91
Asie du Sud	100	71	67	63
Amérique latine et Caraïbes	100	74	63	55

Source : Figure 2.7, Unesco, Rapport mondial sur l'éducation, Paris, 1991, p. 31.

La comparaison entre les pays en développement et le Québec n'a cependant pas de signification particulière. Comme nous l'avons dit dans la brève discussion des difficultés inhérentes aux comparaisons internationales, cette mise en parallèle n'a pas de validité pratique à cause des différences dans les exigences légales de scolarisation, d'une part, et dans les contextes socio-économiques, d'autre part. Le taux d'abandon est plus élevé dans les pays en développement car les jeunes ne sont pas légalement contraints de demeurer dans le système scolaire. Même dans les pays où il y a des dispositions légales en ce sens, la capacité d'accueil ne permet pas d'accepter dans le système l'ensemble des jeunes d'âge scolaire. De toute façon, puisque la majorité des gens se destine à des occupations exigeant un faible niveau de qualification scolaire, il n'est même pas certain que l'on ait besoin de garder tous les élèves jusqu'à la fin du secondaire dans certains pays en développement.

Dans les pays où les cycles primaire et secondaire constituent une éducation de base nécessaire pour tout le monde, l'abandon, même en dernière année du secondaire, est perçu comme un problème majeur.

Par ailleurs, le problème de l'abandon scolaire est aggravé par la faible qualité de l'éducation reçue. Comme le constate une étude récemment publiée par le Conseil économique du Canada,

> « même après avoir complété un cours secondaire, le tiers des jeunes Canadiens de 16 à 24 ans ne maîtrisent pas encore suffisamment leur langue pour lire un article de journal, et près de la moitié ne connaissent pas assez le calcul pour prévoir la taxe d'un repas au restaurant ». (Le Devoir, 30 avril, 1992)

Des conclusions similaires apparaissent dans une étude réalisée aux États-Unis. Un test d'alphabétisation administré à un échantillon d'étudiantes et d'étudiants de niveau secondaire a amené les auteurs à constater que :

> « seule une proportion relativement faible de jeunes adultes diplômés de l'enseignement secondaire a fait preuve d'un degré d'alphabétisation fonctionnelle leur permettant d'accomplir des tâches modérément ou relativement complexes ». (UNESCO, 1991a, p. 47)

3.3 Les causes de l'abandon scolaire

L'abandon scolaire est attribué au même type de facteurs dans la plupart des pays. Dans une étude comparative sur l'abandon scolaire en Ontario, Sullivan (1988) conclut que les « décrocheurs sont plus susceptibles de venir de familles dont les parents sont divorcés, dont le revenu familial est inférieur à la moyenne, et dont le père se retrouve aux échelons inférieurs des catégories professionnelles ».

Les causes de l'abandon qui sont le plus souvent citées dans les écrits peuvent être regroupés selon les cinq grandes catégories suivantes :

a) **Les difficultés scolaires, c'est-à-dire :**

1) les problèmes d'apprentissage, les difficultés dans certaines matières;

2) les échecs et les retards scolaires;

3) l'absentéisme;

4) l'inadaptation scolaire;

5) la mauvaise orientation;

6) les conflits avec les professeurs ou avec la direction de l'école.

b) **Les attitudes négatives vis-à-vis de l'école, dont :**

1) le manque d'intérêt pour l'école;

2) le sentiment de perdre son temps à l'école.

c) **Les raisons liées au travail, qui incluent :**

1) le fait de travailler pendant les études;

2) le goût et le besoin d'argent;

3) l'obtention d'un emploi permanent;

4) la recherche d'un emploi.

d) **Les raisons d'ordre familial, qui comprennent :**

1) le manque d'aide à la maison;

2) sles problèmes familiaux;

3) le faible niveau d'aspirations scolaires chez les parents.

e) **Les raisons personnelles, dont les suivantes :**

1) la maternité;

2) le mariage;

3) la maladie.

Au Québec, la recrudescence de l'abandon scolaire au cours des récentes années a été attribuée au relèvement de la note de passage de 50 % à 60 % au secondaire, à la modification des exigences de certification et à l'ajout d'une année de formation générale comme préalable pour l'accès aux filières d'enseignement professionnel. Cependant, le profil des jeunes qui abandonnent l'école indique qu'il s'agit surtout de jeunes ayant des difficultés d'apprentissage. Ces jeunes tendent à redoubler à partir du niveau primaire. Brais (1991) montre (Tableau 9) en effet que la majorité des élèves qui abandonnent l'école au Québec sont ceux qui ont redoublé une ou plusieurs fois au primaire.

Tableau 9

Taux d'abandon observé en 1989-90 chez les élèves nouvellement inscrits en 1re année du secondaire en septembre 1984 (en %)

Élèves n'ayant pas achevé le primaire	68,0
Élèves ayant pris 2 ans de retard au primaire	57,9
Élèves ayant pris 1 an de retard au primaire et qui ont :	
. doublé la maternelle	53,1
. doublé la 1re année	49,6
. doublé la 2e année	47,8
. doublé la 3e année	48,1
. doublé la 4e année	47,4
. doublé la 5e année	44,4
. doublé la 6e année	43,1
Élèves n'ayant pas pris de retard au primaire	12,6

Source : Brais (1991).

Quant aux autres facteurs qui sont susceptibles de contribuer à l'abandon scolaire au Québec, Brais écrit :

> « En ce qui concerne le sexe des élèves, par contre, on note, comme on s'y attendait un taux d'abandon plus élevé (3,8 points de pourcentage) chez les garçons.

> « Au chapitre du mois de naissance, on observe que le taux d'abandon est plus de 7 points de pourcentage plus élevé chez les « plus vieux », c'est-à-dire ceux dont la date d'anniversaire se situe entre octobre et mars inclusivement.

> « En ce qui a trait à la langue, on dénote davantage de persévérance chez les anglophones et les allophones que chez les francophones : l'écart est d'environ dix-neuf points de pourcentage. La langue d'enseignement offre sensiblement le même portrait, puisqu'un écart de près de dix-neuf points de pourcentage sépare le groupe recevant l'enseignement en français du groupe étudiant en anglais.

> « Les variations les plus fortes sont d'ordre géographique et atteignent les 26 points de pourcentage. Ainsi, les élèves nés ailleurs dans le monde sont nettement moins sujets à décrocher (24,0 p. 100) que les élèves nés au Québec (50,2 p. 100) ou ailleurs au Canada (10,8 p. 100). De plus, les élèves qui risquent le plus de décrocher sont très certainement ceux qui proviennent des régions de Montérégie, de

l'Outaouais, de la Gaspésie-Iles de la Madeleine, des Laurentides, de la Lanaudière et de l'Abitibi-Témiscamingue ». (Brais, pp. 17-18)

Beauchesne (1991) confirme certaines de ces tendances, notamment en ce qui concerne le sexe, la langue d'enseignement, et la région de résidence et montre, en outre, qu'au Québec, le taux d'abandon est plus élevé au secteur public qu'au secteur privé (voir Tableau 10).

Tableau 10

Taux d'abandons brut selon la période écoulée, la cohorte observée, et le réseau d'enseignement relatif aux établissements fréquentés

Période écoulée	5 ans			6 ans	
Cohorte	1981	1982	1983	1981	1982
. Public	24,1	27,3	28,6	19,3	34,3
. Privé	5,5	7,8	7,8	7,2	10,0
Total	21,3	24,2	25,1	26,0	30,4

Source : Beauchesne, 1991.

Par ailleurs, les données de Statistique Canada (Tableau 6) indiquent que les garçons sont plus susceptibles d'abandonner l'école que les filles dans pratiquement toutes les provinces canadiennes, ce qui est corroboré pour le Québec par les données du Tableau 5.

Enfin, Maisonneuve (1989) invoque des causes liées au contexte socio-économique ou à des changements structurels dans le système scolaire. Ainsi, la recrudescence de l'abandon est attribuée à l'évolution de la situation dans les marchés d'emplois (il y aurait plus d'emplois disponibles pour les jeunes depuis 1983), au développement du secteur des adultes (les mesures de raccrochage scolaire destinées aux adultes auraient eu comme effet de provoquer une diminution de la persévérance scolaire chez les jeunes) et au déclin de l'enseignement professionnel (les jeunes préférant de plus en plus la formation générale ou l'abandon à l'enseignement professionnel).

Si l'hypothèse du ministère de l'Éducation est fondée en ce qui concerne les marchés d'emplois, le taux d'abandon devrait diminuer considérablement pendant les périodes de récession. À ce sujet, il faut admettre qu'à l'heure actuelle, on ne dispose pas d'études qui aient abordé systématiquement la question.

Conclusion

Nous avons dit au début de ce texte que les phénomènes de redoublement et d'abandon scolaires varient selon les contextes et qu'ils devraient être analysés en tenant compte des différences liées à ces contextes. On ne peut comparer les pays que si l'on a une bonne connaissance de leurs politiques scolaires, des modes d'organisation des activités scolaires, des programmes scolaires et des cadres économiques et sociaux de référence.

Malgré les différences dans les contextes, les problèmes de redoublement et d'abandon scolaires ne se posent pas de façon foncièrement différente dans la plupart des pays. Toutefois, si les taux de redoublement sont assez élevés un peu partout, il reste qu'ils sont plus bas dans un certain nombre de pays industrialisés, et que le Québec est absent de ce groupe. Par ailleurs, on peut noter en ce qui a trait aux taux d'abandon scolaire, que la situation québécoise n'est pas pire que celle d'autres pays avancés mais que, relativement parlant, le décrochage semble avoir plus d'ampleur et se produire plus tôt dans le cursus scolaire dans les pays en voie de développement qu'au Québec.

Il reste cependant une dimension qui est peu explorée, qui devrait pourtant être à la base de toute tentative de solution au problème de l'abandon : la définition même du phénomène de décrochage et la détermination de sa signification sociale. On devrait davantage axer la réflexion sur la qualité de la formation dispensée et donc des compétences acquises par les élèves pendant leurs études plutôt que de se limiter aux seules approches quantitatives mettant l'accent sur les pourcentages de décrochage. En effet, le problème fondamental auquel est confronté le système d'éducation n'est pas tant la quantité d'éducation reçue que sa qualité. L'enquête menée par le ministère de l'Éducation (1991a) auprès des employeurs semble appuyer cette position : 80 % de ceux-ci considèrent la formation professionnelle reçue à l'école comme insatisfaisante, même lorsque les élèves terminent leur cycle de formation avec un diplôme. C'est donc l'amélioration de la qualité de la formation qui devrait être la préoccupation majeure car, à la limite, il serait plus bénéfique pour la société d'avoir des décrocheurs compétents que des diplômés ne possédant ni les qualifications, ni les mentalités pour s'insérer adéquatement aux plans social et économique.

Bibliographie

Beauchesne, L. (1991). *Les abandons au secondaire profil sociodémographique*, Québec : Direction des études économiques et démographiques, ministère de l'Éducation du Québec.

Brais, Y. (1991). *Retard scolaire au primaire et risque d'abandon scolaire au secondaire*, Québec : Direction générale de la recherche, ministère de l'Éducation du Québec.

Burton, P. E. and Kirsch, I.S. (1990). *Workplace Competencies : The Need to Improve Literacy and Employment Readiness*, Washington, D.C. : US Department of Education.

Diambomba, M. (1992). *Évolution de l'éducation dans les différentes régions du monde - État des lieux en référence aux pays de l'espace francophone*, Document de travail préparé pour l'Agence de Coopération Culturelle et Technique (ACCT) dans le cadre de la réunion des Ministres de l'éducation des pays ayant en commun l'usage de la langue française, Québec.

Maisonneuve, D. (1989). *L'effet du changement de la note de passage au secondaire sur les cheminements scolaires*, Direction des études économiques et démographiques, Québec : ministère de l'Éducation du Québec.

Ministère de l'Éducation du Québec (1989-1990-1991a). *Indicateurs sur la situation de l'enseignement primaire et secondaire*, Québec.

Ministère de l'Éducation du Québec (1991b). *La réussite scolaire et la question de l'abandon des études*, Québec.

Ministère de l'Éducation du Québec (1992). *Chacun ses devoirs, Plan d'action sur la réussite éducative*, Québec.

Ristic, Benedykta et Diane Brassard (1990). *Le redoublement dans les commissions scolaires du Québec : Le coût pour l'année 1989-1990 et l'incidence sur le retard scolaire*, Direction des études économiques et démographiques, Québec : ministère de l'Éducation du Québec.

Rumberger, R. (1987). High School Dropouts : A Review of Issues and Evidence, *Review Of Educational Research* (57, 2, pp. 101-121).

Schwille, J. et al. (1991). *Is Grade Repetition Always Wasteful? New Data and Unanswered Questions*, BRIDGES Research Report Series, no 7, Harvard Institute for International Development.

Sullivan, M. (1988). *Analyse comparative des décrocheurs et des non-décrocheurs dans les écoles secondaires de l'Ontario - Un rapport à l'Étude sur le système d'éducation et les abandons scolaires en Ontario*, Toronto : ministère de l'Éducation de l'Ontario.

UNESCO (1981-1990). *Annuaire des statistiques,* Paris : UNESCO.

UNESCO (1991). *Rapport mondial sur l'éducation,* Paris : UNESCO.

UNESCO (1990). *Statistical digest. A Statistical Summary of Data on Education, Science and Technology, Culture and Communication, by Country,* Paris : UNESCO.

UNESCO (1987). *Statistical Digest : Résumé statistique de l'UNESCO,* Paris : UNESCO.

UNESCO (1972). *Étude statistique sur les déperditions scolaires,* Paris-Genève : UNESCO/BIE.

Les exigences
d'une école de la réussite

Jocelyn Berthelot
Attaché à l'unité de recherche
Centrale de l'enseignement du Québec

L'abandon des études est désormais au coeur des préoccupations sociales. On voit déjà poindre certains consensus sur les mesures à prendre. Ces mesures débordent largement l'école secondaire, elles concernent tout autant l'éducation préscolaire et l'école primaire et elles comportent des exigences pour la famille et pour la société. Le ministre de l'Éducation publiait d'ailleurs, au printemps 1992, un plan d'action sur la réussite éducative qui devrait encadrer l'action des différents milieux à ce chapitre.

Avant de m'attarder à ces mesures, je procéderai à un bref rappel de l'évolution récente de l'abandon scolaire au secondaire. J'insisterai également sur certaines conditions préalables à une école de la réussite. Malheureusement, ces dernières ne sont pas encore perçues comme telles.

Une catastrophe prévisible

Ce n'est qu'à compter du milieu des années soixante-dix que l'on a commencé à colliger des données précises sur le taux d'abandon au secondaire. Les comparaisons sont toujours possibles avant cette date, mais on doit alors utiliser les taux de scolarisation par groupe d'âges. Bref, il a fallu d'abord que l'école secondaire soit vraiment accessible, puis qu'elle soit largement fréquentée avant que l'on ne s'inquiète de celles et ceux qui la quittaient avant terme.

De 1975-76 à 1985-86, la probabilité de quitter sans diplôme le secteur des jeunes, c'est-à-dire le taux d'abandon, a diminué de façon importante, passant de 47,9 % à 27,2 %. Puis, catastrophe, ce taux bondit à 35,3 % l'année suivante, pour se maintenir aux environs de 36% par la suite (MEQ, 1991a).

Il faut remonter à 1982 si l'on veut saisir l'origine de cette brusque dégradation. Au printemps de cette année-là, le ministre de l'Éducation, Camille Laurin, décida de porter la note de passage au secondaire de 50 % à 60 %; le nombre de crédits exigés pour la certification allait également être accru.

Ce relèvement était, disait-il, un moyen d'améliorer la qualité de l'éducation. Face à la contestation estudiantine qui suivit, le ministre proposa d'appliquer progressivement cette nouvelle norme à compter de 1982-83, pour les élèves entrant en première secondaire, épargnant ainsi les élèves contestataires. Cinq ans plus tard, lorsque cette cohorte atteignit la cinquième secondaire, on mesura toutes les conséquences de cette décision : la proportion d'élèves diplômés chuta brusquement.

Cette catastrophe était prévisible. Ainsi, un groupe de pédagogues écrivait dans *Le Devoir* du 21 mai 1982 : « C'est parce que nous jugeons qu'elle viendra accroître l'échec et l'abandon scolaires, qu'elle aura pour effet de priver davantage de jeunes d'une formation de base pourtant nécessaire que nous nous opposons à l'application - même graduelle - de l'augmentation de la note de passage » (Groupe, 1982). Aujourd'hui, les études du MEQ reconnaissent que c'est malheureusement ce qui s'est produit; le relèvement de la note de passage expliquerait près de 60 % de l'accroissement du taux d'abandon (Maisonneuve, 1989)[1].

L'argument ministériel était un peu simpliste. Comme si la décision de hausser la barre du saut en hauteur de cinq à six pieds suffisait, à elle seule, pour améliorer la performance des sauteurs. C'est pourtant ce que l'on s'est contenté de faire dans le cas de la nouvelle norme scolaire. On n'apporta aucun soutien supplémentaire aux élèves en difficulté. Les services à ces élèves furent même les premiers touchés par les compressions budgétaires. Cela, dans un contexte où la pauvreté allait croissante.

Ironie de la situation, le même ministre, un an plus tard, annonçait un plan de lutte à l'abandon des études qui prévoyait notamment un meilleur dépistage des élèves à risque et un soutien aux écoles pour raccrocheuses et raccrocheurs. Il promettait même de réduire le taux d'abandon à zéro, dans une période de cinq ans (Provost, 1984). Ce n'était pas l'ambition qui manquait, mais elle fut loin de suffire à la tâche.

Le fait qu'il ait fallu quelques années avant que l'on ne s'inquiète véritablement d'un taux d'abandon frôlant les 40 % ne tient pas du hasard. La vogue des années quatre-vingt était à la compétition, à la performance; il fallait comme le disaient certains « s'occuper de celles et ceux qui en valaient la peine ». L'exclusion apparaissait comme une conséquence normale. C'est le fruit de ces politiques éducatives, corollaire des politiques néo-libérales, que l'on récolte aujourd'hui.

Des politiques à revoir

Le plan d'action sur la réussite éducative du ministre Pagé propose de porter à 80 %, d'ici 1997, la proportion des jeunes de moins de 20 ans qui obtiennent leur diplôme du secondaire (MEQ, 1992)[2]. Cet objectif pourra difficilement être atteint si ce plan d'action ne s'accompagne pas d'un ensemble de mesures sociales qui viendraient soutenir une école de la réussite et s'il n'est pas suivi d'une remise en cause de certaines politiques éducatives qui agissent en sens contraire.

On sait - et depuis longtemps - que les jeunes de quartiers et de régions pauvres abandonnent l'école dans des proportions beaucoup plus importantes que les autres élèves. On sait aussi que c'est dès le tout jeune âge que la pauvreté affecte négativement le développement des enfants. Il est inadmissible, dans une société riche comme la nôtre, que des enfants arrivent à l'école mal nourris et insuffisamment vêtus.

Le ministre Pagé a bien annoncé quelques millions pour nourrir, à l'école, les enfants pauvres. Aussi nécessaire que soit cette mesure, elle ne corrige en rien la cause de cette situation, la pauvreté familiale. En effet, on trouve rarement d'enfants pauvres dans des familles riches. Le ministre de l'Éducation se fait généreux, mais il ne peut faire oublier que certaines politiques de son gouvernement ont contribué à appauvrir les familles dont on propose désormais de nourrir, à l'occasion, les enfants.

Or, aucun plan de lutte à la pauvreté ne s'annonce à l'horizon, malgré la dégradation, ces dernières années, des conditions de vie des familles les plus démunies. Dans son rapport, intitulé *Un Québec fou de ses enfants*, le comité pour les jeunes a pourtant déjà esquissé les grandes lignes d'un tel programme : création d'emplois stables, soutien aux femmes durant la période entourant la grossesse, amélioration du revenu des familles très pauvres, accroissement du nombre de logements sociaux, etc. (Groupe, 1991).

On demande par ailleurs à l'école régulière de faire l'impossible alors que l'on assiste à une stratification de plus en plus importante de l'école secondaire - et même de l'école primaire. Dans les régions urbaines, près de 30 % des élèves fréquentent des écoles secondaires sélectives. A la sélection exercée par une école secondaire privée financée en bonne partie par les fonds publics (Berthelot, 1988), s'ajoute celle des écoles à vocation particulière (arts, musique, sport, sciences, douance) qui ont généralement pour caractéristiques de choisir leurs élèves sur la base des résultats scolaires ou de tests fort contestables (Berthelot, 1987).

Cela n'est pas sans effet sur la vie de l'école régulière qui se voit ainsi privée d'une proportion importante d'élèves bien adaptés à la vie scolaire et qui pourraient contribuer à en améliorer le climat. C'est à elle encore qu'on demande, en plus, d'intégrer les élèves en difficulté, de prévenir et de corriger une foule de problèmes que les élèves seraient bien incapables de laisser au vestiaire de l'école.

Pour que l'école de la réussite puisse effectivement voir le jour, il faudrait avoir le courage de remettre en cause cette stratification scolaire. Or, cela ne semble pas faire partie des projets ministériels. Au printemps dernier, le ministre a plutôt annoncé son intention d'accroître de 25 millions le soutien public apporté aux écoles primaires et secondaires privées.

Pour que se développe la réussite, il faudrait encore recentrer les pratiques pédagogiques sur le succès de tous les élèves. En effet, l'échec amène souvent l'élève à se percevoir négativement, à perdre confiance en lui. L'échec est d'ailleurs une des principales raisons invoquée par les décrocheuses et les décrocheurs pour expliquer leur décision de quitter l'école (MEQ, 1991b). L'école doit reprendre confiance dans les capacités d'apprentissage de chacun des élèves. Des pratiques sont à revoir pour en finir avec le « syndrome de la médaille d'or » et pour redonner à la coopération et à l'entraide toute la place qu'exige la réussite (CEQ, 1991a).

Quant aux mesures à mettre en place, à plus court terme, pour redresser la situation, elles ont été généralement bien identifiées. Plusieurs ont d'ailleurs été reprises par le plan d'action ministériel sur la réussite éducative, publié sous le titre évocateur de *Chacun ses devoirs*.

Mais ces mesures exigeront qu'on leur consacre le soutien financier nécessaire. Depuis le début des années quatre-vingt, l'enseignement primaire et secondaire a connu des compressions approchant un milliard de dollars. Le ministre a annoncé que, pour l'année 1992-93, un budget supplémentaire de 42,9 millions serait consacré à la réalisation de son plan d'action. Cette somme apparaît bien mince eu égard aux besoins.

Une intervention précoce

Dans les années soixante-dix, les stratégies de lutte à l'abandon des études s'adressaient exclusivement à l'école secondaire des milieux dits défavorisés (MEQ, 1979). Au début des années quatre-vingt, le champ d'intervention fut élargi à l'école secondaire en général; on mit alors l'accent sur la prévention. Il y a maintenant consensus quant à la nécessité d'une intervention beaucoup plus précoce débutant dès le préscolaire.

L'éducation préscolaire québécoise est dramatiquement sous-développée. Les enfants québécois de cinq ans n'ont accès, sauf exception, qu'à la maternelle à mi-temps, alors que les services de garde ne répondent qu'à 15 % des besoins (CEQ, 1991b). Les enfants de milieu pauvre de Québec et de l'île de Montréal, ont, depuis peu, accès à la maternelle cinq ans temps plein et à la maternelle quatre ans à mi-temps. Cette politique devrait être élargie aux milieux pauvres de l'ensemble du Québec dès 1992-93, seulement pour les enfants de cinq ans toutefois.

Il faudrait faire bien davantage. Le développement de l'éducation préscolaire cinq ans à temps plein permettrait non seulement d'assurer une meilleure prévention, mais pourrait contribuer à mieux outiller l'ensemble des enfants et faciliter leur passage au primaire. Cela est même urgent dans le cas des enfants allophones nés au Québec qui n'ont pas accès aux services prévus pour les élèves d'origine immigrante. Ajoutons que, actuellement, l'absence à ce niveau de ressources financières spécifiques pour les services aux élèves en difficulté, justifie plusieurs commissions scolaires de ne pas intervenir précocement auprès de ces élèves.

Au primaire, il importe d'éviter au maximum l'échec scolaire avec toutes ses conséquences négatives sur l'estime de soi et la motivation des élèves. Actuellement, près d'un élève sur quatre entre au secondaire avec un an de retard ou plus. Près des deux tiers de ceux-ci abandonnent avant la fin du secondaire (Brais, 1991). Le redoublement coûte annuellement plus de 500 millions (Ristic, 1990). Pourtant, cette pratique est loin de favoriser la récupération souhaitée et elle est souvent vécue par les élèves comme une exclusion humiliante.

La réussite au primaire passe notamment par un soutien plus adéquat aux enfants en difficulté. Cela exige davantage de ressources en orthopédagogie et en psycho-éducation. A plus long terme, c'est l'organisation de l'enseignement primaire qu'il faudrait revoir afin de favoriser la récupération sans répétitions inutiles. On ne peut exclure, a priori, tout redoublement. Mais il est certain que la recherche de pratiques plus efficaces s'impose.

Dans le cas des milieux socio-économiquement faibles et des milieux pluriethniques, on reproche de plus à l'école de ne pas prendre en compte les valeurs et les réalités des jeunes. Dans un avis au ministre, le Conseil scolaire de l'île de Montréal (CSIM) plaidait d'ailleurs en faveur de l'engagement de ressources pour favoriser l'adaptation de l'enseignement aux caractéristiques du milieu (CSIM, 1991).

Un milieu de vie à améliorer

L'école est un milieu de vie pour les jeunes et l'amélioration de celui-ci serait sans conteste favorable à la persévérance scolaire. On peut penser ici aux mesures d'accompagnement des élèves, aux activités parascolaires, aux services professionnels et à la vie étudiante.

Le passage du primaire au secondaire constitue un moment crucial du cheminement scolaire. Plusieurs jeunes vivent ce passage comme un choc et se sentent alors abandonnés par l'école. Certains perdent pied et voguent en douce vers le décrochage. On reproche à l'école secondaire de ne pas accorder suffisamment d'attention à cette période plus difficile.

Il faut néanmoins reconnaître que des améliorations importantes ont été apportées, ces dernières années, aux pratiques d'accompagnement et d'encadrement des élèves. Certaines écoles ont eu recours au tutorat (chaque élève se voit affecter une enseignante ou un enseignant-tuteur), d'autres à diverses formes de titulariat.

Le ministre de l'Éducation entend désormais privilégier le titulariat pour les trois premières années du secondaire. Il demande aux milieux de recourir davantage à cette formule d'encadrement et aux directions d'examiner « la pertinence d'instaurer une telle forme d'enseignement dans leur établissement » (MEQ, 1992, p. 8). Bien sûr, ce modèle n'est pas sans intérêt. Il favorise la stabilité des groupes d'élèves et l'interdisciplinarité. En contrepartie, il tranche avec plus de vingt-cinq ans de pratique enseignante.

Tant la formation reçue que l'expérience n'ont pas préparé les enseignantes et enseignants à un tel changement. Le débat est par ailleurs loin d'être clos en ce qui concerne les avantages respectifs des généralistes et des spécialistes pour la 1re, 2e et 3e année du secondaire. Un tel changement ne pourra donc s'effectuer qu'en douceur, avec l'accord du personnel enseignant et à condition que des modalités adéquates de perfectionnement soient prévues.

En plus des services d'enseignement, le régime pédagogique prévoit, au primaire et au secondaire, des services complémentaires qui comprennent l'animation de la vie étudiante, l'organisation d'activités parascolaires et différents services personnels aux élèves (MEQ, 1990). Le développement de ces services devrait être au coeur de la lutte à l'abandon des études.

On a par exemple observé que la participation aux activités parascolaires allait souvent de pair avec une amélioration de la motivation, une baisse de l'absentéisme et du taux de décrochage. Ces activités contribuent en effet à créer un milieu de vie stimulant et sont, pour les jeunes, des occasions de se valoriser et de développer un sentiment d'appartenance à l'école (CSE, 1988). Or, pour diverses raisons, notamment budgétaires, ces activités ont été grandement réduites et elles n'occupent plus la place qui devrait normalement être la leur.

Sur un autre plan, l'école est devenue le lieu privilégié d'intervention sociale auprès des jeunes. Les mutations profondes qu'a connues le Québec ces dernières années ont vu se multiplier les attentes à l'égard de l'école. Celle-ci n'a d'autre choix que d'assumer ces nouvelles missions, mais encore faudra-t-il lui en donner les moyens. Il n'appartient pas au seul personnel enseignant de répondre à toutes ces nouvelles exigences.

Les interventions qui s'imposent pour contrer la violence, l'isolement, la toxicomanie... exigent des services professionnels et de soutien stables et en nombre suffisant. Actuellement, aucune obligation n'est faite aux commissions scolaires d'offrir les différents services professionnels prévus aux régimes pédagogiques, à l'exception des services de pastorale.

Finalement, comme le rappelait le Conseil permanent de la jeunesse, « les jeunes sont particulièrement bien placés pour identifier et suggérer des moyens d'action permettant d'améliorer le milieu de vie scolaire et favoriser ainsi la persévérance d'un plus grand nombre d'entre eux » (Conseil permanent, 1992, p.21). En autant qu'ils aient le pouvoir de le faire. Or, selon près d'une enseignante ou enseignant du secondaire sur deux, les élèves n'ont pas assez de pouvoir dans l'école actuelle (Berthelot, 1991). C'est tout le rôle que doivent assumer les structures démocratiques de représentation des élèves qui est ici en cause.

Les jeunes pourraient donc s'avérer un atout dans la lutte contre le décrochage. Des comités d'élèves pourraient, par exemple, venir en aide aux décrocheuses et aux décrocheurs potentiels. Ces derniers se confient plus facilement à des pairs qu'à des personnes en autorité (MEQ, 1991b).

Un « partenariat » à développer

Le concept est à la mode. Il est en voie de prendre le relais de l'entrepreneurship, si populaire au cours de la décennie précédente. Mais il y a loin de la coupe aux lèvres. En éducation, le « partenariat » a des visages multiples. Il s'applique tant à la vie de l'école, qu'aux rapports avec la famille et avec la communauté.

Les enseignantes et enseignants ne sont pas peu sévères lorsqu'on les interroge sur la situation qui prévaut actuellement. Ils se sentent non respectés, dévalorisés (Carpentier-Roy, 1991). Ils se plaignent du fait que la complexité de leur travail échappe au public. Leurs points de vue sur les réalités pédagogiques ne sont pas sollicités ou pris en compte (Berthelot, 1991). Les collectifs de travail sont quasi inexistants et les contacts difficiles, faute de temps ou de plage horaire les permettant. On se replie sur sa classe qui, heureusement, demeure source de satisfaction (David et Payeur, 1991).

Le « partenariat » scolaire passe d'abord par une revalorisation du personnel de l'éducation au niveau de chacune des écoles. Cela exige qu'une voix collective puisse s'y faire entendre et respecter, que de véritables collectifs de travail voient le jour. Les politiques éducatives devront être revues en conséquence et les pratiques des directions d'écoles devront se transformer. Car la complexité du problème exige une approche mobilisant l'ensemble des partenaires.

À ce chapitre, le plan Pagé propose à chaque milieu d'élaborer son propre plan d'action et d'identifier ses besoins en matière de perfectionnement et de services. Une telle entreprise ne verra le jour que si la compétence collective du personnel trouve à s'actualiser. Elle exigera que l'ensemble de la vie de l'école soit scruté à la lumière des objectifs visés et que les plans d'action locaux se voient accorder les ressources nécessaires.

La réussite scolaire exige aussi une collaboration étroite entre l'école et la famille. Ces dernières années, l'amélioration des rapports entre l'école et les parents a surtout épousé une approche structurelle fondée sur le principe que l'école était le prolongement de la famille. Cette conception étroite des relations entre l'école et la famille - et surtout du rôle de l'école - est aujourd'hui fort justement remise en cause. On insiste désormais plutôt sur le soutien que la famille doit apporter à l'éducation et sur la nécessité d'assister les parents qui en ont besoin.

Une étude récente, publiée dans la revue *Scientific American,* explique le plus grand succès des élèves d'origine asiatique par le climat d'encouragement et d'entraide qui prévaut à la maison concernant les obligations scolaires (Caplan, Choy et Whitmore, 1992). Dans la même veine, certains accusent les parents d'avoir abdiqué leurs responsabilités et d'être en bonne partie responsables d'un taux de décrochage aussi élevé (Lamoureux, 1992).

Or, ce rôle parental ne va pas de soi. De nombreux parents ne sont pas conscients de l'importance de leurs propres attitudes en ce qui concerne la réussite scolaire de leurs enfants, d'autres se sentent carrément dépassés par ce qu'on leur demande. Une formation et un soutien s'imposent. Des « écoles de devoirs » ont vu le jour dans quelques milieux et proposent aux jeunes un endroit propice à leurs travaux scolaires. Le MEQ a, par ailleurs, annoncé quelques mesures visant à soutenir les parents dans leur rôle d'éducateurs, grâce à l'éducation populaire, aux médias, au financement d'expériences locales.

Finalement, toute cette mobilisation autour du taux dramatique d'abandon des études a sans doute amené la société québécoise à prendre conscience du fait que l'éducation n'est pas qu'affaire d'école. C'est dire que toutes les institutions sont visées par la réussite, dans leurs rapports à l'école, mais aussi dans leurs fonctions propres. Non seulement l'école a-t-elle besoin du soutien des autres institutions, mais ces dernières doivent encore revoir leurs fonctions éducatives. Car l'éducation ne passe pas que par l'école.

Conclusion

Le taux d'abandon des études est dramatique, particulièrement depuis la hausse vertigineuse observée au milieu des années quatre-vingt. Cette catastrophe, on l'a plus ou moins provoquée, en augmentant les normes exigées pour la réussite, sans assumer les transformations pédagogiques ni consentir les moyens que cela aurait exigé. Mais ce drame, aussi technique qu'en soit la cause, est bien réel pour les dizaines de milliers de jeunes qui, chaque année, sont marqués par l'exclusion.

La société québécoise a désormais pris conscience de l'ampleur du problème. Des consensus se dégagent sur les mesures qui s'imposent. Nous en avons identifié plusieurs, allant du développement de l'éducation préscolaire, au soutien aux parents, en passant par l'amélioration de l'école secondaire. Mais la réussite exige aussi des changements importants dans les conceptions et les pratiques pédagogiques. La très grande majorité des jeunes peut réussir, à condition qu'ils se sentent soutenus, encouragés, qu'ils aient confiance en leurs capacités.

Les mesures annoncées par le ministre de l'Éducation pourraient jouer un rôle de catalyseur, dans le contexte où la réussite scolaire s'annonce comme une priorité sociale. La volonté affirmée de décentraliser davantage l'action vers l'école et de donner plus de pouvoir au personnel, l'invitation à faire de cette question un défi collectif et les mesures de soutien annoncées pourraient avoir des effets positifs.

Mais il faudra aller plus loin. Les conceptions éducatives normatives, compétitives et déterministes qui ont marqué les années quatre-vingt ont fait la preuve de leur incapacité à fonder une école de la réussite. Ces conceptions ont marqué toutes les pratiques sociales. C'est dire l'ampleur des changements qui s'imposent pour que, à l'école comme ailleurs, la solidarité, la coopération et l'entraide servent à combattre l'échec, l'exclusion et la hiérarchisation.

La réussite scolaire exigera encore que l'on donne aux familles les moyens nécessaires. La pauvreté miséreuse ne rime pas avec le succès. Ici aussi, il faut retrouver le véritable sens de la solidarité sociale.

Toute cette réflexion ne peut manquer de nous conduire à une interrogation plus fondamentale. Réussir, c'est bien, mais quel projet éducatif? L'éducation est un projet pour l'être humain. Elle a pour mission de transmettre ce qui constitue le plus précieux héritage de l'humanité : des connaissances, bien sûr, mais aussi des valeurs et des attitudes.

Dans le contexte d'une société et d'une humanité en pleine transformation, on ne pourra manquer d'interroger les finalités de la formation de base et les contenus d'enseignement, de redéfinir les missions de la scolarisation obligatoire. C'est là une démarche qui prendra toute son importance dans les années à venir.

Notes

1   Il importe ici de bien distinguer entre les multiples facteurs reliés à l'abandon, d'une part, et, de l'autre, les causes de la brusque remontée du taux d'abandon observée entre juin 1986 et juin 1987. Dans ce dernier cas les facteurs en cause sont, outre le relèvement de la note de passage, l'accroissement des exigences pour l'accès à la formation professionnelle et l'augmentation du nombre de crédits exigés pour l'obtention du diplôme d'études secondaires.

2   On observe une différence importante entre la formulation de cet objectif et celle contenue dans le document de consultation publié à l'automne 1991. On se proposait alors de faire passer à 80 p. 100 le taux de diplomation des élèves inscrits au secteur des jeunes (MEQ, 1991c) auquel s'ajoutait le même objectif pour les jeunes de moins de vingt ans inscrits au secteur des adultes.

Bibliographie

Berthelot, J. (1987). *L'école de son rang,* Québec : Centrale de l'enseignement du Québec, D-8894.

Berthelot, J. et al. (1988). *L'école privée est-elle d'intérêt public?* Québec: Centrale de l'enseignement du Québec, D-9080.

Berthelot, M. (1991). *Enseigner: qu'en disent les profs,* Québec : Conseil supérieur de l'éducation.

Brais, Y. (1991). *Retard scolaire au primaire et risque d'abandon scolaire au secondaire,* Québec : ministère de l'Éducation du Québec, Direction générale de la recherche, 28-2586.

Caplan, N., Choy, M.H. et Whitmore, J.K. (1992). Indochinese Refugee Families and Academic Achievement, *Scientific American,* Feb. 1992, pp. 36-42.

Carpentier-Roy, M.C. (1991). *Organisation du travail et santé mentale chez les enseignantes et les enseignants du primaire et du secondaire,* Québec : Centrale de l'enseignement du Québec.

Centrale de l'enseignement du Québec (1991a). *Réussir à l'école, réussir l'école,* Québec : Centrale de l'enseignement du Québec D-9643.

Centrale de l'enseignement du Québec (1991b). *Donner à l'école les moyens de la réussite, Avis au ministre de l'Éducation concernant les mesures à prendre pour accroître la persévérance scolaire,* Québec : Centrale de l'enseignement du Québec, D-9778.

Conseil permanent de la Jeunesse (1992). *Raccrocher l'école aux besoins des jeunes,* Québec : Gouvernement du Québec.

Conseil Supérieur de l'Éducation Québec (1988). *Les activités parascolaires à l'école secondaire: un atout pour l'éducation,* Avis au ministre de l'Éducation, Québec : Conseil Supérieur de l'Éducation.

Conseil Scolaire de l'Ile de Montréal (1991). *Les enfants de milieux défavorisés et ceux des communautés culturelles, mémoire au ministre de l'Éducation,* Montréal : Conseil Scolaire de l'Ile de Montréal.

David, H. et Payeur, C. (1991). *Vieillissement et condition enseignante,* Québec.: Centrale de l'enseignement du Québec-IRAT.

Groupe de pédagogie progressiste (1982). La note de passage. Un cri de désespoir face à un avenir bloqué?, dans *Le Devoir,* Montréal, 21 mai : p.7.

Groupe de travail pour les jeunes (1991). *Un Québec fou de ses enfants,* Québec : ministère de la Santé et des Services sociaux.

Lamoureux, H. (1992). Le décrochage scolaire, la faute aux parents, dans *Le Devoir*, Montréal, 1er février : p. B-8.

Maisonneuve, D. (1989). *L'effet du changement de la note de passage au secondaire sur les cheminements scolaires,* Québec : ministère de l'Éducation du Québec, Direction générale de la recherche et du développement, 28-2476.

Ministère de l'Éducation du Québec (1992). *Chacun ses devoirs, Plan d'action sur la réussite éducative,* Québec : ministère de l'Éducation du Québec, cote 55-1621.

Ministère de l'Éducation du Québec (1991a). *Indicateurs sur la situation de l'enseignement primaire et secondaire 1991,* Québec : ministère de l'Éducation du Québec.

Ministère de l'Éducation du Québec (1991b). *L'école, facile d'en sortir, mais difficile d'y revenir,* Québec : ministère de l'Éducation du Québec, Direction de la recherche.

Ministère de l'Éducation du Québec (1991c). *Notre force d'avenir : l'éducation,* Québec : ministère de l'Éducation du Québec, 55-1595.

Ministère de l'Éducation du Québec (1990). *Régime pédagogique de l'enseignement secondaire,* Québec : ministère de l'Éducation du Québec.

Ministère de l'Éducation du Québec (1979). *L'école québécoise, énoncé de politique et plan d'action,* Québec : ministère de l'Éducation du Québec, 49-1070.

Provost, G. (1984). Laurin se propose d'éliminer le « décrochage » scolaire en 5 ans, dans *Le Devoir,* Montréal, 30 janvier : p. 1.

Ristic, B. (1990). *Le redoublement dans les commissions scolaires du Québec : le coût pour l'année 1989-90 et l'incidence sur les retards scolaires,* Québec : ministère de l'Éducation du Québec.

DEUXIÈME PARTIE

Une population diversifiée

Contribution de l'éducation préscolaire à la réussite scolaire : une perspective à renouveler[1]

Madeleine Baillargeon, professeure
Département de psychopédagogie
Faculté des sciences de l'éducation
Université Laval

Jacqueline Thériault, professeure
Département des sciences de l'éducation
Université du Québec à Chicoutimi

Malgré le fait que relativement peu de recherches y aient été menées sur la question, la contribution de l'éducation préscolaire à la réussite scolaire semble prise pour acquise en Europe. De fait, une étude conduite en France établit un lien formel entre le temps de préscolarisation et le cursus scolaire primaire. Par ailleurs, cette contribution apparaît démontrée par les recherches américaines en milieu défavorisé.

Un certain consensus sur la question existe dans les milieux préscolaires québécois et l'idée gagne à nouveau du terrain actuellement (CSE, 1987, 1989; CEQ, 1990; MEQ, 1991; Bouchard et al., 1991). On devrait donc logiquement s'orienter vers un développement du réseau des services préscolaires en cette période où l'on constate qu'une proportion importante des écoliers échouent ou abandonnent prématurément l'école. Sur cela aussi, il semble y avoir un accord général. Bref on semble s'entendre sur le « pourquoi », mais il y a beaucoup de divergences sur le « comment ». Nous aborderons ici certains aspects du « comment ».

Ce texte se divise en deux parties. La première consiste en une analyse globale de l'éducation préscolaire québécoise dans ses structures et par rapport à la qualité des services et leurs effets sur le développement de l'enfant. La deuxième partie aborde d'une manière plus fine les rapports entre l'organisation de l'environnement des maternelles et le jeu symbolique dans ses liens avec la construction des savoirs.

---

1   Les divers projets des auteures étaient subventionnés par le fonds FCAR, la Fondation de l'UQAC (FUQAC) et Santé et Bien-être Social Canada.

L'éducation préscolaire québécoise : structures et qualité des services

Eu égard à l'échec scolaire, les principaux rôles généralement attribués à l'éducation préscolaire sont la prévention et le dépistage. Pour qu'elle les exerce, la première condition à remplir est de s'assurer que les services rejoignent tous les enfants susceptibles d'avoir des difficultés et qu'ils soient efficaces c'est-à-dire qu'ils soient effectivement préventifs. Bref, il faut qu'ils soient accessibles et de bonne qualité. Voyons brièvement la situation actuelle des services préscolaires dans cette perspective. Seront ainsi abordés certains problèmes d'organisation et d'orientation relatifs à l'accessibilité et à la qualité des services, suivis d'un examen de certains services en fonction de leur qualité.

Problèmes d'organisation et d'orientation

La maternelle 5 ans en demi-journée (très courte d'ailleurs) est le seul service préscolaire actuellement accessible à tous les enfants québécois. Les autres services relevant du ministère de l'Éducation (MEQ) sont destinés à des clientèles cibles dont la principale est celle de milieu socio-économiquement faible : maternelle 5 ans plein temps, maternelle 4 ans et autres formules. Ces enfants sont rejoints sur la base d'un critère géographique, à savoir qu'ils habitent une zone définie comme socio-économiquement faible d'après la moyenne de certaines caractéristiques socio-démographiques tel le revenu. Cela a pour conséquence que tous les enfants d'une telle zone ont accès aux services, contrairement à ceux d'autres zones, qu'ils appartiennent ou non à une famille socio-économiquement faible. Par conséquent, plusieurs enfants échappent à un quelconque dépistage qui pourrait être fait par cette voie. En fait, les années passées, pas plus de 7 % à 10 % des enfants québécois de 4 ans étaient rejoints par les mesures du MEQ.

Quant aux services de garde, de nombreux groupes de pression et tous les comités qui ont conseillé nos gouvernements, ont répété maintes fois qu'ils n'étaient pas en nombre suffisant pour répondre aux besoins. Nous partageons entièrement ce point de vue appuyé fortement par plusieurs études de besoins qui se sont basées sur des données jugées conservatrices. Le comité consultatif québécois sur les services de garde à l'enfance, dans son rapport de 1987, soulignait notamment le manque de services en milieu rural et en régions éloignées des grands centres, en milieu défavorisé et en milieu scolaire. À la seule exception des services de garde scolaire, les suites à ce rapport ont plutôt été contradictoires avec ses recommandations. Le développement de services de garde reste essentiellement tributaire de l'initiative privée des parents et de leur contribution financière, malgré l'aide de l'État. Le mandat qui leur est confié n'est que secondairement éducatif, leur premier objectif étant le support aux parents qui travaillent ou qui sont aux études. Dans les faits, les services de garde débordent heureusement ce mandat. Cependant ce dernier oriente fortement les décisions gouvernementales qui, elles, ont des répercussions très importantes (à titre d'exemple, l'aide financière retirée l'an dernier à certaines familles défavorisées). Les services de garde « reconnus » étant peu accessibles, il y a là de très sérieux obstacles à l'exercice d'un rôle de prévention et de dépistage .

Un autre important problème d'organisation et d'orientation des services préscolaires semble totalement absent des préoccupations gouvernementales. C'est celui-là même de l'existence de ces deux réseaux parallèles non coordonnés et dépendant d'au moins deux structures gouvernementales différentes pas plus coordonnées entre elles : services de garde/Office des services de garde à l'enfance d'une part, éducation préscolaire/MEQ d'autre part. Cela n'a pas que des conséquences administratives mais bien d'autres, dont des conditions de vie quotidienne inutilement compliquées pour les adultes et pour les enfants. Même si nous ne disposons d'aucune démonstration empirique à cet effet, l'expérience et le sens commun indiquent clairement que cela risque d'avoir des conséquences plus graves pour les enfants et les familles fragiles ou dits « à risque ». Par exemple, il n'apparaît pas anodin qu'au moment du premier contact avec l'école, à son entrée en maternelle, l'enfant qui a des besoins de garde passe plus de temps en garde scolaire qu'en maternelle. L'enfant risque de mal démarrer sa carrière scolaire à ce premier contact avec une école où les adultes se méconnaissent ou ont des relations tendues entre eux. Sa famille risque d'avoir une existence encore plus compliquée s'il n'y a pas de service de garde dans l'école et que l'enfant doive fréquenter un service à l'extérieur. De plus, il y a une proportion plus forte de familles monoparentales en services de garde que dans la population générale. Avec ces deux structures et centres de décisions, on se retrouve parfois avec des gestes pour le moins contradictoires. Par exemple, l'automne dernier, au moment même où l'on retirait l'aide financière à certaines familles défavorisées usagères de services de garde, le ministère de l'Éducation injectait des fonds spéciaux pour les repas à l'école et la multiplication de mesures préscolaires en milieu défavorisé. Ces situations créent des tensions entre intervenants préscolaires qui ressemblent parfois étrangement à des réactions corporatistes et qui nuisent grandement à la concertation dont on a un urgent besoin, surtout pour ces clientèles fragiles.

Problèmes de qualité des services

D'importants courants de recherche en petite enfance s'avèrent pertinents pour la qualité des services préscolaires. Il s'agit des études sur les interventions préscolaires en milieu défavorisé et des études sur les services de garde et leurs effets sur le développement de l'enfant en fonction de leur qualité.

Les études longitudinales américaines (Baillargeon, 1988) sur les interventions préscolaires en milieu défavorisé développées au cours des années 60-70 ont établi un lien entre ces programmes et une histoire scolaire « plus normale » chez les enfants qui y ont participé que chez leurs pairs des groupes témoins. Ces résultats très importants ont contredit les conclusions d'abord tirées des premières études selon lesquelles les gains faits par les enfants des groupes expérimentaux ne se maintenaient pas dans leurs premières années du primaire. En extrapolant à nos interventions en milieu socio-économiquement faible, on est tenté d'affirmer que ces dernières sont efficaces pour favoriser la réussite scolaire. Nous concluons plutôt qu'elles ont ce potentiel seulement, car les recherches américaines qui ont ainsi associé l'éducation préscolaire à des parcours scolaires plutôt normaux ont porté sur des programmes étroitement planifiés et évalués, ce qui n'est pas le cas de nos interventions. Les quelques évaluations qui ont été faites ici appuient d'ailleurs nos réserves (Bonnier-Tremblay, 1976; MEQ, 1987). Nos interventions ont donc besoin d'être améliorées à cet égard.

Les nombreuses études sur l'impact des services de garde et leur qualité sur le développement des enfants constituent une autre source d'information pertinente pour améliorer la qualité de ces services. Résumons d'abord comment y est définie la « qualité ». Il y a essentiellement deux manières de le faire. La première est celle de la réglementation. La deuxième est celle des grilles ou échelles d'observation visant à obtenir des informations sur des aspects touchant davantage le fonctionnement du service. Ces deux manières ne sont d'ailleurs pas exclusives. Au fur et à mesure que les résultats s'accumulent, la question de la qualité prend beaucoup d'importance, de telle sorte qu'on peut actuellement conclure qu'il existe un lien entre la qualité des services et leurs effets sur le développement des enfants.

Nous sommes engagées dans cette voie depuis quelques années avec nos collègues du GIREPE (Groupe interuniversitaire de recherche en éducation de la petite enfance). Nous avons entre autres observé et comparé la garderie, le service de garde scolaire et la maternelle, soit trois milieux susceptibles d'être fréquentés par les enfants de 5 ans et où les problèmes de coordination soulevés plus haut risquent de se poser. Les observations que nous avons faites au moyen d'une des échelles les plus utilisées dans ce type de recherche (*Early Childhood Environment Rating Scale*, de Harms et Clifford, 1980) donnent un certain portrait des services de la région de Québec. Dans une première étude, nous avons observé 16 garderies qui avaient reçu l'année précédente les enfants de maternelle dont nous comparions les résultats en développement du langage et à trois mesures du développement et du comportement social. Dans une autre étude, nous avons observé les 19 maternelles et 15 services de garde scolaire fréquentés par les sujets que nous avons évalués en langage oral et écrit et en développement social en maternelle et que nous avons suivis en première année scolaire. Par la façon de recruter les enfants et milieux observés, nous estimons avoir un échantillon représentatif de la région urbaine de Québec.

Les types de services qui obtiennent les résultats les plus élevés sont ceux de la garderie et de la maternelle (les garderies ont une moyenne plus élevée mais une médiane plus faible et des résultats un peu moins homogènes que les maternelles). Les services de garde scolaire ont des résultats nettement plus faibles et beaucoup plus dispersés. La distribution de leurs points présente une concentration au niveau « minimal », selon les auteurs de l'échelle, une dispersion d'un peu plus de la moitié au niveau « bon » et un score marginal se situant dans le plus bas niveau, celui qualifié d'« inadéquat ». Ils sont donc de qualité plus faible et plus variable que les autres services. Ces résultats sont inquiétants lorsqu'on pense que les enfants y passent plus de temps qu'en maternelle. Ils ne sont malheureusement pas étonnants lorsqu'on sait qu'il n'y a pratiquement pas de réglementation pour encadrer les services de garde scolaire. Les résultats des maternelles et des garderies présentent une distribution concentrée au niveau qualifié de « bon » par les auteurs de l'échelle. Notons qu'il n'y a aucun score au niveau « excellent » et qu'il y a quatre scores de garderie et quatre de maternelle au niveau « minimal ». Ces résultats sont à la fois rassurants et inquiétants. Ils indiquent certainement qu'il y a place à l'amélioration.

Dans une étude antérieure, nous n'avons pas pu démontrer de lien entre la qualité des garderies et le développement des enfants, à notre avis à cause des petits nombres d'enfants et de l'homogénéité des résultats à l'échelle d'observation des garderies. Dans la présente, nous avons obtenu de tels liens entre la qualité des maternelles et certaines mesures du développement du langage. Nous en concluons que la qualité des environnements préscolaires québécois est importante et qu'il faut l'améliorer. Nous allons maintenant suggérer une bonne façon de le faire à partir des résultats d'une recherche menée dans la région de Chicoutimi.

Améliorer la qualité : un exemple

En 1983, Mira Stamback, chercheure à l'INRS à Paris, lançait un cri d'alarme qui nous a bouleversées. Elle disait : « et si l'échec scolaire puisait directement sa source dans nos écoles maternelles ». La recherche et la pratique avaient pourtant démontré l'importance du jeu, du rôle du matériel éducatif, de l'aménagement de l'espace d'une classe maternelle comme facteurs contribuant au développement global du jeune enfant, lesquels doivent le conduire au succès des apprentissages scolaires. Cet énoncé de Stamback nous a ébranlées et notre équipe de recherche s'est posé certaines interrogations. Il n'était pas question de remettre en cause la place du jeu à la maternelle mais de se demander

— Est-ce que l'enfant joue bien? Dans une perspective développementale, joue-t-il selon des critères spécifiques à son âge? Quand il joue, le fait-il avec tout le potentiel qui lui est propre?

— Le matériel éducatif est-il pertinent, suffisant pour soutenir son action?

— Y a-t-il lieu d'améliorer l'aménagement physique de la classe?

Plusieurs études entreprises par l'équipe du PRAMÉ (Projet d'analyse du matériel éducatif) sont venues, non pas nécessairement confirmer l'énoncé de Stamback, mais mettre en lumière la nécessité de repenser nos actions pédagogiques pour que le séjour en classe maternelle soit plus significatif et porteur de succès pour l'enfant engagé dans la construction de ses savoirs.

Dans un premier temps, la préoccupation de recherche sera présentée de même qu'un aperçu des résultats de nos observations. Par la suite, nous démontrerons comment, des enseignantes de trois classes maternelles ont procédé pour améliorer l'environnement et favoriser ainsi une situation de jeu qui mobilise davantage le potentiel de l'enfant.

Le contexte théorique de cette étude s'appuie sur le jeu symbolique et les études qui mettent en évidence l'influence du matériel sur la réalisation de cette activité.

Le jeu symbolique et ses caractéristiques

Piaget considère le jeu symbolique comme une forme de jeu caractéristique d'une période de développement à la différence d'autres auteurs comme Caillois (1958), par exemple, qui répartit les différentes formes de jeux en catégories difficilement exclusives l'une de l'autre. Selon Piaget, à chaque période de développement correspondent des caractéristiques particulières du jeu : à la période sensorimotrice correspond le jeu d'exercice, à la période préopératoire, le jeu symbolique, et à la période opératoire concrète, le jeu de règle.

Piaget présente des caractéristiques du jeu symbolique propres à chacune des périodes de développement pendant lesquelles on peut l'observer. Pour les enfants de 4-7 ans, on retrouve trois caractéristiques :

1) l'ordre dans la construction ludique, 2) le souci de vraisemblance et 3) l'attribution de rôles complémentaires.

La première de ces caractéristiques, qui reflète une meilleure organisation de la pensée par rapport aux âges précédents, se confirme par les données de Nicolich (1978) qui parle de séquences dans les actes de faire semblant et celles de Fournier (1978) qui utilise les termes de trame dramatique et de scénario. Cette caractéristique signifie que le jeu de l'enfant comporte un début, un milieu et une fin.

Le souci de vraisemblance, noté également par Fournier (1978), s'observe aussi dans le dessin comme dans les constructions qui ressemblent de plus en plus à la réalité. Les jeux symboliques des enfants de cet âge reprennent donc avec une similarité souvent étonnante les voix, les rôles et les gestes de personnes observées.

Si Fournier (1978) parle de l'amorce du jeu symbolique à deux ou à plusieurs, Piaget (1964) parle, lui, de l'attribution de rôles complémentaires. Cette caractéristique s'appuie sur la socialisation grandissante de l'enfant.

Étant donné que Piaget (1964), Nicolich (1978) et Fournier (1978) ont pu observer ces caractéristiques dans le jeu symbolique des enfants de 4-7 ans, il semblait permis de penser pouvoir les observer chez des enfants de 5 ans qui s'adonnent à des jeux symboliques dans une classe maternelle.

L'influence du matériel

Les études qui ont analysé l'influence du matériel sur le jeu symbolique des enfants et particulièrement chez les enfants de 4-7 ans sont peu nombreuses. Quand on met en rapport leurs résultats avec les trois caractéristiques du jeu symbolique des 4-7 ans telles que décrites précédemment, nous pouvons proposer ce qui suit.

Piaget laisse entendre que l'ordre dans la construction ludique se rattache au développement de la pensée logique, on peut aussi le rattacher à l'idée de script plus récemment développée par Nelson et Seidman (1984). Le script est le cadre global connu par un enfant, de situations ou d'événements, qui porte sur les personnes, le lieu, les objets, les moments, qui lui sont reliés. Le script implique donc le rôle des acteurs, les objets qui leur servent de support et les scènes. Selon Nelson et Seidman (1984) et Boisclair (1986), il y a deux types de script, ceux qui sont familiers aux enfants, comme celui de la famille et de certaines professions et ceux des personnages fictifs qui sont connus des enfants au moyen de la télévision, des livres, et des films.

Ceci nous amène à regarder l'influence du matériel sur le souci de vraisemblance. Il est généralement admis qu'avec un matériel tel que des assiettes, cuillères, fruits en plastique, brosses, balais, aliments vrais comme des pâtes alimentaires et de la farine, les enfants s'adonnent à des jeux de faire semblant et non à des jeux de type logique. C'est dire que les activités de faire semblant sont liées aux propriétés fonctionnelles des objets.

Nicolich (1978) rapporte des études de Elder et Pederson démontrant que les enfants ont plus de facilité à faire semblant avec des objets ressemblants. Elle affirme enfin que le jeu symbolique est plus fréquent avec des objets réels.

Les écrits de Fournier (1978) font valoir l'importance de fournir aux enfants des panoplies (jouets d'enfants, déguisements) de médecin, de pompier ..., tout ce qu'il faut pour créer des décors et produire des bruits.

Enfin, pour l'attribution de rôles complémentaires, il semble bien que dès l'apparition de la fonction symbolique, les enfants peuvent faire semblant à plusieurs, que le matériel a une influence directe sur la dynamique des échanges entre eux et qu'il les amène à jouer avec leurs pairs.

Notre première étude a donc été menée dans sept classes maternelles et voulait observer le jeu symbolique des enfants afin de vérifier s'ils jouent selon les caractéristiques propres au jeu symbolique de leur âge, et s'il était toujours pertinent de leur proposer ces activités. Cette étude a permis de constater les faits suivants :

1. Les enseignantes de classes maternelles manifestaient une certaine indifférence pour l'aménagement d'aires et d'espaces favorisant le jeu symbolique.

   (À certains endroits, on enlève après Noël le coin maison).

2. Les enfants s'adonnaient souvent à l'activité symbolique en-deça de leur âge.

3. Les trois caractéristiques du jeu symbolique propre aux enfants de 4 à 7 ans ne sont pas toujours présentes dans leurs activités.

4. Un lien évident entre l'organisation matérielle de l'aire et l'apparition de comportements appropriés, c'est-à-dire fonctionnels et porteurs des caractéristiques du jeu symbolique des 4 à 7 ans.

L'éducation préscolaire et la réussite scolaire

Regardons certains résultats :

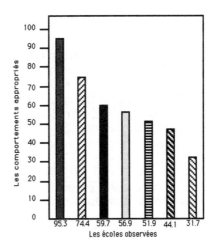

Figure 1: Pourcentage des comportements appropriés pour l'ensemble des écoles observées.

La lecture des résultats de la Figure 1 confirme ces observations. En étudiant les comportements appropriés ou fonctionnels à l'aire d'activités, on a pu déceler une différence importante dans la fréquence d'apparition des trois caractéristiques du jeu symbolique des enfants de 4 à 7 ans. Seulement deux écoles démontrent des pourcentages élevés (plus de 70 %) de comportements appropriés indiquant une activité symbolique signifiante par rapport aux cinq autres.

Pour comprendre ces différences entre les écoles, nous avons également observé les aménagements physiques des aires d'activités dans ces dernières. La comparaison entre les deux écoles limites fait ressortir des différences dans l'aménagement physique et met en évidence la présence de critères précis dans l'école la plus performante. Ces critères sont les suivants :

1. Une organisation logique de l'aire de jeu.

2. Une diversification des rôles suggérés par cette organisation.

3. Un matériel complet pour les rôles.

4. Une certaine intimité de l'aire.

Le premier critère se définit par la cohérence dans l'agencement du mobilier et du matériel. Le deuxième critère se traduit par un souci d'organisation et de matériel varié ce qui donne à l'enfant la possibilité de jouer des rôles différents et en même temps complémentaires. La présence d'un matériel complet pour jouer les rôles suggérés constitue le troisième critère. Enfin, le dernier critère, l'intimité de l'aire, se réfère aux limites apportées autour de l'aire pour entraîner la fermeture de celle-ci, de sorte que les enfants soient moins dérangés dans leur activité.

En conclusion de cette première étude, il est apparu que le jeu symbolique, non seulement avait sa place à la maternelle, mais qu'il fallait intervenir pour aider les enfants à jouer selon leur niveau de développement; qu'il fallait également élargir les possibilités de jouer des rôles diversifiés. De plus, l'observation des critères d'aménagement des écoles où les caractéristiques du jeu symbolique étaient présentes nous a incitées à orienter nos recherches vers l'organisation de l'aménagement physique.

Pour faire suite à cette première étude de type « descriptif » nous avons repris l'étude dans trois classes maternelles en nous centrant cette fois sur la transformation des aménagements suivants : bureau de poste, studio de photographie et marché alimentaire. Nous cherchions à vérifier l'impact de ces transformations sur les jeux de rôles professionnels. Ce sont les enseignantes qui ont eu la responsabilité d'organiser les environnements.

Pour planifier et organiser ces derniers, les critères identifiés précédemment furent présentés sous la forme des questions suivantes :

1. Par rapport au thème (profession) choisi, quels sont les rôles possiblement réalisables par les enfants?

2. Pour chacun des rôles, quelles actions les enfants doivent-ils poser?

3. Quel matériel devrait être présent pour jouer ces scénarios?

4. Comment aménager un espace un peu isolé et qui présente une certaine logique dans son aménagement, et ayant une certaine intimité?

Nous avons ajouté une cinquième question.

5. Quels apprentissages ces activités de jeu symbolique suscitent-elles?

La Figure 2 présente un exemple de planification d'un atelier intitulé « Studio de photographie ».

Figure 2 : Planification de l'atelier « Studio de photographie »

Studio de photographie

Quels sont les rôles possibles?	Quelles sont les actions qui découlent de ces rôles?	Quel matériel est nécessaire pour jouer ces scénarios?
1. Photographe	• Attend le client • Va chercher le client. • L'invite à s'asseoir. • Fait choisir un décor. • Fixe le décor. • Enlève le décor. • Range le décor. • Offre des accessoires (toutou, fleurs, poupées). • Ouvre la lumière. • Ajuste la lumière. • Ouvre un parapluie. • Ajuste le parapluie avec le client. • Suggère une pose. • Prend la caméra. • Ajuste la caméra. • Photographie. • Remet la photo au client. • Prend l'argent et remet la monnaie.	Chaises pour salle d'attente. Banc. Parapluie. Décors. Accessoires (fleurs, toutou, poupées). Lumière, genre projecteur. Caméra. Photo des enfants.
2. Client	• Arrive maquillé et coiffé. • Prend un numéro. • Attend son tour. • Choisit son décor. • Prend la pose et les attitudes que lui suggère le photographe. • Quitte avec sa photo. • Paie pour sa photo.	Série de numéros.. Argent.

Les résultats de cette dernière étude ont permis de confirmer qu'une bonne planification assure une meilleure qualité du jeu de l'enfant, des comportements plus appropriés aux aires d'activités et par conséquent, contribue à assurer l'apprentissage. De plus, les enseignantes qui ont participé au projet nous ont assurées :

1. Avoir pris conscience que le jeu symbolique était plus important qu'elles ne le croyaient.

2. Que les critères d'aménagement de l'espace sous forme de questions étaient des outils facilement « opérationnalisables », faciles à retenir, et pouvant s'utiliser dans d'autres activités que celles ordinairement identifiées comme activités symboliques.

En conclusion, ces études font ressortir qu'il y a place pour l'amélioration de la qualité des services offerts aux jeunes enfants. Cela passe vraisemblablement par des applications pédagogiques aussi concrètes que celle décrite précédemment. Il y a tout lieu de croire qu'il s'agit là d'actions susceptibles de contribuer à la réussite scolaire future des jeunes élèves .

Bibliographie

Baillargeon, M. (1988). Les maternelles quatre ans en milieux socio-économiquement faibles, un outil à développer pour faciliter l'apprentissage du français?, *Le français en tête : Actes du Colloque,* pp. 325-333, Québec : Centrale de l'enseignement du Québec.

Boisclair, A. (1986). *Le jeu symbolique, sa nature, son évolution,* Québec : Université Laval (texte inédit).

Bonnier-Tremblay, F. (1976). *DEDAPAM : 3e et dernier rapport,* Montréal : C.E.C.M.

Bouchard, C. et al. (1991). *Un Québec fou de ses enfants,* Québec : Ministère de la Santé et des Services sociaux.

Caillois, R. (1958). *Les jeux et les hommes,* Paris : Gallimard.

Centrale de l'enseignement du Québec (1990). *Positions de la C. E. Q. pour un réseau public de services éducatifs à la petite enfance,* Inédit, Montréal : Centrale de l'enseignement du Québec.

Comité consultatif sur les services de garde à l'enfance (1987). *Rapport du comité consultatif sur les services de garde à l'enfance,* Québec : Ministère du Conseil exécutif.

Conseil supérieur de l'éducation (1987). *L'éducation préscolaire un temps pour apprendre,* Québec : Conseil supérieur de l'Éducation du Québec.

Conseil supérieur de l'éducation (1989). *Pour une approche éducative des besoins des jeunes enfants,* Québec : Conseil Supérieur de l'Éducation.

Fournier, E. (1979). Jeux d'enfants, *Apprentissage et Socialisation,* vol. 1, no 2, pp. 5-21.

Harms, T. et Clifford, R. (1980). *The Early Childhood Environment Rating Scale,* New York : Teachers College Press.

Ministère de l'Éducation du Québec (1981). *Évaluations des interventions en milieu économiquement faible,* Québec : ministère de l'Éducation du Québec.

Ministère de l'Éducation du Québec (1991). *Notre force d'avenir : l'éducation,* Québec : ministère de l'Éducation du Québec.

Nelson, K. et Seldman, S. (1984). Planning with Scripts, dans I. Bretherton, *Symbolic Play,* New York : Academic Press.

Nicolich, L. (1978). *Methodological Issues in Studying Symbolic Play,* Paper presented at the Biennal Meeting of the Southeastern Conference on Human Development, 5th, Atlanta Georgia, April 27-29.

Piaget, J. (1964). *La formation du symbole chez l'enfant,* Neuchâtel : Delachaux et Niestlé.

Stamback, M. (1985). Et si l'échec scolaire commençait à la maternelle (entrevue donnée à Béatrice Guthart), *La Quinzaine littéraire,* no 445.

Thériault, J., Doyon, D., Doucet, M. et Van Tham, S. (1987). *L'exploitation du matériel de l'aire des jeux symboliques,* Rapport de recherche, document no 2, Chicoutimi : Université du Québec à Chicoutimi.

Thériault, J., Doyon, D. (1992). L'organisation matérielle de la classe maternelle a-t-elle une influence sur le jeu symbolique de l'enfant? (article accepté et à paraître dans un prochain numéro).

L'enseignement en milieu socio-économiquement faible : des pratiques pédagogiques ajustées aux caractéristiques socioculturelles

Michèle Drolet
Conseillère pédagogique
Commission des écoles catholiques de Montréal

Des développements récents en sciences de l'éducation font voir la pertinence de proposer à l'ensemble des élèves, un enseignement qui, d'une part, contribue au développement de la capacité d'apprendre et du sentiment de compétence et, d'autre part, atteigne les objectifs des programmes en s'appuyant sur l'expérience et sur les connaissances antérieures des élèves. Cet enseignement se traduit par la mise en place d'activités faisables, efficaces et signifiantes. Dans cet article, nous ferons la démonstration qu'à ces paramètres s'ajoute, en milieu défavorisé, la prise en compte des caractéristiques socioculturelles de ce milieu, laquelle permet d'ajuster la démarche et les stratégies d'enseignement aux besoins plus spécifiques des élèves. L'histoire fait la preuve de la validité de cette orientation.

Différents diagnostics ont été posés pour expliquer les difficultés et l'échec scolaires en milieu défavorisé. D'abord, les enfants et leurs familles ont longtemps été tenus responsables du sous-rendement et de l'échec scolaires. Les pédagogues ont alors adopté la solution dite curative et compensatoire : ils ont mis en place de nombreux programmes de rattrapage et produit plusieurs recherches pour préciser la nature des déficits. Cependant, les résultats de ces interventions ont montré la nécessité de réviser la définition du problème, car les effets bénéfiques des programmes compensatoires ne résistaient pas au temps, et les chercheurs ne pouvaient tracer un portrait réel des habiletés des enfants défavorisés (Drolet, 1990).

La thèse du déficit cumulatif a fait place par la suite à celle de l'école inadaptée. Selon cette thèse, l'école est inadaptée aux conduites et aux valeurs des moins favorisés de la société, car elle impose la culture de la classe dominante, autrement dit, elle impose des conduites et des valeurs souvent étrangères à ces derniers.

Les facteurs économiques influencent la culture d'un groupe social. Les moins favorisés de la société connaissent souvent les conduites de la classe dominante; cependant, pour survivre dans un univers pauvre en ressources, ils développent des conduites alternatives. Et ces conduites, comme celle de « vivre au jour le jour », ne leur permettent pas toujours de répondre aux exigences de l'école.

C'est la connaissance et la prise en compte des caractéristiques socioculturelles des élèves de milieux défavorisés qui permettent d'ajuster les pratiques pédagogiques et de viser à une plus grande égalité des chances. Le défi de l'enseignement en milieu défavorisé tient donc à une meilleure connaissance de la clientèle, connaissance qui permet de proposer aux élèves des activités d'apprentissage efficaces, signifiantes et faisables. Et ces activités sont efficaces, signifiantes et faisables dans la mesure où les élèves sont étroitement associés aux trois étapes de la démarche d'enseignement (planification de la pratique, pratique (modelage, pratique guidée, pratique autonome), évaluation de la pratique).

La thèse du déficit cumulatif

On le sait, la clientèle de milieux défavorisés est, plus que toute autre, confrontée aux problèmes du sous-rendement, de l'échec et de l'abandon scolaires. La durée, la réussite et l'orientation de la carrière scolaire sont tributaires de la classe sociale. La thèse du déficit cumulatif, qui attribue aux élèves de milieux défavorisés et à leurs familles la responsabilité de cet échec, a drainé pendant 20 ans, du début des années 1950 aux années 1970, les plus grands investissements financiers. Selon cette thèse, les élèves cumulent dans différents domaines de développement, comme le langage, l'intelligence et le domaine socio-affectif, des tares responsables de leurs difficultés scolaires.

En raison de la migration massive de leurs populations défavorisées du Sud vers les grandes villes du Nord, les Américains ont dû, les premiers, trouver des solutions aux problèmes que pose la scolarisation des défavorisés. Trop rapidement, les écoles des grandes villes durent se rendre à l'évidence : elles étaient maintenant aux prises avec de piètres résultats scolaires, avec un abandon des études plus précoce, avec une plus grande mobilité de la clientèle étudiante et du personnel enseignant, avec des espaces physiques désuets et surpeuplés. Des programmes d'éducation compensatoire, des recherches pour préciser la nature des déficits et des enquêtes furent instaurés pour pallier ces difficultés.

L'évaluation des programmes préscolaires *Head Start* montre que les effets bénéfiques mesurés par des tests cognitifs ne résistent pas au temps. Ainsi, avant la fin de la deuxième année scolaire, il n'existe plus de différence significative favorable aux élèves qui ont participé à ces programmes (Little et Smith, 1971). Par contre, une évaluation des programmes *Follow Through* qui succèdent à *Head Start*, montre que les effets significatifs observés augmentent avec la participation des enfants au programme et à son apprentissage. Ainsi, les enfants profiteraient de l'amélioration de la qualité de l'enseignement dans la mesure où celui-ci s'appuie sur leurs compétences, et dans la mesure aussi où il reconnaît leur responsabilité face à l'apprentissage; l'approche dite de découverte est alors évaluée comme étant la plus efficace (Little et Smith, 1971). Les programmes curatifs font donc place à des programmes plus adaptés qui mettent à profit l'expérience et les compétences de l'élève.

Un second événement marque aux États-Unis cette première entreprise de lutte à la pauvreté. Il s'agit de la plus vaste évaluation de l'égalité des chances en éducation. Cette enquête, réalisée auprès de 570 000 élèves, de 60 000 enseignantes et enseignants et consignant des données sur l'équipement disponible dans 4 000 écoles, conduit à la rédaction du rapport Coleman en 1966. Le rapport met en évidence que la clientèle noire des grandes villes est nettement moins favorisée, eu égard à certaines conditions de scolarisation : constructions scolaires désuètes, ratio maître-élèves élevé, activités parascolaires limitées, présence de groupes d'enfants allophones, plus grande mobilité et plus faible qualification du personnel enseignant. Ces conditions de scolarisation sont pires encore qu'on les avait imaginées (Little et Smith, 1971). Cependant, Coleman ne croit pas qu'elles déterminent à elles seules l'égalité des chances en éducation. D'autres facteurs ont, selon lui, davantage d'influence sur la capacité d'apprentissage et, en premier lieu, le contexte social et familial, et les caractéristiques des pairs. Viennent ensuite, toujours d'après Coleman, la qualité des enseignantes et enseignants, puis les conditions matérielles et le programme. Bien qu'on ait contesté les résultats de l'enquête, la littérature a fourni plusieurs appuis aux conclusions de Coleman, et Jenck (1969) confirma la faible influence des conditions matérielles de l'école par rapport à celle du contexte familial (Little et Smith, 1971). Le rapport Coleman fait voir que les variations dans les programmes ou dans l'équipement scolaire sont tributaires des effets de l'expérience familiale. Le rapport met aussi en doute l'efficacité de changements mineurs dans le fonctionnement de l'école traditionnelle (Bélanger, 1974).

Au Québec, c'est en 1970 que furent initiées les premières interventions en milieu défavorisé. Reposant sur la thèse du déficit cumulatif, elles s'inscrivaient comme aux États-Unis dans l'optique des programmes compensatoires et s'appuyaient sur des recherches visant à préciser la nature des déficits. Les travaux de Bonnier-Tremblay (1977) et le programme de recherche de Caouette et Bourbeau (1970) montrèrent que la majorité des enfants de milieux défavorisés se développaient aussi normalement que leurs pairs de milieux moyens. Des recherches portant sur le développement cognitif et langagier montrèrent aussi qu'il n'existait pas de différence significative imputable au milieu d'appartenance. Selon ces travaux, l'échec scolaire en milieu défavorisé ne peut plus être attribué à un plus grand nombre d'enfants présentant des retards ou des problèmes de développement. Bonnier-Tremblay avança l'hypothèse que le sous-rendement procédait d'une forte tendance à sous-évaluer les capacités des élèves. De plus, les situations d'échec influencent le sentiment d'auto-efficacité et le niveau d'aspiration qui, à leur tour, ont un impact sur la performance. Plus que les autres, ces élèves connaissent la dynamique qui conduit à l'absentéisme et à l'abandon scolaires, alors qu'ils arrivent à l'école avec des capacités d'apprentissage et des comportements tout à fait comparables à ceux de leurs pairs de milieux moyens (Caouette et Bourbeau, 1970).

Devant l'incapacité des chercheurs à attribuer aux élèves la responsabilité de leur échec, la thèse du déficit cumulatif a fait place à celle de l'école inadaptée.

La thèse de l'école inadaptée

La famille et l'école, c'est connu, sont les principaux agents de socialisation, chacun veillant à la transmission et à la sauvegarde des conduites, des règles et des valeurs essentielles à l'équilibre social. Contrairement à ce que l'on peut croire, la pédagogie n'est pas socialement neutre, et l'idéal humain proposé par l'école est celui de la classe dominante.

La culture

Ce sont les facteurs économiques ou la nature du travail fait par le parent qui assume la responsabilité de la famille, qui définissent la culture. Ces facteurs économiques déterminent les comportements liés à la nourriture, aux vêtements, aux relations interpersonnelles et à l'organisation du temps et de l'espace. Adaptés aux conditions économiques, ces comportements sont régis par des règles de conduite qui reposent à leur tour sur des normes. Ces normes intériorisées et appliquées à chaque domaine de la vie s'appuient sur un système complexe de valeurs.

Au dire de Grootaers, « pour comprendre la culture d'un groupe social, il ne suffit pas de faire l'étude des valeurs dudit groupe : il faut remonter au point de départ, c'est-à-dire jusqu'aux conditions concrètes de la vie quotidienne propres aux membres du groupe, conditions reliées à leur position sociale », car « ... en recherchant la cohérence des comportements quotidiens d'un groupe bien concret, on peut appréhender l'édifice culturel d'une classe sociale. » (Grootaers, 1984, p. 20).

Les familles des quartiers défavorisés connaissent les conduites et les valeurs de la classe dominante. Cependant, leurs limites éco-

107

nomiques les amènent à développer des conduites, puis des valeurs alternatives pour s'adapter à un univers pauvre en ressources et, qui plus est, à des conditions brutales d'existence.

D'autre part, ces mêmes familles ne connaissent pas toutes les mêmes formes de pauvreté. Bien sûr, certaines d'entre elles sont confrontées à la pauvreté chronique, alors que d'autres vivent de nouvelles formes de pauvreté, qui sont provoquées par les conditions économiques difficiles (incapacité de se trouver un premier emploi, mise à pied après quelques mois de travail), la séparation des couples et l'immigration récente (Bouchard, 1991).

La culture des ouvriers

La majorité des élèves de milieux défavorisés sont issus de deux groupes sociaux : les ouvriers et les pauvres. Ce qui caractérise l'ouvrier, c'est son rapport au travail (Tilman, dans Grootaers 1984). Le type de travail qu'il exécute lui donne une compréhension et une connaissance pratique des choses. Il développe une compétence gestuelle par la manipulation de l'outil et de la machine. Centré sur le rythme quotidien, son travail lui a appris à recevoir des gratifications immédiates.

Pour répondre à ses besoins de consommation et d'accomplissement personnel, l'ouvrier s'engage dans l'auto-production. Il trouve la détente dans l'action, et il préfère souvent les émissions de divertissement aux émissions d'information. L'ouvrier s'informe peu, lit peu et il établit ses relations auprès de sa famille immédiate.

De nos jours, les ouvriers connaissent la déqualification professionnelle, leurs conditions de travail les privent de la responsabilité de leur production. La conséquence en est que leur savoir-faire ne leur permet plus de se définir et c'est en satisfaisant des besoins de consommation qu'ils trouveront leur identité. Ils s'engagent donc dans des projets de consommation que nous évaluons souvent trop coûteux pour leurs moyens (Grootaers, 1984).

Les caractéristiques des pauvres

La recension des écrits sur la pauvreté montre qu'il y a toujours eu des mauvais et des bons pauvres. Aujourd'hui, cette dichotomie demeure et les bénéficiaires de l'aide sociale sont devenus des personnes aptes ou inaptes au travail.

Les années 1960 ont vu naître le concept de culture de pauvreté. Il existerait chez les pauvres une sous-culture autonome qui s'autoprotège et qui se transmet de génération en génération. Pour Lewis « ... avant l'âge de 6 ou 7 ans, les enfants des quartiers défavorisés ont intégré les valeurs et les attitudes fondamentales de leur sous-culture, et ils ne sont pas psychologiquement en mesure de saisir les opportunités de la vie et de tirer profit de nouvelles conditions d'existence. » (Leacock 1971, p. 11). Ce concept et la méthodologie utilisée par Lewis pour l'élaborer furent abondamment critiqués. Plusieurs anthropologues rejetèrent le concept de culture de pauvreté, car il remettait aux pauvres, en énonçant leurs déficiences, la responsabilité de leur position sociale. De plus, il encourageait les politiques discriminantes entretenues à leur égard. Pour Leseman (1970), on ne peut voir la pauvreté comme une culture, puisqu'aucun des membres de ce groupe ne développe de sentiment d'appartenance et de participation à une entité culturelle. De plus, la culture de pauvreté n'existe que par rapport à la culture dominante. Ce n'est donc pas une culture au sens propre, mais un rapport sociétaire.

Cependant, le fait d'être confrontés à des conditions difficiles d'existence amène les pauvres à développer un style de vie distinct. Souvent désengagés, les pauvres ne participent pas aux institutions sociales, économiques et politiques. Ils estiment qu'ils n'en peuvent tirer profit, surtout lorsqu'elles sont dirigées par des gens de la classe moyenne. Ce faisant, ils limitent de beaucoup leur espace et leurs droits. Leur univers dépasse rarement leurs propres voisinage et mode de vie. Confrontés quotidiennement à la satisfaction de leurs besoins primaires, les pauvres sont prisonniers du quotidien et ne font pas de prévisions. La fréquence des moments de tension est telle qu'ils ne peuvent renoncer au plaisir immédiat, et il est souvent impossible pour eux de différer la gratification lorsqu'elle devient accessible. Somme toute, ils vivent de profonds sentiments d'insécurité, d'inutilité et de marginalité. Généralement peu intellectuels, les pauvres sont des gens d'action qui engagent leurs enfants dans la réalisation de productions tangibles ou d'activités pragmatiques. Et la pénurie des ressources leur a appris à tirer profit de l'entraide et de la coopération.

L'adaptation de l'enseignement aux caractéristiques de la clientèle

La classe peut devenir un terrain propice de lutte à la pauvreté dans la mesure où les caractéristiques des élèves que perçoivent les enseignantes et les enseignants ne sont plus associées à des déficiences, mais bien aux conséquences de la pauvreté sur l'expérience de vie et sur l'expérience de la langue. L'attribution aux élèves de l'entière responsabilité de leurs difficultés scolaires renforce la tendance à leur offrir un enseignement à rabais, et à modifier pour eux les standards d'excellence. Pourtant, le mandat de l'école en milieu défavorisé est tout autre. Elle a même le devoir d'être encore plus efficace qu'ailleurs car, dans bien des cas, elle est le seul tremplin de mobilité sociale accessible aux élèves.

Il nous reste beaucoup à apprendre sur la manière d'ajuster l'enseignement aux caractéristiques sociales, cognitives et affectives des élèves. Cependant, de nombreux travaux contribuent à améliorer notre connaissance de l'apprentissage et des conditions qui assurent son succès.

Les activités, disions-nous, doivent être efficaces, faisables et signifiantes (Chamberland, 1989). Elles sont **efficaces** dans la mesure où elles tiennent compte du type de connaissances à développer. Les programmes ministériels prescrivent trois types de connaissances : les connaissances déclaratives (les savoirs, les concepts), les connaissances procédurales (les savoir-faire, les stratégies) et les connaissances conditionnelles (quand et pourquoi utiliser les savoir-faire). Ces connaissances ne s'acquièrent pas et ne s'utilisent pas de la même façon. L'enseignant doit donc prendre en compte le type de connaissances à traiter avec les élèves à chacune des étapes de la démarche d'enseignement. Alors que seules la pratique et l'objectivation de la pratique développent les connaissances procédurales, les connaissances déclaratives s'acquièrent au mieux lorsque l'enseignant favorise la comparaison et la confrontation des connaissances antérieures des élèves aux nouvelles connaissances.

Les activités sont aussi **efficaces** dans la mesure où elles utilisent les connaissances antérieures des élèves. L'apprentissage est possible quand des liens sont possibles, c'est-à-dire quand il s'établit un contact entre les connaissances que possède l'élève et l'information nouvelle, et plus ces connaissances sont élaborées et organisées, plus elles sont accessibles ou récupérables.

Les activités sont **efficaces** dans la mesure où elles permettent à l'élève d'apprendre à apprendre et dans la mesure où elles rendent l'élève cognitivement actif (problèmes à résoudre, questions à clarifier, difficultés à surmonter...). L'élève doit apprendre à superviser et à réajuster son action en situation d'apprentissage. Il doit contrôler et gérer ses apprentissages en évaluant, en planifiant et en réajustant ses actions au besoin. L'élève qui exerce un contrôle sur sa pensée et sur ses apprentissages possède des connaissances déclaratives (par exemple, des connaissances nécessaires à la tâche et des connaissances sur lui-même). Il possède aussi des connaissances procédurales (il sait comment appliquer les procédures et les stratégies), et des connaissances conditionnelles (il sait quand et pourquoi utiliser les différentes stratégies et procédures).

Les activités d'apprentissage sont **faisables** dans la mesure où l'enseignant fait des interventions qui médiatisent l'apprentissage. Autrement dit, dans la mesure où il s'interpose entre l'objet d'apprentissage et l'élève pour en faciliter l'apprentissage. L'enseignant observe l'état du développement des élèves et prévoit en conséquence le soutien adapté aux difficultés que présentent la tâche et la situation. Ainsi, il joue son rôle de médiateur en rendant transparente la séquence d'actions mentales que suppose la réalisation d'une habileté, d'une procédure ou d'une stratégie. Il verbalise et il démontre les procédures et les stratégies utiles au développement des habiletés.

L'enseignant peut aussi guider et supporter les élèves dans l'application des procédures ou des stratégies. Il observe et il communique aux élèves une rétroaction spécifique en regard du développement de l'objet d'apprentissage, et il ajuste ses interventions en conséquence. L'enseignant prévoit et met en place des contextes variés qui permettent aux élèves de faire l'exercice autonome des procédures et des stratégies enseignées.

Les activités d'apprentissage sont **faisables** dans la mesure où l'enseignant sait établir une progression. L'enseignant mesurera la distance qui existe entre le développement de ses élèves et les exigences des tâches qu'il leur propose. Il évaluera la complexité du matériel linguistique qu'ils ont à traiter eu égard au contenu (connaissances traitées) et à la forme de la langue (niveau de langue et structure de l'information). Il leur proposera des contextes et des formes de support qui leur permettent de rencontrer des tâches dont les exigences sont de plus en plus élevées, et des tâches qui favorisent une maîtrise autonome des habiletés ou des stratégies à utiliser. Autrement dit, l'enseignant établira une progression dans les tâches. Il graduera les exigences cognitives des tâches proposées tout en neutralisant les difficultés liées au matériel didactique, et ce, pour favoriser la réussite de la tâche et la manifestation de la stratégie enseignée (Chamberland, 1989). Par exemple, pour développer les habiletés de compréhension en lecture, il amènera les élèves à établir des liens de cohérence entre les différentes parties d'un texte; il favorisera aussi leur capacité à hiérarchiser l'information (dégager l'information principale). Pour ce faire, il optera, en début d'apprentissage, pour des textes dont la structure et le niveau de langue sont familiers, ou encore il tentera de neutraliser les difficultés du matériel dont il dispose.

Les activités d'apprentissage sont **signifiantes** dans la mesure où l'enseignant mène des interventions qui font voir aux élèves l'utilité et la pertinence des apprentissages scolaires. L'enseignant doit communiquer aux élèves les objectifs qu'il a à poursuivre, leur pertinence et leur utilité, de même que les contraintes auxquelles ils seront confrontés. Il doit leur faire saisir la démarche d'enseignement et les rôles qu'ils auront à jouer dans cette démarche.

Les activités d'apprentissage sont **signifiantes** dans la mesure où l'enseignant utilise des interventions qui encouragent et maintiennent chez les élèves un sentiment de compétence. L'enseignant doit favoriser chez les élèves la confiance en leur capacité d'apprendre, c'est-à-dire la confiance en leur capacité de réussir les tâches et de maîtriser les stratégies enseignées. Il doit d'abord encourager les élèves à reconnaître leur capacité de réussir, puis faire en sorte que leurs croyances à cet égard se fondent sur l'effort et la pertinence des stratégies utilisées.

La recherche a fait la preuve qu'il n'existe pas chez la clientèle de milieux défavorisés de déficits linguistiques, cognitifs ou affectifs capables d'expliquer le sous-rendement ou l'échec des élèves. Puisqu'elle a plutôt tendance à démontrer que les élèves de milieux défavorisés ont les mêmes capacités que ceux de milieux moyens, il convient donc de leur proposer des activités efficaces, faisables et signifiantes ajustées à leurs caractéristiques sociales, cognitives et affectives.

Reprenons maintenant les cinq caractéristiques culturelles qui risquent d'influencer l'apprentissage (faible bagage de connaissances, culture orale, culture d'action, culture centrée sur le temps présent et culture qui valorise la coopération) pour en dégager les implications pédagogiques.

Rappelons cependant que le concept de culture est utilisé ici dans son sens générique, c'est-à-dire en se référant à l'ensemble des formes acquises de comportement dans la société.

Un faible bagage de connaissances

Les élèves de milieux défavorisés sont confrontés à un univers pauvre en ressources. En général, ils n'ont pas accès à des expériences de vie diversifiées, ce qui limite leur bagage de connaissances et leur compréhension du monde.

Les implications pédagogiques :

- L'enseignant doit faire le point sur les connaissances que possèdent les élèves. Ainsi, lors de la préparation des situations d'apprentissage, l'enseignant doit activer et organiser les connaissances qu'ils ont déjà en regard de l'objet d'apprentissage (connaissances déclaratives, procédurales et conditionnelles).

- Il doit combler le manque de connaissances en leur proposant des activités qui les engagent concrètement dans la recherche de l'information manquante.

- Il doit utiliser leurs connaissances pour construire les nouveaux apprentissages.

- Il doit leur proposer une série d'activités d'apprentissage qui s'imbriquent les unes aux autres, tant au plan des objectifs poursuivis et du contenu traité que des habiletés à développer. Ces activités permettront aux élèves de développer une expérience suffisante, de maîtriser le champ de connaissances traitées et d'acquérir les habiletés visées. Les projets thématiques sont en ce sens des outils précieux. Par exemple, en début d'apprentissage, l'enseignant proposera aux élèves de préparer et de réaliser des enquêtes ou des expériences scientifiques dont la cueillette et le traitement de l'information constituent les premières étapes. Des lectures leur permettront ensuite d'élargir et de mettre à profit les connaissances acquises. Une pratique d'écriture leur fournira ensuite l'occasion d'approfondir le traitement qu'ils font de l'information. Finalement, la préparation et la présentation d'un exposé ou d'un interview leur permettront de procéder à la synthèse des apprentissages réalisés en tenant compte cette fois du contexte de l'échange et des besoins des interlocuteurs.

Une culture orale

Les élèves de milieux défavorisés appartiennent à une culture orale. La limite des ressources matérielles, associée au faible niveau de scolarisation des parents et au type d'emploi qu'ils occupent, fait que la culture du langage écrit occupe peu de place en général.

Les habiletés à utiliser la langue écrite se développent à l'âge adulte dans la mesure où elles sont utiles et valorisées par la famille, l'employeur et la communauté. Le sous-emploi et la déqualification professionnelle privent de travail de nombreux chefs de famille et les empêchent au surplus de faire valoir leurs compétences. De plus, nombreux sont les parents des élèves qui ont eux-mêmes connu l'échec ou le sous-rendement scolaires. Certains d'entre eux ont donc de réelles difficultés à maîtriser la langue écrite, alors que d'autres vivent des sentiments d'impuissance et d'incompétence.

La langue utilisée à la maison se distingue souvent de celle utilisée à l'école qui, elle, est davantage influencée par le langage écrit et les modèles standards de communication. Il ne faut pas toutefois en conclure que le langage est déficient en milieu défavorisé. La recherche montre que les différences sont surtout lexicales et référentielles.

Les implications pédagogiques :

- L'enseignant doit faire éprouver l'utilité et la pertinence de la langue écrite en proposant aux élèves des pratiques de communication écrite signifiantes.

- L'enseignant doit se présenter comme modèle et démontrer les stratégies utiles au développement de l'habileté à lire et à écrire.

- L'enseignant doit faire saisir l'utilité des habiletés qu'il compte enseigner.

- L'enseignant doit reconnaître l'efficacité de la langue utilisée par les élèves et leur fournir des modèles grâce auxquels ils auront accès à la langue standard.

- L'enseignant doit proposer des pratiques de communication orale dont les contextes sont variés. Ces contextes permettront aux élèves d'utiliser le langage contextualisé, puis décontextualisé (des situations ludiques, tels les jeux dramatiques ou les jeux de marionnettes, des interviews, des exposés). Ces pratiques de communication doivent établir une progression et permettre aux élèves de respecter les exigences des programmes.

Une culture d'action

Les élèves de milieux défavorisés sont exposés à une culture qui valorise l'action plutôt que la planification et la réflexion sur l'action. Ils sont aussi exposés à une culture qui valorise les productions concrètes davantage que la manipulation du langage et des images abstraites. Les pratiques éducatives des familles engagent surtout les enfants dans la réalisation de productions tangibles ou d'activités pragmatiques.

Les implications pédagogiques :

- L'enseignant doit utiliser des outils multisensoriels pour procéder à l'activation et à l'organisation des connaissances (mise en scène de courtes dramatisations, utilisation de films, d'illustrations, de schémas, manipulation d'expériences scientifiques, etc.).

- L'enseignant doit encourager les pratiques de communication orale et écrite menant à des réalisations concrètes (mise en scène de récits créés par les élèves, édition et exposition de projets d'écriture, production et diffusion d'un journal).

- L'enseignant doit faire éprouver la pertinence des étapes de la démarche d'enseignement (nécessité de planifier l'action, nécessité de passer à la pratique tout en supervisant l'action en cours, nécessité d'évaluer les réalisations et la manière de faire).

Une culture centrée sur le temps présent

Les élèves de milieux défavorisés ont des modes de vie qui les centrent sur le temps présent. Les familles confrontées à un univers pauvre en ressources apprennent à vivre au jour le jour. Les nombreuses périodes de tension auxquelles elles sont confrontées les empêchent souvent de différer la gratification.

Les implications pédagogiques :

- En début d'apprentissage, l'enseignant doit surtout proposer aux élèves des projets qui leur font voir des résultats concrets à court terme; en prenant conscience de leurs acquis, des projets de plus grande envergure leur permettront d'apprendre à différer la gratification.

- L'enseignant doit présenter aux élèves les différentes étapes de la démarche d'enseignement en précisant pour chacune d'elles leur utilité et le temps qui lui sera consacré.

- L'enseignant doit préciser le temps de parole qu'il prévoit occuper et celui qu'il accordera aux élèves.

Une culture qui valorise la coopération

Les élèves de milieux défavorisés font l'apprentissage de l'entraide et de la coopération. Ces attitudes et ces comportements sont fortement valorisés par leur famille et par la communauté.

Les implications pédagogiques :

- L'enseignant doit établir une progression dans la gestion des tâches confiées aux élèves (modelage des stratégies et des comportements d'auto-régulation, pratique guidée et travail en équipe).

- L'enseignant doit fournir aux équipes de travail une description claire de la tâche et des objectifs à atteindre, de même que la démarche ou le protocole précisant le fonctionnement de l'équipe.

- L'enseignant doit préciser le rôle que les élèves auront à jouer à l'intérieur de l'équipe, par exemple, il doit préciser avec eux qui jouera le rôle de l'animateur, du secrétaire, qui fera les manipulations, qui observera les résultats, etc.

La prise en compte des caractéristiques de la clientèle permet donc d'ajuster, en fonction des besoins de celle-ci, certaines des stratégies d'enseignement. Cependant, les élèves profiteront des activités d'apprentissage dans la mesure où ils participeront activement aux trois étapes de la démarche d'enseignement, c'est-à-dire dans la mesure où ils seront associés à la planification de la pratique, à la pratique elle-même et à l'évaluation de la pratique. Voici, pour chacune de ces étapes, des interventions pédagogiques à mener.

Il convient, au moment de la planification de la pratique, de faire saisir aux élèves les objectifs à poursuivre, leur utilité et leur pertinence. Il importe aussi de leur présenter la démarche d'enseignement, de même que les rôles et les responsabilités qu'ils auront à assumer à l'intérieur de celle-ci. Il convient également de rendre explicites les connaissances et l'expérience qu'ils possèdent face à l'objet d'apprentissage (domaine de connaissances traitées, habiletés ou stratégies à développer).

La préparation terminée, l'enseignant évalue le défi que présente l'apprentissage et il choisit, en fonction de l'état du développement des élèves, une façon de s'en acquitter; il choisit aussi le support qu'il convient de donner aux élèves. Il peut modeler l'apprentissage, autrement dit, il explique et démontre les procédures ou les stratégies utiles à l'atteinte de l'objectif en verbalisant la réflexion qui accompagne l'exécution. Il explique et démontre aussi les stratégies utiles au contrôle et à la gestion de l'apprentissage (planifier la réalisation de la tâche, surveiller la progression vers l'atteinte de l'objectif, réajuster au besoin la façon de faire, évaluer les résultats).

Il peut mener une pratique guidée au cours de laquelle il partage avec les élèves une partie de la tâche en modelant les stratégies utiles, et au cours de laquelle il rappelle les situations semblables, tout comme les stratégies de planification, de surveillance et de réajustement. Au cours de cette pratique guidée, il fait observer l'information importante; il fait des synthèses et il encourage la formulation de liens sémantiques. Il observe les élèves et il leur communique une rétroaction visant l'ajustement de l'action en cours et l'observation du progrès. Il engage les élèves dans du travail d'équipe en utilisant une démarche utile à la démonstration des stratégies à l'étude et à l'atteinte des objectifs poursuivis.

L'enseignant peut aussi proposer aux élèves des pratiques autonomes. Il rappelle alors les stratégies utiles à l'apprentissage et les conditions qui justifient l'utilisation de stratégies particulières. Il rappelle aussi les stratégies utiles à la gestion et au contrôle de l'apprentissage. Il fait part de ses observations quant au niveau d'atteinte de l'objectif et quant à l'utilisation des stratégies.

Au cours de l'évaluation, l'enseignant amène les élèves à dresser un bilan de leurs réalisations et à réfléchir sur la manière de réaliser la tâche (difficultés rencontrées, solutions apportées ou qui auraient pu être apportées, stratégies efficaces et économiques). Il leur communique aussi des observations encourageant leur sentiment de compétence.

L'enseignement en milieu défavorisé, il faut le reconnaître, a des exigences toutes particulières; non seulement est-il difficile pour les enseignants d'être quotidiennement confrontés à la misère que vivent certains élèves, encore faut-il qu'ils luttent contre les multiples préjugés entretenus par les médias et les politiques gouvernementales à l'égard des défavorisés, s'ils veulent miser sur les compétences des élèves pour favoriser l'apprentissage.

En somme, il convient essentiellement de profiter des contenus d'apprentissage prévus par les programmes pour développer chez les élèves de nouveaux savoirs déclaratifs, procéduraux et conditionnels, et élargir ainsi la connaissance et la compréhension du monde, tout comme l'expérience de la langue; l'utilisation d'outils multisensoriels qui ne limitent pas les élèves au seul traitement langagier de l'information est en ce sens fort utile. Les situations interactives de lecture et d'écriture profitent également aux élèves, car les habiletés à développer à l'écrit peuvent s'appuyer sur les habiletés déjà acquises à l'oral. Les élèves de milieux défavorisés profitent aussi de modèles adultes qui lisent et qui écrivent devant eux tout en rendant explicites les stratégies utiles au développement des habiletés, et cela, dans des situations signifiantes.

Sans être la panacée, et bien qu'il reste encore beaucoup à faire à ce chapitre, l'adaptation de l'enseignement aux besoins des élèves augmente l'efficacité de l'intervention pédagogique, et il y a lieu de multiplier les expériences en ce sens.

Bibliographie

Bélanger, M. (1974). L'expérience américaine dans l'éducation des enfants de milieu défavorisé, dans, *L'éducation en milieux défavorisés, Actes d'un symposium tenu dans le cadre du XIe congrès du Conseil du Québec de l'enfance exceptionnelle,* Montréal : R. Pierre-Joly, pp. 11-26.

Bonnier-Tremblay, F. (1977). *DEDAPAM, 3e et dernier rapport, 1971 à 1976,* Bureau de psychologie, Division des services spéciaux, Commission des Écoles catholiques de Montréal : Service des études.

Campeau, R. (1972). *Comparaison des sous-cultures ouvrière et pauvre, étude des représentations sociales d'une relation pédagogique,* Montréal : Université de Montréal.

Caouette, C.E. et Bourbeau, G. (1970). *Recherches sur la psychologie de l'enfant de milieu défavorisé, rapport synthèse,* Montréal : Conseil Supérieur de l'Éducation.

Commission des Écoles catholiques de Montréal (1991). *L'enseignement à la Comission des Écoles catholiques de Montréal : des interventions pédagogiques adaptées.* Service des études.

Chamberland, P. (1989). *Apprendre à lire à 15 ans, guide pédagogique,* Commission des Écoles catholiques de Montréal : Service des études.

Cicirelli, V.G. et al. (1970). The Impact of Head Start : A Reply to the Report Analysis, *Harvard Educational Review,* 40 (1), pp. 105-170.

Drolet, M. (1990). *L'enseignement en milieu socio-économiquement faible,* Commission des Écoles catholiques de Montréal : Service des études.

Drolet, M. (1985). *Un cadre ludique à la communication orale,* Montréal : Conseil Scolaire de l'Ile de Montréal.

Graves, D.H. (1981). *Writing : Teachers and Children at Work,* London : Heinemann Educational Books, Exeter.

Grootaers, D. (1984). *Approche sociologique des cultures populaires, Culture mosaïque,* Belgique : Vie ouvrière.

Hymes, D.H. et al. (1981). *Ethnographic Monitoring of Children's Acquisition of Reading/Language Arts Skills in and out of the Classroom, Volumes 1, II and III, Final Report,* Washington, D.C. : National Institute of Education (ED).

Jones, B.F. et al. (1987). *Strategic Teaching and Learning : Cognitive Instruction in the Content Areas,* Virginia, ASCO : Alexandria.

Leacock, E.B. (1971). The Culture of Poverty, a Critique, New York : Simon and Schuster.

Lesemann, F. (1970). À propos de la culture de pauvreté, Intervention, 28, pp. 3-14.

Lewis, H. (1971). Culture of Poverty? What Does it Matter, dans, E.B. Leacock, The Culture of Poverty, a Critique, New York : Simon and Schuster, pp. 345-363.

Little, A. et Smith, G. (1971). Stratégies de compensation : panorama des projets d'enseignement pour les groupes défavorisés aux États-Unis, Organisation de coopération et de développement économique.

Pierre, R. (1989). Approche cognitive de la didactique de la lecture : exposé de recherches réalisées depuis 10 ans, Symposium tenu dans le cadre du 2e congrès des Sciences de l'éducation de langue française du Canada.

Tilman, F. (1984). La culture ouvrière aujourd'hui, dans, D. Grootaers, Approche sociologique des cultures populaires, culture mosaïque, Belgique : Vie ouvrière, pp. 80-94 .

Tousignant, C. et Morales, N. (1984). Les avatars de la prévention, Revue internationale d'action communautaire, 11 (51), pp.9-19.

Valentine, C.A. (1971). The Culture of Poverty : Its Scientific Signifiance and its Implications for Action, dans, E.B. Leacock, The culture of Poverty, a Critique, New York : Simon and Schuster, pp.193-225.

Les troubles du comportement à l'école : état des connaissances et pistes d'intervention

Égide Royer, professeur
Département de psychopédagogie
Faculté des sciences de l'éducation
Université Laval

Hélène Poliquin-Verville, psychologue
Commission scolaire Côte-de-Beaupré

Les troubles du comportement à l'école constituent un problème qui a suscité de nombreuses recherches au cours des 25 dernières années. L'incapacité d'un grand nombre de jeunes de s'adapter aux situations d'apprentissage scolaire et de vivre des relations sociales harmonieuses et valorisantes constitue d'ailleurs une préoccupation importante des agentes et des agents d'éducation, confrontés avec la réalité que plusieurs de ces élèves ne complètent pas leurs études secondaires. En effet, bien qu'on en ait fait peu mention dans le débat actuel sur la réussite scolaire au Québec, les jeunes en difficulté de comportement à l'école constituent un groupe à haut risque d'abandon, que leur départ soit volontaire ou qu'ils soient incités à quitter suite à des suspensions répétées ou à une expulsion conséquente à leurs comportements problématiques. C'est dans cette perspective que cet article résume ce que la documentation actuelle nous apprend à propos de ces jeunes. Après avoir fait le point sur la définition des problèmes de comportement et sur la prévalence du phénomène, on trace un bref historique de ce champ relativement jeune de l'intervention en milieu scolaire tout en présentant les modèles théoriques les plus cités à propos de ce problème. On mentionne ensuite les facteurs entourant l'apparition des problèmes de comportement ainsi que les différentes manifestations de ces derniers pour enfin évoquer les principales composantes d'une intervention de qualité susceptible de répondre aux besoins de ces jeunes et, de ce fait, de prévenir leur départ prématuré de l'école secondaire[1]

Définition

Les jeunes présentant des troubles du comportement agissent souvent de façon discordante par rapport à leur environnement social. Même si certaines caractéristiques propres à ces élèves peuvent être décrites clairement, la définition du trouble du comportement demeure en partie subjective (Smith, Wood, Grimes, sous presse). Cette subjectivité est liée au fait que le trouble du comportement n'est pas une réalité ayant une existence indépendante de notre jugement. Décider si un élève a des difficultés comportementales, c'est se prononcer sur ses caractéristiques individuelles, mais aussi sur les valeurs et les normes de l'école. Comme il en sera question un peu plus loin dans ce texte, définir le trouble du comportement est une tâche difficile, compliquée par les différences parfois inconciliables entre les diverses approches théoriques. D'autres facteurs, tels les problèmes liés à la mesure du comportement, la grande variabilité du comportement dit normal, la difficulté d'isoler les problèmes comportementaux des autres pathologies, le caractère transitoire de certains problèmes de même que les inconvénients liés à l'identification des jeunes en difficulté rendent encore plus difficile l'élaboration d'une définition. Il y a pourtant, pour les intervenantes et les intervenants, nécéssité de se donner une base commune de compréhension qui puisse servir à communiquer entre eux, à concevoir des programmes et des services pour ces élèves et à prendre des décisions éducatives avec le plus d'objectivité et de rigueur possible.

Le ministère de l'Éducation du Québec (MEQ) définit l'élève ayant des troubles de la conduite et du comportement comme étant :

> « ... celle ou celui dont l'évaluation psychosociale, réalisée en collaboration par un personnel qualifié et par les personnes concernées, avec des techniques d'observation ou d'analyse systématique, révèle un déficit important de la capacité d'adaptation se manifestant par des difficultés significatives d'interaction avec un ou plusieurs éléments de l'environnement scolaire, social ou familial ». (MEQ., 1990, page 33)

Ces comportements peuvent être sur-réactifs ou sous-réactifs. D'après cette définition, pour qu'on considère qu'un élève présente des troubles de comportement, ses difficultés comportementales doivent être manifestement plus intenses ou plus fréquentes que chez la moyenne des jeunes de son âge. On doit également avoir constaté qu'elles sont persistantes et qu'elles ne sont pas fonction d'une seule situation ou d'un seul contexte. Il faut éviter de confondre un problème de discipline avec un trouble du comportement de type sur-actif. L'élève qui est relativement bien contrôlé par des sanctions judicieuses ne peut pas être considéré comme présentant des troubles de la conduite ou du comportement. Quant à l'élève qui éprouve de réels problèmes, il requiert des services éducatifs spécialisés en plus des mesures d'aide habituelles de l'école. La lectrice et le lecteur désireux de poursuivre sa réflexion sur la définition peut d'ailleurs consulter le document de la série « École et comportement » intitulé *L'identification et l'évaluation des besoins des élèves en trouble du comportement* (Tremblay et Royer, 1991).

La prévalence des troubles du comportement

L'étude des taux de prévalence des élèves présentant des troubles du comportement nous amène à constater des variations marquées selon les auteurs consultés. Cette variabilité est principalement attribuable à l'absence d'une définition objective et commune, de même qu'aux limites méthodologiques des études de prévalence des désordres du comportement.

Si les taux obtenus par les chercheurs varient entre 0,5 % et 20 % (Kauffman, 1989), des estimations plus raisonnables, basées sur des études de population, fixent entre 3 % et 6 % la proportion des élèves présentant des troubles du comportement et nécessitant des mesures éducatives spéciales (Achenbach et Edelbrock, 1981). Wood et Zabel (1979) affirment, pour leur part, que de 20 à 30 % des jeunes ont un problème de comportement, problème qui persisterait pendant toute la durée de la fréquentation scolaire chez seulement 1,5 à 3 % d'entre eux. Il est intéressant de noter que plus de 50 % des jeunes présentent des problèmes de comportement à un moment ou l'autre de leur développement, la proportion de garçons étant trois fois plus élevée que celle des filles (Rubin et Balow, 1978). Ces données sont assez cohérentes avec les résultats recueillis au Québec par Wener (1982, 1983). Aux États-Unis, le gouvernement fédéral estime qu'environ 2 % de la population scolaire devrait être admissible aux programmes pour les élèves « très émotivement perturbés » tandis que seulement 1 % de ces élèves reçoivent effectivement des services pour un trouble du comportement (Council for Children with Behavioral Disorders, 1989). Au Québec, le dernier relevé effectué par le MEQ révèle qu'en moyenne 1,74 % des élèves sont considérés comme présentant des troubles du comportement par les commissions scolaires, cette proportion étant en augmentation depuis les dernières années (Tableau 1).

Tableau 1

Taux de prévalence déclarés par les commissions scolaires (%)

Appellation administrative	Année	Préscolaire	Primaire	Secondaire	Global
MSA (1)	1986-87	0,16	0,99	2,07	1,31
TCC	1987-88	0,14	1,05	2,00	1,33
TCC	1988-89	0,18	1,23	1,98	1,42
TCC	1989-90	0,16	1,33	2,13	1,53
TCC	1990-91	0,16	1,48	2,49	1,74

(1) : L'appellation MSA (Mésadapté socio-affectif) a été remplacée par TCC (Trouble de la conduite et du comportement) en 1987-1988.

Historique

Historiquement, on a pu assister en Occident à une importante évolution dans la façon d'aborder le phénomène des troubles du comportement. Avant les années 1800, la plupart des jeunes présentant des difficultés comportementales étaient en effet considérés comme habités par de mauvais esprits, et il n'était pas rare qu'on leur administre des traitements médicaux cruels ou qu'on les punisse de façon excessive. Ce n'est qu'au XIXè siècle qu'on commença à éduquer ces enfants. Ce fut d'abord dans les asiles pour aliénés et les établissements pour déficients qu'on offrit des services, puis, dans les maisons pour réfugiés, les centres de détention et les classes spéciales de l'école publique. Dans la première moitié du XXè siècle, on fit des efforts pour mieux s'adapter aux besoins des élèves présentant des troubles du comportement à la maison et à l'école. Au cours de ces années, plusieurs syndromes associés à des troubles graves du développement furent clairement définis (autisme et certaines catégories de psychose infantile). On commença aussi à essayer différentes mesures éducatives (écoles et classes spéciales, relation d'aide) auprès des jeunes ayant des difficultés comportementales. Toutefois, ce n'est que vers la fin des années 50 que l'éducation des élèves présentant des troubles du comportement devint véritablement un champ d'étude. Plusieurs programmes de rééducation, d'inspiration psychanalytique, furent élaborés et un premier manuel décrivant l'enseignement en classe des enfants présentant des problèmes de comportement fut écrit.

Dans les années 60, on fut témoin d'une évolution rapide des méthodes d'intervention auprès des élèves en difficulté. On assista à l'émergence de plusieurs modèles théoriques (psychanalytique, behavioral, etc.) présentant des conceptions différentes et parfois incompatibles des problèmes émotionnels et des modes d'intervention. Des services spécialisés furent de plus en plus offerts à ces élèves, systématiquement dispensés en dehors de la classe ordinaire, voire de l'école régulière, ce qui eut souvent pour effet de consacrer leur marginalisation (Lemieux, 1986). En 1976, lorsque parut le rapport COPEX, l'élève « mésadapté socio-affectif grave » se définissait ainsi :

> « L'enfant qui, à la suite d'une évaluation psychologique appropriée, administrée par un spécialiste compétent, manifeste des problèmes de comportement affectif et social graves, incompatibles avec la qualité et la quantité des groupes scolaires réguliers, doit bénéficier de mesures de rééducation affective et de pédagogie curative dans un groupe structuré à cette fin ». (COPEX, 1976, p. 108)

C'est à partir de 1978, avec la parution de l'École Québécoise : Énoncé de politique et plan d'action, que le Québec prend ouvertement une orientation visant à offrir à tous les élèves présentant des problèmes de comportement une éducation de qualité appropriée à leurs besoins précis et donnée dans le cadre scolaire le plus normal possible. Ces changements influencent évidemment la définition administrative des élèves « mésadaptés socio-affectifs », qui devient en 1983 la suivante :

> « L'élève avec une mésadaptation socio-affective est celui ou celle dont l'évaluation psycho-sociale, réalisée à l'aide de techniques d'observation systématique ou d'examens standardisés, utilisés par un personnel qualifié, révèle un déficit important de la capacité d'adaptation se manifestant par des difficultés d'interaction avec un ou plusieurs éléments de l'environnement scolaire, familial ou social ». (MEQ, 1983)

Cette définition englobe tout aussi bien les jeunes présentant des troubles du comportement que ceux handicapés par un trouble grave du développement. De plus, elle se rattache à une perspective systémique considérant la réalité comme un ensemble composé de plusieurs éléments (l'élève, les compagnons, les adultes, l'organisation physique des locaux) et la mésadaptation comme une rupture d'équilibre entre l'élève et un ou plusieurs éléments de son milieu. La catégorie mésadaptation socio-affective est, par la suite, abandonnée et l'appellation « trouble de la conduite et du comportement » est adoptée.

Les différents modèles théoriques

Notre conception de l'être humain exerce une influence sur notre façon d'expliquer le comportement ainsi que sur les stratégies utilisées pour aborder les comportements problèmes. Au cours de l'histoire, l'être humain a été considéré en tant qu'être spirituel, organisme biologique, individu rationnel et émotif ou encore produit de son environnement. Les divers points de vue adoptés ont donné lieu à des modèles théoriques différents, souvent difficilement compatibles, suggérant des modes d'intervention parfois opposés.

Ainsi, l'approche biologique attribue le désordre du comportement à un trouble physiologique ou neurophysiologique, et suggère, par conséquent, des traitements pharmacologiques, une diète, de la chirurgie, du biofeedback ou des modifications des facteurs environnementaux susceptibles d'enrayer le problème physiologique et, de là, les difficultés comportementales.

De son côté, l'approche psychodynamique ou psychanalytique présente très souvent le problème de comportement comme le symptôme de conflits intrapsychiques et postule que la résolution de ces derniers, à la suite d'une prise de conscience de leur réalité et de leurs causes par l'enfant, est la stratégie d'intervention à utiliser.

Par contre, l'approche behaviorale met l'accent sur le comportement observable comme tel en le liant aux contingences de l'environnement. Ainsi, le comportement problème est vu comme l'apprentissage d'un ensemble de réponses inadéquates. L'intervention vise à changer le comportement inadéquat par un comportement plus adapté en modifiant les conditions qui le précèdent et les conséquences qui le suivent. Depuis une quinzaine d'années, le modèle behavioral tient de plus en plus compte des variables « cognitives » de l'individu vivant des difficultés comportementales. On a d'ailleurs assisté à la mise au point d'interventions « cognitivo-behaviorales » qui visent à modifier les comportements d'un élève en tenant compte de ses stratégies et de ses habiletés de résolution de problèmes.

L'approche humaniste insiste, pour sa part, sur l'autodétermination, l'épanouissement personnel et l'auto-évaluation. Elle considère que les jeunes ont naturellement un potentiel de croissance qui tend à s'actualiser et qu'en situation de relations interpersonnelles significatives et saines, ils trouveront leurs propres solutions aux difficultés affectives ou comportementales qu'ils peuvent vivre.

L'approche écologique ou écosystémique, quant à elle, voit l'enfant en tant qu'individu évoluant dans un système social complexe, étant à la fois émetteur et récepteur dans les échanges sociaux et cela, dans une variété de rôles et de situations. Le système social complet de l'enfant est analysé et l'intervention vise non seulement l'élève, mais aussi toutes les dimensions de son milieu : la maison, l'école, la collectivité.

Quoique chacun des modèles présentés offre un cadre articulé d'analyse et d'intervention, en pratique, peu de professionnelles et de professionnels adhèrent strictement à une seule orientation théorique (Kauffman, 1989). D'ailleurs, les professionnelles et les professionnels du monde scolaire qui interviennent auprès des jeunes présentant des troubles du comportement doivent surtout tendre à se donner un cadre de référence commun plutôt qu'une position théorique unique. La tendance des chefs de file en matière d'intervention est d'aborder les problèmes de comportement à partir d'une perspective scientifique, en intégrant certaines notions de l'approche behaviorale et de la psychologie cognitive dans une vision écologique ou écosystémique. Cette orientation, en plus de fournir un cadre de référence cohérent aux intervenantes et aux intervenants du monde scolaire, se classe parmi celles qui, selon la recherche, leur offrent le plus de possibilités compte tenu des objectifs éducatifs poursuivis et des éléments qu'ils sont en mesure de contrôler (Kauffman, 1989).

Les causes

Nous avons vu que les modèles conceptuels varient parfois de façon marquée quant aux causes présumées des problèmes de comportement. Quoique tous les modèles théoriques suggèrent des facteurs susceptibles d'entraîner un comportement déviant, aucun facteur ne peut être tenu responsable de toutes les déviations. Ces variables sont souvent interreliées et aucune d'entre elles ne semble agir de façon isolée pour engendrer un problème de comportement (Kauffman, 1989).

Les facteurs biologiques

La vision biologique des problèmes de comportement suscite un intérêt particulier en raison du fait que les modèles psychologiques ne peuvent répondre de toutes les variations du comportement chez l'enfant et aussi parce que tout comportement implique une activité biochimique et neurologique (Kauffman, 1989). Les accidents génétiques, les dysfonctions et dommages cérébraux, la mauvaise alimentation, les irrégularités biochimiques, les maladies et les incapacités physiques peuvent contribuer à l'apparition d'un problème de comportement. Cependant, à l'exception des accidents génétiques reconnus comme liés à des désordres extrêmes (la schizophrénie, par exemple), sans qu'on puisse encore savoir comment ils agissent, les recherches ne permettent pas d'expliquer la plupart des désordres du comportement par des dysfonctions ou dommages cérébraux. Elles ne les lient pas davantage, sauf dans de très rares cas, à des réactions à des substances alimentaires, des irrégularités biochimiques, des maladies ou incapacités physiques.

Les facteurs familiaux

Compte tenu de l'incidence des relations familiales sur le développement social de l'enfant, il est compréhensible que l'on tente de trouver les origines des problèmes de comportement dans la structure, la composition et le fonctionnement de la famille. Comme les facteurs biologiques, les facteurs familiaux ne peuvent que rarement être tenus comme seuls responsables des désordres du comportement. Il s'agit souvent d'une interaction complexe avec d'autres facteurs (statut socio-économique, sources de soutien émotionnel extra-familial, âge et sexe de l'enfant). Toutefois, certains jeunes, pour des raisons encore inconnues, semblent plus vulnérables aux facteurs de risque que d'autres. Le type de cellule familiale a souvent été associé avec l'apparition de problèmes de comportement. Cependant, les hypothèses relatives aux forces et aux faiblesses de l'unité familiale traditionnelle doivent être reconsidérées, compte tenu du taux élevé de divorces et de familles monoparentales. Quoique le divorce ne produise, habituellement, pas de problèmes de comportement chronique chez les jeunes, on peut s'attendre à des effets négatifs temporaires (Hetherington et Martin, 1986). Le type de discipline parentale constitue un facteur important dans la probabilité d'apparition de problèmes de comportement. Selon Martin (1975), les parents manifestant généralement une attitude de laxisme, de négligence et de rejet envers leurs enfants, tout en étant sévères, hostiles et incohérents dans leur approche disciplinaire, tendent à avoir des enfants hostiles et agressifs. Une discipline parentale ferme et uniforme mais chaleureuse et responsable, favorise un développement affectif et social harmonieux chez les enfants (Hetherington et Martin, 1986). Le conflit et la coercition sont aussi des facteurs de risque associés aux problèmes de comportement chez l'enfant. Plusieurs recherches démontrent que dans les familles d'enfants agressifs, les enfants se conduisent de façon irritante pour les parents qui recourent à des méthodes brutales (cris, coups, etc.) pour les maîtriser. Ces interactions sont appelées « trappes de renforcement négatif » par Patterson (1986) parce qu'elles marquent les étapes d'une coercition et d'un conflit plus grand, chaque personne dans la trappe tentant de répondre à l'agression de l'autre par des moyens plus coercitifs afin de lui imposer sa volonté. Les processus de coercition varient de l'argumentation jusqu'aux comportements destructeurs.

Les enfants issus d'une famille dans laquelle prévaut la coercition semblent moins bien préparés à se conformer aux directives des enseignantes et des enseignants, à remplir leurs tâches ou à interagir avec leurs compagnes et leurs compagnons. Mal préparés pour les exigences de l'école, ces jeunes sont pratiquement certains de ne pas atteindre les objectifs fixés sur le plan du rendement scolaire et sur celui des relations sociales (Patterson, 1986).

Les facteurs scolaires

Le rôle que joue l'école dans l'apparition des problèmes de comportement revêt une importance particulière pour les agentes et les agents d'éducation, puisque c'est la seule variable qu'ils sont en mesure de contrôler. De plus, l'école exerce une influence prépondérante sur la socialisation des jeunes. Les exigences de l'école, à l'égard des apprentissages et de la conduite sociale des jeunes, sont souvent citées comme facteurs de l'apparition de problèmes de comportement. Selon Patterson (1986), le processus coercitif existant dans la famille des jeunes qui éprouvent des problèmes de comportement se reproduit à l'école avec les enseignantes et les enseignants et les compagnes et les compagnons, chacune des parties risquant de se faire prendre dans une « trappe » de renforcement négatif.

L'école, tout comme la famille et les facteurs biologiques, n'agit pas de façon isolée dans l'apparition et l'évolution des problèmes du comportement. On peut cependant déceler des conditions dans la classe et des réactions de l'enseignante ou de l'enseignant plus susceptibles d'entraîner des problèmes de comportement (Gelfand, Ficula et Zarbatany, 1986). Parmi les éléments importants : l'insensibilité à l'individualité des élèves, des attentes inadéquates envers les élèves, un manque d'uniformité dans les interventions, un enseignement d'habiletés perçues comme non utiles par l'élève, des modèles indésirables de conduite scolaire. Nul ne contestera le fait que l'école doit établir un certain nombre de règles raisonnables pour assurer la sécurité et le bien-être des élèves. Cependant, en adoptant une attitude rigide, qui ne tient pas compte des différences individuelles chez les jeunes, l'école peut en quelque sorte entraîner certains élèves qui sortent de la norme à assumer le rôle de « dernier de classe » ou de « déviant » sur le plan social. En effet, plusieurs élèves réagissent par du ressentiment, de l'hostilité, des actes de vandalisme ou de la résistance passive lorsqu'ils évoluent dans une atmosphère de répression et d'enrégimentation (Mayer, Nafpaktitis, Butterworth et Hollingsworth, 1987).

Les attentes des enseignantes et des enseignants envers les élèves présentant des troubles du comportement sont susceptibles d'avoir une influence sur leur rendement. En effet, les préjugés entretenus par eux envers ces jeunes, à savoir qu'ils auront de mauvais résultats scolaires et qu'ils seront plus susceptibles de mal se conduire, seront communiqués à ces élèves qui tendront à s'y conformer. Inversement, des attentes trop élevées les placeront sans cesse devant des tâches trop difficiles pour eux, ce qui les conduira à devenir agressifs pour tenter d'atteindre leur but, à régresser vers des comportements immatures ou à décrocher (Center, Deitz et Kaufman, 1982). Il y a de bonnes raisons de croire également qu'une gestion de classe incohérente entretient les problèmes de comportement. En effet, lorsque les jeunes ne peuvent prédire la réponse des adultes à leurs comportements, ils deviennent anxieux, troublés, incapables de choisir les comportements qui seraient appropriés à la situation (Hetherington et Martin, 1986).

Un enseignement dont l'élève ne perçoit pas l'utilité ne permet pas à ce dernier de participer activement à son apprentissage. Dans ce contexte, l'élève sera fortement tenté de se retirer ou de déranger la classe. Il est donc de première importance pour l'enseignante et l'enseignant d'amener l'élève à saisir les avantages de l'apprentissage et, pour ce faire, ils devront parfois recourir à des motivations « artificielles » liées à des renforçateurs extrinsèques. Selon la psychologie behaviorale, l'école contribue à l'apparition des problèmes de comportement de deux façons : en renforçant les comportements inadéquats et en omettant de renforcer ceux qui sont appropriés. Plusieurs recherches démontrent que dans plusieurs classes, le renforcement est utilisé de façon non productive; les élèves présentant des problèmes reçoivent beaucoup d'attention (même si elle prend la forme de critique ou de punition), ce qui contribue à favoriser l'apparition de ces problèmes, tandis que les comportements appropriés sont peu renforcés (Kauffman, 1989).

Finalement, le genre de modèle de conduite proposé par l'école influencera le comportement des élèves. En effet, les recherches démontrent que les élèves sont influencés par les modèles que représentent les attitudes et la conduite des enseignantes et des enseignants, aussi bien en classe qu'à l'extérieur (Rutter, Maughan, Mortimer, Ouston et Smith, 1979). On souligne également que compte tenu de l'influence marquée des pairs, surtout au secondaire, l'école qui laisse ses élèves leaders se comporter impunément de façon inadéquate s'expose à voir plus tard leur type de conduite s'étendre à d'autres élèves (Arnold et Brungardt, 1983).

Les manifestations
des troubles de comportement

Les problèmes de comportement se manifestent de différentes façons. La diversité de ces manifestations a poussé les chercheurs à les regrouper selon leurs caractéristiques communes. Cette opération, effectuée sur la base d'analyses statistiques, a permis de regrouper l'ensemble des manifestations en deux grandes catégories : les comportements surcontrôlés et les comportements sous-contrôlés (Achenbach et Edelbrock, 1989). En effet, pour de nombreux auteurs, les élèves qui éprouvent des difficultés comportementales se partagent en deux grands groupes : ceux dont la principale caractéristique est l'activité et ceux qui sont inactifs ou retirés.

Le groupe des élèves actifs peut se diviser en deux sous-groupes : les élèves hostiles et les élèves inconséquents. L'élève hostile est celui qui, par ses comportements impulsifs et agressifs, va en arriver à se faire rejeter par l'adulte et par ses compagnes et ses compagnons.

L'élève inconséquent est celui qui a des comportements irréfléchis, mais qui n'a pas nécessairement l'intention de nuire. Le groupe des élèves qui ont tendance à être inhibés peut se diviser en trois sous-groupes : les élèves timides, les élèves déprimés et les élèves retirés. L'élève timide fait preuve d'appréhension sociale et de faiblesse de motivation dans des situations de la vie courante; il ne s'avance pas, ne prend pas d'initiatives, a peur des contacts sociaux; il aura tendance à rechercher chez l'adulte de la sympathie et de la protection tout en étant très réticent à sortir de cette dépendance. L'élève déprimé manifeste des états léthargiques dans presque toutes les situations; il est sans énergie, sans motivation et tout défi lui paraît insurmontable. L'élève retiré est indifférent à ce qui se passe autour de lui ou il refuse la relation interpersonnelle; il semble éviter les situations sociales et vit retiré dans son monde.

La distinction entre les élèves sur-actifs et sous-actifs vaut surtout pour les jeunes enfants. Elle s'observe aisément et décrit relativement bien cette population. Avec l'âge, cependant, les comportements de l'individu et les attentes de l'entourage se complexifient, de telle sorte que l'activité motrice comme telle perd de son importance comme indicateur d'une perturbation du comportement. La « réactivité » ne peut plus constituer le seul axe de la description des élèves présentant des troubles du comportement. On doit alors recourir à une typologie plus différenciée pour décrire plus précisément l'ensemble des difficultés comportementales. Celle proposée récemment par Kauffman (1989) retient l'attention parce qu'elle est complète, bien documentée et qu'elle utilise un vocabulaire accessible à la majorité des agentes et des agents d'éducation.

Cet auteur distingue sept types de problèmes de comportement qui sont d'ailleurs explicités dans le document du ministère de l'Éducation portant sur l'identification des élèves présentant des troubles du comportement et sur l'évaluation de leurs besoins (Tremblay et Royer, 1991) :

a. hyperactivité et problèmes associés

b. trouble de conduite manifeste

c. trouble de conduite déguisé

d. délinquance et usage de drogues

e. trouble du comportement lié à l'anxiété, à l'isolement, et autres troubles

f. dépression et comportement suicidaire

g. comportement psychotique.

Rappelons simplement ici que ces types de problèmes ne doivent pas être considérés comme des catégories mutuellement exclusives, plusieurs élèves manifestant des comportements appartenant à plusieurs éléments de cette typologie.

Les perspectives d'intervention

Les intervenantes et les intervenants des milieux scolaires québécois sont de plus en plus préoccupés par la question de l'intervention auprès des élèves manifestant des problèmes de comportement. Cette question a suscité aussi beaucoup d'intérêt aux États-Unis et a poussé des chercheurs tels Grosenick et Huntze (1985) à réaliser une étude d'envergure nationale visant à dégager les principaux éléments d'une bonne organisation des services éducatifs pour les jeunes présentant des troubles du comportement. Parmi les variables identifiées lors de l'étude de Grosenick, la philosophie d'intervention, l'identification des élèves et de leurs besoins, les objectifs d'intervention, les méthodes éducatives, les types de services éducatifs et la manière de les offrir, ressortent comme des composantes clefs de services éducatifs adaptés aux besoins des élèves en difficulté de comportement.

Une philosophie d'intervention est un système de référence pour guider les interventions éducatives de manière à bien répondre aux besoins des jeunes présentant des troubles de comportement. Au Québec, l'*École Québécoise : Énoncé de politique et plan d'action* (MEQ, 1978) propose, pour tous les élèves en difficulté ou handicapés, une philosophie d'intervention basée sur les principes suivants : l'accès à des services éducatifs pour tous, des services éducatifs de qualité, des interventions dans un cadre le plus normal possible.

Pour intervenir auprès d'un jeune, il faut d'abord évaluer ses besoins c'est-à-dire les manifestations des troubles nécessitant une intervention. On peut le comparer à un groupe de jeunes de son âge (méthode normative) ou encore l'évaluer à partir des relations entre le comportement et le contexte dans lequel il se manifeste (méthode fonctionnelle). L'évaluation est rigoureuse et exigeante; on peut procéder par observation systématique en classe et noter la fréquence et la nature des comportements émis. On peut également utiliser une échelle comportementale qui donne une vue d'ensemble sur le fonctionnement du jeune en le comparant à un groupe de jeunes de son âge, indiquant ainsi si les comportements causent véritablement problème. Une des échelles préconisée actuellement est celle de Bullock et Wilson (1989).

L'identification des élèves a trait aux procédures et aux politiques d'évaluation, d'identification et d'accès des élèves à des services éducatifs adaptés. Pour l'évaluation, le MEQ propose un modèle en paliers concevant l'évaluation comme un processus continu qui passe par plusieurs étapes avant de prendre la décision d'identifier officiellement l'élève et de lui dispenser des services éducatifs particuliers; on reconnaît également la compétence de l'enseignante et de l'enseignant comme intervenante et intervenant de première ligne auprès de l'élève en difficulté de comportement. Ce modèle propose cinq niveaux : une première mise au point en classe ou au foyer, des activités préalables à la demande de services, une demande officielle de services éducatifs adaptés, un choix de ces services et la mise en oeuvre du plan d'intervention.

Selon Wood (1985), l'objectif ultime de l'intervention auprès de l'élève en trouble du comportement consiste à favoriser son développement optimal en facilitant son apprentissage et son adaptation. Sodac et ses collaborateurs (1988) mentionnent plusieurs composantes dont on doit tenir compte dans l'élaboration d'un programme d'intervention de qualité à l'intention de ces élèves : développer des comportements utiles, diminuer les comportements inadéquats, développer les habiletés sociales et d'adaptation personnelles, poursuivre l'atteinte des objectifs d'apprentissage et favoriser la généralisation et le maintien des habiletés. Les objectifs sont consignés dans le plan d'intervention et choisis en fonction des besoins des jeunes.

Les méthodes éducatives sont les pratiques journalières utilisées dans les interventions auprès de l'élève. Ce sont les moyens choisis par les intervenantes et les intervenants pour l'aider à atteindre les objectifs d'apprentissage et de développement correspondant à ses besoins. Il convient cependant de souligner l'importance de certains éléments préalables à l'intervention associés à un enseignement de qualité, en particulier : la précision des attentes de l'enseignante ou de l'enseignant en ce qui concerne les règles, l'organisation physique de la classe, les habiletés de communication de l'enseignante ou de l'enseignant, ses techniques d'influence, sa compréhension du mode d'adaptation émotionnelle et sociale de l'élève, la focalisation sur l'autonomie de l'élève. Lòrsqu'il s'agit de développer et de maintenir un comportement souhaitable, l'approche behaviorale constitue un des outils les plus fonctionnels à la portée de l'enseignante et de l'enseignant (Walker,1979); des techniques telles que le façonnement, le modeling, le renforcement positif peuvent être utilisées. Lorsque l'objectif est de diminuer les comportements inadéquats, il est recommandé à l'intervenante et à l'intervenant de procéder à l'analyse du comportement et de saisir les liens entre celui-ci, ses antécédents et ses conséquences. Le choix de techniques se portera plutôt sur des stratégies non aversives tels : l'extinction, le renforcement ou le modeling. Des techniques telles que la réprimande, l'application de conséquences naturelles, le coût de la réponse peuvent être nécessaires mais leur usage peut être réduit dans la plupart des cas.

Pour favoriser le développement d'habiletés sociales, il est recommandé d'enseigner systématiquement aux jeunes des façons de réagir dans différentes situations sociales quotidiennes, de façon à enrayer leurs habitudes inappropriées et à contrôler davantage leurs propres pensées et actions. Ces programmes doivent être planifiés de la même façon que l'enseignement : choix de l'habileté, enseignement par étapes, pratique et rétroinformation. D'autres possibilités s'offrent également comme l'entraînement à l'autocontrôle, la restructuration cognitive, l'éducation de l'affectivité (analyse transactionnelle, l'éducation morale, la vidéothérapie, la bibliothérapie).

La composante « services éducatifs » regroupe les types de services éducatifs offerts pour répondre aux besoins des élèves présentant des troubles du comportement. Elle englobe également les politiques et règlements de la commission scolaire contribuant à une dispensation efficace des services éducatifs. Aux États-Unis, le type de services le plus fréquemment utilisé est la classe spéciale. Au Québec, un relevé effectué par le MEQ révèle qu'en 1988-89, les élèves en trouble de conduite ou de comportement étaient majoritairement intégrés dans les classes régulières au primaire alors qu'au secondaire, ils étaient plutôt répartis dans des classes ou des écoles spéciales.

Conclusion

Les jeunes en difficulté de comportement sont à risque d'abandonner l'école avant l'obtention d'un diplôme d'études secondaires. Cet article avait pour but de faire la synthèse des plus récentes connaissances sur la question des services éducatifs offerts à ces élèves. Dans un premier temps, nous avons rappelé la définition éducative et opérationnnelle proposée par le MEQ pour identifier ce type d'élève. La lecture de l'historique nous a révélé que l'intervention des agentes et des agents d'éducation auprès des jeunes présentant des troubles du comportement est un champ d'activités récent qui connaît actuellement un essor croissant au Québec. Par la suite, nous avons suggéré aux enseignantes et enseignants désireux d'intervenir avec cohérence, d'aborder les problèmes de comportement à partir d'une perspective scientifique et écosystémique, jugée plus rentable, compte tenu des objectifs éducatifs poursuivis et des éléments contrôlables par l'école. Nous avons ensuite défini les facteurs biologiques, familiaux et scolaires, dont la combinaison risque d'engendrer des problèmes de comportement plus ou moins importants selon l'écologie propre à chaque individu. On a souligné à l'enseignante et à l'enseignant l'importance de connaître ces facteurs afin de mieux cibler les élèves plus à risque et ainsi de prévenir le développement de problèmes de comportement chez ces derniers. Nous avons de nouveau suggéré à l'enseignante et à l'enseignant de ne pas perdre de vue la perspective éducationnelle et de se centrer sur les différentes variables contrôlées par l'école lorsqu'il a à procéder à l'évaluation d'un élève présentant des problèmes de comportement. Finalement, nous avons dégagé les perspectives d'intervention qui sont susceptibles d'aider l'élève manifestant des problèmes de comportement qui nuisent à son développement et l'empêchent d'atteindre les objectifs d'apprentissage et de socialisation visés par l'école.

Bibliographie

Achenbach, T.M. et Edelbrock, C.S. (1989). Diagnostic, Taxonomic, and Assesment Issues, dans, *Handbook of Child Psychopathology* (2nd ed.), T.H. Ollendick et M. Hersen (Eds.) New York : Plenum.

Arnold, W.R. et Brungardt, T.M. (1983). *Juvenile Misconduct and Delinquency,* Boston : Houghton Mifflin.

Bullock, L.M. et Wilson, M.J., (1989). *Behavior Dimensions Rating Scale,* DLM Teaching Ressources, USA.

Center, D.B. et al. (1982). Student Ability, Task Difficulty, and Inappropriate Classroom Behavior : A Study of Children With Behavior Disorders, *Behavior Modification,* 6, pp. 355-374.

COPEX, Rapport COPEX. (1976). *L'éducation de l'enfance en difficulté d'adaptation et d'apprentissage au Québec,* Rapport du comité provincial de l'enfance inadaptée Québec : Gouvernement du Québec.

Council for Children with Behavioral Disorders (1989). White Paper on Best Assesment Practices for Students with Behavioral Disorders: Accomodation to Cultural Diversity and Individual Differences, *Behavioral Disorders,* 14, (4).

Gelfand, D.M. et al. (1986). Prevention of Childwood Behavior Disorders, in *Handbook of Prevention,* B.A. Edelsteinet et L. Michelson (Eds.), New York : Plenum.

Grosenick, J.K. et al. (1985). *Program Inventory. National Needs Analysis Project: Fostering Quality Program Planning and Design in the Areas of Services Emotional Dsturbances,* Columbia : Université du Missouri.

Note

1 La lectrice ou le lecteur intéressé à poursuivre sa réflexion sur la question, est invité à consulter le document de Verville et Royer de la série École et Comportement: « *Les troubles du comportement à l'école: État des connaissances et perspectives d'intervention* », Québec, ministère de l'Éducation, 1992.

Hetherington, E.M. et Martin, B. (1986). Family Factors and Psychopathology in Children, in, *Psychopathological Disorders of Childwood* (3e ed.), H.C. Quay et J.S. Werry (Eds.), New York : Wiley.

Kauffman, J.W. (1989). *Charasteristics of Behavior Disorders of Children and Youth,* (4th ed), Merill Pu. Co., Toronto.

Lemieux, C. (1986). *Étude des services aux élèves mésadaptés socio-affectifs dans les milieux scolaires de niveau secondaire,* mémoire de maîtrise présenté au Département des sciences de l'éducation de l'Université du Québec à Montréal, Montréal.

Martin, B. (1975). Parent-child Relations, in, *Review of Child Development Research,* vol.4, F.D. Horowitz (Ed), Chicago : University of Chicago Press.

Mayer, G.R. et al. (1987). A Search for the Elusive Setting Events of School Vandalism: A Correlational Study, *Education and Treatment of Children,* 10, pp. 259-270.

Ministère de l'Éducation (1978). *L'École québécoise: Énoncé de politique et plan d'action,* Québec : Gouvernement du Québec.

Ministère de l'Éducation (1983). *Programme de mise à jour en adaptation scolaire. La mésadaptation socio-affective,* Québec : Gouvernement du Québec.

Ministère de l'Éducation (1990). *École et comportement: L'observation systématique du comportement,* Québec : Gouvernement du Québec.

Patterson, G.R. (1986). Performance Models for Antisocial Boys, *American Psychologist,* 41, pp. 432-444.

Rubin, R.A. et Balow, B. (1978). The Role of Punishment with Behaviorally Disordered Children, in, *Severe Behavior Disorders of Children and Youth,* R. Rutherford et A. Prieto (Eds.), pp. 69-76, Reston, VA: Council for Exceptional Children.

Rutter, M. et al. (1979). *Fifteen Thousand Hours: Secondary Schools and their Effects on Children,* Cambridge, MA : Harvard University Press.

Smith, C.R. et al. (sous presse). Issues in the Identification and Placement of Behaviorally Disordered Students, in, *Handbook of Special Education: Research and Practice* (vol. 2), M.C. Wang, M.C. Reynolds et H.J. Walberg (Eds.), New York : Pergamon.

Sodac, D.G. et al (1988). *The Iowa Program Standards for Intervention in Behavioral Disorders,* Iowa State Dept. of Education, Des Moines, Bureau of Special Education.

Tremblay, R. et Royer, É. (1991). *École et comportement: L'identification et l'évaluation des élèves en trouble du comportement,* Québec : Ministère de l'Éducation.

Walker, H.M. (1979). *The Acting-out Child: Coping with Classroom Disruption,* Boston : Allyn and Bacon.

Wener, A.(1982). *Les élèves de niveau primaire en difficulté de comportement,* Montréal : Conseil Scolaire de l'Ile de Montréal.

Wener, A.(1983). *Les élèves de niveau secondaire en difficulté grave de comportement: Caractéristiques, besoins et services appropriés,* Montréal : Conseil Scolaire de l'Ile de Montréal.

Wood, F.H. et Zabel, R.H. (1979). Making Sense of Reports on the Incidence of Behavior Disorders-Emotional Disturbances in School Age Populations, *Psychology in the School,* 15, pp. 45-51.

Wood, F.H, et al. (1985). The Iowa Assesment Model in Behavioral Disorders: A Training Manual, Iowa State of Public Instruction, Des Moines.

Analphabétisme et difficultés scolaires à l'école primaire

Jean-Claude Tardif
Conseiller à l'action professionnelle
Centrale de l'enseignement du Québec

L'analphabétisme fonctionnel de 18 % des Québécoises et Québécois a été révélé lors d'une enquête menée par la firme Southam News en 1987 (Groupe Innova, 1987). Ces données ont été corroborées par l'enquête de Statistique Canada (Statistique Canada, 1990) révélant que 38 % des Canadiennes et des Canadiens avaient de la difficulté à lire et à écrire. Des données plus récentes fournies par le ministère de l'Éducation du Québec (MEQ, 1991) confirment de plus que 33 % des personnes inscrites à des activités d'alphabétisation dans les commissions scolaires sont des jeunes de moins de 30 ans. Par conséquent, une recherche approfondie sur les causes de l'analphabétisme fonctionnel et en particulier l'analphabétisme des jeunes s'impose. Pourquoi la réforme scolaire n'a-t-elle pas permis à l'ensemble des jeunes de moins de trente ans (qui sont par conséquent entrés à l'école après 1964) de s'alphabétiser?

C'est dans un tel contexte que la Centrale de l'enseignement du Québec (CEQ) a entrepris, en 1990, grâce à une subvention du Secrétariat national à l'alphabétisation, une recherche sur l'analphabétisme et les difficultés scolaires au primaire (Tardif, 1992). En fait, nous estimions que si les jeunes analphabètes ont habituellement quitté l'école avant d'avoir obtenu leur diplôme de cinquième secondaire, c'est parce qu'ils ont eu des difficultés scolaires dès les premières années du primaire. Par conséquent, les solutions qui visent à retenir les jeunes du secondaire à l'école pourraient avoir un effet relatif si une prévention précoce n'est pas déployée dès les premières années de scolarisation.

Voilà pour l'intuition première. Mais une question plus fondamentale nous hantait. Est-ce que l'école serait responsable de cette situation? Et si c'était le cas, ne serait-il pas urgent d'agir pour enrayer ce phénomène?

Recension des écrits

Dans un premier temps, nous avons parcouru les diverses recherches traitant de cet aspect du problème pour constater qu'il y avait deux grands courants. D'une part, il y a le courant qui fait reposer sur l'individu et ses capacités intellectuelles la responsabilité de s'alphabétiser et de s'instruire. On dira autrement qu'il souffre de déficience ou qu'il manque de motivation (CSE, 1990). À l'autre extrémité, il y a le courant sociologique qui attribue à la société la responsabilité de la réussite scolaire des jeunes. On dira que les conditions socio-économiques déterminent la performance et la persévérance des jeunes (Boucher, 1989).

Entre les deux, il y a des chercheurs qui ont mis l'accent sur le rôle de la famille et d'autres sur le rôle de l'école; ceux-là considéraient parfois l'importance de l'individu et parfois l'importance de la société (Boîte à lettres, 1991). Finalement, le courant auquel nous nous rattachons, l'approche systémique, considère que l'abandon scolaire, qui contribue à l'analphabétisme des jeunes, répond à un ensemble de causes et est le produit d'une interaction entre plusieurs facteurs (Roosen et Bastin, 1990). Cependant, nos analyses antérieures (CEQ, 1991) nous avaient permis d'affirmer que les conditions socio-économiques sont incontournables si l'on veut comprendre la logique d'action à l'oeuvre dans l'échec et l'abandon scolaires.

Les diverses recherches antérieures (Labonté et Baril, 1990; Warren et al., 1991) suggèrent que l'analphabétisme fonctionnel n'est pas un événement que l'on peut situer dans le temps mais un double processus. D'une part, une personne peut devenir plus ou moins analphabète si elle n'a pas suffisamment développé ni entretenu ses habiletés en lecture, écriture et calcul ou si les exigences de son environnement se sont accrues; d'autre part, une personne peut ne pas réussir à s'alphabétiser parfaitement si des difficultés l'en ont empêchée ou si l'école ne lui a pas fourni les moyens d'y arriver.

Plusieurs facteurs sont généralement à la source de l'analphabétisme fonctionnel. Ils peuvent se regrouper en quatre catégories et plusieurs de ces facteurs sont interreliés :

. les facteurs socio-économiques : origine sociale ou ethnique, pauvreté, chômage, assistance sociale, sous-développement, malnutrition, exclusion sociale;

. les facteurs familiaux : dévalorisation de l'éducation ou de la lecture, analphabétisme des parents, manque d'encadrement, éclatement de la famille, violence familiale;

. les facteurs individuels : handicap, trouble d'apprentissage, manque de motivation, maladie, maternité, travail;

. les facteurs scolaires : les pratiques pédagogiques, les programmes, l'évaluation, le cheminement scolaire, les styles et rythmes d'apprentissage, le climat de l'école, l'organisation scolaire, les valeurs véhiculées par l'école.

Méthodologie

À partir de ces références théoriques et empiriques et sur la base de notre intuition initiale et de la définition du problème de recherche, nous avons entrepris une enquête qui visait quatre objectifs :

. décrire la nature, les manifestations, les causes et les conséquences de l'analphabétisme chez les jeunes;

. déterminer dans quelle mesure l'école est responsable de l'analphabétisme chez ces jeunes;

. évaluer l'efficacité des mesures de prévention et des solutions mises de l'avant pour corriger ce phénomène dans le système scolaire québécois;

. dégager des pistes de solution applicables dès le primaire à partir des opinions exprimées par les premiers concernés, soit le personnel enseignant et les étudiantes et étudiants.

Aux fins de cette étude, nous avons retenu la définition de l'analphabétisme fonctionnel telle que formulée par l'UNESCO :

« Est fonctionnellement analphabète, une personne incapable d'exercer toutes les activités pour lesquelles l'alphabétisation est nécessaire dans l'intérêt du bon fonctionnement de son groupe et de sa communauté et aussi pour lui permettre de continuer à lire, écrire et calculer en vue de son propre développement et de celui de la communauté ».
(UNESCO, 1989)

Nous avons opté ensuite pour une recherche de type qualitatif. À partir d'un échantillon de 45 étudiantes et étudiants âgés entre 16 et 30 ans, inscrits en classe d'alphabétisation dans des commissions scolaires et de 22 enseignantes et enseignants oeuvrant au primaire en milieux défavorisés, nous avons mené des entrevues individuelles semi-structurées. Par la suite, nous avons eu recours à la technique du groupe nominal afin de valider nos résultats avec les enseignantes et les enseignants et de dégager des pistes d'action concrètes.

Résultats de la recherche

1- Un premier résultat nous a permis de dresser un portrait type du jeune analphabète ou si l'on préfère, du futur analphabète. Ainsi l'analphabète type que nous avons interviewé a eu des difficultés scolaires dès l'ordre primaire d'enseignement, il a subi des échecs, il a redoublé au moins une année, il est passé par les voies allégées ou les classes spéciales, il a été dépisté comme ayant des difficultés d'apprentissage ou des troubles de conduite et de comportement, il a été orienté vers les filières professionnelles culs-de-sac (v.g. le professionnel court) et il a quitté l'école aux alentours de la troisième secondaire.

2- L'origine socio-économique demeure le facteur déterminant du cheminement scolaire des jeunes mais de plus en plus on observe que des jeunes de classe moyenne joignent les rangs des futurs analphabètes. Par conséquent, l'appauvrissement d'une fraction importante de la population pourrait avoir un effet d'exclusion scolaire sur les jeunes issus de ces familles (pensons aux familles monoparentales dirigées par des femmes et aux jeunes contraints de travailler).

3- À première vue, les jeunes analphabètes ne sont pas dépourvus d'habiletés ni d'intelligence. Elles et ils n'ont pas eu de chance ni de stimulation. Cependant, certaines et certains d'entre elles et eux étaient tout simplement en rupture avec l'école et le système.

4- L'école québécoise a réussi à alphabétiser la majorité de la population mais les politiques de restrictions budgétaires adoptées ces dix dernières années semblent l'avoir handicapée fortement. Les jeunes et les professeurs ont pointé du doigt le nombre d'élèves par classe, les programmes chargés, l'insuffisance des ressources professionnelles, le climat de l'école, les conditions d'intégration des élèves handicapés ou en difficulté d'adaptation ou d'apprentissage et l'état de la formation professionnelle.

5- Les difficultés scolaires sont responsables en bonne partie de l'abandon scolaire et par conséquent de l'analphabétisme qui en résulte. Ces difficultés débutent très tôt à l'école, soit dès l'école primaire et quelquefois dès le préscolaire. Mais cela n'est pas absolu puisque certains jeunes analphabètes fonctionnels ont décroché pour d'autres motifs : démotivation, maladie, déménagements, alcoolisme, mauvais classement ou mauvaise orientation scolaire, manque de discipline ou d'encadrement, perturbation personnelle ou abus physique et sexuel, obligation de travailler, etc.

6- La majorité des jeunes qui échouent, décrochent et se retrouvent en classe d'alphabétisation sont des garçons. Par conséquent, les facteurs socio-économiques ou scolaires ne sont pas absolus et d'autres aspects interviennent tels les valeurs de la famille, la culture du milieu, l'importance que la société accorde aux études et à l'école, l'obligation de travailler, l'attrait pour la société de consommation, les transformations du marché du travail, l'estime de soi, les rapports affectifs, etc.

7- Par ailleurs, beaucoup de jeunes de milieux défavorisés ou victimes d'une déficience quelconque persévèrent à l'école et réussissent à s'alphabétiser. Ce qui apparaît comme déterminant c'est la combinaison de plus d'une cause et l'interaction entre ces causes.

Stratégies d'intervention

En plus d'interroger les étudiantes et les étudiants sur les solutions qu'ils privilégieraient pour prévenir l'analphabétisme, nous avons posé aux enseignantes et aux enseignants la question suivante : « Que pouvez-vous faire, dans votre classe, pour prévenir l'analphabétisme fonctionnel? »

Au chapitre des solutions d'ordre scolaire les jeunes ont dit préférer les pratiques pédagogiques et le climat scolaire des classes d'alphabétisation à ceux qu'ils ont connus en classe ordinaire. La patience, le respect, l'humour, l'éventail des méthodes, les horaires souples, les petits groupes, l'entraide, la communication sont des qualités qu'ils apprécient.

Quant au personnel enseignant, il formule des solutions différentes selon qu'il s'exprime individuellement ou collectivement. Individuellement, il insiste sur la lourdeur de la tâche, la taille des groupes, l'évaluation à outrance, le besoin de perfectionnement, le manque de soutien de la famille. Collectivement ou en groupe, il cible l'organisation scolaire, l'absence de dépistage et de suivi scolaire des jeunes en difficulté, l'intégration des élèves handicapés ou en difficulté d'adaptation ou d'apprentissage, les groupes hétérogènes, les classes jumelées, le peu de collaboration en équipe-école, le manque de ressources professionnelles pour venir en aide aux jeunes et aux enseignantes et enseignants, etc.

En conclusion, les deux groupes insistent sur la nécessité de faire de la prévention de l'analphabétisme une priorité. Il s'agit entre autres de développer des mécanismes de dépistage précoce des populations cibles qui manifestent des déficiences personnelles et celles qui proviennent des milieux socio-économiquement faibles. Par la suite, des conditions facilitantes et des mécanismes d'aide et de support aux jeunes ainsi dépistés, à leurs parents et aux enseignantes et enseignants qui les reçoivent s'imposent.

Bibliographie

Boîte à lettres, (1991). *L'analphabétisme chez les jeunes à l'avenir...* *prévenir,* Longueuil : BAL.

Boucher, A. (1989). *En toutes lettres et en français: l'analphabétisme et l'alphabétisation des francophones au Canada,* Montréal : ICEA.

Centrale de l'enseignement du Québec, (1991). *Réussir à l'école.* *Réussir l'école,* Québec : Centrale de l'enseignement du Québec, (D-9643).

Conseil supérieur de l'éducation, (1990). *L'analphabétisme et l'éducation de base au Québec: une mission à assumer solidairement,* Québec : Conseil Supérieur de l'Éducation.

Fédération canadienne des enseignantes et des enseignants, (1991). *L'alphabétisation et les écoles,* Ottawa : FCE.

Groupe Innova, (1987). *Analphabétisme au Canada,* Montréal.

Labonté, M. et Baril, D. (1990). *Analphabétisme et difficultés scolaires au niveau primaire: recension des écrits,* Québec : Centrale de l'enseignement du Québec.

Ministère de l'Éducation du Québec, (1991). *Population inscrite à des activités d'alphabétisation dans les commissions scolaires du Québec,* Statistiques pour 1989-1990, Québec : ministère de l'Éducation du Québec.

Roosen, A. et Bastin, G. (1990). *L'école malade de l'échec,* Paris, : Ecomal Ed.

Statistique Canada, (1990). *Guide des niveaux d'alphabétisation de l'enquête sur les capacités de lecture et d'écriture utilisées quotidiennement,* Ottawa : Statistique Canada.

Tardif, J.-C. (1992). *Exclus ou déserteurs? Rapport de recherche sur l'analphabétisme et les difficultés scolaires,* Québec : Centrale de l'enseignement du Québec.

Unesco, (1989). *Objectif alphabétisation,* Paris : Unesco.

Warren, W. et al. (1991). *Le personnel enseignant et l'alphabétisation,* Ottawa : FCE, XI.

L'insertion professionnelle des jeunes en difficulté

Claude Trottier
Vice-doyen aux études avancées et à la recherche
Faculté des sciences de l'éducation
Université Laval

L'objectif de cet article est de poser le problème des jeunes qui ne détiennent pas de diplôme d'études secondaires et qui sont confrontés à des difficultés d'insertion sociale et professionnelle. Je l'aborderai sous l'angle des stratégies pour leur venir en aide et, de façon plus spécifique, du rôle de formateurs qui font appel à un nouveau type de stratégies axées sur des mesures se situant à la marge du système d'enseignement traditionnel. Cette perspective d'analyse permettra d'explorer de nouvelles façons de concilier des objectifs de formation avec des initiatives centrées sur l'alternance école-travail et l'insertion professionnelle.

Avant les réformes scolaires des années 60 qui ont coincidé avec la prolongation de la scolarité obligatoire et qui avaient pour objectif de rendre l'enseignement secondaire accessible à toutes et à tous, une proportion élevée d'élèves quittaient le système scolaire à la fin de l'école primaire ou après 8, 9 ou 10 ans d'études. Ces élèves s'auto-éliminaient autant, sinon plus qu'ils n'étaient exclus de l'école. Seule une minorité appartenant surtout aux strates moyennes et supérieures, poursuivait ses études. Paradoxalement, les jeunes qui quittaient l'école éprouvaient « peu ou pas de difficulté à trouver un emploi » (Hall et McFarlane, 1962).

Suite à la démocratisation de l'enseignement et à la prolongation de la scolarité obligatoire, l'école secondaire a dû accueillir l'ensemble des jeunes de la classe d'âge correspondant à l'enseignement secondaire plutôt que de se définir par rapport à une élite. Elle a cependant été amenée à prendre une part plus importante dans la sélection et l'orientation des élèves vers les différentes filières parce que ces derniers ont beaucoup moins tendance à s'auto-éliminer. Parallèlement à ces changements d'ordre scolaire, le diplôme de fin d'études secondaires en est venu à être perçu comme une exigence sociale minimale à l'entrée sur le marché du travail. De plus, la conjoncture économique et les transformations du système productif, notamment la mondialisation de l'économie, l'introduction des nouvelles technologies et la réglementation du travail, ont rendu beaucoup plus difficiles la recherche et l'obtention d'emploi chez les jeunes sous-scolarisés.

Dans ce contexte, les élèves qui sont confrontés à des échecs tôt au cours de leur carrière scolaire, ou qui prennent du retard, sont souvent relégués dans des filières scolaires moins valorisées. Plusieurs en viennent à constituer une « nouvelle catégorie de laissés pour compte » que Coleman et Husen (1985) évaluaient en 1985 entre 10 % et 20 % de la population scolaire des pays industrialisés. Leurs difficultés scolaires se répercutent lors de leur insertion professionnelle. De plus, « leur situation leur paraît d'autant plus difficile qu'ils ont le sentiment de se situer en deçà de la norme de scolarité socialement acceptée, et qu'ils ont bénéficié, du moins théoriquement, des possibilités d'instruction offertes à tous les élèves. Ils sont alors considérés comme n'ayant pas été en mesure de tirer parti de services éducatifs accessibles à tous » (Trottier et Hardy, 1988).

Dans cette communication, je tenterai tout d'abord de mettre en relief certains traits du profil de ces jeunes en difficulté pour discuter ensuite de deux types de stratégies face à ce problème. L'un est axé sur l'école et les structures traditionnelles d'enseignement, l'autre sur des mesures et des interventions qui s'inscrivent en marge ou à la périphérie du système éducatif. Puis j'essaierai de rendre compte de certaines analyses qui ont porté sur le second type de stratégies. Compte tenu des objectifs de la Rencontre sur la réussite scolaire, j'aborderai le problème du point de vue de formateurs qui ont été associés à ce type de stratégies. De façon plus spécifique, je reconstituerai la perception qu'ils ont des jeunes en difficulté, de leur rôle à leur égard et de leurs modèles pédagogiques.

1. Certains traits du profil des jeunes en difficulté

On connaît certains traits du profil de ces jeunes (Beauchesne, 1991; Gouvernement du Québec, 1991).

Pour ce qui est de leur **famille d'origine**, ils appartiennent en plus grande proportion :

- à des familles de niveau socio-économique modeste;

- à des familles nombreuses;

- à des familles monoparentales (suite au décès d'un des deux parents ou à une séparation ou à un divorce) dont le père est le plus souvent absent;

- à des familles dont la mère ne participe pas au marché du travail;

- à des familles dont le père, lorsqu'il est présent, est souvent en chômage ou en retrait d'activité (retraite, maladie);

- à des familles perturbées par la maladie, les conflits conjugaux, la séparation ou le divorce des parents.

Cette configuration de leurs caractéristiques familiales peut, selon Dubar et al. (1987) et Méhaut et al. (1987), avoir pour conséquences :

- que les jeunes ne développent pas une image positive de leur milieu d'appartenance suite à l'état de marginalité induite, entre autres, par le chômage, ce qui peut les amener à prendre une distance par rapport à leur famille;

- qu'ils ont de la difficulté à se situer vis-à-vis l'activité professionnelle, faute de modèle familial immédiat ou de la présence d'un modèle ayant à leurs yeux une connotation négative à cause des mauvaises conditions d'emploi des parents;

- qu'ils ne peuvent compter sur les réseaux familiaux d'accès à l'emploi qui, dans les milieux populaires, représentent des canaux importants d'insertion professionnelle. On sait que l'accès à l'emploi est structuré par un ensemble de réseaux informels (amis, famille, responsables scolaires) autant que formels (centres de main-d'oeuvre, bureaux de placement, etc). Cette absence d'aide de la part de la famille dans la recherche d'emploi peut être ressentie avec d'autant plus d'acuité que dans les classes populaires on a surtout recours aux réseaux informels de recherche d'emploi.

Pour ce qui est des conséquences de leur appartenance relative à des familles perturbées (au sens des indicateurs utilisés : maladie, conflits conjugaux, séparation ou divorce), il importe de ne pas s'en tenir à des généralisations hâtives. En effet, tout dépend, selon Dubar et al. (1987), de la possibilité que les jeunes ont de sortir de l'isolement de la famille, de se tisser un réseau de relations en dehors du réseau familial et de construire leur autonomie. Selon qu'ils y réussiront ou pas, ils peuvent développer des attitudes passives ou révoltées ou des attitudes actives et constructives à l'égard des problèmes auxquels ils sont confrontés.

Sur le plan scolaire, ils ont un long passé d'échecs. Dès l'école primaire, ils ont souvent connu des redoublements ou ont été orientés vers des classes spéciales. Au secondaire, ils se sont aussi vu imposer par les agents scolaires une orientation vers des filières de relégation. Ils ont le sentiment que leur orientation leur échappe, et finissent par développer des rapports difficiles avec les enseignantes et les enseignants à qui ils reprochent leur absence d'attention personnalisée.

Selon Méhaut et al. (1987), certains refusent carrément cette situation et quittent délibérément l'école de façon précoce en guise de protestation. Ils ont le sentiment que ce sont eux qui **rejettent l'école**. Et leur attitude est telle qu'ils ne ressentent pas le besoin par la suite de reprendre une formation pour mieux se qualifier sur le marché du travail. D'autres ont plutôt le sentiment d'être marginalisés, exclus de l'école parce qu'ils ne se conforment pas aux normes qu'elle privilégie. Ils perçoivent moins leur situation comme un échec individuel que comme un **rejet par l'école**. Si plusieurs de ces derniers ne songent pas plus que les premiers à reprendre éventuellement leurs études, une certaine proportion d'entre eux conservent, bien que marqués par l'échec scolaire, des attentes élevées vis-à-vis la formation, et désirent se donner une formation appropriée.

En ce qui concerne leur **entrée sur le marché** du travail, ces jeunes sans diplôme, ont beaucoup plus de difficultés à trouver un emploi que les autres jeunes appartenant à la même classe d'âges. Leur accès au marché du travail est caractérisé par une période de recherche d'emploi plus longue et un taux de chômage nettement plus élevé. Ils connaissent un chômage récurrent et occupent souvent des emplois précaires.

Les jeunes sans diplôme sont particulièrement vulnérables au chômage. Selon Schwartz (1981), « ils nourrissent un marché secondaire du travail où se dégradent les conditions et les droits des travailleurs : beaucoup sont privés des garanties sociales et exclus de la vie collective. Ils sont des travailleurs de seconde zone » (p. 25). Certains en sont réduits à la passivité que les mesures d'assistance prises en leur faveur peuvent même contribuer à accentuer. Bref, leur marginalisation sociale fait écho à celle qu'ils ont connue à l'école.

Telles sont les principales composantes du profil des jeunes en difficulté sans diplôme. Il importe cependant de souligner qu'il s'agit principalement d'une esquisse, et que tous les jeunes en difficulté n'en possèdent pas nécessairement tous les traits à la fois. Au delà des caractéristiques qu'ils partagent, ils forment une population hétérogène comme en témoigne d'ailleurs leur façon de se définir par rapport à l'école. De plus, tous les jeunes sans diplôme ne peuvent être considérés comme étant en difficulté.

2. Deux types de stratégies

Je tenterai maintenant d'explorer diverses stratégies face au problème des jeunes en difficulté. Ce problème a atteint un tel niveau d'acuité au cours des années quatre-vingt qu'on lui accorde maintenant dans « l'agenda » politique une place non négligeable. Cette prise de conscience a donné lieu à de nombreuses initiatives qui témoignent de l'engagement des agents scolaires et de leur désir d'innover dans ce domaine. L'inventaire des pratiques favorisant la réussite scolaire dans les écoles primaires et secondaires du Québec (Gosselin, Ouellet et Payeur, 1992) l'illustre assez bien en dépit des limites de plusieurs de ces projets.

Les diverses initiatives qui ont été prises dans plusieurs pays face à ce problème s'appuient sur le postulat selon lequel il est possible de renverser les tendances observées, de remettre les jeunes en situation positive, de développer des approches pédagogiques efficaces malgré l'échec scolaire qu'ils ont connu, dans le but de leur redonner confiance, d'affirmer leur identité et de faciliter leur insertion professionnelle tout en complétant leur formation.

Pour y parvenir, il importe, selon Giffard (1981, p. 333), de :

- *« faire délibérément appel à l'institution scolaire et à ses ressources (humaines et logistiques) mais savoir se dégager de ses habitudes de fonctionnement et de ses pesanteurs;*

- *partir de la situation concrète des jeunes pris en charge et raisonner en terme d'objectifs à atteindre;*

- *être capables en tant que formateurs de maintenir une interrelation dynamique entre le jeune, le groupe de jeunes et les milieux environnants (importance fondamentale de la prise en compte des caractéristiques locales de ces milieux);*

- *avoir une vision large de l'action éducative dans l'espace (s'ouvrir à toutes les compétences externes au milieu enseignant dès lors qu'elles s'avèrent utiles) et dans le temps (inscrire l'action menée dans une perspective de formation continue à étapes successives) ».*

Selon cette perspective, les agents scolaires associés à ces initiatives s'en remettent à des méthodes pédagogiques qui ne sont pas nécessairement nouvelles mais qui ne sont pas utilisées aussi souvent que nécessaire, faute de souplesse, par les structures traditionnelles d'enseignement. Giffard mentionne entre autres :

a) le recours aux ressources éducatives du milieu environnant, notamment l'utilisation de l'alternance,

b) la pédagogie de groupe pour faciliter la découverte de soi-même par la relation aux autres,

c) la recherche progressive de l'autonomie,

d) l'enrichissement de la qualité de la relation formateurs-formés, conditionné par l'existence d'une véritable équipe pédagogique,

e) l'évaluation de la progression des acquisitions et des apprentissages.

Au-delà de ces orientations générales, on peut penser à deux types de stratégies. Le **premier** est axé essentiellement et à peu près exclusivement sur l'école et les structures traditionnelles d'enseignement telles que définies par le régime pédagogique prévoyant divers cheminements pour les élèves, et fait appel à plusieurs types de mesures et d'interventions. On pense tout d'abord aux mesures de dépistage des élèves en difficulté d'apprentissage et de prévention de l'échec scolaire qui peuvent être mises en place dès l'école primaire, aux diverses mesures d'encadrement, de support pédagogique et psychosocial destinées à aider les élèves à surmonter leurs difficultés. Ces mesures visent essentiellement à contrer l'échec scolaire et à prévenir l'abandon de l'école. On peut aussi accueillir à l'école (ou dans des écoles spéciales) des jeunes qui l'ayant quittée y reviennent afin de compléter leur scolarité, et prévoir de façon spécifique des mesures d'incitation au retour aux études, d'appui et d'encadrement à leur égard lorsqu'ils ont réintégré le système d'enseignement.

Toutefois, dans le cas des jeunes qui ont déjà quitté l'école, leur rejet de l'école ou le sentiment qu'ils ont d'y avoir été marginalisés lorsqu'ils la fréquentaient et d'en avoir été rejetés sont tels qu'on ne peut envisager de recourir exclusivement à l'école et au premier type de stratégies que j'ai déjà évoqué, si on poursuit l'objectif de compléter leur formation en vue d'une meilleure qualification. C'est la raison pour laquelle on a développé un **deuxième type** de stratégies, centré sur un ensemble de mesures, de programmes et d'interventions qui s'inscrivent en marge ou à la périphérie des structures scolaires traditionnelles.

Ces mesures sont fondées - et c'est leur caractéristique principale - sur une organisation caractérisée par un enchaînement de cours en établissement de formation et de périodes d'activités en milieu professionnel. Le temps est partagé entre les cours et les expériences de travail dans les entreprises. On songe ici à l'organisation de stages en milieu de travail et à l'alternance école-travail. Certaines initiatives peuvent ne comprendre aucune composante de formation et être davantage axées sur des interventions de support auprès de jeunes démunis, d'initiation à la vie professionnelle et de sensibilisation du milieu aux problèmes des jeunes.

Il faut reconnaître que ce deuxième type de stratégies n'est pas aussi répandu au Québec qu'en Europe.[1] En France notamment, ces mesures n'ont pas un caractère aussi ponctuel qu'au Québec, et ne sont pas laissées à l'initiative exclusive d'intervenants potentiels. Elles sont davantage encadrées par l'État d'une part, et axées sur l'insertion professionnelle d'autre part. Elles ont donné lieu, au cours des années quatre-vingt, à un appareil complexe, diversifié qui, sans être pour autant unifié, constitue un dispositif d'emploi, de formation et d'insertion. Ce dispositif est une « organisation juridique, financière, administrative et pédagogique de mesures et d'actions ayant en vue la prise en charge de jeunes chômeurs » (Dubar, 1987, p. 37). Il fait appel aux ressources du système d'enseignement, aux entreprises, aux collectivités locales et aux organismes communautaires. Il mise sur des mesures visant à offrir aux jeunes en difficulté un itinéraire de formation qui devrait favoriser leur insertion professionnelle.

De façon plus spécifique, on a recours à deux types de stages : a) des **stages d'insertion** destinés aux jeunes sans qualification qui ne peuvent entreprendre une formation technique sans au préalable « s'être retrouvés » ou avoir acquis des connaissances de base nécessaires à la poursuite d'une qualification, et b) des **stages de qualification** devant conduire à une qualification reconnue et à un métier et visant à leur donner les moyens d'une première insertion sociale.

Des expériences conduites dans le cadre de ce dispositif ont déjà été analysées et évaluées. Je tenterai dans les paragraphes qui suivent de rendre compte d'une analyse qui a porté sur ce deuxième type de stratégies en France. Je m'inspirerai en particulier des travaux de Dubar et al. (1987). De façon plus spécifique, j'essaierai de reconstituer la perception que des formateurs qui y ont été associés ont a) des types de jeunes en difficulté, b) de leur rôle à leur égard, c) de leur relation avec les organismes et les entreprises qui participent à ces programmes et d) de leurs modèles pédagogiques.

Mon objectif n'est pas de suggérer qu'on devrait transposer tel quel ce type de programmes au Québec, mais de mettre en relief et d'illustrer la problématique et la dynamique sous-jacentes au deuxième type de stratégies que j'ai identifié.

3. Perceptions de formateurs associés au deuxième type de stratégies

Comment les « formateurs » oeuvrant au sein du dispositif se représentent-ils les jeunes auprès desquels ils interviennent? Les formateurs distinguent **trois types de jeunes** selon les types de difficultés auxquelles ils sont confrontés : difficultés sociales, scolaires et d'insertion professionnelle.

Le **premier type** est composé de jeunes cumulant les **difficultés sociales, scolaires et professionnelles.** Il s'agit de jeunes chômeurs qui vivent dans des quartiers à problèmes, dans des habitats stigmatisés et stigmatisants et qui sont « mal dans leur peau ». Il peut s'agir de **jeunes en échec, écrasés** par les conditions de vie qui sont les leurs. Ils appartiennent à des familles en difficulté souvent prises en charge par les services sociaux. Leurs conditions matérielles d'existence sont fragiles et précaires. Leur échec scolaire est jugé crucial. Vulnérables et opprimés par leur milieu, ils sont plus ou moins à la dérive. Il peut s'agir aussi de **jeunes en rupture** moins « opprimés » que « révoltés » et déviants, menacés par la délinquance. S'ils connaissent des conditions matérielles et familiales moins difficiles, ils sont quand même confrontés à une situation précaire et sont en rupture totale avec l'école. Les deux sous-types représentent aux yeux des formateurs des « **cas sociaux** » ou susceptibles de le devenir.

Le **deuxième type** correspond à des jeunes exclus du marché du travail qui cumulent des **difficultés scolaires et d'insertion professionnelle**. Leur principale caractéristique est qu'ils ont connu un **retard scolaire** important qui compromet leur insertion professionnelle. S'ils ont quitté l'école, ils ne sont pas en rupture et en révolte contre elle. Ils ont plutôt décroché suite au sentiment qu'ils ont eu d'avoir été orientés vers des filières sans issue. Ils sont perçus avant tout par les formateurs comme des « **cas de retard scolaire** » qui, bien qu'ils aient rencontré des difficultés scolaires, n'ont pas développé des attitudes telles qu'ils auraient perdu leur capacité d'apprendre.

Enfin, il y a des jeunes qui sont confrontés à des **difficultés d'insertion professionnelle** principalement parce que leur formation professionnelle est inachevée et n'a pas été sanctionnée par un titre. Ils sont perçus par les formateurs comme étant capables de maîtriser les opérations cognitives requises pour compléter leur formation. Suite à un chômage prolongé, ils ont perdu une partie des acquis de leur formation et de leur confiance en eux, et sont souvent désemparés ou en position d'attente. Ce sont, aux yeux des formateurs des « **cas de formation-insertion professionnelle** » qui veulent s'en sortir et qui désirent achever leur formation pour mieux se qualifier et intégrer le marché du travail.

Ainsi les jeunes en difficulté ne forment pas un groupe homogène. Ces trois types de jeunes renvoient à des problématiques différentes. Il importe de mettre en relief cette hétérogénéité de façon à cerner les dynamiques différentes qui caractérisent ces jeunes et à élaborer des stratégies d'aide appropriées. Les formateurs ont d'ailleurs tendance à définir leur **rôle** à leur égard en fonction des trois problématiques qu'ils ont identifiées.

Par rapport aux « **cas sociaux** », les formateurs ont tendance à définir leur rôle comme des « **thérapeutes-adaptateurs sociaux** » qui prennent en considération l'ensemble des problèmes auxquels les jeunes sont confrontés. Ils acceptent de cumuler plusieurs+ rôles : substitut parental, thérapeute par rapport à la situation familiale, éducateur « pour médiatiser, protéger, prévenir les rapports directs avec la police et la justice », animateur communautaire et enseignant. Ce dernier rôle leur paraît cependant secondaire comparativement à celui de médiateur entre les jeunes et leur milieu familial et social.

C'est un rôle « **d'animateur socio-scolaire** » surtout que les formateurs jouent par rapport aux « **cas scolaires** ». Ils se proposent d'intervenir surtout sur les difficultés scolaires et d'orientation des jeunes. Leurs objectifs sont a) d'aider les jeunes, en les faisant participer à un stage en entreprise, à se construire un projet de formation, à s'insérer dans l'emploi et b) de leur fournir les connaissances de base pour ce faire. Leur préoccupation est de les remettre à niveau plutôt que d'intervenir sur l'ensemble des problèmes familiaux et sociaux qu'ils peuvent rencontrer par ailleurs.

Pour ce qui est des « **cas d'insertion-formation** », les formateurs se définissent plutôt comme des « **organisateurs pédagogiques** ». Ils interviennent surtout sur les difficultés d'apprentissage technologique et sur l'insertion professionnelle. Leur intervention est centrée sur la mise en oeuvre d'une formation alternée dans le but de compléter les apprentissages complexes nécessaires à l'acquisition d'une qualification professionnelle reconnue qui leur permettra de s'insérer sur le marché du travail de façon durable.

Pour organiser les stages et gérer l'alternance, les formateurs doivent obtenir le concours des entreprises. Comment concoivent-ils leurs **relations avec les entreprises** et définissent-ils le rôle de ces dernières dans la formation des jeunes.

La tâche des formateurs qui se définissent comme des « **thérapeutes-adaptateurs sociaux** » n'est pas facile à cet égard. Les entreprises n'acceptent pas aisément d'accueillir en stage les jeunes auprès desquels ils interviennent (« cas sociaux »). Celles qu'ils recrutent représentent à leurs yeux des **lieux d'accueil** temporaires pour stabiliser et socialiser les jeunes. Leur objectif est de les amener à travailler en coopération dans de petites unités de travail, à respecter des horaires, à acquérir des disciplines minimales en matière d'hygiène, de sécurité, de rangement. Ils espèrent que ces apprentissages pourront être mis à profit au moment où ils se retrouveront en période de formation, et que le stage sera une occasion pour certains jeunes de « débloquer ».

Les « **animateurs socio-scolaires** » conçoivent plutôt l'entreprise comme un **lieu d'orientation** active vers un métier artisanal, un lieu où les jeunes pourront vérifier si l'orientation qu'ils envisagent leur convient bien. Si le stage leur permet de confirmer leur choix, ils pourront commencer à apprendre auprès de l'artisan ou du commerçant les rudiments du métier, et les formateurs se préoccuperont en parallèle de la remise à niveau scolaire nécessaire pour progresser vers le métier choisi.

Les « **organisateurs pédagogiques** » recherchent des entreprises qui seront de véritables **lieux de formation professionnelle** où les jeunes pourront acquérir les qualifications requises et des **lieux d'insertion** où ils pourront continuer à travailler après leur stage. La préoccupation de ces formateurs est à la fois de compléter la formation professionnelle des jeunes et de répondre aux attentes des employeurs au sujet de la formation correspondant au type de compétences dont l'entreprise a besoin, afin de maximiser les chances des jeunes de s'y insérer suite au stage dans l'entreprise.

Bref, la façon selon laquelle les formateurs définissent leur rôle, les relations qui sont établies avec les entreprises, et la fonction qu'ils demandent à ces dernières de remplir dans la gestion de l'alternance varient selon les types de jeunes en difficulté. Ainsi en est-il de leurs **modèles pédagogiques**. C'est ce que nous tenterons d'illustrer dans les paragraphes qui suivent.

Le modèle pédagogique des formateurs qui se définissent comme des « **thérapeutes-adaptateurs sociaux** » consiste à se mettre d'abord à l'écoute des jeunes, à établir une relation de confiance dans le but de pénétrer dans leurs univers et de récupérer les jeunes marginaux ou en voie de marginalisation. Ils s'investissent dans cette relation afin de leur fournir un modèle de référence et d'identification. Ils peuvent même aller jusqu'à endosser leurs causes, s'engager par rapport aux problèmes de santé, de logement, de loisir qu'ils rencontrent, pour aller chercher les jeunes là où ils sont, et stabiliser les situations les plus précaires. Ils font aussi appel au groupe, au collectif pour les amener à développer des relations entre eux. Ce modèle peut aller jusqu'à remettre les activités de rattrapage scolaire à plus tard, jusqu'au moment où il leur paraîtra approprié de les amorcer et où ils sentiront les jeunes prêts à s'y engager.

Les formateurs qui définissent leur rôle comme des « **animateurs socioscolaires** » cherchent d'abord à préparer les stages en entreprises et à organiser au départ le rattrapage scolaire. Leur modèle est axé sur l'orientation vers un métier susceptible d'intéresser les jeunes et sur l'organisation même de stages en relation avec le métier choisi. L'objectif est de dédramatiser le retard scolaire et de se servir du stage pour développer une motivation à reprendre l'apprentissage scolaire de base. Le modèle représente un compromis entre le « ludique » et le « scolaire » en ce sens qu'on développe une pédagogie de re-entraînement individuel ou en sous-groupe, qui soit « active », « ludique », tout en se préoccupant d'atteindre en bout de piste des objectifs bien identifiés de remise à niveau scolaire.

Les formateurs qui se représentent leur rôle comme des « **organisateurs pédagogiques** » sont à la recherche d'entreprises comme lieu de formation et d'embauche des jeunes, et veulent s'assurer que les jeunes dont la formation professionnelle est inachevée feront les apprentissages techniques et technologiques complexes qui témoigneront de leur qualification et faciliteront leur insertion dans l'entreprise où ils effectuent leur stage. On s'emploie à diagnostiquer les capacités logiques et cognitives et à ré-entraîner les jeunes en conséquence. L'approche est moins centrée sur l'enseignement que sur l'apprentissage de l'individu. Il s'agit d'une formation sur mesure, adaptée, d'une part à l'individu dans le but de réunir les conditions qui lui permettront de compléter sa formation professionnelle inachevée et, d'autre part, aux besoins de l'entreprise, de façon à ce qu'il puisse s'y insérer professionnellement après avoir acquis une qualification reconnue.

Conclusion

Parmi les traits qui caractérisent les jeunes sous-scolarisés en difficulté, il en est un qui revêt une signification particulière du point de vue des stratégies à élaborer face à ce problème. Il s'agit de leur façon de se situer par rapport à l'école. Compte tenu de leur long passé d'échecs scolaires, ils en sont venus à adopter des attitudes négatives à l'égard du système d'enseignement traditionnel : certains rejettent totalement l'école, d'autres s'en sentent rejetés, mais n'abandonnent pas pour autant l'espoir de se donner une formation appropriée et d'accéder à une qualification reconnue.

On comprendra que, face à ces attitudes, des agents scolaires aient mis au point un nouveau type de stratégies, qui ne mise pas d'abord sur les structures traditionnelles d'enseignement mais sur un ensemble de mesures et d'interventions qui s'inscrivent en marge ou en périphérie du système éducatif, ce qui ne diminue en rien l'à-propos et la pertinence de l'autre type de stratégies, axé sur le système d'enseignement traditionnel.

Au Québec, on fait relativement moins appel à ce nouveau type de stratégies qu'en Europe, notamment en France. Dans les pays où on y a eu recours, on a vu émerger un dispositif imposant qui, sans être totalement unifié, participe à la prise en charge des jeunes en difficulté sans diplôme. On peut se demander si cet appareil qui mise sur des formes d'apprentissage sur le tas, l'alternance école-travail, la pratique d'un métier plutôt que sur le travail exclusivement scolaire, n'est pas en voie de constituer un nouveau mode de socialisation adapté à cette « autre jeunesse » (Dubar et al., 1987), et une « nouvelle chance » accordée aux exclus du système scolaire.

En effet, l'alternative est la suivante. On peut laisser ces jeunes à risque et sans diplôme à eux-mêmes, sans intervenir pour contrer la marginalisation sociale à laquelle ils sont déjà ou seront réduits, étant donné que l'accès à l'emploi dépend de plus en plus du diplôme. Ou on a recours à ce nouveau type de stratégies et à ce nouveau mode de socialisation post-scolaire appuyés par l'école, les entreprises et les organismes communautaires pour s'adapter à une clientèle qui est devenue « allergique » aux structures scolaires traditionnelles, et sortir les jeunes du ghetto des citoyens de seconde zone où on les a relégués, où ils se sont retranchés.

Il ne faudrait pas penser pour autant que le deuxième type de stratégies est totalement efficace, qu'il permettrait de « récupérer » tous les jeunes en difficulté. Il n'y a d'ailleurs pas consensus sur cette question. Lamoure Rontopoulou (1988) doute pour sa part que la formation des jeunes en difficulté par et dans cette nouvelle filière parascolaire permette aux jeunes d'acquérir une véritable qualification et puisse, en cela, être différente de celle des filières scolaires traditionnelles de relégation où l'on forme une main-d'oeuvre non qualifiée.

Mais même si ce nouveau type de stratégies n'y réussissait qu'en partie, il faudrait conclure qu'il vaut déjà mieux y recourir que de s'en remettre à l'inaction et au laisser-faire générateurs d'une marginalisation tout aussi inacceptable du point de vue de leur qualité de vie que coûteuse sur le plan économique.

Il importe cependant de bien mettre en relief l'hétérogénéité des jeunes en difficulté sans diplôme même s'ils partagent, comme nous l'avons montré dans le profil que nous en avons tracé, certains traits communs. Cette hétérogénéité ne se limite pas à leur façon de se définir par rapport à l'école. Ils sont confrontés à divers types de difficultés (sociales, scolaires, d'insertion professionnelle). Les représentations des formateurs intervenant auprès d'eux témoignent de cette hétérogénéité. La problématique des jeunes qu'ils définissent comme des « cas sociaux » s'avère fort différente de celle des « cas scolaires » et des « cas de formation-insertion professionnelle ». Ces problématiques diversifiées font qu'ils définissent leur rôle, les relations qu'ils tissent avec les entreprises et les organismes du milieu, et même leurs modèles pédagogiques en fonction de la dynamique propre aux divers types de jeunes en difficulté.

Quel devrait être le profil de ces formateurs? On ne peut manquer de s'interroger à cet égard sur leur recrutement, leur sélection, leur formation, de même que sur les structures ou le type d'organisation auquel ils pourraient être rattachés.

Note

1 Un examen sommaire de l'inventaire des pratiques favorisant la réussite scolaire dans les écoles primaires et secondaires du Québec (Gosselin, Ouellet et Payeur, 1992) indique que ce type de stratégies regroupe environ le quart des projets recensés (voir en particulier les projets d'enseignement axés sur l'acquisition de l'autonomie, et les projets d'accompagnement menés par le milieu scolaire et par des organismes du milieu, pp. 34-36.

Bibliographie

Beauchesne, L. (1991). *Les abandons au secondaire : profil sociodémographique,* Québec : ministère de l'Éducation du Québec.

Coleman, J. S. et Husen, T. (1985). *Devenir adulte dans une société en mutation,* Paris : Organisation de coopération et de développement économique.

Dubar, C. et al. (1987). *L'autre jeunesse. Jeunes stagiaires sans diplôme,* Lille : Presses Universitaires de Lille.

Giffard, J. (1981). L'insertion sociale et professionnelle des jeunes en difficulté, *L'orientation scolaire et professionnelle,* 10 (4), pp. 329-334.

Gouvernement du Québec (1991). *L'école...facile d'en sortir mais difficile d'y revenir, Enquête auprès des décrocheurs et décrocheuses,* Québec : ministère de l'Éducation du Québec.

Hall, O. et McFarlane, B. (1962). *Passage de l'école au travail,* Ottawa : Imprimeur de la Reine.

Gosselin, L. et al. (1992). *L'inventaire des pratiques favorisant la réussite scolaire dans les écoles primaires et secondaires du Québec,* Québec : Université Laval et Centrale de l'enseignement du Québec.

Lamoure Rontopoulou, J. (1988). Les dispositifs d'insertion professionnelle et sociale des jeunes : enjeux et perspectives, dans P. Perrenoud et C. Montandon, *Qui maîtrise l'école? Politiques d'institutions et pratiques d'acteurs,* Lausanne : Éditions Réalités Sociales, pp. 257-269.

Méhaut, P. et al. (1987). *La transition professionnelle. Les jeunes de 16 à 18 ans,* Paris : L'Harmattan.

Schwartz, B. (1981). *L'insertion professionnelle et scolaire des jeunes,* Rapport au premier ministre, Paris : La Documentation Française.

Trottier, C. et Hardy, M. avec la collaboration de Carrier, G. et Bouchard, Y. (1988). *La transition du système éducatif au monde du travail, Tome 1, Probématique, cadre d'analyse et méthodologie,* Université Laval, Université du Québec à Montréal, Université du Québec à Rimouski.

Formation, réussite scolaire et insertion professionnelle

Pierre Doray, professeur
Centre de recherche en évaluation
sociale des technologies
Université du Québec à Montréal

En amorçant notre réflexion sur les enjeux que représente l'insertion professionnelle des jeunes pour la formation professionnelle, nous ne pouvons qu'être frappé par le paradoxe qui caractérise le développement de la formation professionnelle des jeunes au cours des dernières années. Alors que des investissements importants sont réalisés pour rénover les cadres pédagogiques et les programmes de formation professionnelle, alors que la détention d'un diplôme devient une condition de plus en plus importante d'accès au marché du travail et alors que des pénuries de travailleurs se font sentir dans plusieurs secteurs, les jeunes sembleraient se désintéresser de la formation professionnelle.

Nous tenterons d'illustrer et d'appuyer à l'aide de recherches les deux termes de ce paradoxe. La hausse des aspirations scolaires des familles et la dévalorisation sociale de la formation professionnelle, elle-même reliée à son intégration dans le système scolaire et à la dévalorisation des emplois correspondants, permettent de rendre compte en partie de ce « désintérêt » des jeunes pour la formation professionnelle (partie 1). Nous analyserons par la suite les différentes dimensions qui soulignent l'importance accrue de la formation dans l'accès au travail (partie 2). En d'autres mots, nous constaterons que la réussite scolaire, ou du moins l'absence d'échec scolaire, devient une condition de plus en plus importante d'insertion professionnelle. Dans ce contexte, l'examen de l'évolution du travail dont les mutations affectent les conditions d'insertion professionnelle s'avère nécessaire afin d'assurer des liens les plus étroits possibles entre les conditions d'exercice du travail et les pratiques de formation professionnelle (partie 3). Trois dimensions nous apparaissent stratégiques afin d'assurer cet arrimage : la prise en compte de l'hétérogénéité des profils de travail dans les pratiques pédagogiques, le décloisonnement de l'organisation de la formation professionnelle et le rapprochement école/entreprise.

1. Formation professionnelle et aspirations scolaires

Reprenons et examinons le premier terme du paradoxe, à savoir la désaffection des jeunes de la formation professionnelle. Il suffit d'examiner l'évolution des effectifs étudiants en formation professionnelle au secondaire et au collégial pour mesurer l'ampleur du phénomène (Tableau 1). Le secondaire a connu une baisse radicale des effectifs en formation professionnelle qui ont chuté de 107 095 élèves en 1976-77 à 17,607 en 1988-89. En comparaison, les effectifs de l'enseignement secondaire général ont diminué de 29,1 % entre 1975-76 et 1988-89. Cette chute explique en partie la réforme amorcée en 1986. Au collégial, la situation est quelque peu différente. La population étudiante y a augmenté jusqu'en 1983-84 pour atteindre 70,177 étudiantes et étudiants. Depuis, nous constatons une diminution continue des effectifs. Toutefois, cette diminution n'est pas comparable à celle du secondaire.

Tableau 1

Évolution des effectifs étudiants en formation professionnelle par ordre d'enseignement de 1976-77 à 1988-89

	secondaire (1) (2)	collégial (1) (3)
1976-77	107 095	-
1977-78		56 356
1978-79	97 315	-
1979-80	96 331	60 256
1980-81		60 392
1981-82	78 251	62 053
1982-83	74 111	67 166
1983-84		70 177
1984-85	59 827	68 634
1985-86	47 620	66 248
1986-87	38 761	64 642
1987-88	25 230	62 597
1988-89	17 607	60 394

(1) Étudiantes et étudiants en formation professionnelle uniquement

(2) Sources : Ministère de l'éducation du Québec, Effectifs étudiants, Statistiques de l'éducation, 1987 et 1989

(3) Ministère de l'enseignement supérieur et de la science, L'effectif des cégeps à l'enseignement régulier, session automne 1977 à 1988, Bulletin statistique, Recherche et développement, DGEC

Tous s'accorderont pour dire qu'il n'est pas possible d'expliquer cette désaffection par un manque collectif de clairvoyance de plusieurs cohortes étudiantes. La prédominance de la formation générale dans le rapport éducatif (Payeur, 1990) et la montée des aspirations scolaires (Tanguy, 1991) peuvent plutôt rendre compte de cette situation. Au Canada et au Québec, le développement du système éducatif s'est traditionnellement réalisé autour de la formation générale. La formation professionnelle, surtout quand on pense à celle des ouvriers et des employés de bureau, s'est d'abord développée en dehors du système scolaire. Son intégration formelle dans le système éducatif fut complétée lors de la réforme des années soixante avec la création des cégeps et des polyvalentes. L'objectif poursuivi était de rapprocher les deux types de formation et de permettre aux jeunes d'être en contact avec tous les champs de savoir. Toutefois, cette intégration ne s'est pas traduite par une valorisation de la formation professionnelle qui est restée le parent pauvre de l'école[1]. Les jeunes y accèdent toujours à la suite d'un parcours scolaire marqué habituellement par l'échec; la dynamique organisationnelle de l'institution scolaire est dominée par la formation générale; les programmes de formation professionnelle perdent aussi leur identité positive pour devenir souvent un mode de socialisation mineur.

Ce mouvement d'intégration est aussi associé à un mouvement de scolarisation, amorcé dans les années 50, qui a conduit à une augmentation des aspirations scolaires des familles et des individus. Ce mouvement se manifeste par une augmentation marquée du taux de scolarisation. Ainsi, 45,8 % des jeunes québécois ont reçu un diplôme d'études secondaires en 1971. En 1986, ce fut le cas de 71,9 % d'entre eux. Le nombre de diplômés des collèges et des universités a aussi augmenté. Ce mouvement est à associer aux stratégies de reproduction des différents groupes sociaux. Ainsi, par leurs investissements dans l'éducation[2], les parents des classes moyennes cherchent à éviter pour leurs enfants la formation professionnelle surtout au niveau secondaire. Les classes populaires ou, à tout le moins certaines fractions, ont joué la carte de la mobilité (ou ont cherché à le faire), ce qui suppose aussi l'accès à l'enseignement supérieur, de niveau collégial ou universitaire. En d'autres mots, les stratégies éducatives des groupes sociaux traditionnellement présents dans l'école et celles des nouveaux groupes ne sont pas compatibles avec une scolarité marquée du sceau de l'échec et de la dévalorisation sociale.

Il faut dire que les emplois auxquels préparaient les programmes de formation professionnelle du secondaire n'étaient pas nécessairement socialement valorisés, ce qui ne contribuait pas à inciter les jeunes à s'inscrire en formation professionnelle. Les emplois industriels et même des emplois du secteur tertiaire étaient souvent perçus comme dégradés, déqualifiés et taylorisés. Les conditions d'insertion professionnelle sont aussi devenues beaucoup plus difficiles suite à la crise des années 70 pour les diplômés de l'enseignement professionnel secondaire, ce qui n'a certes pas contribué à rendre plus attrayante cette formation[3]. En effet, les taux de placement des diplômés de l'enseignement professionnel secondaire sont beaucoup plus faibles que ceux de l'enseignement collégial ou de l'université (Clark, Laing et Rechnitzer, 1984).

Les discours dominants autour du virage technologique n'ont bien souvent que repris l'un ou l'autre de ces deux arguments. Ou les nouvelles technologies dégradent le travail, rendant implicitement caducs les premiers niveaux de formation professionnelle. Ou les nouvelles technologies font disparaître les ouvriers des usines pour les remplacer par des techniciens, ce qui conduit encore à dévaloriser l'enseignement professionnel du secondaire.

En somme, les difficultés croissantes d'insertion des diplômés et le statut social rattaché aux emplois ouvriers et à certains emplois tertiaires, ont probablement renforcé le statut et la perception négative de l'enseignement professionnel secondaire, ou à tout le moins, n'ont pas contribué à contrebalancer la position sociale de cet enseignement dévalorisé au sein de l'appareil scolaire. Nous pouvons penser que, devant cette situation du marché du travail, plusieurs élèves ont effectivement décidé de tenter leur chance et de poursuivre leurs études en formation générale et dans l'enseignement supérieur.

2. L'importance grandissante de la formation professionnelle

En même temps, la formation professionnelle prend de plus en plus d'importance tant du point de vue de l'insertion professionnelle des individus que de celui du développement des ressources humaines en général. Cet intérêt pour la formation professionnelle se manifeste par les réformes des politiques éducatives en formation initiale et en formation des adultes. Ainsi, on assiste, depuis 1986, à une révision complète de la formation professionnelle au secondaire où sont remis en jeu les cadres institutionnels et pédagogiques, les approches éducatives et les contenus des programmes. Au collégial, d'importantes révisions des contenus et des approches pédagogiques des programmes de formation professionnelle sont entreprises depuis une dizaine d'années. En éducation des adultes, les multiples réformes effectuées depuis le début des années 80 visent trois objectifs : augmenter l'incitation à la formation pour les bénéficiaires des programmes de sécurité du revenu, accroître l'implication des entreprises en matière de formation de leurs employés en leur assurant des ressources financières et humaines et articuler plus systématiquement les ressources éducatives au développement des ressources humaines (Doray, 1992). À ce titre, le discours politique tel que nous pouvons le retrouver dans le plan d'action du ministre Bourbeau du ministère de la Main-d'oeuvre, de la sécurité du revenu et de la formation professionnelle ou dans les documents de consultation publique sur le développement et la prospérité économique au Canada du gouvernement fédéral fait un lien étroit entre mondialisation des échanges économiques, développement des compétences dans les firmes et formation.

Outre la transformation des politiques publiques, les indicateurs de cette importance accrue de la formation professionnelle sont de trois ordres : l'usage du diplôme comme outil d'insertion, les nouvelles politiques d'emploi des firmes et l'existence de pénuries de main-d'oeuvre.

Le diplôme joue un rôle discriminant de plus en plus important dans l'insertion professionnelle. Si sa détention ne constitue aucunement un rempart contre la marginalisation sociale et l'exclusion du marché du travail, il est de plus en plus une condition nécessaire d'accès au marché du travail. D'une part, nous constatons que les élèves diplômés connaissent des taux de chômage moins élevés que les élèves non diplômés. D'autre part, les difficultés d'accès des décrocheuses et des décrocheurs à des emplois même précaires confirment l'importance des diplômes dans l'insertion professionnelle.

Cette accentuation du rôle du diplôme dans l'insertion professionnelle est en grande partie liée aux changements dans les pratiques d'emploi des firmes. En effet, plusieurs exigent maintenant de leurs nouveaux employés le diplôme d'études secondaires ou un diplôme professionnel. Cette sélectivité plus grande à l'embauche est un signe d'une concurrence accrue entre individus dans l'accès aux emplois et de la diffusion d'un nouveau modèle d'entreprise[4] fondé sur une transformation des modes d'organisation du travail (rupture plus ou moins accentuée avec les formes tayloristes du travail, accompagnée fréquemment de changements technologiques) et des modes de mobilisation des salariés par le biais de la formulation de nouvelles politiques d'emploi et de promotion (ex. création de filières de carrière ouvrière) et de nouvelles relations de travail. Ce modèle de la nouvelle entreprise où la compétence de sa main-d'oeuvre jouerait un rôle stratégique est aujourd'hui présenté comme outil essentiel de la prospérité économique.

Les analyses récentes du marché du travail indiquent l'existence de pénuries chroniques de main-d'oeuvre dans différents secteurs et dans plusieurs métiers, et ce malgré la persistance de forts taux de chômage dans toute la population et spécialement chez les jeunes. La question n'est pas relative au mode d'accès aux emplois mais à l'absence d'individus aptes à occuper ces emplois. Dans plusieurs enquêtes effectuées auprès des entreprises, on note une augmentation des firmes déclarant avoir des difficultés de recrutement du personnel qualifié[5]. Une recherche du Centre canadien du marché du travail et de la productivité, citée dans une étude du MMSRFP (Béland et al., 1991) indique l'existence d'une augmentation du taux de postes vacants estimé. Parallèlement, il est aussi noté une diminution du taux de chômage. La conjugaison de ces deux tendances confirme la progression des pénuries de main-d'oeuvre. On associe souvent ces pénuries au personnel scientifique (ingénieurs ou scientifiques) ou aux techniciens. Les transformations technologiques et le développement d'entreprises à haute technicité les expliquent en grande partie. Toutefois, des pénuries existent aussi dans des métiers comme outilleur-ajusteur, programmeur de machines-outils, mécanicien d'entretien, etc.

Cette analyse des deux termes du paradoxe de départ permet de préciser d'autres enjeux. En effet, la coexistence d'un taux élevé de décrochage et de la faible « popularité » de la formation professionnelle du secondaire n'est-t-elle pas un paradoxe tout aussi important que le premier? Que dire du maintien d'un fort taux de chômage chez les jeunes alors qu'il existe par ailleurs des pénuries chroniques de main-d'oeuvre qualifiée?

3. Les arrimages formation/travail

Les nouvelles conditions socio-économiques d'insertion professionnelle accentuent le rôle de la « réussite scolaire » et donc de la détention des diplômes et de l'acquisition des compétences « utiles » dans l'accès aux emplois. Elles renforcent donc le rôle de la formation professionnelle, d'où la consolidation des liens avec le champ du travail et la formalisation de nouveaux arrimages entre les deux univers. Quelles conditions devrions-nous retrouver en formation professionnelle afin d'assurer ces arrimages en regard de l'évolution du travail et des conditions d'insertion professionnelle?

Nous retrouvons, au coeur de cette relation, le double rôle de la formation professionnelle : l'apprentissage de compétences (de savoirs, de savoir-faire et de savoir-être) et la socialisation professionnelle (constitution d'une identité professionnelle). Envisagée sous cet angle, cette formation n'est pas uniquement considérée comme une voie de relégation pour élèves en difficulté d'apprentissage ou en échec scolaire. Elle devient un espace et un moment qui permettent aux individus de se forger une identité professionnelle. Les recherches récentes sur les logiques de mobilité et les formes identitaires des jeunes en insertion (Dubar et Pottier, 1991) soulignent justement cette dimension centrale. En effet, elles indiquent que celles et ceux qui vivent les différentes formes d'exclusion du marché du travail sont aussi celles et ceux qui ne peuvent se projeter dans l'avenir, construire un projet professionnel cohérent et s'appuyer sur des adultes de référence servant de pôles d'identification.

3.1 La diversité du travail

L'arrimage entre formation professionnelle et travail ne peut faire l'économie de l'hétérogénéité du marché du travail et des emplois. En fait, au cours des 10 ou 15 dernières années, l'automatisation et l'informatisation du travail n'ont provoqué ni un vaste mouvement de dégradation du travail, ni une tendance à une complexification extrême du travail. Les prévisions pessimistes ou optimistes sur les effets des changements techno-organisationnels se sont avérées inexactes. En fait, la majorité des travaux sur les transformations récentes du travail soulignent deux constats. D'une part, les effets de ces changements sont liés aux choix technologiques des entreprises ainsi qu'à leurs stratégies d'implantation des nouvelles technologies et à leurs stratégies de réorganisation du travail. D'autre part, on note aussi la multiplication d'expériences qui ne sont pas uniquement des changements technologiques ou des changements organisationnels. Elles participent à un processus de diffusion d'un nouveau modèle industriel, souvent qualifié par certains de néo-fordisme ou de post-taylorisme. D'autres parlent plutôt d'entreprise flexible ou du modèle de la compétence (Zarifian, 1988).

Ces entreprises opèrent des mutations à l'intérieur de leurs stratégies technico-économiques, de leurs politiques de gestion du personnel et des modes d'organisation du travail[6]. Les formes tayloriennes de travail servent souvent de contre-exemple car on cherche justement à les éliminer et à construire des profils qui s'en distinguent. L'objectif poursuivi est d'enrichir le travail, de mobiliser les compétences, d'impliquer davantage les individus dans leur travail. Au plan des politiques d'emploi, les critères de recrutement sont souvent modifiés. Ainsi, la possession d'un diplôme devient une condition essentielle d'accès à un emploi. On a observé que de nombreuses entreprises ont haussé leurs exigences d'embauche parallèlement à la transformation des processus de travail. Alors que l'on demandait antérieurement un diplôme d'études secondaires pour certains postes, on a recruté des diplômés du collégial en prévision d'une progression de carrière ou d'une complexification du travail. Plusieurs firmes ont créé des filières professionnelles dans lesquelles les travailleurs peuvent progresser. La mobilité professionnelle est introduite; la formation continue sert d'appui à cette mobilité en permettant la progression individuelle et en assurant une sélection des individus. On tente aussi d'établir des relations patronales/syndicales sur le mode de la collaboration plutôt que de la confrontation (Zarifian, 1988).

Par l'instauration de nouveaux modes de travail, on cherche à accroître la responsabilisation des individus par rapport à leur travail. La notion de mobilisation prend ici tout son sens car on vise justement à mobiliser les capacités « intellectuelles » des individus. Pour ce faire, certaines entreprises créent des cheminements de carrière, d'autres introduisent des formes d'organisation du travail qui assurent un enrichissement des tâches. D'autres encore mettent en place des systèmes de partage collectif des bénéfices (prime à la productivité) ou d'actionnariat (ex. Shermag et Cascade).

La diffusion, à des rythmes fort variables selon les pays, les secteurs industriels et les entreprises, de ce modèle de la nouvelle entreprise contribue à diversifier les profils de travail. Le profil de l'ouvrier spécialisé ou de l'ouvrier servant une chaîne de montage se rencontre toujours, bien qu'il soit souvent en mutation ou en régression. D'autres profils sont aussi créés en lien avec les qualifications utilisées.

Un profil est dit polyvalent car les postes de travail y sont définis en fonction d'un regroupement de tâches de production antérieurement réalisées par plusieurs personnes (polyvalence horizontale). Il s'agit d'une première forme de recomposition du travail réalisée par le regroupement dans un poste de tâches antérieurement parcellarisées. Ceci suppose des opérateurs, la maîtrise de savoir-faire variés sur une partie de procédés pouvant comporter plusieurs machines différentes. En même temps, l'encadrement doit déléguer aux opérateurs plus de responsabilité dans le fonctionnement quotidien des ateliers.

Lucie Tanguy (1991) décrit trois autres profils de travail différents. Le profil polyfonctionnel est caractérisé par le regroupement de différentes fonctions dans un même emploi : conduite d'équipements automatisés, contrôle de la qualité, maintenance de premier niveau, gestion de dossiers ou de clients, etc. Les compétences mobilisées ne relèvent pas uniquement de tâches identifiées directement au travail de production, ce qui distingue ce profil de la polyvalence; des tâches précédemment réalisées par les techniciens des services de maintenance ou des services techniques sont intégrées au travail des opérateurs. Ces compétences reposent souvent sur la mise en oeuvre

- des aptitudes générales comme le diagnostic, la recherche de solution de problèmes, l'identification des causalités;

- des aptitudes à saisir l'ensemble de la production et à comprendre son intervention dans cet ensemble;

- des capacités de passer des codes symboliques à la pratique de fabrication;

- des aptitudes de gestion.

Tanguy présente aussi un profil dit technique qui se développe suite à la complexification du travail des ouvriers qualifiés. Il repose sur une connaissance et une compréhension des procédés de fabrication qui exigent des compétences où les savoirs généraux issus du développement technologique et scientifique sont importants. Il suffit de penser par exemple aux opérateurs de l'industrie chimique ou pétrochimique. Les compétences professionnelles développées par l'exercice du métier sont aussi nécessaires afin d'assurer une régulation quotidienne du processus de fabrication.

Un dernier profil dit professionnel est celui qui se rapproche le plus de l'ouvrier de métier traditionnel. Nous le retrouvons dans certains métiers en usine (ex, soudeur), dans l'artisanat (ex. mécanicien) ou dans la construction. Le travail est complexe parce que le nombre d'éléments ou de variables à prendre en compte et à mettre en relation (connaissance des matériaux, des principes de fonctionnement mécanique, des règles d'assemblage, etc.) est grand. La maîtrise des emplois couverts par ce profil suppose la connaissance de savoirs théoriques (ex. dessin industriel) et surtout de savoirs issus de l'expérience concrète.

3.2 Des conditions de développement de la formation professionnelle

La diversité des profils de travail conduisent les acteurs du monde du travail à avoir des lectures différentes du rôle de la formation professionnelle et des contenus des programmes de formation.

a) Hétérogénéité des programmes

Les exigences de formation de chaque profil décrit plus haut ne sont pas nécessairement les mêmes. Le profil polyvalent renvoie davantage à une formation en entreprise puisque les configurations des tâches sont souvent locales. Les firmes qui ont opté pour le profil dit polyfonctionnel ont adopté diverses stratégies de formation[7]. Certaines combinent l'embauche de diplômés de l'enseignement général et la mise sur pied de programmes de formation interne. D'autres embauchent des diplômés de l'enseignement professionnel. Le profil technique fait une place plus grande aux savoirs techniques plus formels et plus théoriques, ce qui suppose un recours plus grand à des enseignements formalisés. Les firmes qui développent cette stratégie embauchent surtout des diplômés de l'enseignement professionnel secondaire ou des techniciennes ou des techniciens même si dans ce dernier cas leurs compétences sont sous-utilisées au début de carrière. Finalement, le profil professionnel doit faire une large place à la pratique qui peut être réalisée en institution scolaire et en entreprise.

À l'hétérogénéité des profils de travail correspond donc une hétérogénéité des formations professionnelles. Ainsi, quand des stratégies générales d'enrichissement des programmes de formation profession-nelle sont développées afin de faire une plus large place aux savoirs théoriques, ne fait-on pas alors référence qu'à un seul profil de travail? L'effet pervers de ce type d'orientation des programmes de formation n'est-il pas l'exclusion de jeunes pour qui l'enseignement théorique et l'enseignement formel n'ont pas de signification? Ne risque-t-on pas alors de déclasser l'enseignement professionnel auprès des jeunes (désaffection) et des entreprises (inadéquation des programmes) avec une élévation de la norme scolaire? En d'autres mots, l'hétérogénéité des situations de travail ne peut se satisfaire d'objectifs pédagogiques, de contenus et de modes de gestion uniformes des programmes de for-mation professionnelle.

b)   Décloisonner la formation professionnelle

La formation professionnelle initiale, à quelques exceptions près (ex. la formation aux métiers de la construction suppose un temps d'apprentissage en dehors de l'école) est fondamentalement dispensée en institution d'enseignement. Décloisonner cette formation signifie que l'on développe d'autres stratégies de formation qui ne fassent pas uni-quement appel à l'institution scolaire. Ce décloisonnement peut alors prendre différentes formes selon les clientèles visées. La première s'adresse à ce noyau d'élèves fort hétérogènes qui vivent des difficultés d'ordre scolaire, d'insertion sociale ou professionnelle, quand il ne s'agit pas d'un cumul de ces problèmes[8]. Sachant que, pour la majorité d'entre eux, l'école ne représente, à ce moment donné de leur vie, qu'une institu-tion vide de sens et que toute tentative de scolarisation est vouée à l'échec, il faut penser à d'autres modalités de formation et de soutien à leur insertion sociale et professionnelle. Il faut impliquer d'autres institu-tions, d'autres acteurs et organiser d'autres modes de socialisation pro-fessionnelle qui permettront à ces jeunes d'acquérir un minimum de res-sources négociables sur le marché du travail et de formuler un projet professionnel dans lequel un retour aux études pourrait alors avoir une signification.

La seconde forme de décloisonnement s'adresse plutôt aux indi-vidus qui formuleraient des projets professionnels où la mobilité et les promotions jouent un rôle important. Cette situation recoupe deux grou-pes différents. Le premier correspond à la demande individuelle de for-mation continue et aux inscriptions volontaires à des programmes de for-mation. Le second fait davantage référence aux personnes qui sont en progression professionnelle dans le cadre d'un marché interne de travail. L'accès à ces promotions est lié à une expérience pratique dans l'entre-prise ainsi qu'à la participation à des programmes de formation qui sont souvent réalisés dans le cadre des plans de formation des entreprises. Mais, dans plusieurs cas, les institutions d'enseignement y sont asso-ciées permettant aussi une reconnaissance scolaire de la formation.

Ce décloisonnement doit aussi faciliter le passage entre les différents ordres d'enseignement, ce qui permettrait aux individus de progresser dans leur champ de compétence tout en étant inscrits dans des programmes de formation professionnelle. En d'autres mots, la formation professionnelle du secondaire ne doit pas être terminale, elle doit aussi permettre une évolution de carrière et un décloisonnement entre la formation initiale et la formation continue.

Les enquêtes « relance » peuvent fournir une certaine approximation quant à l'importance de cette population. En 1976, 9,5 % de diplômés de l'enseignement secondaire professionnel long sont toujours aux études un an après la fin de leurs études initiales (Tableau 2). Chez les filles, ce pourcentage est de 6,5 %. En 1987, ce pourcentage a augmenté à 15,7 % chez les garçons et à 12,5 % chez les filles. Au collégial, nous constatons une même tendance. Chez les garçons, cette proportion est passée de 12,7 % en 1976 à 19,1 % en 1987; chez les filles de 4,5 % à 14,3 %.

Tableau 2

Proportion des diplômés du secondaire professionnel et du collégial professionnel qui sont aux études un an après la fin de leurs études selon le sexe, Québec, 1976-1987

		Secondaire professionnel long	Secondaire professionnel court	Collégial
1976	hommes	9,5	-	12,7
	femmes	6,5	4,9	4,5
1977	hommes	9,2	0,4	-
	femmes	7,2	1,4	4,4
1978	hommes	14,0	0,6	14,2
	femmes	8,0	1,2	6,7
1979	hommes	9,4	0,4	9,4
	femmes	6,2	0,6	6,8
1980	hommes	9,4	0,5	12,6
	femmes	8,7	0,9	8,1
1981	hommes	10,7	0,5	14,3
	femmes	10,8	0,3	8,9
1983	hommes	16,8	4,2	23,8
	femmes	16,8	4,0	16,2
1984	hommes	17,1	5,0	24,1
	femmes	14,0	6,2	16,8
1985	hommes	13,7	6,2	23,0
	femmes	15,2	6,7	16,9

Formation et insertion professionnelle

		Secondaire professionnel long	Secondaire professionnel court	Collégial
1986	hommes	18,8	11,6	23,6
	femmes	16,4	16,6	16,9
1987	hommes	15,7	9,1	19,1
	femmes	12,5	13,0	14,3

Sources : Enquêtes Relance compilées dans Langlois S. et al., *La société québécoise en tendances, 1960-1990*, IQRC, Québec, 1990, p. 566 et 569

c)   Des lieux de concertation école/entreprise

Cette question n'est pas en soi nouvelle. En effet, la liaison entre école et entreprise s'est posée dès que l'acquisition d'un métier a dépassé le cadre de l'apprentissage en milieu de travail pour s'effectuer dans une institution de formation distincte. Mais, en même temps, cet apprentissage ne peut être totalement transféré dans l'école tant du point de vue de l'acquisition de savoirs que de celui de la construction d'une identité professionnelle. Le processus de socialisation professionnelle repose sur des articulations entre savoirs généraux, savoirs professionnels et savoirs spécifiques. Or, si certains savoirs s'acquièrent dans la formation scolaire (formation générale et formation professionnelle), d'autres comme les savoirs spécifiques ne sont pas transmis par l'institution scolaire mais bien acquis dans l'exercice même du travail (formation sur le tas). Il en est de même en ce qui concerne la construction d'une identité professionnelle qui ne peut se réaliser sans l'insertion professionnelle (Dubar, 1991). De telles identités se construisent dans la relation entre, d'une part, les trajectoires individuelles et, d'autre part, les politiques d'organisation ou les structures d'entreprise qui servent de référents identitaires aux individus. La rencontre entre l'école et l'entreprise apparaît donc nécessaire pour assurer la pertinence des savoirs et pour favoriser des contacts entre les élèves et le marché du travail.

De plus, les transformations technologiques et organisationnelles récentes contribuent à remettre en jeu cette question du rapprochement institutionnel entre les acteurs éducatifs et les acteurs économiques au plan national et local[9]. Ces transformations (recomposition du contenu du travail selon différents profils, importance accordée à la compétence et à l'implication des salariés, nouvelles politiques de gestion du personnel avec la création de marché interne, implication plus forte des entreprises en matière de formation)[10] influencent le contenu des emplois et les conditions de leur exercice, modifiant aussi les articulations entre les différentes compétences demandées. Nous pouvons observer des modifications des profils de travail et des relations formation/emploi construites autour des liens entre les titres scolaires et les postes. La contribution de chaque institution dans le processus de socialisation professionnelle s'en trouve modifiée (ou peut l'être); de nouvelles articulations entre formation initiale et formation continue sont alors forgées. Le rapprochement institutionnel doit justement permettre la confrontation des différents points de vue dans un travail d'ajustement des pratiques[11].

Ces transformations dans le domaine du travail ont aussi permis de rappeler un aspect central de la formation professionnelle initiale. On ne forme pas uniquement pour aujourd'hui mais aussi pour demain. Dès qu'il s'agit de penser l'inscription d'une formation dans un projet professionnel tourné vers l'avenir, nous sommes confrontés à un fort degré d'incertitude quant au nombre d'emplois existants et aux profils de compétences de ces emplois. Par exemple, le profil de travail du « technicien » va-t-il devenir le profil dominant dans tous les secteurs industriels, ainsi que le laissent penser certaines mutations en cours et l'anticipation des changements futurs? Les autres profils vont-ils disparaître? Le sens des réponses apportées à cette question a des implications importantes pour la planification de la formation professionnelle. En effet, doit-on introduire davantage de savoirs techniques dans tous les programmes ou seulement dans certains? Doit-on abandonner certains programmes de formation de niveau secondaire parce que les profils de travail correspondraient au niveau du cégep? Le rapprochement entre l'école et l'entreprise permettrait de suivre avec plus d'acuité les changements dans le champ du travail et ainsi de réduire le degré d'incertitude.

Conclusion

Les réflexions récentes en matière de formation et de transition professionnelles tendent à souligner l'importance accrue de la réussite scolaire en formation professionnelle à court et à long terme. D'une part, de nombreux emplois exigeant peu de formation et de compétences disparaissent. De plus, les nouvelles normes de recrutement pour de nombreux emplois édictées par nombre d'entreprises accordent une plus grande importance à la possession d'un diplôme et ce, quand les exigences scolaires n'ont pas été haussées. D'autre part, les carrières professionnelles seront de moins en moins rectilignes, obligeant à long terme à des reconversions et à des recyclages individuels et collectifs. Le passage ou le retour en formation en cours de carrière sera facilité dans la mesure où l'individu aura vécu une expérience positive ou pertinente lors de sa formation initiale.

La question centrale est alors la suivante : en quoi la formation professionnelle peut-elle favoriser la réussite scolaire des élèves et contribuer à contrer l'échec scolaire? Dans les faits, cette contribution suppose bien souvent de renverser une situation d'échec scolaire relatif ou absolu en formation générale en une situation de réussite ou à tout le moins de non-échec. La première condition à respecter pour obtenir ce renversement de situation n'est pas de reproduire en formation professionnelle les modes d'apprentissage et de socialisation de la formation générale. Ce n'est pas en imitant la formation générale que des jeunes qui vivent négativement leur rapport à l'école pourront y trouver un sens plus positif. Le décloisonnement de la formation professionnelle que nous avons évoqué plus tôt répond en partie à cette exigence de rupture par rapport à un mode de socialisation particulier.

Cette contribution s'articule donc sur la spécificité de la formation professionnelle, à savoir l'apprentissage de compétences professionnelles, l'édification d'une identité professionnelle par les élèves et son utilité par rapport à la transition professionnelle. Une formation qui ne contribue pas de façon positive à l'insertion et conduit, aux yeux de sa clientèle potentielle, à des culs-de-sac n'aura aucun attrait. L'école ne peut bien sûr garantir la réussite de la transition. Elle ne crée pas les emplois, ne contrôle pas les cycles économiques, ne gère pas les entreprises et ne participe pas à la formulation des politiques et des stratégies économiques. Mais elle peut faciliter cette transition en arrimant le plus étroitement possible ses pratiques au marché du travail. A ce titre, trois conditions nous apparaissent importantes : assurer la diversité des modes de socialisation professionnelle, décloisonner la formation professionnelle initiale et la formation continue, favoriser les rapprochements entre l'école et les milieux de travail.

Notes

1   Pour Lyons et al., la dévalorisation de la formation professionnelle au Canada est un trait des Canadiens. "Canadians have historically considered vocational education to be preparation for second-class citizenship. Until recently, we did not treat domestic programs for training highly skilled workers as vital to nation's interest. Whereas European countries had programs to craftspeople for skilled trades, Canada relied on immigration to fill these jobs". (Lyons J. E, et al., 1991, p. 137)

2   Les stratégies éducatives des parents privilégient un cheminement scolaire non pas pour son intérêt intrinsèque mais pour les effets escomptés. Ces stratégies sont essentiellement anticipatrices car elles sont réglées sur l'avenir souhaité pour leurs enfants.

3   Les explications avancées régulièrement pour expliquer cette difficulté accrue sont: l'absence de création d'emplois due au contexte économique, les nouvelles politiques du personnel (augmentation des emplois précaires), les rigidités « sociales » présentes dans la gestion du personnel (ex. gestion du personnel par l'ancienneté), la rigidité du système d'enseignement et la mauvaise capacité de prévision et de planification des emplois.

4   Le modèle québécois de développement industriel du ministre Gérald Tremblay n'est qu'un exemple de cette « nouvelle entreprise ».

5   Une étude du MMSRFP cite l'enquête semestrielle de la Fédération canadienne de l'entreprise indépendante. Alors qu'en 1982, 14 % des firmes déclaraient avoir des difficultés de recrutement, ce taux se situait à 46,7 % au premier semestre de 1989. Au Québec, ce même taux était de 46,4 % (Béland et al., 1991).

6   Ces mutations ne sont pas sans ambiguïtés. La première est sans doute le fait que ce modèle s'incarne très souvent dans les « slogans » des directions d'entreprise plutôt que dans les politiques d'emploi.

7   Il faut aussi souligner que les choix des entreprises tiennent compte de plusieurs facteurs comme leur localisation, les caractéristiques du marché local de l'emploi, les politiques de gestion du personnel et les caractéristiques sociotechniques du travail, etc..

8   Claude Trottier explore plus particulièrement cette question dans son analyse.

9   Plusieurs enseignants et planificateurs se font critiques par rapport aux relations entre l'école et l'entreprise. En effet, les conditions de réalisation de ces relations (qualité et contenu des stages, absence d'encadrement pédagogique des stages, demande de formation trop « pointue » de la part des industriels, etc.) les conduisent souvent à critiquer la pertinence de telles relations. En fait, cette question des conditions de réalisation invite à s'interroger sur les bases institutionnelles de ces relations plutôt que sur le principe de leur existence.

10 Cette implication plus grande des entreprises en formation se retrouve surtout dans des firmes qui connaissent des modifications importantes. Dans l'ensemble l'effort de formation des entreprises canadiennes et québécoises en matière de formation est relativement faible. En effet, les firmes canadiennes et québécoises investissent fort peu dans le développement de leur ressources humaines en comparaison aux firmes américaines, japonaises ou européennes.

11 L'établissement de relations de collaboration entre l'école et l'entreprise ne doit pas faire oublier la nécessaire collaboration entre les planificateurs et les formateurs oeuvrant dans les différents ministères impliqués dans la planification de la formation professionnelle.

Bibliographie

Beauchesne, L. (1991). *Les abandons au secondaire : profil socio-démographique,* Québec : Direction des études économiques et démographiques, Direction générale de la recherche et du développement, ministère de l'Éducation du Québec, Gouvernement du Québec.

Béland, P. et al. (1991). *Le développement des compétences, le défi des années 90,* Québec : Gouvernement du Québec, MMSRFP.

Warren, C. et al. (1986). *La promotion de 1982, Rapport sommaire de l'enquête nationale de 1984 auprès des diplômés de 1982,* Ottawa : Secrétariat d'État et Statistique Canada.

Dandurand, P. (1986). Situation de la formation professionnelle au Québec, dans Dumont F., *Une société des jeunes,* Québec : IQRC.

Doray, P. (1992). « La formation professionnelle au Québec mutations récentes et enjeux sociaux », *Education et francophonie,* XX (1), pp. 25-32.

Doray, P. (1989). *Formation continue et mobilisation industrielle,* Lille : Presses Universitaires de Lille.

Dubar, C. (1988). *Les relations emploi-travail-formation comme processus de socialisation professionnelle et formes de transaction salariale,* Paris : Communication aux Journées d'études Travail et emploi, formes nouvelles, nouveaux points de vue.

Dubar, C. (1991). *La socialisation : construction des identités sociales et professionnelles,* Paris : Armand Colin.

Dubar, C. et Pottier, F., (1991). *Insertion porfessionnelle, construction identitiare et réseaux familiaux des jeunes de bas niveau scolaire,* Paris : CEREQ.

Galland, O. (1984). Précarité et entrées dans la vie, *Revue française de sociologie,* XXV(1), pp. 49-66.

Galland, O. (1985). Formes et transformations de l'entrée dans la vie adulte, *Sociologie du travail,* XXVII(1), pp. 32-52.

Gauthier, M. (1990). *L'insertion de la jeunesse québécoise en emploi,* Québec : IQRC.

Gauthier, M. (1990). *L'insertion de la jeunesse canadienne en emploi,* Québec : IQRC.

Laflamme, C. (1984). Une contribution à un cadre théorique sur l'insertion professionnelle des jeunes, *Revue des Sciences de l'éducation,* X(2) pp. 199-216.

Laflamme, C. (1989). L'école, les nouvelles technologies et l'insertion professionnelle des jeunes, *Revue des Sciences de l'éducation*, XV(2), pp. 231-246.

Langlois, S. et al. (1990). *La société québécoise en tendances 1960-1990*, Québec : IQRC.

Lyons, J. et al. (1991). The Development of Vocational Education in Canada, *Canadian Journal of Education/ Revue Canadienne de l'éducation*, XVI (2), pp. 137-150.

Ministère de l'Éducation du Québec (1987 et 1989). *Effectifs étudiants*, Québec : Statistiques de l'éducation.

Ministère de l'enseignement supérieur et de la science (1977 à 1988). *L'effectif des cégeps à l'enseignement régulier, session automne 1977 à 1988*, Bulletin statistique, Québec : Recherche et développement, DGEC, Gouvernement du Québec.

Payeur C. (1990). *S'engager pour l'avenir, Formation professionnelle, éducation et monde du travail au Québec*, Montréal : Centrale de l'enseignement du Québec.

Plaisance E. (ed) (1985). *L'échec scolaire nouveaux débats, nouvelles approches sociologiques*, Actes du colloque franco-suisse, Paris : Ed. du CNRS.

Tanguy L. (1991). *Quelle formation pour les ouvriers et les employés en France?*, Rapport au Secrétaire d'État à l'Enseignement Technique, Paris : La documentation française.

Zarifian P. (1988). L'émergence du modèle de la compétence, dans Stankiewicz Francois, *Les stratégies d'entreprises face aux ressources humaines, L'après-taylorisme*, Paris : Economica, pp. 67-76.

Le travail à temps partiel pendant les études au secondaire : « l'état de la recherche »

Jocelyn Lapointe, étudiant au doctorat
Département d'administration et politique scolaires
Faculté des sciences de l'éducation
Université Laval

Le travail à temps partiel (TTP) pendant les études chez les élèves du secondaire n'avait jamais été un grand sujet de préoccupation, du moins, jusqu'à tout récemment. En fait, on croyait que le phénomène du partage études-travail était surtout répandu au cégep et à l'université. Or, voilà que depuis quelques années, le phénomène semble vouloir se généraliser au secondaire. De fait, on rapporte que, sur le territoire de la CECM, près de 65 % des élèves de la cinquième secondaire avaient un TTP pendant l'année scolaire 1989-1990 (Lemyre-Desautels, 1991). Au début des années soixante-dix, on estimait que cette proportion ne dépassait pas 30 % (ASOPE, 1974). Cette augmentation du nombre d'élèves qui ont un TTP pendant leurs études au secondaire n'est pas sans causer un certain émoi chez les parents, les enseignantes et enseignants et la gouverne politique. On s'inquiète de l'impact que pourrait avoir le travail à temps partiel des jeunes du secondaire sur leur vécu scolaire, notamment sur leur rendement scolaire.

Dans une conjoncture où le taux d'abandon scolaire au secondaire courtise la barrière psychologique de 40 %, la tentation est grande de partir à la chasse aux sorcières. Dans cette perspective, le TTP chez les élèves du secondaire est une proie facile et peut, le cas échéant, être l'objet d'accusations à peine nuancées, voire même démesurées de la part des adversaires du travail salarié pendant les études. Un des principaux dangers qu'il y a de discourir sur le travail des jeunes réside dans notre soif de « propositions scientifiques commodes et utiles » dans un contexte où précisément il semble y avoir urgence d'agir (Baby, 1974). Propositions qui, d'ailleurs, nous permettraient de comprendre la réalité complexe du TTP chez les jeunes avec un minimum d'efforts. Or, dans le cas qui nous préoccupe, la science est peu bavarde. Les chercheures et chercheurs commencent à peine à s'intéresser au phénomène au secondaire. Peu d'études empiriques ont été conduites au Québec sur le sujet; tout au plus, nous disposons de minces données descriptives provenant de sondages menés dans certaines polyvalentes du Québec ainsi que de données statistiques émanant de commissions scolaires (CSE, 1992). Afin de se donner une bonne vue d'ensemble du TTP au secondaire, nous devons - du moins dans un premier temps - nous tourner du côté des recherches qui ont été menées sur le sujet aux États-Unis, d'une part, et tenter de voir dans quelle mesure cette réalité peut s'appliquer au contexte québécois, d'autre part.

Dans les quelques pages qui vont suivre, nous allons tenter de brosser un tableau d'ensemble du travail à temps partiel pendant les études chez les élèves du secondaire. Dans un premier temps, il s'agira de décrire le contexte général du TTP au secondaire. Ensuite, nous essaierons de rendre compte de son impact sur le vécu scolaire des élèves et sur la gestion de la classe des enseignantes et enseignants. Enfin, nous tenterons de cerner l'effet que pourrait avoir le TTP sur l'avenir des jeunes en général.

Contexte général du TTP : perspectives américaines et québécoises

Aux États-Unis, on estime à 75 % la proportion des élèves du 2e cycle du secondaire qui ont un TTP durant l'année scolaire (Rohrbeck, 1988; Gottfredson, 1985; Lewin-Epstein, 1981). De ce nombre, 60 % travaillent en moyenne 20 heures par semaine, tandis que 40 % d'entre eux consacrent plus de 20 heures/semaine à un TTP. Il semble que depuis 1940, la proportion des jeunes de seize ans qui ont un travail pendant leurs études ait augmenté de 500 % chez les garçons et de 1100 % chez les filles (Greenberger et Steinberg, 1986). On estime en outre que le nombre d'heures travaillées chaque semaine ait augmenté de 50 % chez les garçons et de 100 % chez les filles durant cette même période (Berryman et Schneider, 1982).

Quant au secteur d'enseignement fréquenté, les élèves du secteur de l'enseignement professionnel travaillent plus que les élèves qui se dirigent vers les études supérieures. L'âge et le sexe sont d'autres indicateurs importants : d'une part, les élèves du deuxième cycle travaillent en général plus d'heures chaque semaine que les élèves du premier cycle et, d'autre part, les filles travaillent en général deux heures de moins chaque semaine que les garçons (Rohrbeck, 1988; Lewin-Epstein, 1981).

Les études suggèrent aussi qu'une forte proportion des élèves qui ont un TTP proviennent de familles de classe moyenne (Baron, 1989; Schill et al., 1985; Johnson, 1980). En effet, tout porte à croire qu'au fur et à mesure que la position socio-économique de la famille s'élève, passant d'un revenu familial faible à un revenu familial moyen, le taux de participation à un TTP chez les adolescentes et adolescents augmente (Schill et al., 1985). Ces élèves issus de la classe moyenne résident généralement en banlieue.

Qu'est-ce qui explique ce phénomène, de prime abord surprenant?

Premièrement, il semble que le secteur des ventes et services se soit davantage développé depuis la fin des années cinquante, et qu'il se soit surtout développé dans les banlieues américaines (Greenberger et Steinberg, 1986). De ce fait, il y a eu accroissement des possibilités d'emplois pour les jeunes, surtout en ce qui a trait à l'horaire : travail le soir et la fin de semaine (Lewin-Epstein, 1981). Ce phénomène a particulièrement favorisé les jeunes résidant dans les banlieues, c'est-à-dire les jeunes issus de la classe moyenne. Deuxièmement, selon certains auteurs, l'arrivée massive de jeunes de la classe moyenne sur le marché de l'emploi à temps partiel a été alimentée par l'action délibérée et efficace de l'industrie de la publicité. Celle-ci a reconnu l'ampleur du marché que représentaient les adolescentes et adolescents du secondaire et a en quelque sorte stimulé le goût de la consommation de biens et services chez ces jeunes (Greenberger et Steinberg, 1986).

De façon générale, les élèves du secondaire travaillent à temps partiel non pas par nécessité économique, mais pour se payer plus de biens de consommation : vêtements, disques, cigarettes, restaurants, etc. De ce point de vue, les jeunes travaillent beaucoup plus pour combler des besoins de consommation immédiats que pour s'ouvrir des perspectives d'avenir (Berryman et Schneider, 1982; Johnson, 1980; Hammond, 1971). Cela se comprend lorsque l'on considère la nature des emplois occupés par les élèves du secondaire pendant leurs études.

De fait, c'est précisément dans le secteur des ventes et services que l'on retrouve le plus grand nombre d'élèves qui travaillent à temps partiel. En l'occurrence, ces emplois sont de type secondaire, c'est-à-dire qu'ils requièrent très peu de compétence technique, paient très peu et n'offrent pas de perspectives d'avenir (Berryman et Schneider, 1982). De plus, on retrouve dans ces emplois le même type de différenciation à l'égard du sexe que dans les emplois des adultes. Ainsi, dans les restaurants, les garçons accomplissent généralement des tâches dites impersonnelles (nettoyage de l'équipement, transport de la marchandise, préparation de la nourriture), tandis que les filles exécutent des tâches dites interpersonnelles (nettoyage des tables, relation avec les clients, fonctionnement de la caisse, etc.) (Rohrbeck, 1988). Il convient de constater que le processus de socialisation à la différenciation des rôles dans le marché de l'emploi s'effectue très tôt chez les adolescentes et adolescents qui ont un TTP.

Au Québec, les quelques données descriptives dont nous disposons semblent, à première vue, corroborer les données américaines. En effet, on estime à plus de 60 % la proportion des élèves de cinquième secondaire qui ont un TTP (Lemyre-Desautels, 1991; Polyvalente Armand-Corbeil, 1989). Ils consacrent en moyenne de 15 à 20 heures chaque semaine à un travail rémunéré. Les garçons y consacrent environ deux heures de plus que les filles. Plus de 50 % des emplois se retrouvent dans le secteur des ventes et services (CSE, 1992; Lewin-Epstein, 1981). On aurait cependant tort de croire que le contexte québécois du TTP colle en tout point au contexte américain. Rien n'indique, entre autres, qu'au Québec, ce phénomène en soit un de classe moyenne et de banlieue.

Travail et vécu scolaire des adolescentes et adolescents

Lorsqu'on considère l'importance qu'a pris le phénomène du TTP chez les élèves, on ne peut s'empêcher de s'interroger sur l'impact que peut avoir le TTP sur le vécu scolaire de ces derniers. Notre première réaction, très légitime par ailleurs, est de croire que le TTP exerce une influence directe et négative sur le rendement scolaire et l'étude à la maison. Ici la tentation est grande d'associer directement le TTP à une baisse du rendement scolaire ou à une diminution significative du nombre d'heures consacrées à l'étude à la maison, comme s'il s'agissait *ipso facto* d'une relation de cause à effet. À notre humble avis, il faut nuancer. Une baisse effective ne veut pas nécessairement dire relation significative, et relation significative ne veut pas dire relation de cause à effet. De ce point de vue, les recherches américaines sur le TTP au secondaire détiennent une nette avance; elles en sont à l'étape de la corrélation statistique, ce qui est un pas de plus vers les considérations de cause à effet.

En ce qui concerne l'impact que pourrait avoir le TTP sur le rendement scolaire des élèves, les études américaines divergent sur plusieurs points de vue. D'une part, plusieurs auteures et auteurs estiment que le TTP n'a pas d'effet « significatif » sur le rendement scolaire (Barton, 1989; Green et Jaquess, 1987; Hotchkiss, 1986; D'Amico, 1984; Gade et Peterson, 1980). D'autre part, un contingent non moins important de chercheures et chercheurs ont suggéré que le TTP pouvait avoir un effet négatif sur le rendement scolaire (Marsh, 1991; Wirtz et al., 1987; Greenberger et Steinberg, 1986; Schill et al., 1985).

Les études convergent toutefois lorsqu'on contrôle le nombre d'heures consacrées à un TTP chaque semaine. On a constaté que le TTP pouvait avoir un impact négatif sur le rendement scolaire lorsque le nombre d'heures travaillées chaque semaine excédait 20 heures par semaine (D'Amico, 1984). En effet, un TTP intensif, c'est-à-dire plus de 20 heures par semaine, aurait un impact sur le rang dans la classe, la moyenne générale et l'abandon scolaire (Barton, 1989; Wirtz et al.,1987). Encore une fois, il faut nuancer. Il est difficile de contrôler, par exemple, dans quelle mesure un élève qui a un TTP intensif n'avait pas déjà un rendement scolaire faible au moment de commencer à travailler de façon plus intense (McNeil, 1984). Mais comment expliquer alors qu'un TTP d'une vingtaine d'heures chaque semaine n'occasionne pas une baisse plus marquée du rendement scolaire?

Il existe une multitude de stratégies disponibles qui permettent aux élèves de minimiser l'impact d'un TTP sur leur rendement scolaire. Qu'il s'agisse de stratégies discutables comme tricher, copier le travail d'un ami ou tout simplement demander des délais supplémentaires, la première inquiétude des enseignantes et des enseignants, c'est de voir les élèves réduire le nombre d'heures consacrées à l'étude à la maison chaque semaine (Ruggiero, 1984). À cet égard, les études consultées s'entendent pour dire qu'il y a effectivement réduction du nombre d'heures consacrées à l'étude à la maison chaque semaine chez les élèves dont le TTP excédait le seuil de 20 heures par semaine. Cependant, ce qui étonne dans ces études, c'est de constater que les écarts quant aux heures consacrées à l'étude à la maison entre les travailleurs et les non-travailleurs demeurent somme toute faibles, même si la corrélation est significative. Non seulement les données de la CECM vont dans le même sens, mais encore, le fossé entre les deux groupes diminue. En effet, les élèves qui ont un TTP de moins de cinq heures consacrent en moyenne 6,5 heures chaque semaine à l'étude à la maison, comparativement à 5 heures d'étude pour les élèves qui travaillent plus de 25 heures par semaine. Ce que les études américaines et les données de la CECM montrent, c'est que les élèves, qu'ils travaillent ou non, consacrent peu de temps à l'étude à la maison chaque semaine.

En revanche, c'est l'investissement dans la vie de l'école qui semble souffrir le plus d'un TTP intensif. Presque toutes les études consultées s'accordent pour dire que le TTP a un impact significatif sur la participation des élèves aux activités parascolaires, impact qui va dans le sens d'une réduction des heures consacrées à la vie de l'école (Barton, 1989; Green et Jaquess, 1987; D'Amico, 1984). À notre avis, c'est précisément ici que le problème du TTP est manifeste. Selon certaines recherches, l'investissement dans l'école, notamment par le biais des activités parascolaires, est en corrélation significative avec, entre autres, un faible taux d'absentéisme, l'amélioration du concept de soi et la création de sentiments positifs envers l'école (Marsh, 1991; Hedgepeth, 1981). Voilà une avenue de recherche intéressante dans le contexte actuel de décrochage scolaire au Québec. Toutefois, il s'avère difficile de rendre compte en quelques lignes de cette conjoncture. Qu'il suffise de mentionner pour l'heure que le taux d'absentéisme à l'école semble augmenter chez les élèves qui travaillent plus de 25 heures par semaine (Barton, 1989). Par ailleurs, ces études ont démontré que le taux d'absentéisme était sensiblement le même chez les élèves qui travaillaient de 11 à 15 heures par semaine et chez les élèves qui ne travaillaient pas (Barton, 1989; Greenberger et Steinberg, 1986).

En somme, même s'il faut demeurer prudent dans notre évaluation de l'impact du TTP sur le vécu scolaire des jeunes au secondaire, tout semble indiquer que c'est à partir du seuil critique de 20 heures par semaine que les effets négatifs semblent les plus patents. Il serait même intéressant de connaître comment se vivent concrètement les effets du TTP en classe.

Intervention pédagogique et gestion de la classe

Sur ce thème, les études américaines sont à toutes fins utiles muettes et les études québécoises sont inexistantes. On ne semble pas se préoccuper beaucoup de la perception qu'ont les enseignantes et enseignants du TTP des jeunes. En 1990, il n'existait qu'une seule étude sur ce thème aux États-Unis (McNeil, 1984). Celle-ci révèle que le TTP des élèves du secondaire semble avoir une incidence sur les attentes et les exigences qu'ont les enseignantes et enseignants quant aux performances de ces élèves. Au dire de l'auteure, en raison des pressions exercées sur eux par les élèves, il semble que les enseignantes et enseignants se soient adaptés au phénomène en réduisant graduellement la quantité de travail à faire à la maison. Aussi, les lectures obligatoires ont été abrégées et simplifiées, et du temps en classe a été prévu pour compléter des travaux qui autrefois devaient être faits à la maison. Même si on ne peut généraliser les résultats de cette étude à l'ensemble des États-Unis - encore moins à l'ensemble du Québec - ces premiers résultats tracent une avenue de recherche fort intéressante. S'il est vrai que le travail amène les jeunes à exercer une certaine pression sur les enseignantes et enseignants afin que ceux-ci réduisent leurs exigences pédagogiques, l'impact éventuel du TTP dépassera le cadre du vécu scolaire, ce qui pourrait causer, à long terme, une baisse des standards de qualité. Nous avons donc un urgent besoin de connaître les perceptions des enseignantes et enseignants sur ce sujet afin de cerner, entre autres, l'impact du TTP sur l'avenir des jeunes.

TTP et l'avenir des adolescentes et adolescents

Rendre compte de l'impact du TTP sur l'avenir des jeunes en une page est une entreprise digne de Don Quichotte. Néanmoins, nous pouvons poser quelques jalons à titre indicatif. Il existe, en fait, deux écoles de pensée sur ce thème. D'un côté, on retrouve les chercheures et chercheurs qui soutiennent que l'investissement dans un TTP se fait nécessairement au détriment d'un investissement scolaire de qualité, donc que les aspects négatifs du TTP l'emportent sur les aspects positifs. De l'autre côté, les tenants du modèle développemental soutiennent avec force que les aspects positifs du TTP l'emportent sur les aspects négatifs et qu'un TTP, assorti d'une bonne stratégie scolaire, peut être souhaitable (Marsh, 1991). Pour ce deuxième groupe, le TTP peut favoriser la formation d'un réseau d'informations pertinentes au sujet du monde du travail tout en facilitant la formation d'un réseau de relations et de contacts qui pourront être fort utiles à la sortie du cursus scolaire (Trottier et al., 1987).

En effet, il semble que les élèves qui ont eu un TTP pendant leurs études secondaires connaissent une période de chômage beaucoup plus courte que les élèves qui n'ont pas travaillé à temps partiel au secondaire. De plus, toujours selon ce groupe, le TTP encourage l'acquisition de traits de caractère favorables à la transition au monde des adultes et du travail, à savoir, entre autres, le développement du sens des responsabilités, l'autonomie, la persévérance, l'acquisition de connaissances pratiques, etc. (Bowles et Gintis, 1976). Pour les tenants du premier groupe, cependant, ces traits de caractère peuvent tout aussi bien être développés à l'école. Pour eux, le lieu du TTP est beaucoup plus une extension de la culture adolescente qu'un pont vers le monde des adultes. Ils en ont pour preuve des données fort révélatrices. D'abord, il semble que la majorité des jeunes travailleurs à temps partiel travaillent principalement en compagnie de pairs, que les occasions de faire preuve de coopération, d'autonomie et de responsabilité aient été surestimées dans un contexte où les emplois des jeunes se trouvent principalement dans le secteur des ventes et services (Greenberger et Steinberg, 1986). Selon eux, les élèves qui ont un TTP dans ce secteur consacrent à peine 10 % de leur temps de travail à mettre en pratique les trois habiletés de base acquises à l'école : lire, écrire et compter. Les adolescentes et adolescents qui travaillent dans la restauration, par exemple, consacrent environ une minute à chaque heure de travail à des tâches comme lire, écrire et compter. Enfin, selon ce premier groupe, un meilleur investissement dans la vie de l'école contribue de façon plus efficace à socialiser les jeunes au monde des adultes, à développer leur sens des responsabilités, leur persévérance, leur autonomie, etc. (Behn, Carnoy, Carter, Crain et Lewin, 1974).

Ces deux perspectives théoriques font aujourd'hui l'objet de nombreuses recherches aux États-Unis. Elles ont tenté de délimiter leur territoire et ont « engagé le fer, ne fût-ce qu'à fleuret moucheté ». Voilà où nous en sommes dans la recherche sur le TTP pendant les études au secondaire. Il y a loin de la coupe aux lèvres dans ce champ de recherche. Aussi, il faut être prudent avant d'agir de façon trop improvisée. Au Québec, nous en sommes à l'étape des études descriptives partielles, ce qui ne nous autorise en rien à statuer sur les effets « réels » du TTP sur le vécu scolaire des adolescentes et adolescents. Le problème est somme toute complexe. Il reste une multitude de questions pour lesquelles nous n'avons pour ainsi dire aucune réponse : « Quel est donc aujourd'hui le rapport de ces jeunes (qui ont un TTP) au cycle des études? Quel est leur rapport à celui du travail? Devrait-on considérer que le phénomène étudiants-travailleurs a atteint un point de non-retour? Peut-on faire un cycle d'études secondaires sérieux tout en travaillant? » Telles sont les questions, entre autres, posées par le professeur Antoine Baby dans la préface de notre étude sur le travail à temps partiel cité plus haut.

Par conséquent, il faut, nous semble-t-il, mobiliser plus de ressources afin d'accroître la recherche sur ce sujet au Québec. Bien que pour certains il soit urgent d'adopter une ligne de conduite sans équivoque en la matière, il est encore plus « urgent d'attendre », comme le dit si bien Jean Guitton.

Bibliographie

A.S.O.P.E. (1974). Analyse descriptive des données de la première cueillette: les étudiants, *Les Cahiers D'A.S.O.P.E.* Vol.1, Québec : Université Laval; Montréal : Université de Montréal.

Baby, A. (1974). La crise d'adolescence, ou comment la sociologie permet de comprendre les adultes, *L'Orientation Professionnelle,* Vol. 10, no 2.

Barton, P. E. (1989). *Earning and Learning: The Academic Achievement of High School Juniors with Jobs,* The Nation's Report Card, Report no. 17-WL-01, ERIC, ED 309179.

Behn, W. H. et al. (1974). School is Bad, Work is Worse, *School Review,* no 82, pp. 49-68.

Berryman, C., Schneider, D. (1982). *Patterns of Work Experience among High School Students : Educational Implications,* ERIC, ED 224766.

Bowles, S., Gintis, H. (1976). *Schooling in Capitalist America,* New York : Basic Books.

Bureau de la statistique du Québec. (1986). *Enquête sur le mode de vie des étudiants au niveau postsecondaire.* Synthèse des résultats, Québec : Gouvernement du Québec.

Conseil Supérieur de l'Éducation. (1992). *Le travail rémunéré des jeunes: vigilance et accompagnement éducatif,* Québec : Conseil Supérieur de l'Éducation

D'Amico, R. (1984). Does Employment during High School Impair Academic Progress? *Sociology of Education,* Vol. 57, no. 3, pp.152-163.

Diambomba, M., et al. (1991). Les cheminements scolaires et l'insertion professionnelle des étudiantes et étudiants de l'université. Éléments d'un bilan des études au Québec, *Les Cahiers du Labraps,* série Études et documents, Québec : Faculté des sciences de l'éducation, Université Laval.

Friesen, D. (1984). Jobs and Money – The High School Culture, *Canadian Administrator,* Vol. 23, no. 4, pp.1-5.

Gade, E. et Peterson, L. (1980). A Comparison of Working and Nonworking High School Students on School Performance, Socioeconomic Status and Self-esteem, *Vocational Guidance Quaterly,* Vol. 29, no. 1, pp. 65-69.

Gilbert, J. (1984). *Mass Culture against the Family,* Paper presented at the meeting of the Organization of American Historians, Los Angeles, California, Mimeo, Department of History, University of Maryland, College Park, Md.

Gillis, J. R. (1981). *Youth and History,* New York : Academic Press.

Gottfredson, D.C. (1985). Is Work Beneficial to Teenagers? *NASSP-Bulletin,* February, pp. 66-72.

Green, G. et Jaquess, S.N. (1987). The Effect of Part-time Employment on Academic Achievement, *Journal of Educational Research,* Vol. 80, no 6, pp. 325-329.

Greenberger, E. et Steinberg, L. (1980). *Part-time Employment of In-school Youth : An Assessment of Losts and Benefits,* Final report, *ERIC,* ED 227334.

Greenberger, E. et Steinberg, L. (1986). *When Teenagers Work,* New York : Basic Books.

Guitton, J. (1971). *Oeuvres complètes, Sagesse,* Bruges : Desclée de Brouwer.

Hammond, W.A. (1971). Part-time Student Employment : A Positive View, *NASSP- Bulletin,* No 55 : 63-70.

Hotchkiss, L. (1986). Work and School — Complements or Competitions? in K. Berman an S. Reisman (eds.), *Becoming a Worker,* New-Jersey : Ablex Publishing.

Johnson, J. (1980). School and Work : Do They Ever Mix? *Today's Education,* no 69, pp. 50-52.

Lapointe, J. (1991). Le travail à temps partiel des élèves de 4e et 5e secondaire pendant leurs études: recension des écrits, *Les Cahiers du Labraps,* série Études et recherche, Volume 9, Québec : Faculté des sciences de l'éducation, Université Laval.

Lemyre-Desautels et al. (1991). *L'orientation des finissant(e)s de la cinquième secondaire de juin 1989 et de juin 1990,* Service des études, Secteur de l'adaptation scolaire et de consultation personnelle, Montréal : Commission des Écoles catholiques de Montréal.

Lewin-Epstein, N. (1981). *Youth Employment During High School. An Analysis of High School and Beyond. A National Longitudinal Study for the 1980's,* Contractor Report, ERIC, ED 203198.

McNeil, L. (1984). *Lowering Expectations : the Impact of Student Employment on Classroom Knowledge,* ERIC, ED 242941.

Ministère de l'Éducation (1987). *Indicateurs sur la situation de l'enseignement primaire et secondaire,* édition 1987, Québec : Gouvernement du Québec, ministère de l'Éducation du Québec, Direction générale de la recherche et du développement.

Montpetit, C. (1991). Un étudiant sur deux a un emploi rémunéré, dans *Le Devoir,* Montréal, 18 décembre : B-2.

Pratte, A. (1989). Les 14-18 parlent, Enquête CROP-La Presse, dans *La Presse,* Montréal, 19 mars : B7 .

Rohrbeck, C. (1988). *The Relationship Between Gender and Job Satisfaction in High School Students Employed Part-time,* ERIC, ED 300728.

Ruggiero, M. (1984). *Work as an Impetus for Delinquency; an Examination of Theoretical and Empirical Connections,* unpublished doctoral dissertation, University of California, Irvine.

Schill, W. et al. (1985). Youth Employment: its Relationship to Academic and Family Variables, *Journal of Vocational Behavior,* no. 26, pp. 155-163.

Polyvalente Armand-Corbeil (1989). *Sondage sur le travail étudiant au secondaire 1987-88,* Équipe de professeurs, Terrebonne, Québec.

Spacks, P. (1981). *The Adolescent Idea,* New York : Basic Books.

Trottier, C. et al. (1987). *La transition du système éducatif au monde du travail, Tome 2: les sortants de la fin du secondaire,* Québec : Université Laval; Montréal : U.Q.A.M.; Rimouski : U.Q.A.R.

Wirtz, P. et al. (1987). *Situational and Social Influences on High School Students' Decisions to Work Part-time,* ERIC, ED 299389.

Yovovich, B.G. (1982). A Game of Hide-and-seek, *Advertising Age,* August 2.

L'épuisement scolaire des non-décrocheurs[1]

Maurice Barker, psychologue
Hôpital Ste-Justine
Superviseur et directeur du projet de recherche

Lucie Bonnette
Psychologue en bureau privé

Huguette Dupéré-Vanier
Psychologue-chercheure

Depuis une dizaine d'années, l'expérience clinique quotidienne en médecine de l'adolescence à l'Hôpital Sainte-Justine permet d'observer qu'il y a un nombre constant d'adolescentes et d'adolescents[2] qui consultent pour des symptômes physiques divers tels que céphalées, tachycardies, étourdissements, hyperventilation et asthénie. Ces symptômes sont cliniquement en relation avec leur stress, leur anxiété chronique face à la peur de l'échec scolaire et leur obsession de répondre adéquatement aux aspirations parentales et scolaires, lesquelles s'avèrent souvent très grandes.

Conscients que l'échantillon des adolescentes qui consultent en clinique n'est pas représentatif de la population adolescente (nous savons que près de 40 % de cette population étudiante abandonne l'école), mais comme nous sommes particulièrement intéressés par ce mode somatique d'adaptation chez certaines d'entre elles, nous avons élaboré un projet de recherche afin d'étudier les types d'adaptation de ces étudiantes qui ne décrochent pas.

Théorie

a)   Épuisement professionnel

Pour étudier les variables des différentes formes d'adaptations problématiques, soit celles par symptômes physiques ou celles par abandon, il faut, avant tout, tenir compte de la forme d'épuisement adulte connue en anglais sous le vocable « **burnout** », traduit en français par « lassitude » et par « épuisement professionnel ».

Le terme apparaît pour la première fois dans la littérature scientifique en 1974, lorsque Ginsberg l'utilise pour caractériser les réactions physiologiques des hommes d'affaires (hypertension et problèmes cardio-vasculaires) et leurs comportements face au stress chronique qu'ils éprouvent dans leur effort continu de compétition. Freudenberger (1974, 1975), au même moment, constate que les travailleurs des cliniques externes et ceux des cliniques alternatives présentent le même sentiment de vide (**wearout**) et d'épuisement (**exhaustion**) face aux demandes exigeantes et grandissantes des différentes clientèles. Enfin, c'est l'équipe de Christina Maslach, Pines et Jackson (1976, 1978, 1979, 1981), qui a donné à cette notion de « **burnout** » les caractéristiques qui prévalent aujourd'hui.

Au plan diagnostique, le concept de burnout appartient au registre de la neurasthémie (Bibeau 1975). À ce sujet, Devereux (1980) avance que « la fatigue névrotique, qui autorise la personne à se retirer du travail (**dropout**) et à ne plus accomplir ses rôles sociaux sans qu'elle perde pour autant la face, constitue une sorte de modèle d'inconduite socialement admis dans les sociétés où prévaut une idéologie construite sur la réussite à travers le travail ».

Ce modèle adulte, qui présente l'épuisement professionnel comme une alternative au décrochage complet, a été retenu pour vérifier s'il s'applique aux adolescentes et s'il explique, du moins en partie, ce qui a été observé en clinique externe. L'épuisement professionnel des adultes, vu comme la résultante d'un désir constant d'un rendement parfait (**performance**), est mesuré par l'échelle de **LASSITUDE** utilisée internationalement dans plusieurs recherches. Il y a une corrélation significative entre la lassitude et les troubles du sommeil ainsi qu'entre la lassitude et les symptômes physiques (Pines, 1982). Pour vérifier la fréquence des SYMPTÔMES physiques admis, nous avons utilisé l'adaptation québécoise que Frappier (1991) a fait de la liste de Garrick (1988).

b)   Épuisement scolaire

La notion d'épuisement professionnel réfère aux adultes (comme les professeurs, les travailleurs sociaux, les policiers, les médecins, etc.), qui tentent d'aider d'autres personnes à atteindre des objectifs, qui veulent et qui s'efforcent de faire en sorte que ces autres personnes réussissent, s'en sortent ou guérissent. Lorsque la clientèle est trop nombreuse ou lorsqu'elle n'atteint pas l'objectif souhaité par le professionnel, ce dernier s'épuise à la tâche, s'exténue parce qu'il ne contrôle pas la situation directement, ne pouvant pas tous les aider ou, surtout, ne pouvant pas atteindre le but à leur place. Certains auteurs réfèrent à l'épuisement professionnel comme « **The cost of caring** » c'est-à-dire le coût des aidants.

Ainsi, la notion adulte de l'épuisement professionnel ne s'applique pas aux adolescentes étudiantes. Celles-ci sont plutôt dans le rôle des aidées par des professeurs qui, eux, souffrent d'épuisement professionnel à divers degrés. Il devient donc indiqué d'élaborer la notion d'épuisement scolaire en tant qu'entité différente de l'épuisement professionnel, et le test de cette différence devrait s'exprimer au plan expérimental par l'absence de corrélation, ou mieux encore par une corrélation négative entre les deux variables : LASSITUDE et ÉPUISEMENT SCOLAIRE. L'épuisement scolaire est la fatigue chronique, la fatigue neurasthénique de l'étudiante qui veut très bien réussir, qui veut répondre aux aspirations de ses parents et de ses professeurs, aspirations qu'elle a intégrées. Il s'agit de l'étudiante qui a connu le succès durant le primaire et qui s'attend à maintenir, voire même, à améliorer sa réussite au secondaire. Il est alors permis de penser qu'une prédisposition, dès l'école primaire, préparerait ce type d'étudiante à l'épuisement scolaire éventuel. Outre les variables culturelles, financières et géographiques, cette prédisposition pourrait également influencer le choix d'une scolarité en institution privée plutôt que publique. Ainsi, l'étudiante qui veut toujours faire mieux en tout, qui malheureusement réussit trop longtemps sans connaître l'échec personnel, celle qui, à la limite, ne développera pas de symptômes physiques ou qui ne lâchera pas pour décrochage, mais qui continuera vers la poursuite de l'excellence, celle-là développera éventuellement le syndrome de l'excellence. Plus cette étudiante réussit, plus elle veut s'améliorer; la peur de l'échec devient pour elle insoutenable. Elle veut surpasser le 99 % dans toutes les sphères - l'école, les loisirs, le dessin, la danse, la gymnastique, la musique, la natation - et ce, malgré un horaire complètement chargé. Ce comportement illustre bien le point extrême du syndrome de l'excellence et il représente, d'une part, une des caractéristiques de l'épuisement scolaire. D'autre part, l'épuisement scolaire se décrit par une attitude particulière de la poursuite de l'excellence : il s'agit d'un **acharnement constant et incessant** chez l'étudiante, acharnement qui, **maintenu à long terme**, entraînera le syndrome de l'excellence.

Cette propension à développer l'épuisement scolaire semble se caractériser par l'acceptation de normes extérieures définissant le succès satisfaisant, par un contrôle extérieur parental et professoral, et enfin, par un désir de perfection. L'observation des adolescentes permet de penser que certaines d'entre elles développent des symptômes physiques, lorsqu'à moyen terme le stress augmente; d'autres contestent les contrôles extérieurs des parents et des autorités scolaires. Si le succès continue d'arriver ou si les contrôles extérieurs sont intériorisés, les symtômes physiques disparaissent; dans l'éventualité contraire, la crise survient et les contrôles extérieurs sont contestés jusqu'à ce qu'ils soient intériorisés. L'acceptation et l'intériorisation des contrôles permettent à l'étudiante de poursuivre ses études et de les réussir en fonction de ses capacités et de ses limites propres. Les refuser la mène vers le décrochage, vers l'abandon scolaire.

Cette dynamique de personnalité hypothétique a été vérifiée auprès de 200 étudiantes du niveau secondaire - tant au secteur privé qu'au secteur public - afin de tester l'instrument de mesure de l'ÉPUISEMENT SCOLAIRE, instrument développé par Dupéré-Vanier (1992). Ce dernier se compose de 54 questions simples auxquelles l'étudiante répond par oui ou par non. Il vise à mesurer la propension, chez l'étudiante, à vouloir réussir au plan scolaire à tout prix.

Pour cerner cette dynamique de personnalité hypothétique, deux variables restaient à contrôler : la variable contrôle externe et celle du perfectionnisme. La variable CONTÔLE EXTERNE fut mesurée par l'échelle de Rotter (1966) - qui mesure exactement notre variable et qui se corrige en faisant la somme des réponses de contrôle externe. Quant à la variable PERFECTIONNISME, elle fut mesurée par une échelle du même nom et mise au point par Garner (1983). Cette échelle fut standardisée au Québec par Nadeau (sous presse).

Déroulement

L'expérimentation de cette recherche, qui a débuté en décembre 1990, comporte trois phases : la première vérifiait les instruments de LASSITUDE et de SYMPTÔMES avec un échantillon d'adultes québécois en épuisement professionnel. Bonnette (manuscrit, 1991) a complété cette comparaison avec les résultats de Pines et al. (1982) et confirme une corrélation significative entre la LASSITUDE et les SYMPTÔMES. La deuxième phase visait la vérification de la dynamique de personnalité hypothétique de l'épuisement scolaire en faisant passer les cinq échelles (LASSITUDE, SYMPTÔMES, ÉPUISEMENT SCOLAIRE, CONTRÔLE EXTERNE ET PERFECTIONNISME) à des garçons et des filles du Secondaire I au Secondaire V, fréquentant des écoles privées et des écoles publiques. Jusqu'à présent, la moitié de cette deuxième phase a été complétée, c'est-à-dire celle qui concerne les filles (200 adolescentes).

La troisième phase déterminera l'importance des variables à la fin du primaire (4e, 5e et 6e année) et leur pertinence relative dans l'orientation au secondaire, c'est-à-dire vers les secteurs privé ou public.

Résultats et discussion

Les résultats obtenus par les étudiantes fréquentant les écoles privées seront d'abord présentés. Puis, ils seront comparés aux résultats obtenus par les étudiantes fréquentant les écoles publiques.

Les étudiantes des écoles privées présentent des résultats stables en fonction de l'âge : il n'y a pas de différence significative entre les moyennes des cinq variables et ce, pour les cinq âges étudiés. Quant à la relation entre les variables, seules les variables ÉPUISE-MENT SCOLAIRE et SYMPTÔMES entretiennent une corrélation significative à 12 ans, à 15 ans et aussi, pour tous les âges combinés. Ces résultats révèlent donc 1) que les variables sont stables avec l'âge, 2) que les étudiantes du privé réagissent toutes de la même façon à l'épuisement scolaire et surtout 3) qu'il n'y a pas de relation entre ÉPUI-SEMENT SCOLAIRE adolescent et LASSITUDE adulte, tel que prédit.

Dans les écoles publiques, comme dans les écoles privées, les étudiantes ont des résultats stables en fonction de l'âge. Par contre, les corrélations significatives, au public, sont plus nombreuses qu'au privé.

Ainsi, à 12 ans, ÉPUISEMENT SCOLAIRE est en relation avec CONTRÔLE EXTERNE et PERFECTIONNISME. De plus, LASSITUDE est en relation avec CONTRÔLE EXTERNE et SYMPTÔMES. (Toutes les corrélations significatives sont représentées schématiquement au Tableau 1). En secondaire I, les étudiantes affirment être contrôlées par des agents externes - parents, professeurs, entraîneurs. Selon elles, ces pressions extérieures les poussent au perfectionnisme, mais aussi à manifester des symptômes physiques et des signes d'épuisement scolaire et de lassitude. Pour ces étudiantes, cette année scolaire en est une de tumulte intérieur qui se manifeste par de multiples tentatives de répondre de la façon la plus parfaite possible aux contrôles externes.

À 13 ans, en secondaire II, la variable ÉPUISEMENT SCOLAI-RE est uniquement en relation avec le CONTRÔLE EXTERNE. Les étudiantes de ce niveau relient directement l'acceptation des normes, des contrôles parentaux et professoraux à l'épuisement scolaire.

Nous interprétons l'absence de corrélations significatives en secondaires III et IV comme étant une période de résolution du conflit entre contrôle externe et épuisement scolaire : soit une période où les adolescentes intériorisent les contrôles, ou soit qu'elles les rejettent en décrochant. D'une façon comme de l'autre, elles ne présentent plus ni de symptômes, ni d'épuisement scolaire. Enfin, cette période en est une de maturation : maturation bénéfique pour celles qui persistent à l'école, coûteuse pour celles qui décrochent. Cette interprétation en terme de maturation est indiquée en secondaire V par une corrélation significative entre les variables SYMPTÔMES et LASSITUDE, que nous retrouvons dans la réaction de type adulte.

Si la variable ÉPUISEMENT SCOLAIRE, présente tant au privé qu'au public en secondaire I et II, est considérée comme une caractéristique adolescente, il est permis, à ce moment-ci, de conclure que les élèves fréquentant l'école privée sont adolescentes dans leur adaptation scolaire en secondaire V, tandis que celles fréquentant l'école publique sont adultes dans leur adaptation à la fin du secondaire.

Tableau I

Corrélations significatives des variables selon l'âge

ÂGES	PRIVÉ	PUBLIC	
12	Symptômes- épuisement scolaire	Symptômes	
	Épuisement scolaire	Contrôle externe	Perfectionnisme
		Lassitude	
13		Épuisement scolaire	Contrôle externe
14			
15	Symptômes- épuisement scolaire		
16		Symptômes - Lassitude	
Âge adulte		Symptômes - Lassitude	

En guise de conclusion temporaire, et ce avant la fin du projet de recherche, le tableau II indique schématiquement le schéma des hypothèses de recherches.

Tableau II

Schéma des hypothèses de recherche

Primaire 4e, 5e et 6e année :   - succès au primaire

- acceptation des contrôles
des parents et de l'école

- désir de perfection

Secondaire :   - stress

Symptômes (somatisation)   Contester les contrôles externes
(passage à l'acte)

épuisement scolaire   succès scolaire   contrôles   abandon scolaire
(syndrome de   (60% des   intériorisés   (décrochage)
l'excellence   étudiantes)   40%

AIDE --------▶ DES ◀------ AIDE
diplôme
d'études
secondaires

Notes

1   Compte tenu que la présente recherche a été effectuée majoritairement auprès de la population adolescente féminine, le féminin sera utilisé dans ce texte.

Bibliographie

Bibeau, G. (1985). Le burn-out : 10 ans après, *Santé mentale,* 10, pp. 30-43.

Devereux, G. (1980). Ethno-psychoanalytic Reflections on Neurotic Fatigue in *Basic Problems in Ethno-psychiatry,* University of Chicago, pp.237-243.

Dupéré-Vanier, H. (1992). *L'épuisement scolaire,* mémoire de maîtrise présenté à l'École de psychologie de l'Université Laval, Québec.

Freudenberger, H.J. (1974). Staff burnout, *Journal of Social Issues,* 30 (1), pp. 159-165.

Feudenberger, H.J. (1975). The Staff Burnout Syndrome in Alternative Institutions *Psychotherapy : Theory, Research and Practice,* 12, pp. 73-82.

Frappier, J.-Y. et al. (1992). Appartenance culturelle et adaptation à l'adolescence, *Prisme* (sous presse).

Ginsberg, S.G. (1974). The Problem of the Burned Out Executive, *Personnel Journal,* 53 (8), pp. 598-600.

Garrick, T. et al. (1988). Physical Symptoms and Self-Image in a Group of Normal Adolescents, *Psychosomatics,* 29 (1), pp. 73-80.

Gardner, D. (1983). Development and Validation of a Multidimensional Eating Disorder for Anorexia Nervosa and Boulemia, *International Journal of Eating Disorder,* 2, pp. 15-34.

Maslach, C., Pines, A.M. et Jackson, S.E. (1981). The Measurement of Experienced Burnout, *Journal of Occupational Behavior,* 2, pp. 99-113.

Nadeau, L. Standardization of the EDI Within Adolescent Population, *International Journal of Eating Disorder,* (sous presse).

Pines, A.M. et al. (1982). *Burnout: se vider dans la vie et au travail,* Montréal : Editions Le Jour.

Rotter, J. (1966). Échelle de contrôle interne-externe, traduit par Hélène Cantin, Département de psychologie, Université de Montréal, 1977.

TROISIÈME PARTIE

Des partenaires essentiels

La mission de l'école dans la promotion de la supervision parentale

Richard Cloutier, Ph.D.
Centre de recherche sur les services communautaires
et École de psychologie
Université Laval

Ce texte porte sur le rôle de l'école dans la promotion de la supervision parentale de l'élève. Dans le contexte d'une diversité croissante des portraits familiaux, l'importance cruciale de la participation des parents à la supervision du cheminement scolaire du jeune est soulignée et l'école est désignée comme un chef de file devant promouvoir l'actualisation de ce rôle parental.

Dans un premier temps, certains obstacles à l'élaboration d'attentes réalistes sont identifiés chez les trois acteurs en regard de la réussite scolaire du jeune. Ensuite, après un résumé des changements familiaux contemporains, le contexte des familles séparées est utilisé pour illustrer l'influence du vécu familial sur l'ajustement scolaire de l'enfant. Enfin, la relation enseignant-parent est présentée, non seulement comme un élément légitime de la mission de l'école, mais comme le fondement de la sensibilité de l'école au vécu familial de l'enfant, la clé du partenariat famille-école. L'expérience du plan personnalisé d'intervention, développée auprès de l'enfance exceptionnelle, est citée comme modèle.

Les trois acteurs principaux dans le projet éducatif de l'enfant

Sauf exception, l'échec scolaire est un échec de l'enfant d'abord, de sa famille ensuite et de l'école enfin. À l'inverse, la réussite scolaire de l'enfant est une réussite de l'enfant, de sa famille et enfin de l'école, en ordre d'importance. Le défaut d'un seul des partenaires de cette triade augmente significativement le risque d'échec scolaire tandis que le défaut simultané de deux de ces acteurs (la famille et l'enfant par exemple) met en place les éléments d'un échec probable, sinon certain.

Dans le contexte de la lutte contre l'échec scolaire, on a souvent tendance à fausser l'importance relative des rôles de chaque membre de cette triade ce qui peut susciter des attentes inappropriées en regard de chacun.

Par exemple, on oublie trop souvent que les caractéristiques de l'enfant jouent un rôle prépondérant dans la détermination de son potentiel scolaire réel. Ses habiletés intellectuelles, ses aptitudes comportementales à s'intégrer dans l'environnement scolaire, sa motivation à réussir, sont des éléments incontournables quant il s'agit de prédire ou d'expliquer son adaptation scolaire. Laisser croire, comme le faisait le behavioriste J. B. Watson au début du XXe siècle, « que l'on peut faire n'importe quel adulte de n'importe quel enfant en santé » conduit inévitablement à imposer des attentes irréalistes à l'enfant, à sa famille et à son école. L'école ne peut pas s'attendre à ce que 100 % des élèves réussissent.

Certes, des attentes pessimistes ont souvent été dénoncées comme freins au dynamisme de l'entreprise éducative via le maintien de préjugés du type « effet Pygmalion » (Feuerstein, 1979; 1980; Rosenthal et Jacobson, 1968), mais à l'autre extrême, la poursuite d'objectifs irréalistes, trop élevés pour l'enfant est un facteur bien connu de découragement en éducation (Goodnow et Collins, 1990; Levine, 1987). On a beaucoup décrié le rôle stigmatisant du quotient intellectuel (Q.I.) pris comme un plafond plus ou moins définitif du potentiel développemental (Bonnier-Tremblay, 1977; Cloutier et Renaud, 1990; Feuerstein, 1979; 1980; Vernon, 1987), mais l'existence de différences individuelles dans les capacités d'apprentissage scolaire demeure incontestable (Levine, 1987).

La poursuite de buts éducatifs vraisemblables en regard des capacités du jeune et des ressources qui lui sont disponibles représente la première étape de la réussite scolaire. S'attendre à trop, ou à trop peu en matière d'apprentissages représente un facteur d'insuccès parce que cela désynchronise l'intervention éducative par rapport au rythme optimal, ce qui exerce en plus une influence négative sur la motivation à la réussite.

Par ailleurs, après l'enfant lui-même, sa famille représente le deuxième acteur en importance dans son projet éducatif (Cloutier, 1985; Dane, 1990; Gilly, 1969; Muller, 1988; Schmidt et Schmidt, 1979; Watson, Brown et Swick, 1983). Mais, encore ici, négliger de prendre en compte le potentiel participatif réel de cet acteur peut s'avérer un facteur d'échec scolaire parce que des attentes erronées à son égard peuvent avoir le même type d'effets que des attentes erronées en regard du potentiel de l'enfant lui-même: trop demander à la famille conduit à une forme d'échec et pas assez lui demander conduit à une perte de potentiel.

En ce qui concerne l'école maintenant, c'est souvent du côté de la surresponsabilisation que la tendance semble se manifester. Les résultats significatifs que l'école peut obtenir auprès de ses clientèles ne doivent pas être minimisés, mais l'on sait que l'école, en l'absence de l'appui du milieu familial, n'arrive pas à provoquer des changements durables chez l'enfant (Goupil, 1991; Muller, 1988; Samuels, 1981; Walberg, 1986). Par ailleurs, le milieu scolaire est normalement porteur d'une bonne dose de discontinuité : d'une année à l'autre, les enseignantes et les enseignants changent, d'un cycle à l'autre, les environnements scolaires se transforment et les programmes eux-mêmes peuvent changer aussi. Tous ces éléments font qu'en tant qu'acteur dans le projet éducatif de l'enfant, l'école est souvent celui qui affiche le plus grand potentiel de discontinuité malgré le fait que la famille contemporaine ne soit pas à l'abri des transformations profondes. Laissé à lui-même dans une école mouvante, sans l'attention des parents pour piloter son évolution scolaire à long terme, l'enfant est plus vulnérable, surtout si son potentiel personnel est limité (Dane, 1990; Watson, Brown et Swick, 1983).

La prépondérance manifeste de l'école en tant que source des contenus d'apprentissages scolaires, en tant que gestionnaire des modalités d'acquisition et d'évaluation de l'univers scolaire, et en tant que milieu structurant l'ensemble du projet éducatif offert aux jeunes, n'est pas contestée ici. Cependant, le rôle de l'école ne doit pas être confondu avec le rôle de l'apprenant lui-même, ou de sa famille, au plan du cheminement scolaire individuel: l'enseignante ou l'enseignant ne peut apprendre à la place de l'enfant ni suivre ce dernier à son domicile pour superviser son étude personnelle.

La famille, d'abord, partenaire obligatoire de l'école

Dans cette perspective, c'est la famille et non pas l'école qui exercerait la plus grande influence sur le développement de l'enfant. Pour accéder à son plein pouvoir éducatif, l'école a besoin de l'appui de la famille.

La famille exerce des fonctions biopsychosociales auprès de l'enfant, c'est-à-dire qu'elle possède sur lui une influence biologique, psychologique et sociale. Sur le plan psychologique, la famille représente le contexte le plus important de développement affectif et cognitif. Elle offrira à l'intelligence du jeune des stimulations qui influenceront directement son éveil cognitif. Sur le plan affectif, c'est dans le milieu familial que les premiers liens d'attachement s'établiront, premières relations émotionnelles qui serviront de prototypes à toutes celles qui suivront par la suite.

Comparativement aux autres milieux éducatifs comme la garderie ou l'école, la famille se distingue par l'importance chronologique de sa place dans le cycle de la vie: la garderie et l'école sont des milieux de vie importants mais passagers, comme la plupart des relations que l'enfant y développe d'ailleurs. Or, les liens familiaux sont permanents puisque c'est pour la vie que l'on est parent, frère, ou soeur.

En matière d'éducation de l'enfant et de l'adolescent, les institutions sociales sont partenaires de la famille. Or, c'est une chose de constater que la famille est le premier milieu de socialisation de l'enfant et qu'à ce titre, elle doit piloter son projet éducatif (Whiting, 1980), mais c'en est une autre de lui donner une vraie place dans un système scolaire. On parle beaucoup de participation parentale à l'école, de partenariat famille-école, mais force est de constater qu'en enseignement régulier, l'on n'a pas encore réussi à briser la cloison entre la vie de l'enfant à l'école et sa vie familiale pour établir une sensibilité mutuelle.

On s'accorde pour dire que l'implication des parents dans l'activité scolaire du jeune est un ingrédient significatif du succès de sa scolarisation, surtout lorsqu'il éprouve des difficultés de comportement ou d'apprentissage (Samuels, 1981). Les parents ne peuvent apprendre à la place de l'enfant ni enseigner à la place des professeurs mais, comme ils sont les premiers représentants adultes des intérêts de leur enfant et les seuls à pouvoir superviser à long terme son cheminement scolaire, leur appui est une nécessité vitale pour surmonter les embûches souvent nombreuses que ce parcours renferme. Toutefois, ce partenaire obligatoire de l'école s'est beaucoup transformé récemment: les multiples configurations familiales posent des défis d'ajustement à l'école.

Les nouvelles données familiales

Au tournant du XXIe siècle, la famille québécoise n'est plus ce qu'elle était sous plusieurs dimensions importantes: 1) elle compte moins de membres en raison d'une importante diminution de la natalité définissant, en 1990, un taux de fécondité de 1,644 (Statistique Québec, 1992), ce qui est bien en deçà du taux de 2,9 en 1964; 2) dans la majorité des familles comptant des enfants, les deux parents occupent un emploi à l'extérieur du foyer, ce qui réaménage les rapports homme-femme dans la famille, enlève de la disponibilité temporelle pour les rôles parentaux et requiert des services de garde pour les jeunes; 3) une proportion significative de familles sont fondées sur une union libre et la proportion d'enfants nés hors mariage s'est considérablement accrue (Marcil-Gratton (1991) estimait cette proportion à 40 % au Québec en 1990); 4) la mobilité conjugale a augmenté drastiquement de telle sorte qu'environ 35 % des enfants vivent maintenant dans une famille qui a déjà vécu une séparation parentale dans le passé (Cloutier et Renaud,

1990) et se trouve à l'un ou l'autre des stades du cycle ultérieur des réorganisations familiales (famille monoparentale, famille recomposée, etc.). Enfin, l'une des conséquences dominantes de cette évolution marquée est qu'il n'y a plus un seul portrait-type de la famille (Demo, 1992). Si, comme on l'a proposé plus haut, la famille est un partenaire obligatoire pour l'école, dans quelle mesure l'école doit-elle être sensible aux particularités de ce que vit l'enfant dans sa famille? Avant de répondre à cette question, il est pertinent de s'interroger sur le lien qui peut exister entre la spécificité familiale et l'ajustement scolaire de l'enfant. À cette fin, nous comparerons brièvement les enfants issus de familles séparées avec ceux de familles intactes quant à leur ajustement scolaire.

Il est fréquent que le rendement scolaire de l'enfant diminue, au moins momentanément, lors d'une réorganisation familiale (Allers, 1982; Anrsberg-Diamond, 1985; Caglar, 1984; Turmel et Cloutier, 1990; Dandurand et Morin, 1990; Drake, 1981; Mireault et al., 1991; Spector-Dunsky, 1984). La famille étant le contexte social le plus important pour le développement de l'enfant, on s'explique bien le fait que la réorganisation, associée à la séparation des parents, puisse, au moins temporairement, affecter l'ajustement scolaire de l'enfant parce l'ajustement scolaire est un indicateur sensible de l'adaptation psychosociale générale du jeune. Un bon nombre de travaux ont documenté ce phénomène dans le contexte de l'étude des effets de la séparation parentale sur le développement de l'enfant.

On a observé que le comportement de l'enfant pouvait changer significativement suite à une réorganisation familiale (séparation parentale, changement de formule de garde, recomposition), les garçons affichant typiquement des conduites sous-contrôlées (impulsivité, problèmes d'attention, agressivité, etc.) et les filles des comportements sur-contrôlées (inhibition sociale, retrait, dépression, etc.). Toutefois, ce type de constat varie selon les caractéristiques de l'enfant et celles de son milieu notamment la façon dont la séparation s'effectue dans la famille en regard de la quantité de conflits entourant la rupture conjugale (Demo et Acock, 1988; Hetherington et al., 1989).

Turmel et Cloutier (1990) ont observé en milieu urbain qu'autour de 35 % des enfants de l'école primaire dont les parents sont séparés représentent environ 60 % des cas référés chez le psychologue scolaire pour problèmes de comportement (48,8 %), d'apprentissage (22,8 %) ou les deux à la fois (19,1 %). Les professeurs sont à l'origine de 68,1 % des références chez le psychologue comparativement à 27,7 % pour les parents, le reste des références originant d'autres sources (direction, spécialistes, etc.). Deux enfants référés sur trois sont des garçons et 88,2 % du total des cas ont un rendement scolaire faible (49,8 %) ou moyen (38,4 %).

Ces données montrent bien que la séparation parentale est associée à un risque plus élevé de difficultés scolaires chez certains enfants: « En classes régulières de l'élémentaire, le client le plus probable (du psychologue) est donc un garçon de 5-7 ans, dont les parents sont séparés, dont le rendement scolaire varie entre faible et moyen et qui a été référé par son professeur pour des motifs d'ajustement comportemental en classe » (Turmel et Cloutier, 1990, p. 9).

Dandurand et Morin (1990) rapportent que le lien entre la structure familiale et l'ajustement scolaire de l'enfant (notes, conduite, assiduité) est associatif plutôt que causal et qu'il est fonction de certains paramètres dont le rôle a souvent été confirmé à savoir: a) les caractéristiques de l'enfant (âge, sexe, potentiel psychologique); b) les ressources matérielles et humaines de la famille (revenu, scolarité, niveau occupationnel); c) l'histoire relationnelle entre les membres parents et enfants; et d) le réseau de soutien disponible aux membres de la famille.

Suite à leur recension des écrits sur le sujet, Dandurand et Morin (1990) concluent que les enfants vivant dans une famille monoparentale ont plus souvent des difficultés scolaires ainsi que comportementales à l'école comparativement aux autres élèves. Sur ces plans, la recomposition parentale aurait un effet positif chez le garçon mais un effet plus souvent négatif chez la fille, compte tenu que la nouvelle union amène plus souvent un nouveau père dans la famille antérieurement monoparentale féminine. Les auteures soulignent toutefois la fréquente omission des études à tenir compte du niveau socio-économique des familles dans la comparaison du rendement scolaire des enfants de familles séparées et de familles intactes. La même perspective est adoptée par Kaye (1989).

Piérard et Cloutier (en préparation) obtiennent des résultats qui démontrent que les ressources matérielles disponibles à la famille constituent un agent d'influence aussi important que la structure familiale en regard de l'ajustement scolaire du jeune.

Jusqu'où l'école peut-elle aller?

À partir des données issues des travaux sur les effets de la structure familiale sur l'ajustement scolaire, il semble donc possible d'affirmer que ce que vit l'enfant dans sa famille exerce une influence observable sur son ajustement à l'école: un stress vécu dans la famille se répercute sur le rendement scolaire. L'intervention scolaire sensible ne peut donc pas faire abstraction de la réalité familiale.

Plusieurs questions se posent alors: comment et dans quelle mesure l'école doit-elle être sensible à la spécificité de ce que vit l'enfant dans sa famille? À quel titre par exemple, l'école doit-elle être informée de la séparation des parents? Qui, à l'école, doit avoir accès à ce type d'information? Quelles précautions déontologiques l'école doit-elle prendre dans la gestion de cette information? De quels outils les intervenants scolaires disposent-ils pour aider l'enfant à mieux relever les défis que lui pose la séparation de ses parents? Jusqu'à quel point l'enseignante peut-elle ajuster ses interventions à la situation particulière d'un élève qui vit un stress familial particulier? Quelles sont les ressources communautaires disponibles pour appuyer l'école dans le support à la famille? En tant que premier lieu communautaire pour les jeunes, quelle place l'école consent-elle à laisser aux autres services communautaires auprès de ses clientèles? S'il n'y a pas de réponse universelle à ces questions, elles n'en sont pas moins pertinentes. Chaque milieu scolaire peut se définir une position à leur égard, position sur laquelle la communication famille-école peut s'appuyer. En bref, l'école doit se demander jusqu'où elle veut aller pour rejoindre la famille; elle doit se fixer des objectifs réalistes, puis se mettre à leur poursuite en matière de partenariat avec les parents. À cet égard, ses investissements d'énergie peuvent être très profitables (Muller, 1988; Schmidt et Schmidt, 1979; Vukelich, 1984; Watson et al., 1983). L'école peut aider les parents à jouer pleinement leur rôle d'acteurs scolaires auprès de l'enfant.

L'école peut aider les parents à jouer leur rôle en s'inspirant de l'expérience du « plan personnalisé d'intervention »

On a plus souvent compris la participation des parents à l'école comme une activité de comités, d'institution: le parent vient à l'école pour y assumer des rôles administratifs ou de soutien organisationnel ou encore pour être informé (comme un public d'auditeurs) de ce qui se passe à l'école. Pourtant, ce dont tous les enfants ont davantage besoin, c'est de guides compétents basés dans leur premier milieu de vie: leur famille. Les parents sont tout indiqués pour assumer ce rôle mais pour le faire, ils ont besoin d'être stimulés, supportés, accrédités.

La première instance de participation parentale dont l'enfant a besoin, ce n'est pas leur participation au comité d'orientation de l'école mais le suivi régulier de ses activités scolaires. Or, cette supervision parentale de l'activité scolaire de l'enfant requiert une motivation, des informations et des compétences qui, malheureusement, manquent souvent le plus dans les familles dont les enfants sont à risque d'échec ou d'abandon scolaires.

Comment bien jouer ce rôle de parent accompagnateur? Que dois-je faire exactement pour aider mon enfant? Combien de temps dois-je passer avec lui ou elle dans ses travaux scolaires? Un enfant de secondaire I, en moyenne, ça travaille combien de temps par jour à la maison? Compte tenu de son rendement scolaire connu, qu'est-ce que je dois exiger de lui ou d'elle pour favoriser sa réussite? Comment puis-je l'aider à devenir autonome dans la gestion de son programme personnel de travail? Il est possible d'aider les parents à trouver une réponse claire à ces questions et l'école apparaît comme la ressource-clé à cette fin (Chapman et Heward, 1982; Goodnow et Collins, 1990; MacMillan, 1988; Schmidt et Schmidt, 1979; Tardif, 1991; Vukelich, 1984; Watson et al., 1983).

Le développement d'une relation fonctionnelle entre enseignant et parent ressort comme l'outil à développer dans cette optique. Cela implique que l'enseignante ou l'enseignant soit accrédité ouvertement dans cette fonction relationnelle et dispose des ressources temporelles et matérielles appropriées pour communiquer avec la famille. Tant que l'école n'aura pas légitimé ce rôle dans la tâche de l'enseignante et de l'enseignant, elle ne pourra pas se prétendre sensible à l'acteur « famille » dans le projet scolaire de l'enfant.

Nous proposons que le rôle de promotion et de maintien d'un partenariat avec les parents ne soit pas assimilé aux nombreux rôles supplétifs qui échoient à l'école par ailleurs. Les parents étant des acteurs clés dans le projet scolaire, la communication famille-école n'est pas quelque chose de secondaire à la mission de l'école.

La lenteur du milieu scolaire normal à se doter de stratégies explicites d'implication des parents dans le projet éducatif de leur enfant contraste vivement avec l'importance des efforts qui ont été déployés dans ce sens par le monde éducatif de l'enfance en difficulté. En effet, dans le secteur de l'enfance exceptionnelle, tant au Québec qu'aux États-Unis, on a compris depuis une bonne quinzaine d'années que l'ajustement de l'intervention scolaire passe par la sensibilité aux réalités individuelles et familiales de l'enfant. On parle de planification concertée entre l'école, la famille et l'enfant : le programme éducatif individualisé, inscrit dans la loi américaine (PI 94-142; "The Education for All Handicapped Children") est défini comme suit :

> « ...un document rédigé spécialement pour répondre aux besoins précis de chaque enfant en difficulté, lors d'une réunion de concertation. Participent à cette réunion un spécialiste du milieu scolaire habilité à dispenser et à superviser le plan éducatif personnalisé, l'enseignant, les parents ou le tuteur de l'enfant et, s'il y a lieu, l'enfant lui-même. Ce document doit préciser : a) le rendement actuel de l'enfant; b) les buts annuels et les objectifs à court terme; c) les services éducatifs spéciaux qui seront fournis à l'enfant et sa capacité de participation aux programmes ordinaires; d) la date et la

durée prévues pour ces services; e) les critères objectifs de réussite ainsi que les dates et modalités de l'évaluation, qui doit être au moins annuelle ». (Gouvernement américain, p. 491-492; tiré de Goupil, 1991, p. 7)

Il ne s'agit pas nécessairement de reproduire intégralement la programmation éducative individualisée pour l'ensemble des élèves. Il s'agit plutôt de démontrer qu'il est possible pour l'école d'établir un protocole de partenariat explicite entre les trois acteurs du projet éducatif (à savoir l'enfant, sa famille et l'école) où les rôles et les buts sont clairs pour tous et font l'objet d'une évaluation prévue et objective.

Nous prétendons que le développement de la relation enseignant-parent constitue le fondement de l'ajustement des interventions éducatives aux besoins particuliers de chaque jeune et que cette relation fait partie intégrante de la mission de l'école. Nous proposons à l'école de puiser dans l'expérience acquise au contact du plan d'intervention personnalisé auprès des élèves en difficulté pour mettre au point, en milieu d'enseignement régulier, des stratégies explicites et viables de concertation entre les trois acteurs responsables des progrès scolaires du jeune.

Bibliographie

Allers, R. (1982). Divorce, *Children and the School,* Princeton, NJ : Princeton Book.

Arnsberg-Diamond, S. (1985). *Helping Children of Divorce : A Handbook for Parents and Teachers,* New York : Schocken Books.

Bonnier-Tremblay, F. (1977). *Dedapam (Développement d'enfants de milieux défavorisés d'âge préscolaire et apport de la maternelle),* Montréal : CECM.

Caglar, H. (1984). L'adaptation scolaire de l'enfant de famille monoparentale, *Psychologie Scolaire,* 50, pp. 43-55.

Chapman, J. E. et Heward, W. L. (1982). Improving Parent-teacher Communication Through Telephone Messages, *Exceptional Children,* 49, pp. 79-82.

Cloutier, R. (1985). L'expérience de l'enfant dans sa famille et son adaptation future, *Apprentissage et Socialisation,* 8, pp. 87-100.

Cloutier, R. (1991) . La famille et l'école : les rapports restent à définir, dans *Le Devoir,* Montréal, 16 août : p. 11.

Cloutier, R. et Renaud, A. (1990). *Psychologie de l'enfant,* Boucherville : Gaëtan Morin.

Dandurand, R. et Morin, D. (1990). *L'impact de certains changements familiaux sur les enfants de l'école primaire,* Québec : Institut québécois de recherche sur la culture.

Dane, E. (1990). *Painful Passages. Working with Children with Learning Disabilities,* Silver Spring, MD : NASW Press.

Demo, H. D. (1992). Parent-child Relations : Assessing Recent Changes, *Journal of Marriage and the Family,* 54, pp, 104-117.

Demo, D. H. et Acock, A. C. (1988). The Impact of Divorce on Children, *Journal of Marriage and the Family,* 50, pp. 619-648.

Drake, E. A. (1981). *Helping Children Cope with Divorce : The Role of School,* New York : Van Nostran Reinhold.

Feuerstein, R. (1979). *The Dynamic Assessment of Retarded Performers,* Baltimore : University Park Press.

Feuerstein, R. (1980). *Instrumental Enrichment : An Intervention Program for Cognitive Modifiability,* Baltimore : University Park Press.

Gilly, M. (1969). *Bon élève, mauvais élève,* Paris : Armand Colin.

Goodnow, J. J. et Collins, W. A. (1990). *Development According to Parents. The Nature, the Sources and Consequences of Parents' Ideas,* Hillsdale, NJ : Lawrence Erlbaum.

Goupil, G. (1991). *Le plan d'intervention personnalisé en milieu scolaire,* Boucherville, QC : Gaëtan Morin.

Hetherington, E. M. et al. (1989). Marital Transitions : A Child's Perspective, *American Psychologist,* 44, pp. 303-312.

Kaye, S. H. (1989). The Impact of Divorce on Children's Academic Performance, in, C. A. Everett (Ed.), *Children of Divorce : Developmental and Clinical Issues,* New York : Haworth Press.

Levine, M. D. (1987). *Developmental Variations and Learning Disorders,* Cambridge, MA : Educators Publishing Service.

MacMillan, C. (1988). Suggestions to Classroom Teachers about Designing the I.E.P., *Exceptional Children,* 18, pp. 90-92.

Marcil-Gratton, N. (1991). Communication présentée dans le cadre du 1er symposium québécois de recherche sur la famille, Trois-Rivières, octobre.

Mireault, G. et al. (1991). *Le programme Entramis pour les enfants de familles séparées. Guide de l'animatrice-teur,* Québec : Département de santé communautaire de l'Hôpital de l'Enfant-Jésus.

Muller, J. L. (1988). La mise à l'épreuve d'un modèle des déterminants de la performance scolaire : l'utilisation de données méta-analytiques, *Bulletin de Psychologie,* 42, pp. 114-120.

Piérard, B. et Cloutier, R. (en préparation). *L'influence de la séparation parentale sur le comportement de l'enfant.*

Rosenthal, R. et Jacobson, L. (1968). *Pygmalion in the Classroom : Teacher Expectation and Pupil's Intellectual Development,* New York : Holt, Rinehart and Winston.

Samuels, S. C. (1981). Long Term Effects of Early Childhood Educational Enrichment Programs : Preventive Implications, *Journal of Preventive Psychiatry,* 1, pp. 57-75.

Schmidt, M. et Schmidt, D. A. (1979). Parent in the Classroom, *Comment in Education,* 9, pp. 15-20.

Spector-Dunsky, L. (1984). L'enfant et le divorce dans une perspective scolaire, *Revue des Sciences de l'Éducation,* 10, pp. 569-578.

Statistique Québec (1992). *Rapport sur la situation démographique au Québec en 1991-1992,* Québec : Bureau de la Statistique du Québec.

Tardif, L. (1991). *Supervision parentale et réussite scolaire chez les enfants de famille réorganisée,* Essai de maîtrise non publié, École de psychologie, Université Laval, Québec.

Turmel, N. et Cloutier, R. (1990). Séparation parentale et consultation psychologique à l'école élémentaire, *Psychologie Québec,* 7, pp. 8-9.

Vernon, P. A. (1987). Level I and Level II Revisited, in, S. Modgil, et C. Modgil (Eds.), *Arthur Jensen, consensus and controversy,* New York : Falmer Press.

Vukelich, C. (1984). Parents' Role in the Reading Process : A Review of the Practical Suggestions and Ways to Communicate with Parents, *The Reading Teacher,* 37, pp. 472-477.

Walberg, H. J. (1986). Synthesis of Research on Teaching, in, M. C. Wittrock (Ed.), *Handbook of Research on Teaching* (3rd ed.), New York : MacMillan.

Watson, T. et al. (1983). The Relationship of Parents' Support to Children's School Achievement, *Child Welfare,* 52, pp. 175-180.

Whiting, B. B. (1980). Culture and Social Behavior : A Model for the Development of Social Behavior, *Ethos,* 8, pp. 95-116.

Climat de travail
et efficacité de l'école

Luc Brunet, D. Ps.
Vice-doyen aux ressources humaines
Faculté des sciences de l'Éducation
Université de Montréal

Depuis la récession du début des années 80, qui a frappé avec force et vigueur, non seulement les entreprises privées mais aussi les organisations publiques, les gestionnaires ainsi que les gouvernements se préoccupent de plus en plus de la problématique de l'efficacité organisationnelle. En effet, comment obtenir un rendement et une productivité élevés malgré des ressources humaines, physiques et financières réduites?

Le concept d'efficacité n'est pas nouveau. Ce vocable est dérivé d'ailleurs du latin *efficacitas* et signifie « ce qui produit l'effet voulu ». Cependant, une compréhension claire et nette de cette notion d'efficacité est loin d'être facile. Ainsi, selon Cameron (1978), malgré cinquante ans de recherche dans ce domaine, il ne semble pas y avoir d'accord sur la façon de définir opérationnellement le concept d'efficacité.

Ce qui est perçu comme un résultat efficace de la part d'un gestionnaire n'est pas nécessairement partagé par un autre. Une organisation peut être efficace sous certains aspects de son fonctionnement et non pas sur tous. Ce qui est reconnu efficace par une organisation ne l'est pas nécessairement par une autre. Ainsi, la notion de profit communément acceptée dans les organisations privées comme synonyme d'efficacité est souvent trompeuse. Par exemple, une entreprise peut sembler satisfaite des profits qu'elle génère, mais ceux-ci ne traduisent pas nécessairement le signe d'une parfaite efficacité. Elle pourrait faire plus de profits avec les moyens qu'elle utilise présentement. La notion de profit n'est pas nécessairement un signe d'efficacité pour toutes les organisations privées. De la même façon, on ne peut évaluer l'efficacité des entreprises publiques en utilisant certains critères utilisés pour des entreprises privées à succès. La mesure de l'efficacité dans le temps peut aussi être trompeuse. La compagnie aérienne People Express décrite par Peters et Waterman dans leur livre *Le prix de l'excellence* (1983) a dû liquider ses actifs en 1986.

Dans son article sur le problème de l'efficacité et de l'efficience des entreprises, Parenteau (1984) mentionne qu'un des premiers aspects à être abordés dans la problématique de l'efficacité est l'objectif poursuivi par l'organisation.

« En est-il ainsi dans les entreprises publiques? Oui, si leur objectif principal est de réaliser des bénéfices, comme dans le cas des monopoles fiscaux (par ex. : Loto-Québec, S.A.Q.). Non si l'objectif poursuivi est d'un tout autre ordre : par ex. : fournir au consommateur un service essentiel à bas prix, ou assumer des risques économiques que l'entreprise privée n'est pas prête à envisager, ou encore rapatrier des centres de décisions auparavant concentrés à l'étranger. Dans cette hypothèse, les résultats nets de l'exercice (positifs ou négatifs) ne peuvent même pas permettre de mesurer l'efficience de l'entreprise, donc sûrement pas son efficacité puisque la réalisation des objectifs ne passe pas nécessairement par les profits » (p.20).

Dans le domaine scolaire, on observe aussi la même problématique. Au début des années 60, certaines études (Coleman et al., 1966; Jencks et al., 1971), supportaient explicitement le lien direct entre le rendement scolaire de l'élève et sa condition sociale. D'autres études (Brookover et al., 1979; Rutter et al., 1979) postulent que la gestion scolaire influence plus le rendement scolaire que la condition sociale des élèves. Il faut souligner que la tendance actuelle consiste à porter une attention particulière à l'influence de ces deux variables.

La revue de la documentation sur le concept d'efficacité présente une image plutôt confuse et variée de la définition qui peut lui être accolée. Il n'existe pas encore, à notre connaissance, de modèle explicatif de l'efficacité qui englobe la complexité et la diversité des facteurs impliqués et qui pourrait être utilisé dans une grande variété d'organisations. Les divergences chez les chercheures et chercheurs ont amené l'identification d'une multitude de critères plus ou moins disparates qui exigent de la part de celui qui veut entreprendre une étude dans ce domaine, de sélectionner et de déterminer lui-même son modèle d'efficacité organisationnelle en fonction du type d'organisation et de la mission de celle-ci. Il existe donc des conceptualisations différentes des organisations qui nécessitent des modèles différents d'efficacité. L'efficacité organisationnelle est une élaboration qui n'est qu'une abstraction de la réalité. Elle existe seulement parce qu'on l'infère à partir de phénomènes observables.

Problématique
de l'efficacité organisationnelle
dans l'administration de l'éducation

La tendance générale consiste à rattacher l'efficacité scolaire avec la réussite des élèves. Cependant la définition de ce critère d'efficacité n'est pas toujours facile à élaborer. En effet, les critères de l'efficacité des entreprises à but lucratif sont, en général, plus faciles à établir que ceux des entreprises à but non lucratif. En effet, Katz et al., (1982) mentionnent que les critères d'efficacité les plus couramment utilisés, dans les entreprises privées, sont la croissance et le déclin, les capacités d'adaptation, la productivité, le taux d'absentéisme, le taux de roulement du personnel, la satisfaction du personnel et celle de la clientèle. Cependant, dans le secteur scolaire en particulier, la situation se complique puisque les objectifs sont rarement bien définis et, comme l'affirme Schein (1985), bien que la fonction première du système scolaire soit d'instruire, il n'en demeure pas moins qu'il y a des fonctions latentes qui sont rarement connues.

En ce qui concerne la problématique du choix des critères dans la mesure de l'efficacité scolaire, les études sur l'efficacité des écoles font généralement appel à une combinaison de variables objectives (résultats scolaires) et de variables perceptuelles, c'est-à-dire composées de perceptions de personnes étroitement associées avec chaque école aussi bien que d'observateurs indépendants. Gibson et al., (1979) soulignent que l'approche subjective ou perceptuelle dans l'étude de l'efficacité est extrêmement utile pour analyser des organisations, tels les hôpitaux, les universités et les agences gouvernementales. Ces organisations, contrairement à des entreprises privées, n'ont pas d'outputs véritablement clairs qui se prêtent à une mesure objective. Ces mêmes auteurs postulent que la tendance à évaluer le processus plutôt que les outputs est typique des organisations qui produisent des outputs qualitatifs, parce que les critères d'évaluation doivent être plus subjectifs et impliquer des jugements. En d'autres mots, puisque l'ouput tend à être qualitatif et non mesurable, l'accent est mis sur les activités plutôt que sur les résultats, c'est-à-dire que lorsque les outputs d'une organisation ou de ses sous-unités sont difficiles à définir et à mesurer, on porte plus d'attention à d'autres éléments, telle la qualité des inputs et du processus lui-même.

La plupart des auteures et auteurs prêtent une attention presque exclusive au rendement mesuré par les résultats scolaires. Ceci peut être expliqué par le fait que nous disposons d'instruments nous permettant de mesurer le domaine cognitif de l'enseignement. Cependant, il n'en est pas de même en ce qui concerne les domaines affectifs, sociaux et psychomoteurs. En bref, une des dimensions ultimes de l'efficacité scolaire doit, selon Brookover et al. (1979) et Séguin (1987), comprendre une mesure quelconque de la réussite des étudiantes et étudiants. Pour ces auteures et auteurs, cette dimension est la plus déterminante pour mesurer l'efficacité dans le secteur scolaire public. Masse (1983) suggère de s'attarder aux processus et cadres opérationnels ainsi qu'aux résultats des élèves en tant que déterminants-clés dans la recherche d'un modèle de contrôle de qualité. Bien que les observations et les impressions puissent demeurer importantes, Masse suggère aussi de s'attarder aux données quantifiables concernant les résultats des élèves. Les résultats aux tests standardisés et aux compétitions scolaires et parascolaires, les taux quotidiens de présences, les taux d'abandon, les résultats universitaires des diplômés, les emplois obtenus et la réussite dans ces emplois sont des facteurs qui doivent être examinés et évalués.

Comportement organisationnel et efficacité

Essayer de comprendre ce qui influence l'efficacité organisationnelle en se basant sur des études statistiques, économiques ou de structures ne nous permet pas de comprendre l'aspect dynamique d'une organisation. Ce sont les acteures et acteurs à l'intérieur d'un système qui font de l'organisation ce qu'elle est. Il devient donc important de comprendre comment ceux-ci perçoivent leur atmosphère de travail. Dans le domaine scolaire (Corriveau, 1990), les processus internes des écoles semblent produire un effet sur leur efficacité, mesurée en grande partie, par la réussite scolaire des élèves aux examens. Ainsi, même si des organisations ou des écoles présentent de nombreuses similitudes au niveau de leurs structures formelles, de leurs programmes, chacune d'elles possède un environnement interne qui lui est propre (Gordon, 1983), qui crée une ambiance de travail et qui l'oriente dans le choix d'une approche pour atteindre ses objectifs et résoudre ses problèmes.

Dans le milieu scolaire, plusieurs études tendent à démontrer une relation entre le climat et l'efficacité des écoles. En effet, plusieurs chercheures et chercheurs s'accordent pour dire que les écoles diffèrent d'une manière marquée, non seulement dans l'architecture, le statut économique des élèves, mais aussi dans l'atmosphère, le climat et la culture (Halpin et Croft, 1963; Owens, 1970; Sinclair, 1970; Kalis, 1980) et que cette différence affecte les résultats des étudiantes et étudiants (Glasser, 1969; Moos, 1979).

Au cours des décennies 1960 et 1970, le concept de climat organisationnel a suscité un vif intérêt scientifique chez de nombreux chercheurs et chercheures en sciences sociales et humaines. En effet, durant ces deux décennies, plusieurs études ont été effectuées et ont produit des résultats édifiants du point de vue de l'avancement des connaissances en la matière; cela a contribué de façon significative à donner plus d'ampleur à ce concept au cours des décennies subséquentes. En effet, tel que le soulignent Anderson (1982), Crane (1981), Likert (1974), Maduro (1987) et Robert (1976), de nombreuses études empiriques, parmi lesquelles on compte beaucoup de recherches doctorales, ont été faites sur ce sujet au cours des années 1960 et 1970 dans différents milieux de travail. Crane (1981), notamment, dénombre, en s'appuyant sur Hellriegel et Slocum (1974) et Thomas (1976), plus de soixante articles scientifiques et deux cent soixante-dix thèses de doctorat traitant du concept de climat organisationnel, entre respectivement les années 1950-1974 et 1960-1976. Likert (1974) note, quant à lui, que le "Institute for Social Research" a consacré en trente ans plus de quinze millions de dollars américains à des activités de recherche sur le climat organisationnel dans plus de trois cent cinquante différents types d'organisations industrielles et sociétés d'affaires, ainsi que dans des organisations gouvernementales et bénévoles, tels que les écoles, les hôpitaux, l'armée et les maisons de réhabilitation sociale. Selon Likert (1977), ces recherches ont concerné plus de vingt mille managers et deux cent mille employés subalternes. Anderson (1982), pour sa part, dénombre et analyse quelque deux cents études portant sur divers aspects reliés au climat des écoles et qui ont été effectuées durant la période de 1953 à 1981.

Dans le milieu scolaire, ce n'est que depuis les quinze dernières années que l'intérêt des chercheurs a commencé à se porter sur l'analyse des relations éventuelles entre le climat d'une institution scolaire et certains phénomènes tels que l'efficacité scolaire, la satisfaction au travail chez les enseignantes et les enseignants, le vandalisme scolaire, l'abandon et l'échec scolaire, l'absentéisme et le taux de roulement chez le personnel enseignant.

Définition du climat

Le concept de climat organisationnel a évolué au cours des années et des recherches. D'une façon globale, il est possible d'affirmer, en quelque sorte, que le climat organisationnel correspond à la personnalité d'une organisation et qu'il influence le comportement du personnel (Brunet, 1983; Goodlad, 1955; Tye, 1974 : voir Deer, 1980). Likert (1959) affirme que la réaction d'un individu à une situation quelconque est toujours fonction, non pas du caractère absolu de l'interaction, mais de la perception entretenue par un individu. Ce qui compte, aux yeux d'un acteur organisationnel, c'est la façon dont il voit les choses et non pas la réalité objective. On peut donc postuler que la mesure perceptive des attributs organisationnels constitue l'évaluation la plus adéquate du climat organisationnel qui serait défini de la façon suivante :

Le climat organisationnel est la perception entretenue par les membres d'une organisation concernant les pratiques organisationnelles (politiques, gestion des ressources humaines) qui les gèrent.

L'approche la plus utilisée pour identifier le climat est celle de Likert (1974) qui postule deux grands types de climat organisationnel (autoritaire et participatif) correspondant à quatre systèmes de gestion.

Climat de type autoritaire

Système 1 - Autoritarisme exploiteur

Ce type de climat est caractérisé par une absence de confiance de la direction envers son personnel et, de ce fait, la majorité des décisions sont prises par la haute administration. C'est dans une atmosphère de menaces, de punitions et de récompenses occasionnelles que travaillent les individus. Les relations entre supérieurs et subordonnés sont rares et teintées de méfiance. Le processus de contrôle est fortement centralisé au sommet.

Système 2 - Autoritarisme paternaliste

Dans ce système, la direction a une confiance condescendante envers le personnel. La plupart du temps, elle s'occupe de prendre toutes les décisions mais le consulte quelquefois sur une base individuelle. Pour le motiver, les récompenses et parfois les punitions sont utilisées. Le processus de contrôle est toujours centralisé au sommet mais il est parfois délégué aux niveaux intermédiaires et supérieurs. Sous ce type de climat, le personnel a souvent l'impression de travailler dans un environnement stable et structuré.

Climat de type participatif

Système 3 - Consultatif

Dans ce système, la direction démontre une assez bonne confiance envers son personnel. Les récompenses et les punitions occasionnelles ainsi que l'implication personnelle sont utilisées pour le motiver. Les décisions générales sont prises au sommet, mais les décisions plus spécifiques sont prises à des niveaux inférieurs. Le processus de contrôle est délégué aux échelons intermédiaires et inférieurs ce qui suscite un sentiment de responsabilité. L'atteinte des objectifs constitue un style de gestion qui caractérise ce type de climat plutôt dynamique.

Système 4 - Participation de groupe

Ce type de climat est caractérisé par une confiance complète de la direction envers son personnel. Les décisions sont prises à tous les niveaux de l'organisation et la communication s'établit de façon ascendante, descendante et latérale. La participation et l'implication de tous les membres de l'organisation, l'établissement d'objectifs de rendement en fonction des objectifs poursuivis contribuent à leur motivation. Le processus de contrôle est délégué à tous les échelons et les niveaux inférieurs sont fortement impliqués. Sous ce type de climat, la direction et le personnel forment une équipe qui vise l'atteinte des buts et des objectifs de l'organisation; ces derniers sont établis sous forme de planification stratégique.

En fonction de cette classification des différents types de climat, les recherches de Likert (1973 : voir Owens, 1981) ont démontré que les organisations qui s'approchent du système 4 obtiennent une efficacité de 20 % à 40 % supérieure à celles qui se situent près du système 2.

On retrouve dans la littérature peu de recherches empiriques portant sur la relation entre le climat et l'efficacité organisationnelle. Cependant, celles qui sont publiées indiquent, pour la plupart, des corrélations significatives entre ces deux concepts qui laissent croire à une influence du climat sur l'efficacité organisationnelle (Anderson, 1982).

Halpin et Croft (1963) postulent qu'il est possible que l'analyse du climat puisse, en fait, constituer une meilleure dimension de l'efficacité d'une école que la plupart des autres mesures déjà utilisées en administration scolaire. Pour Brookover et al. (1979), le climat organisationnel d'une école est composée de trois grands facteurs : le premier est fondé sur la perception qu'ont les étudiantes et les étudiants de leurs possibilités de succès dans le système, de leurs perceptions des attentes entretenues à leur sujet, des modes d'évaluation de leur rendement scolaire et des normes de l'école comme système social; le deuxième facteur porte sur les professeures et professeurs et sur la perception qu'ils ont de ce que l'on attend d'eux, de l'évaluation de leur travail et des normes du système social. Finalement, le troisième facteur porte sur la perception qu'a la direction des autres membres de l'organisation, des attentes des étudiantes et étudiants, des normes et des efforts à faire pour améliorer la situation. Brookover et al. (1979) postulent que le climat organisationnel a un effet direct et immédiat sur le rendement scolaire des étudiantes et étudiants et qu'il est impossible de penser que le milieu socio-économique auquel ils appartiennent soit le seul, ni même le plus important facteur d'explication de leur réussite.

Dans une autre étude, Ellet et Walberg (1979) conçoivent l'environnement social comme une variable intermédiaire constituée des perceptions entretenues par les professeures et professeurs et les étudiantes et étudiants à propos de leur école. Les auteurs ont utilisé deux instruments : le School Survey et le My School. Le premier mesure les perceptions du personnel enseignant quant aux facteurs reliés à l'école tels les pratiques administratives, la charge de travail professionnel, les relations avec la haute direction et les collègues, l'efficacité éducationnelle, le rendement, le perfectionnement et le matériel pédagogique. Ce questionnaire mesure les attitudes des enseignantes et enseignants face à leur environnement de travail. Le deuxième instrument, utilisé auprès des élèves des écoles élémentaires, comprend les échelles suivantes : la satisfaction des élèves, les sources de conflits, la compétitivité, la difficulté et la cohésion.

Les chercheurs ont trouvé que, parmi toutes les relations examinées, la plus forte et la plus fréquente était celle portant sur les perceptions des enseignantes et enseignants à propos des caractéristiques de l'environnement de l'école et leur évaluation du comportement de la direction. Le rendement des élèves et leur fréquentation scolaire sont fortement corrélés avec la perception d'une forte implication au travail chez les directions d'école.

D'autres études ont aussi démontré la relation entre le climat organisationnel de l'école et le rendement scolaire. Ainsi, dans une recherche effectuée auprès d'élèves de sixième année, Gibson (1974) démontre que, dans les écoles qui ont un climat participatif, les étudiantes et les étudiants obtiennent des résultats plus élevés aux examens que ceux des écoles plus autoritaires.

Dans une autre perspective de mesure, les études de Weber (1971) et Comer (1980) ont utilisé une technique d'observation structurée dans une optique de diagnostic organisationnel de l'école. Dans la première recherche, (Weber, 1971), on constate qu'un bon environnement de travail caractérisé par « une bonne structure d'autorité, une bonne définition des objectifs, des relations harmonieuses et le plaisir d'apprendre » (p. 26) joue un rôle important dans la réussite des élèves, mesurée par leurs résultats aux examens. La deuxième étude (Comer, 1980) s'est déroulée dans deux écoles primaires publiques du Connecticut. Le climat social de l'école y était défini dans une perspective de relations interpersonnelles encourageant le développement social, psychologique et moral des élèves, ainsi que des relations de support et de coopération. Un climat social positif a été rapporté par plusieurs observateurs comme étant celui qui présente « peu de conflits, des motivations élevées et de bonnes relations interpersonnelles entre les parents, le personnel de l'école et les étudiants » (p. 75).

D'une autre façon, l'étude de Phi Delta Kappa (1980), portant sur l'efficacité scolaire en milieu urbain, a adopté une perspective causale, en reconstituant les événements antérieurs à l'analyse qui pouvaient être liés au succès actuel. Les résultats ont démontré que les facteurs de l'environnement scolaire qui sont les plus importants pour la réussite des élèves sont : les attentes élevées de l'administration et des enseignantes et enseignants face au rendement scolaire des élèves, surtout en langue et en mathématiques, le fait que les écoles insistent sur le développement de comportements de partage, d'aide et de politesse envers autrui et, finalement, l'établissement d'un environnement physique sécuritaire et agréable.

Plusieurs études ont été réalisées à l'aide du questionnaire de Likert, "Profile of a School". Ainsi, Dow (1983) a étudié l'effet du climat organisationnel sur l'efficacité de 24 écoles primaires au niveau du développement optimal des capacités humaines de l'élève. Ce critère d'efficacité était mesuré à l'aide du questionnaire de Stern et Walker (Dow, 1983) intitulé Classroom Environment Index (CEI), qui fut administré à 561 élèves. Des résultats élevés aux facteurs de développement des élèves et des résultats peu élevés aux facteurs de contrôle des élèves indiquent la présence d'un environnement efficace. Les résultats de cette étude révèlent que les écoles qui obtiennent un score moyen s'approchant du système 4 (participatif) au questionnaire de Likert (administré à 288 enseignantes et enseignants), s'avèrent plus efficaces que les autres. En effet, les écoles qui s'approchent du système 4 présentent des scores élevés aux facteurs de développement des élèves et des scores peu élevés aux facteurs de contrôle.

Une autre étude présente, toutefois, des résultats quelque peu différents. Ainsi, à l'aide du questionnaire de Likert administré à 125 enseignantes et enseignants, Greenblatt et al. (1984) ont évalué la relation qui existe entre le type de climat de 20 écoles primaires et leur efficacité, déterminés par les comportements des enseignantes et enseignants reliés à la réussite des élèves. Ce dernier critère fut mesuré auprès d'un échantillon de 25 % des élèves, à l'aide du questionnaire "Our Class and its Work" de Eadh, Rasher et Waxman (Greenblatt et al. 1984). Les résultats de cette étude indiquent que les écoles dotées d'un climat de type consultatif-centralisé ont un enseignement plus efficace. Elles fournissent donc aux élèves un meilleur apprentissage que les écoles qui se classent dans les systèmes 1 et 4. En d'autres termes, pour inciter chez les enseignantes et enseignants des comportements qui favorisent la réussite des élèves, il est préférable dans ces écoles, que les directrices et directeurs consultent avec soin leur personnel mais qu'ils prennent eux-mêmes les décisions. Cette conclusion rejoint, en quelque sorte, la critique que Perrow (Owens, 1981) avait formulée à l'endroit de la théorie de Likert. Il n'existerait pas qu'un seul type de climat permettant à toutes les organisations d'être efficaces. Une école peut également être efficace à un certain moment donné et pas à un autre.

Résultats empiriques

Pendant l'année 1986-1987, nous avons étudié le rôle du climat organisationnel dans l'efficacité scolaire auprès de sept écoles polyvalentes publiques de langue française réparties dans cinq commissions scolaires de la région de Montréal (Brunet et al., 1991). Les instruments de mesure utilisés furent le questionnaire de climat organisationnel de Likert (1974) intitulé « Le profil des caractéristiques de l'école ». L'efficacité des écoles polyvalentes qui ont participé à cette étude est établie en fonction des résultats aux examens du ministère de l'Éducation de juin 1986, pour les finissantes et les finissants de 5e secondaire en français 522 et en mathématique 522. Le calcul de la médiane des moyennes obtenues aux examens de juin 1986 pour chacune des écoles permet d'établir une classification des écoles en fonction de leur efficacité. Les écoles qui ont obtenu des moyennes égales et supérieures à la médiane (65,6 %) sont considérées comme efficaces et les autres moins efficaces. Les directions et les enseignantes et enseignants qui ont participé à cette étude l'ont fait sur une base purement volontaire. Au total, 703 questionnaires furent distribués lors de journées pédagogiques dans les écoles visitées. De ce nombre, 268 furent retournés, pour un taux de réponse de 38 %. Parmi les 268 enseignantes et enseignants qui ont participé à l'étude, 144 (53,7 %) sont de sexe masculin et 103 (38,4 %) de sexe féminin et 21 répondantes et répondants (7,9 %) ne l'ont pas indiqué. Leur âge moyen est de 43,6 ans (s= 6,8) et la moyenne de leur scolarité de 17,7 ans (s= 2,2). Ils ont en moyenne 19,4 (s= 6,9) années d'expérience dans le milieu scolaire et 10,2 (s= 6,9) années d'ancienneté dans leur école. Les sept écoles polyvalentes visitées sont de langue française, de niveau socio-économique moyen et toutes de la région montréalaise ou de sa banlieue proche. Ces écoles ont une moyenne de 28,3 élèves par classe et il s'y donne, en moyenne, 26,7 heures de cours par semaine. Il faut aussi souligner que ces polyvalentes emploient, en moyenne, 102 enseignantes et enseignants par école et qu'elles ont une clientèle passablement homogène (moins de 1 % d'étudiantes et étudiants étrangers). Enfin, les directions de ces écoles sont tous de sexe masculin et ont une moyenne d'âge de 44,3 ans; deux d'entre eux sont titulaires d'une maîtrise en administration de l'éducation, les autres d'un baccalauréat. Ils ont, en moyenne, 10,7 années d'expérience dans un poste de direction d'école et 7,3 années d'expérience en tant que directeur de l'école où ils oeuvraient lors de l'étude.

L'analyse des résultats et des tests de différence (t de Student) ont été faits entre les écoles jugées plus efficaces et celles jugées moins efficaces. Au chapitre des caractéristiques sociodémographiques, il ne semble pas exister de différences significatives entre les différents groupes pour les variables « sexe », « âge », « années de scolarité », « années d'expérience en milieu scolaire », et « diplôme ». Toutefois, il appert que les « années d'ancienneté » sont un facteur significativement important dans l'efficacité des écoles. Ainsi, les enseignantes et les enseignants qui oeuvrent dans les écoles plus efficaces ont en moyenne plus d'années d'ancienneté (X= 11,2; s= 6,5; p< 0,001) que ceux qui travaillent dans les écoles moins efficaces (X= 8,6; s= 5,7).

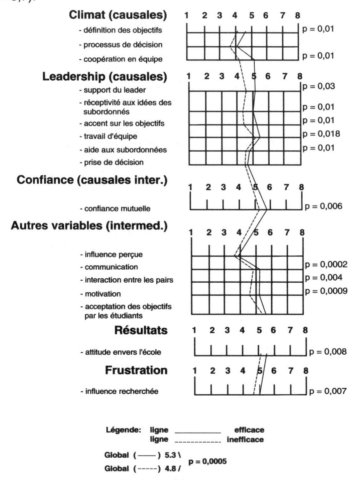

Figure 1 Résultats au questionnaire de climat organisationnel

Selon les caractéristiques du climat organisationnel, tel que l'indique la figure 1, les écoles considérées efficaces dans cette étude se différencient des écoles moins efficaces, de façon significative (p<.018 à .000) sur les caractéristiques suivantes :

- Les décisions générales sont prises à la commission scolaire; pour des décisions plus spécifiques, voire scolaires et parascolaires, il semble y avoir consultation auprès de la direction, des enseignantes et des enseignants et quelquefois des élèves mais leur influence demeure restreinte. Les enseignantes et les enseignants estiment qu'eux-mêmes, la direction et les élèves devraient exercer une plus grande influence sur ces décisions et que le personnel de la commission scolaire devrait en exercer un peu moins qu'il ne le fait actuellement.

- Le processus de contrôle des objectifs à atteindre par l'école est délégué aux échelons intermédiaires (direction, enseignantes et enseignants) et inférieurs (élèves, parents) avec un sentiment de responsabilité. Les objectifs fixés sont élevés.

- Il semble régner dans ces écoles un climat de confiance, de coopération, d'entraide et de support à tous les niveaux et une réceptivité assez grande aux idées et innovations des enseignantes et enseignants et des élèves. La communication s'établit de façon ascendante et descendante.

- De façon générale, les enseignantes et enseignants et les élèves semblent motivés et aiment habituellement leur école.

Pour leur part, il appert que les écoles considérées moins efficaces dans cette étude possèdent les caractéristiques suivantes :

- Au chapitre du processus de prise de décision, la situation est sensiblement la même que dans les écoles jugées efficaces.

- Le processus de contrôle des objectifs à atteindre est délégué aux échelons intermédiaires (direction et quelques enseignantes et enseignants) avec un sentiment de responsabilité. Les objectifs fixés sont définis comme moyennement difficiles.

- Une assez grande confiance mutuelle semble établie entre les enseignantes et enseignants, les élèves et la direction. Cependant, il semble exister un peu moins de coopération, d'entraide et de support à tous les niveaux et une réceptivité un peu moins grande aux idées et innovations des enseignantes et enseignants et des élèves que dans les écoles efficaces. La communication s'établit surtout de façon descendante.

- De façon générale, la motivation des élèves et des enseignantes et enseignants semble un peu moins élevée que celle de leurs collègues dans les écoles efficaces. Ils semblent quand même aimer leur école.

Finalement, d'un point de vue global, les résultats obtenus dans cette étude semblent conformes aux conclusions des recherches (Dow, 1983; Likert, 1973 : voir Owens, 1981) qui démontrent que les organisations qui s'approchent du climat participatif obtiennent une efficacité supérieure à celles qui se situent près du système « autoritaire » en mettant plus l'accent sur l'implication des différents acteurs dans l'école.

Conclusion

Un modèle d'analyse de l'efficacité devrait comporter au moins trois dimensions interdépendantes :

- l'efficacité doit être rattachée à la réalisation des objectifs organisationnels ou, plus spécifiquement, à la mission de l'organisation;

- l'efficacité doit tenir compte des rapports existant entre les composantes internes d'une organisation et son environnement;

- l'efficacité doit aussi porter sur la relation entre les attentes du personnel et les attentes d'ordre organisationnel.

De la même façon, il faut être extrêmement prudent lorsqu'on veut comparer le niveau d'efficacité d'une organisation par rapport à une autre. Il faut s'assurer de comparer des organisations semblables ayant des objectifs et une mission identiques. Les modèles d'efficacité développés dans les entreprises privées ne sont pas directement transférables aux organismes publics. Ainsi, les hôpitaux et, plus particulièrement les écoles, qui ont fait plus intensément l'objet de cette recherche, n'ont pas comme objectif principal de réaliser des bénéfices mais bien de fournir des services à la population, et ces services sont, dans la plupart des cas, difficilement chiffrables. Il faut aussi tenir compte des « intrants » dans un système. Il faut s'assurer que les institutions que l'on compare ont bien les mêmes « intrants ». Ainsi, comparer dans l'absolu, l'efficacité des écoles publiques à celle des écoles privées pourrait relever de l'aberration si on ne prend pas les précautions nécessaires. En effet, les deux systèmes scolaires n'ont pas nécessairement des clientèles comparables. L'école privée est dans une situation où elle peut habituellement sélectionner sa clientèle alors que l'école publique doit admettre tous les élèves qui veulent la fréquenter. De plus, l'école publique doit composer avec les problèmes générés par l'intégration des élèves en difficulté d'adaptation et d'apprentissage et par l'accueil d'élèves de cultures et de langues multiples, ce qui n'est pas sans contribuer à développer une dynamique bien différente de ce qui se passe dans le milieu plutôt homogène des écoles privées.

Lorsque l'on procède à l'évaluation de l'efficacité d'une institution, il faut aussi se rendre compte que les principes scientifiques à la base des théories évaluatives ne sont pas toujours faciles à appliquer. Plusieurs critères nécessaires à l'étude de l'évaluation peuvent ne pas exister ou ne pas être disponibles. Par exemple, plusieurs chercheurs suggèrent, dans l'étude de l'efficacité des écoles, de tenir compte du taux de vandalisme et du taux d'absentéisme des enfants et des enseignantes et enseignants. Or, il appert que des statistiques sur de tels phénomènes sont difficiles à obtenir. Comment mesurer le taux de remplacement des objets liés à l'usure à celui lié à la dégradation volontaire. Ces deux statistiques sont souvent confondues. Peu d'institutions, parmi celles que nous avons étudiées, procèdent aussi à un calcul minutieux de leurs taux d'absentéisme.

Concernant l'efficacité des écoles, les recherches que nous avons effectuées et dont les résultats furent présentés antérieurement n'ont retenu pratiquement que le critère des résultats scolaires. À toutes fins utiles, c'était, bien souvent, le seul critère réellement objectif que nous puissions étudier. Ainsi, nos données soulignent le rôle du climat de travail, comme facteur explicatif de l'efficacité scolaire définie en fonction des notes des élèves. Pour les écoles plus efficaces, le climat organisationnel est en général plus ouvert, se caractérisant, entre autres, par un processus de contrôle des objectifs à atteindre par l'école, délégué aux échelons intermédiaires et inférieurs avec un sentiment de responsabilité, des attentes plus élevées auprès des élèves, et, finalement, un climat de confiance, de coopération, d'entraide et de support à tous les niveaux et une réceptivité assez grande aux idées et innovations des enseignantes et enseignants et des élèves.

Bibliographie

Anderson, C. S. (1982). The Search for School Climate : A Review of the Research, *Review of Educational Research,* 52 (3), pp. 368-420.

Brookover, W. B., et al. (1979). *School Social Systems and Student Achievement : School Can Make a Difference,*. New-York : Praeger.

Brunet, L. (1983). *Le climat de travail dans l'organisation: définition, diagnostic et conséquences,* Montréal : Agence d'A.R.C.

Brunet, L. et al. (1991). *Administration scolaire et efficacité dans les organisations,* Montréal : Agence d' A.R.C.

Cameron, K. (1978). Measuring Organizational Effectiveness in Institutions of Higher Education, *Administrative Science Quarterly*, 23 (4), pp. 604-629.

Coleman J. S. et al. (1966). *Equality of Educational Opportunity,* Washington : U. S. Office of Educational, National Center for Educational Statistics.

Comer, J. P. (1980). *School Power,* New York : The Free Press.

Corriveau, L. (1990). *Effet du climat organisationnel et du style de gestion de la direction sur l'efficacité de polyvalentes au Québec,* thèse de doctorat présentée à l'Université de Montréal, Montréal.

Crane, D. (1981). The Measurement of Organizational Climate, thèse de doctorat présentée à la Faculté des sciences de l'éducation de l'Université de Houston , Houston.

Dee, C. E. (1980). Measuring Organizational Climate in Secondary Schools, *The Australian Journal of Education,* 24 (1), pp. 26-43.

Dow, I. I. (1983). The Effect of School Managementy Patterns on Organizational Effectiveness, *The Alberta Journal of Educational Research,* 29 (1), pp. 30-38.

Ellet, C. D. et Walberg, M. J. (1979). Principal's Competency Environment and Outcomes, in H. J. Walberg (Ed), *Educational Environments and Effects,* Berkeley : McCutchen.

Gibson, W. K. (1974). *The Achievement of Sixth Grade Students in a Mid-western City,* Unpublished doctoral dissertation : University of Michigan.

Gibson, L. V. et al. (1979). *Organizations : Behavior, Structure, Process,* Ontario : Irwin Dorsey.

Glasser, W. (1969). *Schools without Failure,* New York : Harper and Row.

Gordon, J. R. (1983). *A Diagnostic Approach to Organizational Behavior,* Boston : Allyn and Bacon.

Greenblatt, R. B. et al. (1984). Managing for Effective Teaching, *Educational Leadership,* février, pp. 57-59.

Halpin A. W., Croft, D. B. (1963). *The Organizational Climate of Schools,* Chicago : University of Chicago.

Hellriegel, D., Slocum, J. N. (1974). Organizational Climate : Measures, Research and Contingencies, *Academy of Management Journal,* 16 (2), pp. 233-241.

Jencks, C. S. et al. (1972). *Inequality : A Reassessment of the Effect of Family and Schooling in America,* New York : Basic Books.

Kalis, M. C. (1980). Teaching Experience : Its Effect on School Climate, Teacher Morale, *NASSP Bulletin,* 64, pp.435, 89-102.

Katz, D., et al, (1982). *The Study of Organizations,* San Francisco : Jossey Bass.

Likert, R. (1959). Measuring Organizational Performance, *Harvard Business Review,* March-April, pp. 41-50.

Likert, R. (1974). *Le gouvernement participatif de l'entreprise,* France : Gauthier-Villars.

Maduro, C. (1987). *Une analyse comparative des relations entre l'efficacité scolaire et le climat organisationnel des écoles primaires du Québec,* thèse de doctorat présentée à l'Université de Montréal, Montréal.

Massé, B. (1983). Quality Control in Education, *The Clearing House,* 57 (2), pp. 66-68.

Moos, R. H. (1979). *Evaluating Educational Environments,* Palo Alto : Consulting Psychologist Press.

Owens, R. G. (1970). *Organizational Behavior in Schools,* New Jersey : Prentice-Hall.

Owens, R. G. (1981). *Organizational Behavior in Education,* New Jersey : Prentice Hall.

Parenteau, R. (1984). Le problème de l'efficacité et de l'efficience des entreprises publiques - le cas du Québec, *Gestion,* septembre, pp. 20-26.

Peters, T., Waterman, R. (1983). *Le prix de l'excellence,* Paris : Inter Edition.

Robert, J. M. (1976). *Revue critique de la documentation sur le climat organisationnel,* mémoire de maîtrise présenté à la Faculté des arts et sciences de l'Université de Montréal, Montréal

Rutter, M., et al. (1979). *Fifteen Thousand Hours : Secondary Schools and their Effects on Children,* Cambridge : Harvard University Press.

Séguin, J. (1987). L'efficacité scolaire, dans C. Barnabé et H. Girard (Ed), *Administration scolaire : théorie et pratique,* pp. 255-283, Chicoutimi : Gaétan Morin.

Schein, E. H. (1985). *Organizational Culture and Leadership,* San Francisco : Jossey Bass.

Sinclair, R. L. (1970). Elementary School Education Environments : Toward Schools that are Responsive to Students, *National Elementary Principal,* 49, 5.

Thomas, R. (1976). The Organizational Climate of Schools, *The Journal of Educational Administration,* 22 (4), pp. 442-463.

Weber, G. (1971). *Inner-city Children Can Be Taught to Read : Four Successful Schools,* Washington : Occasional papers, 18.

Remettre l'école
sur la voie de la réussite...

Luc Savard, président
Fédération des enseignantes
et enseignants de commissions scolaires

L'école d'aujourd'hui est aux prises avec une propension sociale à individualiser les problèmes. Ce phénomène de société vient influencer les finalités de l'éducation, les relations « maître-élèves » et l'action professionnelle des gens qui oeuvrent en milieu scolaire; il bouleverse également la mission qui avait été attribuée à l'école québécoise par le rapport Parent.

Dans une société industrielle avancée comme la nôtre où le savoir, la science et la technologie sont indispensables au développement économique et social, la réussite scolaire du plus grand nombre devrait être l'objectif de l'ensemble de la collectivité. Or, les pratiques et idées qui ont marqué l'éducation dans les années 1980 et qui s'inspirent de l'individualisme, de l'élitisme et de la concurrence font que l'école échappe près de 4 jeunes sur 10.

Dans ce texte, nous aborderons, dans un premier temps, certains éléments du contexte qui nous permettront de mieux comprendre l'évolution qu'a connue le système d'éducation depuis la réforme des années 1960. Par la suite, nous essaierons de voir en quoi les valeurs dominantes actuelles sont venues transformer les finalités de l'éducation et comment les relations « maître-élèves » ont connu des transformations avec lesquelles l'école doit composer. Enfin, nous tenterons d'identifier certaines pistes d'action susceptibles d'engager l'école sur la voie de la réussite du plus grand nombre.

Nous nous inspirerons également des lignes directrices identifiées par les participantes et participants aux séminaires régionaux sur la réussite scolaire (CEQ, 1991a). Les témoignages rendus lors de ces rencontres tendent à démontrer que les politiques éducatives actuelles et leur application tatillonne vont à contre-courant des besoins de formation générale et de formation professionnelle qualifiante et qualifiée que commandent les défis de l'économie à l'échelle nationale et mondiale. On est même allé jusqu'à affirmer que l'école s'était décrochée de sa mission fondamentale et qu'on assistait à un détournement de sens de l'école. De plus, face à une société en pleine mutation, ces politiques éducatives favorisent une école sélective et concurrentielle alors qu'à *contrario* le droit à l'éducation pour toutes et tous, sans discrimination, s'impose comme enjeu majeur de la prochaine décennie. Pour ce, au-delà de l'intérêt rejailli et du nouvel engouement soulevé par le débat public qui est réapparu autour de l'éducation, un virage s'impose en faveur des jeunes, du rôle des enseignantes et enseignants et des rapports à redéfinir entre l'école, les parents et la communauté. Il importe de procéder à des redressements significatifs destinés à réactualiser la mission fondamentale de l'école qui est de voir au développement optimal de toutes et tous et de favoriser une formation qualifiante et qualifiée pour l'emploi.

Le contexte

Malgré les multiples pressions exercées sur l'école, tant par les besoins anticipés de notre économie que par les réalités sociales contemporaines tels l'appauvrissement, la diversité des modèles familiaux, la pluriethnicité, l'intégration des élèves handicapés ou en difficulté, les valeurs et la culture des jeunes, jamais l'éducation publique n'a été aussi menacée au Québec depuis la réforme Parent. Au nom de la lutte au déficit et de la rationalisation des dépenses publiques, on sabre dans les budgets dévolus à l'école publique et d'un même souffle, au nom d'une saine concurrence, on subventionne allègrement l'école privée.

Il vaut la peine de se rappeler ce qu'était l'éducation lorsque l'État québécois en était quasi absent (avant le rapport Parent). C'était un système élitiste où l'enseignement secondaire était réservé à une minorité de privilégiés capables d'en assumer les coûts. La société québécoise affichait alors au chapitre de la scolarisation de sa population un retard considérable sur les autres sociétés industrialisées.

La révolution tranquille a amorcé une transformation radicale de l'école et de la société québécoises. C'est grâce au développement de l'école publique que nous sommes si rapidement devenus une société industrielle moderne. Les enseignantes et enseignants ont su relever le défi et contribuer à leur mesure à faire franchir au Québec cette évolution sociale de grande envergure.

Évidemment, tous les objectifs fixés n'ont pas été atteints en trente ans et beaucoup reste à faire. Ce qui doit nous inquiéter cependant, ce n'est pas tant le fait que nous n'ayons pas réussi à relever tous les défis au cours de cette période (il est déjà étonnant que nous ayons fait si vite et si bien), mais plutôt que, depuis le début des années 1980, les politiques éducatives et sociales décidées et valorisées par les pouvoirs politiques remettent en question les acquis si durement gagnés depuis la réforme des années 1960.

En effet, le débat initié par la Centrale de l'enseignement du Québec (CEQ) le printemps dernier autour de l'échec et l'abandon scolaires nous révèle les effets pervers des politiques gouvernementales de la dernière décennie.

En 1986, on comptait 28 % d'élèves qui quittaient l'école sans avoir leur diplôme de secondaire V. Aujourd'hui, la probabilité pour un jeune d'abandonner l'école sans diplôme de fin d'études secondaires se situe à 36 % environ alors que les exigences du marché du travail sont de plus en plus grandes.

Sans réel débat public, le Québec, comme la plupart des pays industrialisés, a connu, dans les années 1980, un changement de cap politique déterminant. Les grands enjeux sociaux ont laissé le pas aux intérêts économiques et financiers des gouvernements qui se sont succédé depuis ce temps. On assiste, dès lors, à des compressions budgétaires majeures dans les services publics, y compris en éducation. Ce tournant se caractérise par la mise en oeuvre de politiques s'inspirant des valeurs néolibérales qui sont venues contrecarrer celles véhiculées par l'école publique depuis la réforme Parent. Le projet éducatif se fondait alors sur une école démocratique, pluraliste et non discriminatoire.

Les finalités de l'éducation

Les valeurs de responsabilité individuelle, de performance, d'excellence et de concurrence entre institutions ont envahi les écoles publiques sous diverses formes et ont transformé les finalités de l'éducation. La mise en place d'épreuves ministérielles voit apparaître les « palmarès » des commissions scolaires et des institutions. La tête « bien pleine » a pris le dessus sur la tête « bien faite ».

La promotion de l'individu a fait basculer l'égalité des chances et a augmenté les risques de désertion scolaire pour des clientèles déjà fragiles. L'accroissement des exigences pour la certification, particulièrement le relèvement de la note de passage de 50 % à 60 %, sans ajustement des mesures de soutien pour celles et ceux déjà menacés d'échouer, s'est traduit par une hausse des taux d'échec et d'abandon. Les contrôles se multiplient, ce qui fait dire aux enseignantes et enseignants qu'on enseigne maintenant pour évaluer, et qui se traduit chez les élèves par des réflexes comptables du genre « Ça compte-tu ce qu'on fait aujourd'hui »? Il semble alors que l'excellence et la performance à l'école ne peuvent qu'être synonymes de gagnants et perdants et n'entraîner que l'exclusion. Le défi de l'école ne devrait-il pas plutôt être de favoriser le dépassement de soi et de faire reculer les frontières de l'ignorance pour chaque individu à la conquête de son développement optimal?

Pour répondre au culte de la performance scolaire et du « qui sera le premier », les ressources de soutien aux élèves qui rencontrent des difficultés d'adaptation ou d'apprentissage ont été réduites alors que se multipliaient les budgets consacrés aux plus « doués ». D'une part on assiste à l'intégration des élèves en difficulté en classe ordinaire, au nom de l'égalité des chances et d'une meilleure socialisation, ce que nous ne contestons pas si ce n'est l'absence de mesures d'appui adéquates pour ce faire. On instaure d'autre part, dans plusieurs milieux, des programmes spéciaux pour enfants dits « doués », en dehors de la classe ordinaire, sous prétexte de faire fructifier leur intelligence et leurs talents et de concurrencer l'école privée. Les efforts supplémentaires pour les jeunes de milieux économiquement faibles et ceux du préscolaire semblent vouloir se résumer en une opération « muffin et collation » au nom de l'adage « Ventre affamé n'a pas d'oreilles », comme si le reste allait venir de soi.

Ainsi, des brèches de taille ont été faites au principe d'une école ouverte à l'ensemble des jeunes, où la socialisation s'effectue en côtoyant la différence et où l'instruction et l'éducation ne se dissocient pas. Il n'en fallait pas plus pour boucler la boucle! Tout se passe maintenant comme si le succès scolaire était affaire individuelle. En fait, on a substitué à « l'égalité des chances » des nouveaux standards de qualité fondés sur la hiérarchie, la sélection et l'élimination, lesquels ont produit leurs effets : tout près de 4 jeunes sur 10 désertent l'école avant la fin du secondaire.

Les rapports humains à l'école

Par ailleurs, les relations « maître-élèves » ont connu des bouleversements importants avec lesquels l'école devra composer de plus en plus. Au premier chef, l'éclatement du modèle traditionnel de la famille est venu modifier le type de liens que doivent entretenir les enseignantes et enseignants avec les jeunes qui leur sont confiés. Des familles moins nombreuses où la monoparentalité est de plus en plus répandue, conjuguées à l'appauvrissement d'une partie croissante de la population avec son cortège de misères (malnutrition, violence, abus sexuels, drogue, etc.), ont exercé une pression vers une individualisation du rapport entre maître et élèves, conséquence de l'hétérogénéité des besoins manifestés par les jeunes. Ils exigent souvent plus d'attention particulière et une relation davantage personnalisée en classe dans des groupes déjà très nombreux. De tels changements dans la diversité et la nature des rapports « maître-élèves » comptent pour beaucoup dans l'alourdissement de la tâche observé chez les enseignantes et enseignants. Ils se retrouvent dans la situation, souvent sans soutien adéquat, de compenser pour l'incapacité des familles à assumer pleinement leur rôle auprès des enfants, compte tenu de la situation socio-économique précaire que plusieurs d'entre elles peuvent connaître.

On pourrait aussi prétendre qu'il existe une certaine distorsion entre les valeurs auxquelles adhèrent les enseignantes et enseignants et celles véhiculées par les jeunes, situation porteuse de tension et de distance dans les rapports qu'ils entretiennent.

Or, les recherches récentes sur la condition enseignante révèlent que c'est dans leur rapport avec les jeunes que les enseignantes et enseignants puisent leur principale source de plaisir dans leur travail (Berthelot, 1991; David et Payeur, 1991). Ce désir d'aider, de développer et de préparer l'élève à sa vie de demain est au centre de leurs préoccupations. Mais force nous est de constater que ce rapport « maître-élèves » s'est davantage complexifié au fil des ans parce qu'on a vu s'étioler ou disparaître de nombreux services professionnels et de soutien. Ainsi, on observe que la mission de l'école se résume presque intégralement à la classe, comme si les enseignantes et enseignants étaient les seuls responsables du devenir des jeunes. Devant les exigences croissantes imposées par les changements sociaux et familiaux, l'insuffisance de ressources pèse lourdement sur l'école.

Par ailleurs, la dévalorisation qu'a connue la profession enseignante au début des années 1980 marque encore aujourd'hui les rapports au travail dans les écoles (CEQ, 1988; Carpentier-Roy, 1991). Les résultats des recherches sur la condition enseignante et les séminaires régionaux sur la réussite scolaire sont éclairants sur cette question.

De manière très généralisée, les enseignantes et enseignants se sentent peu respectés, dévalorisés, voire infantilisés par les gestionnaires des commissions scolaires et par les directions d'école. Ils dénoncent la perte d'autonomie, de liberté et de pouvoir sur l'acte pédagogique qu'ils ont subie au cours des dernières années et qui a réduit leur rôle à celui de simples exécutantes et exécutants tout en les tenant responsables des lacunes de l'école.

Se sentant dépossédés de leurs compétences, de la valeur éducative de leur travail, ils commencent à douter de leur efficacité. L'isolement s'installe, les enseignantes et enseignants ne se retrouvant « maîtres chez eux » que dans leur classe. Cet isolement porte atteinte à leur solidarité. Confinés dans leur classe avec de plus en plus de responsabilités à assumer individuellement, ne pouvant échanger sur leurs difficultés, chacune et chacun pensent qu'ils sont seuls à vivre telle ou telle situation, ou encore tel problème. Les valeurs dominantes de la société, où la responsabilité individuelle prime sur le reste, sont parvenues à individualiser la responsabilité des enseignantes et enseignants envers l'école.

Aussi, se disent-ils déçus de voir des gestionnaires contrôler l'acte pédagogique en multipliant les examens et évaluations de toutes sortes, selon la vision utilitariste qui a envahi le champ de l'éducation.

L'enseignement est devenu une tâche qui vise la production d'un bien de consommation : la connaissance. Cette dévalorisation des savoirs humains, de la culture générale, du savoir-vivre et être en société au profit de savoirs fonctionnels immédiatement consommés, entraîne une profonde désillusion chez les enseignantes et enseignants.

Des pistes d'action

Il ressort clairement des séminaires régionaux sur la réussite scolaire que les enseignantes et enseignants souhaitent une meilleure reconnaissance et valorisation de leur travail. Ayant établi le constat de l'isolement dans lequel ils se sentent confinés, ils se disent prêts à recréer un esprit collectif et retrouver le leadership pédagogique. Ils revendiquent le support nécessaire pour faire face aux réalités sociales de plus en plus complexes qui se répercutent dans leurs classes, nouvelles réalités qui ont contribué, au fil des ans, à alourdir leur tâche. Ils réclament davantage de moyens pour intervenir plus efficacement auprès des jeunes, car c'est la relation privilégiée qu'ils vivent avec ces derniers qui leur procure le plus de satisfaction au travail, il importe de le redire (CEQ, 1991b).

Nous retrouvons là les lignes de force devant nous guider dans la mise en oeuvre de pistes d'action afin de nous engager vers une école centrée sur les jeunes où prime la réussite du plus grand nombre.

Ainsi, en favorisant l'esprit d'équipe et la coopération de tout le personnel oeuvrant dans l'école, on pourrait améliorer les services éducatifs et la qualité de vie au travail et à l'école. Cette solidarité pourrait s'exprimer notamment autour de la problématique de l'évaluation largement décriée lors des séminaires régionaux. En effet, il devient impératif de repenser l'évaluation devenue trop lourde, trop axée sur la compétition et la performance, source de stress et de frustration autant pour les élèves que pour les enseignantes et enseignants. Il faut revoir l'évaluation en fonction des véritables besoins, ceux des jeunes d'abord, et dans la perspective d'en faire un véritable support à l'intervention pédagogique.

La volonté également exprimée par les enseignantes et enseignants d'exercer un leadership pédagogique pose toute la question de l'affirmation de leur autonomie professionnelle et de la reconnaissance de leurs compétences. Ils dénoncent le fait que leurs idées sur les réalités pédagogiques ne soient pas prises en compte par la plupart des commissions scolaires et des directions d'école qui semblent préoccupées davantage par la gestion administrative que par les questions pédagogiques. Ils souhaitent que le leadership pédagogique s'exerce en collégialité et que tout le personnel contribue significativement au projet éducatif de l'école. Malheureusement, la précarité d'emploi observée dans l'enseignement les influence directement. Elle n'incite pas à redonner aux enseignantes et enseignants un plus grand leadership pédagogique en raison des limites qu'elle impose au travail, de l'insécurité qu'elle provoque chez l'individu et de l'instabilité des services qu'elle engendre.

La situation des jeunes préoccupe les enseignantes et enseignants, qu'il s'agisse de leur réussite à l'école ou des réalités qui les confrontent. Il y a d'abord cette réalité socio-économique qui devient incontournable. Chômage, assistance sociale et pauvreté constituent le lot quotidien d'un nombre de plus en plus important d'élèves dont la motivation et le goût d'apprendre sont fortement affectés. Faire la lutte à la pauvreté devient donc un impératif. Et ce n'est qu'en accordant la priorité à des emplois stables et bien rémunérés, en améliorant le soutien aux familles et en mettant le plein emploi et la formation au coeur des préoccupations sociales que l'on pourra y parvenir.

Les enseignantes et enseignants doivent aussi s'attarder aux problèmes socio-affectifs des jeunes, aux difficultés qu'ils rencontrent dans leur cheminement scolaire, à leur estime de soi. Cela exige de pouvoir leur consacrer plus de temps, de connaître leurs attentes face à l'école, d'y créer un milieu de vie propice à leur plein épanouissement et d'offrir les services en conséquence.

Interventions souhaitées

Avec ces objectifs en tête, le développement de l'éducation préscolaire permettrait non seulement d'intervenir précocement auprès des jeunes enfants, mais pourrait faciliter l'apprivoisement de l'école et le passage en douce au primaire.

Au primaire, il est urgent de consacrer davantage d'énergie à la prévention et la correction des difficultés scolaires rencontrées par les élèves.

L'école secondaire retirerait beaucoup d'avantages à améliorer l'organisation des services complémentaires afin de favoriser le passage et l'intégration au secondaire, à un moment où l'école, comme milieu de vie, prend davantage de signification pour les jeunes au seuil de leur adolescence. L'école secondaire doit se préoccuper de développer un sentiment d'appartenance à l'école, créer un milieu de vie stimulant et motivant et reconnaître le pouvoir des jeunes dans l'école si l'on veut favoriser la persistance scolaire.

Du côté de la formation professionnelle, les exigences du développement futur du Québec et de l'insertion socioprofessionnelle des jeunes commandent de faire de cette formation un élément-clé du système éducatif (Payeur, 1990). Le réseau public d'enseignement est en mesure de relever ce défi. Il est présent sur l'ensemble du territoire québécois et peut seul assurer l'accessibilité à une formation qualifiante et transférable, peu importent la région, le niveau de qualification, le statut d'emploi ou l'importance de l'entreprise. Mais encore faut-il s'assurer que le nombre d'options disponibles en formation profession-nelle favorise une plus grande accessibilité à cette formation dans les différentes régions.

L'éducation des adultes est sans doute le secteur où l'instabilité des services et la précarité d'emploi sont les plus évidentes. Or, ce sec-teur accueille de plus en plus des décrocheuses et décrocheurs qui sont de plus en plus jeunes. Cette nouvelle réalité soulève un certain nombre de difficultés qui obligent à questionner le rôle et la place de l'éducation des adultes dans la mission éducative.

La nécessité d'un rapprochement avec la famille apparaît éga-lement essentielle à l'édification de l'école de la réussite. Il importe d'établir une meilleure communication avec les parents, de mieux défi-nir les rapports entre enseignantes, enseignants et parents dans le res-pect des compétences de chacun et de fournir un soutien à ceux qui en ont besoin pour assurer le suivi scolaire de leurs enfants. Cette volonté de rapprochement implique une véritabie interaction entre l'école, la communauté et la famille.

Enfin, il faudra se préoccuper davantage des pressions crois-santes que fait peser sur la réalité quotidienne de l'enseignement une société en mutation. Les participantes et participants aux séminaires régionaux se sont dits prêts à améliorer les pratiques pédagogiques. Ils sont conscients de l'importance d'adapter l'enseignement et l'organisa-tion scolaire aux élèves et à leurs besoins, de respecter les rythmes d'apprentissage des jeunes et de les impliquer davantage dans leur che-minement scolaire. Mais ces changements exigent qu'on révise en pro-fondeur les pratiques de perfectionnement, notamment en y intégrant du ressourcement à caractère plus social.

Dans ce domaine, le milieu universitaire a une responsabilité très grande. Malheureusement, non seulement la recherche en éduca-tion est-elle insuffisante, mais elle est souvent en marge des besoins du milieu scolaire. Un lien essentiel reste à tisser entre l'école et l'uni-versité afin que celle-ci réponde plus concrètement aux attentes de l'école et que cette dernière se montre accueillante à l'observation et à l'expérimentation. En ce sens, on ne peut que saluer la création du Centre de recherche et d'intervention sur la réussite scolaire, sis à l'Université Laval, qui s'inscrit dans ce souci de coopération du milieu scolaire et universitaire.

D'autres formules, tels le perfectionnement par les pairs et l'instauration de centres d'enseignants, soulèvent beaucoup d'intérêt chez les enseignantes et enseignants. Ce type de perfectionnement venant de personnes partageant une même réalité professionnelle et permettant de développer de nouveaux outils pédagogiques qui peuvent profiter à toutes et tous ne peut qu'entraîner des résultats bénéfiques sur les apprentissages scolaires des élèves.

Conclusion

Le rôle de l'école dans la société québécoise actuelle a été fortement questionné à travers le débat que nous avons soulevé sur la problématique de l'échec et l'abandon scolaires. Il s'avère essentiel de continuer la réflexion et de poursuivre l'action entreprise alors que l'opinion publique est davantage sensibilisée à la nécessité d'une éducation de qualité et que l'espoir renaît de refaire de l'éducation une priorité au Québec afin de relever les défis qui nous confrontent à l'aube de ce XXIe siècle.

Si la société québécoise reconnaît que l'école a des responsabilités sociales à assumer, c'est qu'elle admet que la mission de l'école est d'être d'abord et avant tout au service de la collectivité. En conséquence, nous devons lui donner les moyens de ses responsabilités, permettre au personnel qui y oeuvre de trouver plaisir à y travailler et aux élèves qui la fréquentent le goût d'y vivre pleinement et d'y apprendre avec succès.

Comme le signalait l'éminent biologiste français, Albert Jacquard, lors d'une entrevue parue en septembre dernier au sujet de la compétition qu'on inculque aux jeunes : « Il faut échapper (...) à l'idée de la compétition (...) et créer auprès de l'enfant l'émerveillement devant ce qu'il est, ce qu'il peut accomplir et devant les autres (...). La course doit se faire non pas contre les autres mais contre soi-même avec l'aide des autres. C'est la seule compétition possible et constructive »[1]. N'est-ce pas là la voie à suivre pour raccrocher l'école à sa mission fondamentale?

Note

1 La révolte d'un prof., dans Châtelaine, septembre 1991, p. 128.

Bibliographie

Berthelot, M. (1991). *Enseigner : qu'en disent les profs?* Québec : Conseil supérieur de l'éducation, Gouvernement du Québec.

Carpentier-Roy, M.-C. (1991). *Organisation du travail et santé mentale chez les enseignantes et enseignants du primaire et du secondaire,* Québec : Centrale de l'enseignement du Québec.

Centrale de l'enseignement du Québec (1988). *Faire l'école aujourd'hui,* Québec : Centrale de l'enseignement du Québec.

Centrale de l'enseignement du Québec (1991a). *Réussir à l'école, réussir l'école,* Québec : Centrale de l'enseignement du Québec.

Centrale de l'enseignement du Québec (1991b). *Donner à l'école les moyens de la réussite,* Québec : Centrale de l'enseignement du Québec.

David, H. et Payeur, C. (1991). *Vieillissement et condition enseignante,* Québec : Centrale de l'enseignement du Québec et Institut de recherche appliquée sur le travail.

Ministère de la santé et des services sociaux (1991). *Un Québec fou de ses enfants,* rapport du groupe de travail pour les jeunes, Québec : Gouvernement du Québec.

Options (1991). *La réussite à l'école,* revue semestrielle,Québec : Centrale de l'enseignement du Québec, automne 1991, pp. 7-31

Payeur, C. (1990). *S'engager pour l'avenir,* Québec : Centrale de l'enseignement du Québec.

Le personnel enseignant et la réussite scolaire

Michèle Berthelot
Agente de recherche
Conseil supérieur de l'éducation

Avant d'entrer dans le vif du sujet, précisons que les réflexions qui suivent s'appuient principalement sur les résultats d'une enquête que j'ai menée au Conseil supérieur de l'éducation (Berthelot, 1991) en vue d'alimenter le rapport annuel. *La profession enseignante : vers un renouvellement du contrat social* (CSE, 1991). La collecte de données a été réalisée entre décembre 1990 et mars 1991, au moyen d'interviews téléphoniques d'environ une demi-heure, auprès de 1142 enseignantes et enseignants du primaire, du secondaire et du collégial.

Ce texte s'intitule « Le personnel enseignant et la réussite scolaire ». Il se peut qu'aux yeux de plusieurs, le lien entre les deux termes paraisse évident. Ce serait un lien de cause à effet. C'est avant tout avec de bons professeurs, du personnel qualifié, dévoué, et à qui on offre de bonnes conditions de travail, qu'on assure la réussite scolaire des élèves. C'est aussi ce qui ressort, dit autrement, des données de notre enquête : plus des deux tiers des enseignantes et enseignants du primaire et plus des trois quarts de celles et ceux du secondaire sont d'avis que « la qualité des apprentissages des élèves dépend avant tout de la compétence du personnel enseignant ». Dans le même ordre d'idées, rares sont les enseignantes et enseignants - c'est-à-dire moins de deux sur dix - qui croient que leurs élèves pourraient se tirer d'affaire sans eux, même avec des outils d'auto-apprentissage bien faits. Compte tenu qu'en 1978 (Cormier, Lessard et Valois, 1979), la proportion d'enseignantes et d'enseignants qui croyaient en la capacité d'autodidaxie des élèves atteignait 28 %, on est amené à penser qu'ils se sentent même plus indispensables qu'avant pour assurer l'apprentissage des élèves.

Ces données illustrent que le personnel enseignant se perçoit comme un déterminant majeur de l'apprentissage ou de la réussite scolaire des élèves. Rien de bien surprenant, dans la mesure où c'est effectivement l'enseignante ou l'enseignant qui intervient directement auprès des élèves. C'est lui ou elle qui organise et supervise les activités structurées susceptibles de conduire à l'apprentissage - c'est-à-dire à une modification des représentations mentales ou des façons de faire des élèves -, qui crée le climat propice, adapte le programme et les outils en fonction des besoins de tous et chacun, ajuste la démarche

(Morissette et Gingras, 1989). En somme, c'est lui ou elle qui traduit les intentions en action tout en y ajoutant son accent particulier.

On pourrait également s'appuyer sur divers résultats de recherche pour montrer les liens étroits qui unissent la pratique enseignante et la réussite des élèves. En effet, après une vague d'études sociologiques qui ont mis l'accent sur le rôle de l'école en tant qu'institution de sélection et de reproduction sociale - c'était l'époque du « dis-moi ce que fait ton père et je te prédirai ta carrière » -, on a vu émerger d'autres thèses qui sont venues, d'une certaine manière, réhabiliter le rôle de l'école et du maître dans la performance et le cheminement scolaire des élèves. Plusieurs études se sont attardées à clarifier les liens qui unissent les facteurs psychopédagogiques et l'apprentissage. On s'entend de plus en plus pour dire que la perception qu'ont les enseignantes et les enseignants du potentiel des élèves conditionne la performance de ceux-ci (effet Pygmalion), que l'expression d'exigences claires et élevées favorise la réussite des élèves, que le feedback et le renforcement fournis par le professeur ont des effets positifs sur la motivation et le rendement scolaire, que certaines méthodes pédagogiques sont plus susceptibles que d'autres de favoriser l'apprentissage (CEQ, 1991; St-Onge, 1990; Gauthier, 1991). Une étude française est même allée jusqu'à « prouver » que c'est le maître qui fait toute la différence. La différence d'efficacité du maître expliquerait, davantage que les variables socio-économiques, les différences d'acquisitions entre les élèves. Il serait plus important de savoir dans quelle classe, et avec quel enseignant ou enseignante, un enfant est scolarisé que de savoir si son père est ouvrier ou cadre (Mingat, 1990). Une nouvelle ère s'est ouverte : « Dis-moi qui est ton prof et je te dirai ta note ».

En somme, le rôle central de l'enseignante ou de l'enseignant dans l'apprentissage des élèves semble faire l'objet d'un large consensus. On peut même dire que la qualité de l'école, voire de l'éducation, dépend pour une bonne part du personnel enseignant. C'est du moins ce qui se dégage de la plupart des rapports américains et européens des dernières années qui font du personnel enseignant l'acteur principal sur lequel il faut compter pour opérer la relance éducative qui s'impose (Lesourne, 1988; OCDE, 1990; The Carnegie Foundation, 1988).

Les données de l'enquête vont dans le même sens : une bonne partie des personnes - environ une sur deux - qui estiment que l'école s'est améliorée au cours des dernières années en attribuent d'abord les mérites au personnel enseignant, à son expérience, à son engagement, à son perfectionnement.

Voilà! On se trouve soudain pris de l'envie de décerner au personnel enseignant la médaille du mérite éducatif. Mais je suis bien tentée d'aller voir l'autre côté de la médaille et je vous invite à le faire avec moi.

En fait, je ne peux m'empêcher de penser que si j'avais intitulé ce texte « Le personnel enseignant et l'échec scolaire », on n'aurait pas été aussi enclin à postuler une relation de cause à effet (du genre : c'est parce qu'on a de mauvais profs que les élèves échouent), ni à mettre en évidence le rôle crucial du personnel enseignant dans l'échec scolaire. Pourtant, échec et réussite ne sont-ils pas les deux faces de la même médaille, les deux aboutissements, l'un heureux, l'autre malheureux, du même processus?

Peut-être refusera-t-on de me suivre sur ce terrain glissant. Cela ne me surprend pas, puisque la majorité des enseignantes et enseignants interviewés lors de l'enquête ne sont pas très chauds à l'idée de se sentir responsables du manque de motivation ou des échecs des élèves. La majorité des personnes interviewées au primaire-secondaire rejettent l'idée que « les enseignantes et enseignants qui ne réussissent pas à motiver leurs élèves ne font pas du bon travail ». Au sujet des résultats scolaires, le désir de prendre ses distances est encore plus grand. Entre huit et neuf enseignantes et enseignants sur dix sont en désaccord avec l'affirmation selon laquelle « lorsque plusieurs élèves obtiennent de mauvais résultats dans une matière, l'enseignante ou l'enseignant en est le principal responsable ».

Cette position paraît tout à fait justifiée, entre autres pour les motifs suivants :

1. Tout d'abord, il faut reconnaître la responsabilité première de l'élève dans son apprentissage : on ne peut ni étudier ni apprendre à sa place;

2. plusieurs phénomènes sociaux vont à contre-courant de l'action du personnel enseignant : par exemple, on peut penser que l'existence d'un marché d'emplois précaires et l'inexistence de perspectives d'emplois à long terme pèsent plus sur la motivation des élèves que les efforts pédagogiques du personnel enseignant;

3. le contrôle qu'exercent les enseignantes et enseignants sur l'organisation scolaire est en fait bien mince. Leur action est soumise à une multitude d'encadrements nationaux (lois, politiques, régimes pédagogiques) largement définis par d'autres. Les enseignantes et enseignants ne contrôlent pas non plus le processus de définition et de sélection des savoirs considérés comme prioritaires à l'école ni leur transformation en savoirs proprement scolaires. Même si certains membres du corps enseignant interviennent dans l'élaboration, l'expérimentation ou l'évaluation des programmes scolaires, il n'y a pas de mécanisme formel assurant leur participation effective à ce processus (Tardif, 1991);

4. de plus, la tendance à adopter, en milieu scolaire, des modes de gestion bureaucratiques aurait conduit à une standardisation et à un contrôle plus grand de l'acte d'enseigner -minutage, objectifs et contenus plus précis, supervision pédagogique, augmentation des évaluations diverses -, réduisant d'autant la marge de manoeuvre et l'autonomie des profs (Brassard, 1989; Lessard, 1991b).

En somme, si la pratique enseignante est un déterminant majeur de la réussite éducative, elle est elle-même largement déterminée. Et vlan! voilà que de coupable le personnel enseignant devient soudain victime. Il ne serait en fait que l'exécutant et non l'auteur intellectuel du crime dont on l'accuse.

Cette absence de pouvoir - qui peut conduire à une absence de sentiment de responsabilité - est clairement ressortie des données de l'enquête. À cet égard, il semble que certains déplacements s'imposent du sommet vers la base. La majorité des personnes interviewées estiment que le ministère de l'Éducation et la direction de la commission scolaire ont trop de pouvoir. Le pouvoir de la direction de l'école est également jugé excessif par plus du quart des enseignantes et enseignants du primaire et près de la moitié de ceux du secondaire. On ne trouve presque personne qui estime exagéré le pouvoir du personnel enseignant et des élèves; au contraire, plus du tiers des personnes interviewées au primaire et environ la moitié de celles du secondaire déplorent le manque de pouvoir de ces deux groupes. Une bonne partie des enseignantes et enseignants (entre quatre et sept sur dix selon l'aspect visé) sont d'avis que des aspects importants de la vie scolaire échappent à leur contrôle. Ils estiment qu'ils n'ont pas assez leur mot à dire sur le choix des programmes et des cours offerts par l'école, les politiques d'admission et de promotion des élèves, le choix de ce qu'il faut enseigner en classe et les activités des journées pédagogiques.

Ces données ont suffi à me convaincre de l'absence de pouvoir des enseignantes et enseignants ou, du moins, de leur sentiment d'absence de pouvoir. Sans doute faudrait-il cesser de les rendre coupables de tout alors qu'ils ne sont responsables que de bien peu.

Mais voilà qu'une surprise m'attendait dans le détour lorsqu'au chapitre de la satisfaction professionnelle, je découvre qu'environ neuf enseignantes et enseignants sur dix s'estiment satisfaits, voire dans le tiers des cas très satisfaits, de l'autonomie dont ils disposent.

Ce que j'ai pu en déduire, c'est que pour les enseignantes et enseignants, l'autonomie professionnelle, c'est la capacité de faire ce qu'on veut (ou ce qu'on peut compte tenu des contraintes précédemment mentionnées) entre les quatre murs de sa classe, d'avoir un espace protégé où, dans le quotidien, personne ne vient mettre directement ni ses pieds, ni son nez.

Ça m'a un peu inquiétée car, de mon point de vue, si cette marge de manoeuvre au sein de la classe est indispensable, voire inhérente à la complexité de l'acte d'enseigner, elle est loin d'être suffisante. On a beau cultiver son jardin avec soin, même en ayant le pouce vert, on n'obtiendra que de bien piètres résultats si on ne s'occupe pas d'assainir l'environnement.

En ce sens, je partage avec d'autres (Lessard, 1991a; CSE, 1991) les convictions suivantes :

1. La réussite éducative des élèves exige que l'école soit le lieu d'un projet collectif et non seulement une juxtaposition de classes;

2. cette réussite dépend autant, sinon plus, d'une collégialité enseignante et d'une concertation entre intervenantes et intervenants que des bonnes prestations individuelles de chaque enseignante ou enseignant;

3. l'expertise des enseignantes et enseignants est encore trop peu mise à contribution dans les aspects de la vie scolaire qui dépassent les préoccupations du quotidien.

En somme, je pense que tant pour l'avenir de l'éducation que pour celui de leur profession, les enseignantes et enseignants ont tout intérêt à développer un professionnalisme ouvert, de type collectif, plutôt qu'à emprunter les normes et les pratiques associées aux professions dites libérales.

Mais les enseignantes et enseignants souhaitent-ils un engagement aussi actif dans la vie scolaire? Certaines données nous amènent à conclure que non. D'une part, on remarque qu'ils sont plus enclins à dénoncer le pouvoir excessif des personnes qui les précèdent dans la hiérarchie qu'ils ne le sont à réclamer ce pouvoir pour eux-mêmes : par exemple, au primaire, plus de la moitié des enseignantes et enseignants estiment que le Ministère et la direction de la commission scolaire ont trop de pouvoir mais seulement le tiers d'entre eux considèrent que le pouvoir du personnel enseignant est insuffisant. D'autre part, les enseignantes et enseignants ne se montrent pas très intéressés à une éventuelle participation à des organismes de concertation. Les données de l'enquête révèlent que, dans l'optique d'une possible diversification de leurs tâches, le fait de représenter leurs collègues à des comités de gestion ou de concertation est l'activité qui suscite le moins d'intérêt (environ le tiers des personnes s'y montrent intéressées). Même si, selon les données de l'enquête, la majorité des enseignantes et enseignants voient plutôt d'un bon oeil les divers organismes de représentation ou de concertation qui existent en milieu scolaire - par exemple, conseil d'orientation, comité pédagogique, association pédagogique et professionnelle, syndicat -, ils semblent peu portés à vouloir s'y engager personnellement.

Bien sûr, le fait que chaque enseignante ou enseignant ne souhaite pas être délégué syndical ou représentant de ses pairs ne constitue pas en soi une menace à la qualité de l'éducation. Toutefois, le faible intérêt à l'égard de la participation aux structures de consultation et de décision n'est-il pas l'indice d'un repli sur soi, d'un abandon de son pouvoir d'infléchir la trajectoire de l'école? Comme d'autres l'ont souligné (Lessard et al., 1991), l'école québécoise y gagnerait beaucoup si la collégialité, la régulation par ajustement mutuel que le personnel enseignant a développée pour mieux intervenir en classe, s'étendaient à l'ensemble du fonctionnement de l'école.

Néanmoins, il semble que les enseignantes et enseignants soient prêts à opérer certains virages importants en matière de gestion. La majorité des personnes interviewées (entre six et sept sur dix) sont d'avis que « le personnel de direction de l'école devrait être constitué d'enseignantes et d'enseignants élus par leurs collègues, pour une période déterminée, à la suite de laquelle ils pourraient réintégrer l'enseignement ». Finis les clivages entre l'administratif et le pédagogique? Pas trop vite... En attendant ce grand jour, on se montre ouvert à participer à la sélection du personnel de direction de l'école (c'est le cas d'environ les deux tiers des personnes interviewées), mais on résiste farouchement à l'idée de s'impliquer dans la sélection des nouveaux collègues (la proposition est rejetée par six à sept répondantes et répondants sur dix). Notons au passage qu'au collégial, où cette participation au choix des futurs collègues est acquise, la presque totalité des enseignantes et enseignants souhaitent la maintenir.

Par ailleurs, les enseignantes et enseignants ne sont peut-être pas aussi foncièrement individualistes qu'on le dit parfois. Ils font même montre d'une confiance plus grande dans les savoirs d'expérience développés par leurs collègues que dans les expertises extérieures. Ainsi, c'est d'abord à d'autres enseignantes et enseignants qu'ils font appel lorsqu'ils rencontrent des difficultés dans leur pratique quotidienne. La très grande majorité des personnes interviewées se montrent également favorables au modèle de perfectionnement et d'évaluation par les pairs (création de centres d'enseignants et participation à des groupes de recherche dans le cas du perfectionnement, rencontre entre enseignantes et enseignants d'une même matière ou d'un même département dans le cas de l'évaluation).

De plus, sur le terrain plus proprement pédagogique, on peut déceler un désir des enseignantes et enseignants de s'engager dans des activités qui débordent le cadre de la classe. Dans l'éventualité d'un possible réaménagement de leurs tâches, la grande majorité des enseignantes et enseignants se disent intéressés à concevoir et à expérimenter des méthodes et matériels pédagogiques, à participer à des projets de recherche, à encadrer des élèves en difficulté et à superviser des stagiaires ou des collègues débutants. Précisons qu'ils seraient prêts à le faire dans la mesure où cela ne conduirait pas à l'augmentation de leur charge, charge déjà considérée comme trop lourde par environ la moitié d'entre eux.

Bien sûr, c'est avant tout parce qu'elles permettraient de ne pas toujours faire la même chose et aussi de voir reconnue l'expertise développée au fil des années de pratique que ces activités suscitent l'intérêt des enseignantes et enseignants. On le comprend facilement quand on constate que l'absence de diversification des tâches, de possibilités de promotion et de reconnaissance sociale soulève l'insatisfaction de la majorité d'entre eux. Il ne faut cependant pas négliger ce que ces activités représentent comme enjeux pour la profession enseignante, au-delà de l'amélioration des cheminements de carrière. C'est le contrôle sur la production des savoirs pédagogiques, sur les mécanismes d'insertion dans la profession et sur leurs propres outils de travail, que les enseignantes et enseignants se trouveraient ainsi à augmenter.

Il est permis de penser que les enseignantes et enseignants, aussi altruistes qu'ils soient de par les exigences mêmes de leur profession, n'orienteront leur pratique dans le sens d'un engagement plus global que s'ils y trouvent un intérêt pour eux-mêmes, notamment sur le plan de leur cheminement de carrière. Mais si, par ce biais, on en arrivait à accroître cette collégialité qui puisse faire de l'école un projet collectif (il ne faudrait pas, de l'autre côté, la détruire par la prolifération de la précarité), si on en arrivait à une meilleure utilisation de l'expertise du personnel enseignant pour la solution des problèmes de l'école, ne serions-nous pas déjà plus près du but?

Bien sûr, il y a encore des débats à faire et des pratiques à changer au sein du corps enseignant pour que ce professionnalisme collectif prenne de l'ampleur. Toutefois, dans la conjoncture actuelle, je suis plutôt d'avis qu'au lieu d'exiger des enseignantes et enseignants ce qu'ils n'ont pas envie de donner, on devrait plutôt éviter de gaspiller ce qu'ils sont disposés à offrir. Cela permettrait peut-être de « déplacer la frontière entre la fatalité et le pouvoir » (Meirieu et al., 1987), premier pas vers une école de la réussite.

Bibliographie

Berthelot, M. (1991). *Enseigner : qu'en disent les profs?*, Québec : Conseil supérieur de l'éducation.

Brassard, A. (1989). *L'utilisation des technologies du traitement de l'information à des fins de gestion et la progression « en arrière » de la gestion scolaire,* Communication présentée au Congrès sur la recherche en éducation, Sherbrooke.

Centrale de l'enseignement du Québec (1991). *Réussir à l'école - Réussir l'école,* Québec : Centrale de l'enseignement du Québec.

Conseil supérieur de l'éducation (1991). *Rapport annuel 1990-1991 sur l'état et les besoins de l'éducation - La profession enseignante : vers un renouvellement du contrat social,* Québec : Conseil Supérieur de l'Éducation.

Cormier, R. A. et al. (1979). *Les enseignantes et enseignants du Québec - Une étude socio-pédagogique,* Québec : ministère de l'Éducation du Québec.

Gauthier, C. (1991). *La raison du pédagogue,* Communication prononcée au colloque « Les savoirs des enseignants, la formation et les fondements de leur compétence professionnelle », Sherbrooke.

Lesourne, J. (1988). *Éducation et société, les défis de l'an 2000,* Paris : Édition La Découverte/Le Monde.

Lessard, C. (1991). Les conditions d'une nouvelle professionnalité dans l'enseignement, *Vie pédagogique,* Montréal : ministère de l'Éducation du Québec, pp. 18 à 23.

Lessard, C. (1991). Le travail enseignant et l'organisation professionnelle de l'enseignement, perspectives comparatives et enjeux actuels, *La profession enseignante au Québec - Enjeux et défis des années 1990,* sous la direction de Claude Lessard et al., Québec : IQRC, pp. 15-40.

Lessard, C. et al. (1991). Pratiques de gestion, régulation du travail enseignant et nouvelle professionnalité, *La profession enseignante au Québec - Enjeux et défis des années 1990,* sous la direction de Claude Lessard et al., Québec : IQRC, pp. 69 à 91.

Meirieu, P. et Rauche, N., (1987). *Réussir à l'école : des enseignants relèvent le défi,* Bruxelles : Vie ouvrière.

Mingat, A. (1990). La personnalité du maître, *L'enseignant dans la société,* sous la direction de Jean-Michel Leclerc et Christiane Rault, Paris : La documentation française, pp. 31 à 33.

Morissette, D. et Gingras, M. (1989). *Enseigner des attitudes? Planifier, intervenir, évaluer,* Bruxelles/Québec : De Boeck/PUL.

OCDE (1990). *L'enseignant aujourd'hui,* Paris.

St-Onge, M. (1990). *La compétence des professeurs,* Communication présentée au colloque de l'Association québécoise de pédagogie collégiale, Québec.

Tardif, M. et al. (1991). Les enseignants des ordres d'enseignement primaire et secondaire face aux savoirs. Esquisse d'une problématique du savoir enseignant, *Sociologie et sociétés,* vol. XXIII, no 1, pp. 55-69.

The Carnegie Foundation for the Advancement of Teaching (1988). *The Condition of Teaching, A State by State Analysis.*

Proposition d'un modèle d'intégration scolaire et ses caractéristiques d'intervention en classe, avec les parents et l'orthopédagogue

Lise Saint-Laurent[1], **professeure**
Département de psychopédagogie
Faculté des sciences de l'éducation
Université Laval

En 1979, le gouvernement québécois publiait sa politique relative aux élèves en difficulté d'adaptation et d'apprentissage qui visait leur intégration dans le milieu scolaire le plus normal possible. Depuis, on a assisté à une diminution importante du nombre de classes et d'écoles spéciales et au développement de services éducatifs adaptés, de plus en plus souvent offerts par les titulaires de classes régulières. Parallèlement, on a constaté une augmentation très importante du nombre d'élèves officiellement identifiés par les commissions scolaires comme présentant des difficultés d'apprentissage et de comportement. Les récentes statistiques du ministère de l'Éducation, pour l'année scolaire 1989-1990, indiquent qu'environ 12 % des élèves québécois du primaire et du secondaire, soit 132 000, sont en difficulté. Leur nombre, malgré les efforts des dix dernières années, demeure donc très élevé et l'importance de revoir, d'évaluer et de développer des interventions pédagogiques adaptées est de première importance. On ne peut nier le coût social élevé que représente l'échec de l'intervention pédagogique auprès de ces élèves. Le Conseil supérieur de l'Éducation du Québec (1989), dans son rapport annuel sur l'état et les besoins de l'éducation, révèle que dès la troisième année, 11,2 % des élèves présentent un retard scolaire et que près du double de ce nombre, soit 20 500 environ (22,1 %), démontrent ce type de retard lors du passage au secondaire. Cette réalité se traduit par l'abandon scolaire de plusieurs d'entre eux. Qui plus est, le coût du redoublement (reprise d'année) pour le système scolaire québécois est fort élevé. Dans une étude récente (MEQ, 1990), on l'a évalué à plus de 500 000 000 $ pour l'année 1989-90 seulement.

Malgré la pertinence de la politique d'intégration scolaire de l'élève présentant un retard scolaire, il semble évident que le fait de le

239

placer dans une classe régulière ne suffit pas à répondre à ses besoins particuliers. Il faut rendre plus adéquates les interventions pédagogiques. L'exploration de voies nouvelles d'intervention pour favoriser la réussite scolaire devient une préoccupation commune entre chercheurs, milieux scolaires et organismes gouvernementaux.

Plusieurs intervenants et chercheurs sont unanimes à reconnaître l'importance d'intervenir efficacement dès le primaire pour contrer et prévenir le développement de retards d'apprentissage qui par la suite viennent compromettre significativement la poursuite d'études secondaires (Richek, List et Lerner, 1989; Wallace et Kauffman, 1986; Ysseldyke et Algozzine, 1984; Zin, Curtis, Graden et Ponti, 1988). Cet exposé a comme objectif de présenter un modèle d'intervention au primaire visant à prévenir l'échec et l'abandon scolaires. Après avoir discuté du malaise ressenti par les enseignantes et enseignants du primaire face aux élèves en difficulté, les composantes de ce modèle d'intégration scolaire seront présentées. Par la suite, les avantages du modèle proposé seront discutés.

La très grande majorité des enseignantes et enseignants québécois n'ont malheureusement pas reçu de formation particulière pour intervenir auprès des élèves en difficulté d'apprentissage. Les enseignantes et enseignants possèdent un répertoire d'habiletés pédagogiques qui semble limité pour répondre à l'élève présentant un retard ou une difficulté scolaire, lequel a des besoins éducatifs particuliers. Ce constat est fréquemment formulé par les milieux scolaires, les gens préoccupés par la formation du personnel enseignant et le ministère de l'Éducation du Québec. En 1987-88, une enquête menée par le MEQ (Lapierre, 1988) indique que les commissions scolaires ne remettent pas en cause la politique d'intégration scolaire et ses objectifs mais constatent qu'un obstacle majeur à son implantation est le manque d'aide et de savoir-faire pédagogique ressenti par des enseignantes et enseignants qui, quotidiennement, ont à oeuvrer auprès d'élèves aux prises avec des difficultés d'adaptation et d'apprentissage. Des éclairages pédagogiques sont donc souhaitables pour orienter le milieu scolaire vers des pratiques plus efficaces, aspect qui touche de près les préoccupations des enseignantes et des enseignants (Lapierre, 1988).

La tendance actuelle en recherche, dans l'intervention pédagogique auprès des élèves en difficulté, est de favoriser les activités dans la classe régulière d'où l'élève doit sortir le moins possible. Ainsi, les services à lui offrir gravitent autour de cette cellule qu'est la classe régulière. Le schéma suivant présente un modèle d'intervention et de services basé sur les résultats des recherches des dernières années dans le domaine de l'adaptation scolaire.

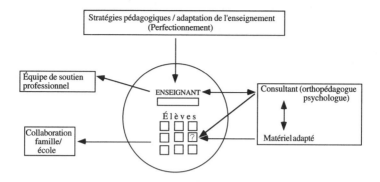

Voyons chacune de ses composantes, en commençant par l'**adaptation de l'enseignement**. Pour qu'un élève présentant un retard scolaire progresse bien dans ses apprentissages, il ne suffit pas qu'il soit placé dans un groupe d'élèves réguliers. L'enseignante ou l'enseignant doit aussi adapter, modifier son enseignement pour répondre à ses besoins particuliers (Baker et Zigmund, 1990; Lewis et Doorlag, 1987; Switzky et Schultz, 1988; Wood,1985). La nécessité d'**individualiser les objectifs** d'apprentissage constitue le point de départ de l'adaptation de l'enseignement (Goupil, 1991; Turnbull, Strickland et Brantley, 1978). L'**évaluation précise et fréquente des progrès** de l'élève par rapport à ces objectifs est primordiale pour une intervention efficace (Berdine et Meyer, 1987; Hilton, 1987; Wood, 1985). Plusieurs recherches ont démontré l'efficacité de l'**apprentissage coopératif** dans lequel des élèves de différents niveaux d'habileté travaillent en équipe pour la réalisation d'un travail commun (Abrami et al., 1990; Hill et Hill, 1990; Johnson et Johnson, 1986; Slavin, 1990). L'apprentissage coopératif favorise de plus les relations interpersonnelles dans la classe et une meilleure acceptation de l'élève en difficulté par ses pairs. Le **tutorat par les pairs** constitue une autre stratégie fort intéressante à utiliser en classe régulière. En fonction d'un horaire préétabli, l'élève ayant des retards pédagogiques est aidé dans ses apprentissages par un élève de sa classe ou d'une classe plus élevée (C.E.C.M., 1985; Lawrence, 1988; Lewis et Doorlag, 1987). Le tutorat s'est avéré efficace sur le plan des apprentissages dans plusieurs études (Reisberg et Wolf, 1988). Il entraîne également des effets positifs sur le plan social pour l'élève en difficulté d'apprentissage. **L'intervention cognitive/ métacognitive** constitue le développement le plus récent dans la recherche sur l'enseignement aux élèves en difficulté d'apprentissage (Palinscar, 1986; Paris et al., 1987; Pressley et al., 1990; Vézina et Saint-Laurent, 1991). Ce type d'intervention vise à développer des stratégies cognitives planifiées et efficaces chez l'élève en difficulté, à lui apprendre à gérer sa démarche d'apprentissage. Par exemple, on lui enseignera les étapes à suivre pour trouver une idée principale dans un texte. L'intervention métacognitive en classe signifie que l'enseignante ou l'enseignant entraîne l'élève à devenir conscient du « comment » il procède dans une tâche scolaire donnée, cet entraînement doit faire partie intégrante de l'enseignement. Pour développer ces nouveaux savoir-faire, les enseignantes et enseignants ont besoin de formation et par la suite de supervision. Ils doivent également pouvoir compter sur une aide réelle de personnes-ressources car ce travail s'avère être un alourdissement non négligeable de leur tâche (Coates, 1989; Lapierre, 1988; Semmel, Abernathy, Butera et Lesar, 1991). Deux modèles d'aide sont proposés dans les écrits, soit l'orthopédagogue consultant (« consultant teacher ») et l'équipe de soutien professionnel (« teacher assistance teams »).

L'orthopédagogue consultant signifie que l'élève en difficulté n'est plus sorti de la classe pour recevoir une aide adaptée à ses besoins. Les recherches indiquent de plus en plus que l'utilité de l'orthopédagogue est de beaucoup supérieure quand elle ou il joue le rôle de personne-ressource au service des enseignantes et enseignants (Affleck, Madge, Adams et Lowenbraun, 1988; Lowitt, 1989; Wang et Birch; 1984a; 1984b). Elle ou il est un consultant auprès de l'enseignante ou de l'enseignant et peut aussi intervenir en classe (Idol, 1988). Une autre de ses tâches sera d'apporter une aide dans l'adaptation du matériel pédagogique. Son rôle est de rendre la classe régulière la plus efficace pour l'élève en difficulté (Huefner, 1988). L'efficacité de ce type de service a été démontrée dans de nombreuses études (Fitzbach, 1990; Idol-Maestas et Jackson, 1983; Medway et Updyke, 1985).

Constituée d'environ trois enseignantes et enseignants élus par leurs pairs, l'**équipe de soutien professionnel** conseille et aide les enseignantes et enseignants de la classe régulière dans leurs interventions auprès des élèves en difficulté. L'équipe d'aide professionnelle (« teacher assistance team ») est un type de service qui a été implanté dans plusieurs états américains (Lovitt, 1989). Les recherches effectuées à ce jour indiquent que ce type de service est très prometteur (Lovitt, 1989; Sebastian, 1984).

La collaboration famille-école est une autre dimension considérée comme primordiale pour la réussite scolaire de l'élève en difficulté (Instructor, 1987). Les parents constituent la clé de voûte d'une intervention efficace (Coates, 1989; Saint-Laurent, Giasson et Royer, 1990; Seligman et Darling, 1989; Thomas, 1980; Wood, 1981). Il est connu que la présence d'un enfant ayant des troubles d'apprentissage affecte les parents et la dynamique familiale (Waggoner et Wilgosh, 1988). Ce partenariat famille-école n'est pas toujours facile ou possible. Mais on doit tout mettre en oeuvre pour que cette impossibilité ne soit pas le fait de l'école mais qu'au contraire, celle-ci soit prête à profiter de la moindre chance de collaboration qui s'offre du côté des parents. Une bonne collaboration avec l'école soutiendra les parents et pourra les rendre plus efficaces pour intervenir auprès de leur enfant. La collaboration famille-école peut prendre la forme d'échanges d'information, d'une implication des parents dans le plan d'intervention de leur enfant ou de leur participation à un programme d'entraînement (Shea et Bauer, 1985). On peut distinguer deux types de programmes d'entraînement : ceux visant à développer les habiletés des parents afin qu'ils aident plus efficacement leur enfant dans ses apprentissages scolaires et ceux ayant pour but de les habiliter à mieux intervenir au niveau du comportement de leur enfant.

Nous concluons en soulignant les avantages du modèle proposé. Ce modèle d'intervention est basé sur les résultats de recherches. En effet, il met en place les principales conditions identifiées par les recherches des dernières années comme les plus efficaces pour aider les élèves en difficulté et ainsi favoriser la réussite du plus grand nombre. Il est applicable en milieu scolaire et a l'avantage de ne pas impliquer de coût additionnel au système scolaire car il nécessite un redéploiement en vue d'une meilleure utilisation des ressources actuellement disponibles. Ce modèle d'intervention mise beaucoup sur les intervenants naturels auprès de l'enfant en difficulté : enseignantes et enseignants de la classe régulière et parents. L'intervention du spécialiste qu'est l'orthopédagogue y est redéfinie dans cette optique.

Au cours des trois prochaines années, l'équipe de recherche à laquelle nous sommes rattachée développera et évaluera l'efficacité de ce modèle novateur d'intervention auprès d'élèves en difficulté d'apprentissage de niveau primaire. Ce projet de recherche impliquera une collaboration importante avec le milieu et différents partenaires du monde de l'éducation.

---

1 Lise Saint-Laurent est membre du GRIED (Groupe de Recherche sur l'intervention auprès des élèves en difficulté).

Bibliographie

Abrami, P.C. et al. (1990). *Using Cooperative Learning,* Montréal : Centre for the Study of Classroom Processes, Education Department, Concordia University.

Affleeck, J.Q. et al. (1988). Integrated Classroom versus Resource Model : Academic Viability and Effectiveness, *Exceptional children,* 54, pp. 339-348.

Baker, J.M. et Zigmund, N.Z. (1990). Are Regular Education Classes Equipped to Accomodate Students with Learning Disabilities, *Exceptional Children*, 36, pp. 515-526.

Beck, R. (1985). *Responding to Individual Diffferences in Education : Project RIDE*, Helena, Montana : Office of the Superintendent of Public Instruction, State of Montana.

Berdine, W.H. et Meyer, S.A. (1987). *Assessment in Special Education*, Boston : Little, Brown and Company.

Coates, R.D. (1989). The Regular Education Initiative and Opinions of Regular Classroom Teachers, *Journal of Learning Disabilities*, 22, pp. 532-536.

Commission des écoles catholiques de Montréal (1985). *Le tutorat*, Montréal : C.E.C.M., Bureau de ressources en développement pédagogique et en consultation personnelle.

Conseil supérieur de l'Éducation (1989). *Rapport annuel 1988-1989 sur l'état et les besoins de l'éducation*, Québec : Gouvernement du Québec.

Fewell, R.R. et Vadasy, P.F. (1986). *Families of Handicapped Children*, Austin, TX : PRO-ED.

Fitzbach, M.L. (1990). *L'utilisation de la mini-entrevue par les orthopédagogues : Trois études de cas*, mémoire de maîtrise présenté à la Faculté des Sciences de l'Éducation de l'Université Laval, Ste-Foy.

Goupil, G. (1991). *Le plan d'intervention personnalisé en milieu scolaire*, Boucherville : Gaétan Morin.

Hill, S. et Hill, T. (1990). *The Collaborative Classroom. A Guide to Cooperative Learning*, Portsmouth, NH : Heinemann.

Hilton, A. (1987). Evaluating the Mainstreamed Student in the Regular Classroom, *A Journal for Remedial Education and Counseling*, 3, pp. 85-88.

Huefner, D.S. (1988). The Consulting Teacher Model : Risks and Opportunities, *Exceptional Children*, 54, pp. 403-414.

Idol, L. (1988). A Rationale and Guidelines for Establishing Special Education Consultation Programs, *Remedial and Special Education*, 9, pp. 48-58.

Idol-Maestas, L. et Jackson, S. (1983). *Special Educator's Consultation Handbook*, Rockville, ND : Aspen Systems.

Idol-Maestas, L. et Ritter, S. (1985). A Followup Study of Resource-Consultant Teachers : Factors that Facilitate and Inhibit Teacher Consultation, *Teacher Education and Special Education*, 8, pp. 121-131.

Johnson, D.W. et Johnson, R.T. (1986). Impact of Classroom Organization and Instructional Methods of the Effectiveness of Mainstreaming, in *Mainstreaming Handicapped Children : Outcomes, Controversies and New Directions*, C. J. Meisel, Hillsdale, NJ : Lawrence Erlbaum Associates, pp. 219-250.

Lapierre, R. (1988). Services et ressources accessibles aux élèves en difficulté d'apprentissage, *Vie pédagogique*, 56, pp. 19-21.

Lawrence, P.A. (1988). Basic Strategies for Mainstream Integration, *Academic Therapy*, 23, pp. 349-355.

Lewis, R.B. et Doorlag, D.H. (1987). *Teaching Special Students in the Mainstream*, Columbus, OH : Merrill.

Lovitt, T.C. (1989). *Introduction to Learning Disabilities*, Boston : Allyn and Bacon.

Medway, F.J. et Undyke, J.F. (1985). Meta-analysis of Consultation Outcome Studies, *American Journal of Community Psychology*, 13, pp. 489-505.

Ministère de l'Éducation du Québec (1990). *Le redoublement dans les commissions scolaires du Québec : Le coût pour l'année 1989-1990 et l'incidence sur le retard scolaire*, Québec : Gouvernement du Québec.

Ministère de l'Éducation du Québec (1989). *Instruction annuelle 89-90 : Organisation des activités préscolaires, primaires et secondaires*, Québec : Gouvernement du Québec.

Moore, M.W. (1984). *School Consultation Support Services Program*, Pittsburgh : University of Pittsburgh, Program in Special Education.

Palincsar, A. (1986). Metacognitive Strategy Instruction, *Exceptional Children*, 53, pp. 118-124.

Paris, S. et al. (1987). *Meta-cognition : A Review of Research on Metacognition and Reading*, Conférence présentée à l'Annual Meeting of National Reading Conference, St-Petersburg, FL.

Pressley, M. et al. (1990). *Cognitive Strategy Instruction that Really Improves Children's Academic Performance*, Cambridge, MA : Brookline Books.

Reisberg, L. et Wolf, R. (1988). Instructional Strategies for Special Education Consultants, *Remedial and Special Education*, 9, pp. 29-40.

Richek, M.A. et al. (1989). *Reading Problems. Assessment and Teaching Strategies*, Englewood Cliffs, NJ : Prentice Hall.

Saint-Laurent, L. et al. (1990). Stabilité affective et rendement scolaire, *Vie pédagogique*, 68, pp. 37-40.

San Nicolas, G.C. et al. (1986). *University of Pittsburgh School Consultant Training Program : Validating Curriculum Objectives and*

Consultant Statements, Pittsburgh : Department of Special Education, University of Pittsburgh.

Sebastian, J. (1984). The Teacher Assistance Team, *The Special Educator,* 4, pp. 2-4.

Seligman, H. et Darling, R. B.(1989). *Ordinary Families Special Children : System Approach to Childhood Disability,* New-York : Guilford Press.

Semmel, M.I. et al. (1991). Teacher Perceptions of the Regular Education Initiative, *Exceptional Children,* 58, pp. 9-23.

Shea, T.M. et Bauer, A.M. (1985). *Parents and Teachers of Exceptional Students. A Handbook for Involvement,* Boston : Allyn and Bacon, Inc.

Slavin, R. E. (1990). *Cooperative Learning. Theory, Research, and Practice,* Englewood Cliffs, NJ : Prentice Hall.

Switzky, H.N. et Schultz, G.F. (1988). Intrinsic Motivation and Learning Performance : Implication for Individual Educational Programming for Learners with Mild Handicaps, *Remedial and Special Education,* 9, pp. 7-14.

Thomas, W.B. (1981). Parental and Community Involvement : RX for Better School Discipline, *Phi Delta Kappan,* 62, pp. 20-204.

Turnbull, A.P. et al. (1978). *Developing and Implementing Individualized Education Programs,* Columbus, OH : Merrill.

Vézina, H. et Saint-Laurent, L. (1991). Intervention cognitive auprès de l'élève en difficulté, *Québec Français,* Automne, pp. 59-57.

Waggoner K. et Wilgosh, L. (1990). Concerns of Families of Children with Learning Disabilities, *Remedial and Special Education,* 23, pp. 97-98, 113.

Wallace, G. et Kauffman, J.M. (1986). *Teaching Students with Learning and Behavior Problems,* Columbus, OH : Merrill.

Wang, M. et Birch, J.W. (1984). Comparaison of Full-time Mainstreaming Program and a Resource Room Approach, *Exceptional Children,* 51, pp. 33-40.

Wood, C. (1981), The Effects of Parent Involvement on Reading Readiness Scores, in *Parent Participation-Student Achievement: The Evidence Grows,* A. Henderson, Columbia, MD : National Committee for Citizens in Education.

Wood, J.W. (1985). *Adapting Instruction for the Mainstream,* Columbus, OH : Merrill.

Ysseldyke, J.E. et Algozzine, B. (1984). *Introduction to Special Education,* Boston : Houghton Mifflin Company.

Zin, J.E. et al. (1988). *Helping Students Succeed in the Regular Classroom,* San Francisco : Jossey-Bass Publishers.

QUATRIÈME PARTIE

Des stratégies adaptées

Inventaire des pratiques favorisant la réussite scolaire dans les écoles primaires et secondaires du Québec

Roland Ouellet, professeur
Département d'administration et politique scolaires
Faculté des sciences de l'éducation
Université Laval

Christian Payeur, conseiller
Centrale de l'enseignement du Québec
Chercheur au CRIRES

Comme son nom l'indique, le Centre de recherche et d'intervention sur la réussite scolaire (CRIRES) s'est donné comme objectifs non seulement de développer les connaissances nécessaires à la compréhension des questions de réussite et d'échec, de persévérance et d'abandon scolaires, mais aussi de produire des outils concrets d'intervention pour appuyer les intervenantes et les intervenants dans la résolution de leurs problèmes pratiques. Cette deuxième catégorie d'objectifs signifie même que le Centre cherchera en concertation avec les intervenantes et les intervenants à expérimenter de nouvelles approches pour résoudre les problèmes d'échec et d'abandon scolaires et à évaluer les expériences déjà menées dans les écoles.

Avant de s'engager dans de telles démarches, il est apparu essentiel de connaître ce qui se faisait dans le milieu comme expériences destinées à lutter contre l'échec et l'abandon scolaires. On savait que plusieurs projets intéressants se déroulaient dans les écoles primaires et secondaires québécoises depuis longtemps mais sans qu'on puisse disposer d'outil faisant l'inventaire de ces projets[1]. C'est pour combler ce vide qu'une équipe du CRIRES s'est engagée dans la réalisation de cet inventaire des pratiques favorisant la réussite scolaire dans les écoles primaires et secondaires du Québec[2]. Ce travail de recherche, qui a reçu l'appui financier du Ministère Emploi et Immigration Canada dans le cadre de son programme « L'école avant tout », s'est déroulé d'avril à novembre 1991.

Nous essayerons dans ce texte de faire état des résultats de cette étude, après avoir précisé préalablement les objectifs spécifiques poursuivis dans ce travail d'inventaire et décrit la démarche méthodologique utilisée.

Déroulement de la recherche

1. Les objectifs de l'étude

Comme l'indique le titre même de l'étude, le premier objectif consistait à recenser l'ensemble des pratiques favorisant la réussite scolaire dans les commissions scolaires du Québec, au préscolaire, primaire et secondaire.

Un second objectif consistait à produire un fichier des intervenantes et intervenants actifs dans la lutte à l'échec et à l'abandon scolaires. Ainsi, cette recension devait permettre de mettre au point un outil pour rejoindre les forces vives agissant au Québec sur cette question. À plus long terme, le CRIRES poursuit même l'idée de créer, à partir de cette base de données, un réseau informatisé d'échanges sur cette question.

En troisième lieu, l'inventaire cherchait à briser l'isolement dans lequel se trouvent les intervenantes et les intervenants qui travaillent à contrer l'échec et l'abandon scolaires et à assurer éventuellement une mobilisation des agentes et agents d'éducation autour de cette question. Le constat d'isolement des gens du milieu était ressorti clairement des témoignages des participantes et participants des séminaires régionaux organisés par la Centrale de l'enseignement du Québec (CEQ) sur la réussite scolaire, au printemps et à l'automne 1991.

Au plan plus opérationnel, l'inventaire avait pour objectifs :

- d'inventorier les projets en cours, de les décrire et de les classer;

- de recenser la documentation disponible sur ces projets et

- de constituer une banque de données sur les intervenantes et les intervenants qui, dans les commissions scolaires, réalisent des activités ayant pour objectif de favoriser la réussite scolaire.

2. La méthodologie

2.1 Nature de la recherche

Il est bon de rappeler au départ certaines caractéristiques de cette étude de façon à pouvoir l'apprécier à sa juste valeur. La première chose importante à dire, c'est qu'il s'agit d'une recherche **exploratoire**. D'autre part, il est clair dans l'esprit de l'équipe de recherche que la démarche de recension entreprise n'a pas la prétention d'être **exhaustive**. Toutefois, compte tenu du nombre de projets recueillis et des moyens qui ont été utilisés pour la collecte, l'ensemble nous apparaît donner **un bon aperçu des actions menées** à la base et constituer un portrait assez fidèle de ce qui se fait.

Cette étude a aussi un caractère **descriptif** au sens où elle vise à décrire les projets le plus clairement possible mais aussi de **façon succincte**. Par ailleurs, les descriptions faites **ne constituent en aucune façon des évaluations** des expériences portées à notre connaissance. Il ne s'agissait donc pas de juger, ni d'accréditer les interventions identifiées quoique, à certains moments, il est devenu assez évident, aux yeux des membres de l'équipe de recherche, que les projets n'avaient pas tous le même potentiel novateur, ni la même portée en termes de résultats réels ou escomptés.

Quoi qu'il en soit, l'équipe de recherche estime qu'il s'agit d'un inventaire **significatif** qui vient contrebalancer certaines critiques qui sont souvent **adressées à l'école et qui témoigne du dynamisme et du professionnalisme des agents éducatifs**. C'est aussi, ose-t-on croire, un inventaire **utile** dans la mesure où il suggère de **nombreuses pistes d'intervention** et de recherche susceptibles d'éclairer les choix en matière d'éducation.

2.2   Population visée

L'inventaire s'adressait à toute personne oeuvrant à l'éducation d'élèves du primaire et du secondaire fréquentant les écoles publiques des commissions scolaires du Québec, qui estime avoir élaboré ou mis en oeuvre des actions novatrices ou originales de lutte à l'échec scolaire. Il est clair qu'en laissant aux personnes intéressées le soin de s'exprimer et d'interpréter le caractère novateur ou original de leurs pratiques, il devenait impossible de tracer avec exactitude les contours de la population visée et de la chiffrer avec précision.

2.3   Collecte de l'information

2.3.1   Grille de renseignements

L'information a été recueillie à partir d'une grille de renseigne-ments dans laquelle on demandait :

-    d'identifier le projet;

- d'en décrire les objectifs, la durée, l'approche ou les actions privilégiées, la clientèle visée;

- d'identifier toute documentation ou autre source d'information relative au projet;

- d'en préciser le lieu de réalisation et

- de fournir le nom et les coordonnées d'une personne-ressource.

2.3.2 Moyens de communication

Divers moyens de communication ont été utilisés en vue de rejoindre la population qui était visée. Comme cette population restait en quelque sorte indéterminée, il a été décidé de recourir à plusieurs canaux de communication pour inviter les gens à nous faire part de leurs projets.

Plusieurs organismes ont apporté leur collaboration à cette opération : la Fédération des enseignantes et enseignants de commissions scolaires (FECS-CEQ), la Fédération des professionnelles et professionnels de l'éducation du Québec (FPPE-CEQ), la Centrale de l'enseignement du Québec (CEQ) (lors des séminaires régionaux sur la réussite scolaire), la Fédération des commissions scolaires du Québec (FCSQ), la direction des réseaux du ministère de l'Éducation du Québec (MEQ), les directions d'écoles.

L'information ainsi recueillie nous est parvenue par voie postale. Toutefois, dans plusieurs cas, il nous a fallu communiquer avec les responsables des projets pour préciser ou compléter l'information. Cependant des limites de temps et de ressources ne nous ont pas permis de contacter par téléphone l'ensemble des personnes qui nous ont répondu.

2.4   Classement des projets

La typologie qui a été utilisée pour classer les projets a été construite de **manière inductive,** dans la mesure où elle résulte de l'examen des objectifs et orientations des diverses expériences qui nous ont été soumises. Le mode de classement a donc été établi **suite à une analyse de contenu** des projets et non pas d'après une typologie a priori.

Le Tableau 1 donne la liste des différentes catégories de classement qui ont été utilisées. Deux catégories majeures ont servi à classifier les projets :

1) ceux qui s'inscrivent à l'intérieur du curriculum normalisé et

2) ceux qui se réalisent à l'intérieur d'un curriculum adapté.

Pour connaître les diverses sous-catégories, on peut consulter le Tableau 1.

Tableau 1

Classement des projets

1. Les projets s'inscrivant à l'intérieur du curriculum normalisé, c'est-à-dire celui où l'élève poursuit un cheminement standard, uniforme vers l'obtention d'un diplôme.

   1.1 Les projets de motivation visant à assurer le suivi, l'encadrement, la stimulation, l'épanouissement de l'élève.

   1.2 Les projets pédagogiques visant à faciliter les apprentissages et à prévenir l'échec.

   1.3 Les projets d'intervention auprès des élèves en difficulté, c'est-à-dire ceux qui cherchent à corriger des situations problématiques en misant sur :

      1.3.1 le support pédagogique ou l'encadrement des apprentissages;

      1.3.2 le support psychosocial ou le soutien aux élèves éprouvant des difficultés personnelles et sociales;

      1.3.3 les actions de dépistage et d'accompagnement des jeunes en difficulté. Ces projets ont pour objectifs d'identifier les élèves en difficulté et de les orienter vers les classes ou les services spécialisés.

2. Les projets réalisés à l'intérieur d'un curriculum adapté, c'est-à-dire celui où évolue l'élève qui, étant donné ses caractéristiques personnelles et ses antécédents scolaires ne peut satisfaire aux exigences du curriculum normalisé.

   2.1 Les projets d'enseignement qui consistent en l'aménagement de cadres scolaires particuliers dont les objectifs sont :

      2.1.1 la réintégration au curriculum normalisé : projets offrant les conditions de rattrapage et de réintégration du cheminement régulier;

2.1.2 l'obtention d'un diplôme à l'intérieur d'un curriculum adapté;

2.1.3 l'acquisition rapide d'autonomie, favorisant l'insertion sociale et professionnelle des jeunes.

2.2 Les projets d'accompagnement ou ceux qui offrent des services ponctuels aux élèves évoluant dans un curriculum adapté :

2.2.1 projets menés par le milieu scolaire;

2.2.2 projets menés par des organismes communautaires.

Les résultats de l'inventaire

1. Le nombre de projets

Comme l'indique le Tableau 2, notre inventaire nous a permis de répertorier 232 projets dont 54 concernent le primaire, 160 le secondaire et 18 les deux ordres d'enseignement. Par ailleurs, à l'examen des projets, il est apparu assez évident que plusieurs pouvaient être classifiés dans plus d'une catégorie. C'est ce que nous avons fait et c'est ce qui explique que le nombre total de fiches-projets se chiffre à 272 comme le précise le Tableau 3.

Tableau 2

Nombre de projets selon l'ordre d'enseignement

ORDRE D'ENSEIGNEMENT	NOMBRE DE PROJETS
Primaire	54
Secondaire	160
Primaire et secondaire	18
TOTAL	232

Tableau 3

Nombre de projets par catégorie

Catégorie	Nombre total de fiches projets	Nombre de projets appartenant à une autre catégorie	Nombre de projets appartenant à deux autres catégories
1.1	27	2	1
1.2	36	2	0
1.3.1	36	4	1
1.3.2	14	3	0
1.3.3	22	2	0
2.1.1	35	2	12
2.1.2	30	5	12
2.1.3	31	3	11
2.2.1	30	5	2
2.2.2	11	0	0
Total	272	28	39

2. L'hétérogénéité des projets

Une première caractéristique qui ressort des résultats réside dans la très grande hétérogénéité des projets. Plusieurs facteurs contribuent à la différenciation des pratiques et approches les unes par rapport aux autres.

Mentionnons notamment :

- l'ampleur des projets (nombre d'élèves, localisation du projet : classe, école, commission scolaire, etc.);

- le groupe d'élèves visés (âge, niveau, profil);

- la perception de la problématique de la réussite scolaire (préventive ou curative);

- les ressources humaines engagées dans la réalisation du projet (en équipe ou seul, en collaboration avec les ressources externes, etc.);

- les interventions (rencontres individuelles, stages, coopération entre pairs, groupes d'entraide, etc.);

- les modèles explicatifs (références théoriques diversifiées).

Tous ces facteurs constituent autant d'aspects qui ont contribué à faire prendre conscience de la très grande diversité des projets.

3.   Le caractère limité de l'approche et des moyens dans certains cas

L'examen des projets qui nous ont été soumis nous amène aussi à constater le fait que plusieurs d'entre eux ont un potentiel d'innovation limité ou pratiquement nul. En effet, dans certains cas, les activités ou interventions décrites apparaissent des plus traditionnelles ou très faiblement structurées. Dans d'autres cas, les projets soumis représentent des opérations purement administratives. Ainsi, quand une école a comme principale approche pour contrer l'échec et l'abandon scolaires de resserrer le contrôle sur les absences et les retards des élèves, on se doit de constater le caractère très limité tant de l'approche que des moyens retenus. D'ailleurs, quelques projets qui n'avaient pour objectif que le contrôle des absences ont été écartés de cet inventaire. D'autre part, certains projets, dont le potentiel d'innovation ne fait aucun doute voient leur portée limitée à cause d'un manque de ressources. Par exemple, dans les centres pour raccrocheuses et raccrocheurs, on nous affirme, qu'à cause du manque de ressources humaines, il a fallu être très sélectif concernant l'admission des candidates et candidats.

4.   La fréquence de l'approche individualisée

Le recours à une approche individualisée constitue sans aucun doute une caractéristique des projets d'intervention identifiés par cet inventaire. Cette tendance révèle indéniablement les besoins spécifiques exprimés par les jeunes en difficulté. Par ailleurs, si l'on maintient qu'il est nécessaire d'évaluer de telles approches dans la perspective globale du système d'éducation, on peut se demander dans quelle mesure elles sont généralisables à l'ensemble. La question de l'échec et de l'abandon scolaires qui est présentement soulevée au Québec ne constitue pas un fait isolé : il s'agit d'un phénomène social, d'un problème de société qui frappe plus sévèrement certaines populations particulières, certains groupes à risque à l'égard desquels des approches plus sociales, plus collectives pourraient être élaborées. La dimension sociale ne constitue donc que rarement une composante majeure de l'élaboration et de la réalisation des interventions que nous avons recensées.

5.   L'importance du climat de l'école

Nous avons remarqué au cours de ce travail d'inventaire que plusieurs projets cherchent à agir sur le climat de l'école. On constate que l'atmosphère, l'ambiance qui règne dans une école, constitue un élément important dans une stratégie globale de lutte à l'échec scolaire.

Cela signifie que pour bon nombre d'intervenantes et d'intervenants, l'école doit être un cadre de vie attirant si l'on veut vaincre l'échec et l'abandon scolaires et que, dans bien des cas, l'unique recours à des mesures à caractère pédagogique ne suffit pas. D'ailleurs, dans les études qui ont cherché à mettre en relief les caractéristiques des écoles « efficaces »[3,] la variable « climat de l'école » a presque toujours été mise en évidence. Cela suggère qu'il faudrait peut-être que l'on prenne davantage en compte la dynamique de la gestion dans les écoles publiques.

6. Les régions éloignées

Les pratiques et projets développés dans les régions éloignées des grands centres manifestent une certaine pauvreté dans le recours à des ressources d'appui disponibles dans les grands centres. Or, ces régions, il faut le rappeler, ont les taux d'échec et d'abandon scolaires les plus élevés, (ex : Nord-du-Québec, Côte-Nord, Gaspésie, Gaspésie-Îles-de-la-Madeleine, Abitibi-Témiscamingue, Laurentides et Outaouais)[4]. Il importe donc de s'interroger sérieusement sur les mesures de soutien à donner à ces régions.

Par ailleurs, le facteur éloignement des grands centres n'explique pas à lui seul la pauvreté des ressources mises en place pour favoriser la réussite scolaire. Il existe aussi à l'intérieur des zones centrales des écarts importants dans les taux d'échec et d'abandon scolaires et dans les moyens utilisés pour les combattre. Ainsi, à l'intérieur d'une même région, on peut constater des disparités assez grandes entre milieu rural et milieu urbain. Dans notre inventaire, nous avons le sentiment que les projets novateurs en provenance de milieux ruraux sont nettement sous-représentés par rapport à ceux des milieux urbains, mais c'est là, sans aucun doute, une question qui mériterait d'être davantage étudiée puisque nous n'avons pas effectué de contrôle systématique des projets en fonction de cette variable. À cet égard, d'autres analyses plus poussées en fonction du milieu socio-économique, de la région, de la commission scolaire, etc. devraient pouvoir faire l'objet de recherches additionnelles.

7. L'origine des projets

Dans la longue liste des projets qui nous ont été soumis, il est possible d'observer une certaine différenciation quant aux personnes qui, dans la structure, ont initié les projets. Même s'il n'a pas toujours été possible d'identifier clairement cet aspect dans notre inventaire, il ressort clairement dans plusieurs cas que ce sont les intervenantes et intervenants à la base du système qui ont été les véritables maîtres d'oeuvre des projets. Dans d'autres cas, il est clair que les projets recensés ont été initiés par la structure administrative, par des personnes en autorité, soit à la direction de l'école ou de la commission scolaire, et qu'ils ont donné lieu parfois à des démarches de nature générale, qui apparaissent peu éclairantes pour la pratique et sans résonnance pour les intervenantes et intervenants de la base. Dans de tels cas, on peut sérieusement se questionner sur les retombées et répercussions pratiques de telles initiatives. Évidemment, ce genre de remarque n'a pas pour but de remettre en question la nécessité pour les commissions scolaires et les directions d'écoles d'élaborer de telles politiques mais plutôt, quand elles le font, de les inciter à prendre davantage en considération les implications pratiques de ces politiques.

8.   L'évaluation des projets

Une autre caractéristique qui ressort du présent exercice de recension de projets novateurs tient au fait que bien peu de projets ont fait l'objet d'une évaluation systématique ou ont été validés d'une quelconque manière par un processus de recherche. Les nombreuses actions entreprises trouvent donc plus souvent qu'autrement leurs fondements sur des bases philosophiques ou idéologiques sans qu'on cherche à en évaluer l'impact. Tout se passe comme s'il suffisait d'élaborer un « beau » projet avec de « nobles » objectifs pour induire des résultats « positifs ». Il nous semble que des opérations d'évaluation des pratiques devraient être mises de l'avant en se fondant sur une étroite concertation entre chercheures et chercheurs d'une part, et praticiennes et praticiens d'autre part. Pour les premiers, il s'agirait d'initiatives permettant de valider et de pousser plus loin leurs travaux et réflexions alors que pour les seconds, cela représenterait pour eux un support significatif et une reconnaissance de leurs pratiques professionnelles. Pour tout le milieu de l'éducation, ces recherches à caractère appliqué représenteraient certes une bonne façon d'orienter les actions éducatives et de contribuer à accroître l'efficacité des pratiques éducatives.

9.   Des projets distinctifs

Comme nous l'avons signalé précédemment, plusieurs des projets de cet inventaire ne sont pas très originaux et s'inspirent souvent de stratégies traditionnelles. Il reste cependant que certains projets ont su sortir des sentiers battus et se distinguer par leur originalité. Il nous semble que certains projets, bien qu'ils aient été élaborés et mis en oeuvre depuis longtemps, sont très actuels par rapport au débat public de lutte à l'échec et à l'abandon scolaires et qu'ils sont porteurs d'idées nouvelles et de pratiques alternatives. Ainsi, certains projets vont non seulement au-delà de ce qui est requis par le système mais s'opposent à des pratiques courantes. C'est le cas d'un projet qui organise une session intensive de récupération en mai afin de favoriser la réussite aux examens du MEQ et qui permet ainsi le succès dans 40% des cas (Projet no 78), alors qu'une pratique assez courante, bien que non officiellement admise, consiste à refuser à ces populations à risque l'occasion de se présenter aux examens du ministère.

On peut aussi signaler le type de projets qui proposent à l'élève un programme d'encadrement particulier permettant l'acquisition de préalables en vue de réintégrer les classes régulières de la formation générale ou professionnelle (ex. Projet no 213). Une autre expérience novatrice se propose de dépister les élèves ayant décroché ou susceptibles de le faire et de venir en aide à ces élèves en situation d'échec en mettant de l'avant une véritable approche intégrée, impliquant dans la démarche la famille, l'élève et l'ensemble des agents scolaires : personnel enseignant, orthopédagogue, travailleuse ou travailleur social, éducatrice ou éducateur spécialisé (ex. Projet no 129). Enfin, on peut aussi citer en exemple cette expérience d'alphabétisation des parents d'élèves de 1re année afin de maximiser les possibilités pour les parents de venir en aide à leurs enfants (ex. Projet no 89).

Ces quelques exemples ne servent qu'à illustrer les actions originales et novatrices qui apparaissent dans les écoles publiques québécoises. Plusieurs autres projets auraient sans doute mérité d'être cités ici pour les mêmes motifs. Dresser la liste de tous les projets dont le potentiel d'innovation est significatif dépasse largement les objectifs du présent document. En nous référant explicitement à certains projets, nous avons simplement voulu fournir ici quelques illustrations de la forme que peut revêtir une pratique novatrice ou originale ou alternative.

Conclusion

Voici, en guise de conclusion, quelques réflexions que nous suggère cette analyse sommaire.

1. Une première constatation mérite d'être faite suite à ces premiers résultats : ces données nous permettent d'affirmer qu'il se fait beaucoup de choses dans les écoles publiques et ce, parfois avec des moyens assez restreints. Par ailleurs, ces données indiquent heureusement que les intervenantes et les intervenants des commissions scolaires n'ont pas attendu que des grandes campagnes soient lancées pour s'engager dans la lutte à l'échec scolaire et qu'ils ont, à cet égard, fait preuve de professionnalisme et d'ingéniosité.

2. Une deuxième remarque qui se dégage de cette étude tient à la nécessité d'entreprendre des évaluations systématiques des expériences qui sont menées dans les écoles et ce, dans la mesure où l'on veut aller plus loin dans la lutte à l'échec scolaire et généraliser les acquis.

3. Enfin, il nous apparaît assez évident qu'il y aurait lieu pour le ministère de l'Éducation d'énoncer des orientations claires et de fournir des moyens concrets pour faciliter la mise en place de ce genre de projets de lutte à l'échec scolaire. De telles mesures auraient pour effet de multiplier et de faciliter davantage de tels projets. Ces orientations et moyens devraient toutefois tenir compte de la gravité de la situation de l'échec et du décrochage scolaires dans certaines régions ou sous-régions ainsi que des disparités régionales en termes d'accès aux ressources de soutien.

Notes

1 Depuis la parution de notre propre inventaire, nous savons qu'une autre étude similaire pour la Montérégie a été réalisée: A. Hudon, J. Lefebvre, M.L. Champagne et J.-N. Vallée (1992). *Prévention et décrochage scolaire au secondaire. Recension de projets des commissions scolaires en Montérégie.* Sorel.

2 Gosselin, Lynda, Ouellet, Roland, Payeur, Christian (1992). *Inventaire des pratiques favorisant la réussite scolaire dans les écoles primaires et secondaires du Québec.* Québec : CRIRES (Université Laval, CEQ).

3 Voir en particulier *Réginald Grégoire (1989). Les facteurs qui façonnent une bonne école.* Rapport d'une recherche bibliographique sélective et analytique. Québec : Direction de la recherche, ministère de l'Éducation du Québec et William J. Bennett (1986). *What Works. Research about Teaching and Learning.* Washington : United States Department of Education.

4 Des données à ce sujet sont fournies par le ministère de l'Éducation du Québec (1991). *Les indicateurs sur la situation de l'enseignement primaire et secondaire 1991.* Québec, p. 56-57.

Les problèmes de lecture et l'abandon scolaire

Jocelyne Giasson, professeure
Département de psychopédagogie
Faculté des sciences de l'éducation
Université Laval

Parmi les facteurs les plus importants de l'abandon scolaire, l'habileté en lecture arrive en tête de liste. Plus précisément les deux indices les plus fortement associés à l'abandon scolaire sont le fait d'avoir doublé une année et le fait d'être faible en lecture (Ruben, 1989; McGill-Franzen et Allington, 1991). Par exemple, 49,6 % des élèves qui ont doublé leur première année ne terminent pas leur secondaire (MEQ, 1991) et on sait que la principale raison du redoublement en première année est l'échec en lecture (Richek et al., 1989). Il est donc primordial de se pencher sur le phénomène de la lecture en regard de l'abandon scolaire.

Que sait-on aujourd'hui des causes et de l'évolution des problèmes de lecture? Depuis que les chercheurs s'intéressent aux problèmes de lecture, le nombre de rapports de recherches publiés dans différents pays est assez impressionnant. Cependant, après tant d'années de recherches et tant d'efforts, les résultats des études ne sont pas concluants. Pourquoi donc n'arrivons-nous pas à dégager un portrait plus univoque des problèmes de lecture à partir des conclusions des recherches? Pour tenter de répondre à cette question, nous retracerons d'abord l'historique des différentes conceptions des problèmes de lecture et nous situerons ce phénomène dans la perspective de la conception actuelle de la lecture. Enfin, nous verrons comment l'échec en lecture, qui prend sa source au primaire, devient un aspect primordial du profil de l'élève qui abandonne ses études secondaires.

L'historique de la conception des problèmes de lecture

Les premières conceptions des problèmes de lecture

Les premiers spécialistes à s'intéresser aux problèmes de lecture ont été des médecins, vers la fin du siècle dernier. Le premier modèle explicatif des troubles de lecture a donc été un modèle médical; ce modèle consistait essentiellement à identifier chez le patient la source du problème afin de suggérer un traitement. Les médecins ont appliqué leur modèle aux problèmes de lecture, c'est-à-dire qu'ils ont cherché à trouver ce qui n'allait pas chez la personne qui éprouvait des difficultés à lire. Ils ont émis l'hypothèse que la cause des problèmes de lecture résidait dans le cerveau et était d'ordre neurologique.

Par la suite, étant donné l'absence de preuves confirmant l'hypothèse neurologique, les psychologues ont pris la relève des médecins et ont à leur tour émis différentes hypothèses. Pour certains, les problèmes de lecture provenaient de carences au plan du langage (Vellutino, 1977), pour d'autres, de déficits au plan de la psychomotricité (Bouchard, 1975), pour d'autres encore, de problèmes émotifs (Mathewson, 1976) ou de lacunes dans le développement cognitif ou social (McDermott, 1976). Même si au départ chacun pensait trouver la source unique des problèmes de lecture, les chercheurs ont assez rapidement conclu que les problèmes provenaient probablement d'une combinaison de plusieurs facteurs. Mais remarquons que tous les facteurs proposés à cette époque résidaient chez le lecteur[1] même. On peut voir clairement ici l'influence du modèle médical; cette influence a consisté à orienter les éducateurs à chercher la cause des problèmes chez le lecteur lui-même (Lipson et Wixson, 1986). Même si aujourd'hui très peu de personnes s'en tiennent à l'hypothèse purement neurologique, bien des spécialistes cherchent toujours à identifier chez l'élève le problème spécifique qui pourrait faire l'objet d'une rééducation.

La conception interactionniste des problèmes de lecture

Cependant cette conception des problèmes de lecture qui fait reposer le fardeau du problème sur le lecteur uniquement n'est plus compatible avec la conception actuelle de la lecture. On définit maintenant la lecture comme une activité qui consiste à « construire le sens » d'un texte et dans laquelle plusieurs facteurs sont impliqués. On s'entend pour reconnaître trois types de variables responsables de la compréhension : le lecteur, le texte et le contexte (Giasson, 1990; Myers, 1991; Wittrock, 1991).

Modèle médical	Modèle à saveur médicale		Modèle pédagogique	
Source chez le lecteur	Source chez le lecteur		Sources multiples	
Cause unique	Cause unique	Causes multiples	Causes multiples	
Origine neurologique	Origine non-neurologique		Origine non-neurologique	

Figure 1 : L'ensemble des variables responsables de la compréhension en lecture

La partie **lecteur** du modèle de compréhension comprend les connaissances que le lecteur possède sur le monde et sur la langue, ses attitudes et ses intérêts, ses habiletés de compréhension qui incluent les habiletés nécessaires pour comprendre la phrase, pour faire des liens entre les phrases, pour comprendre l'ensemble du texte, pour élaborer sur le texte et pour gérer sa compréhension.

La variable **texte** concerne le matériel à lire et peut être considérée sous deux aspects principaux : la structure du texte et le contenu. La structure référera à la façon dont l'auteur a organisé les idées dans le texte (type de texte) alors que le contenu renverra aux concepts et aux connaissances que l'auteur a décidé de transmettre.

Le **contexte** comprend des éléments qui ne font pas partie physiquement du texte et qui ne concernent pas les connaissances ou les habiletés du lecteur comme telles, mais qui influencent la compréhension du texte. Il est possible de distinguer le contexte psychologique (intention de lecture, intérêt pour le texte, ...), le contexte social (les interventions de l'adulte, des pairs...) et le contexte physique (le temps disponible, le bruit, ...).

La compréhension en lecture est donc fonction de trois variables indissociables, le *lecteur,* le *texte* et le *contexte.* On sait maintenant que les performances varient selon les conditions. Des lecteurs de même niveau d'habileté ne comprendront pas le texte de la même façon s'ils n'ont pas les mêmes connaissances antérieures, s'il n'ont pas la même intention de lecture, s'ils n'ont pas le même intérêt envers le texte, etc.

Ce changement de paradigme qui s'est effectué dans la conception de la lecture au cours de la dernière décennie ne s'est pas encore vraiment produit en ce qui concerne le phénomène des difficultés de lecture. Par exemple, la recherche continue à perpétuer le modèle qui situe la cause des problèmes uniquement à l'intérieur du lecteur; en effet, la plupart des recherches sur les problèmes de lecture identifient les bons et les mauvais lecteurs, comparent leur performance à une tâche et concluent que les lecteurs en difficulté souffrent de tel ou tel déficit. Cependant, quand on analyse les données en profondeur, on réalise qu'il y a autant de variations parmi les bons lecteurs qu'entre les bons et les mauvais lecteurs. Bref, même si la recherche ne cesse de confirmer que la compréhension est influencée par la motivation, l'intérêt, les connaissances antérieures et le contexte, la façon d'établir le diagnostic continue d'être orientée vers la recherche du déficit chez le lecteur.

Nous proposons que la conception des problèmes de lecture s'adapte au modèle de compréhension. Si la compréhension n'est pas une propriété absolue du lecteur ou un état statique, mais une donnée relative qui appartient à l'interaction entre le lecteur, le texte et le contexte, les problèmes de lecture doivent eux aussi être considérés comme une donnée relative. Le modèle interactionniste de compréhension nous amène à préciser ce qu'on entend par problèmes de compréhension en lecture chez un élève en particulier. À partir de ce modèle, on ne dira plus « cet élève a des problèmes de compréhension », mais « cet élève devant tel type de texte et dans tel contexte comprend de telle façon ». On peut donc s'attendre à ce que la performance de l'élève en difficulté varie selon les situations étant donné l'interaction entre les facteurs en cause. Dans ce contexte, les résultats d'un élève à différents tests sont considérés comme des indications sur ce qu'il *fait* et *veut* faire dans certaines conditions, mais non comme un ensemble fixe d'habiletés.

Synthèse de l'évolution de la conception des problèmes de lecture

Pour faire le point sur l'évolution de la conception des problèmes de lecture, nous étiquetterons maintenant les trois grandes étapes de cette évolution en parlant de modèle médical, de modèle à saveur médicale et de modèle pédagogique. Comme nous l'avons dit précédemment, les premières conceptions des problèmes de lecture ont été marquées par le **modèle médical** qui stipulait que la cause des problèmes de lecture était unique, qu'elle se situait à l'intérieur du lecteur et qu'elle était d'origine neurologique (Orton, 1925). Le **modèle à saveur médicale** qui fit ensuite son apparition empruntait au modèle médical l'hypothèse que la source du problème résidait à l'intérieur du lecteur, mais il s'en distinguait toutefois par deux aspects : premièrement ce modèle attribuait l'échec en lecture à des processus psychologiques de base (langage, développement perceptivo-moteur, etc.) plutôt qu'à des causes neurologiques et, deuxièmement, les tenants de ce courant s'entendaient pour dire que les facteurs responsables des problèmes étaient multiples, même si au début chacun cherchait à trouver une cause unique et universelle (Weiner et Cromer, 1967; Bond et Tinker, 1967). Aujourd'hui, **le modèle pédagogique** propose une conception des problèmes de lecture qui inclut des variables en dehors du lecteur lui-même et qui se préoccupe non seulement des processus psychologiques généraux, mais des processus directement en cause dans la lecture (Johnston, 1985; Walker, 1989).

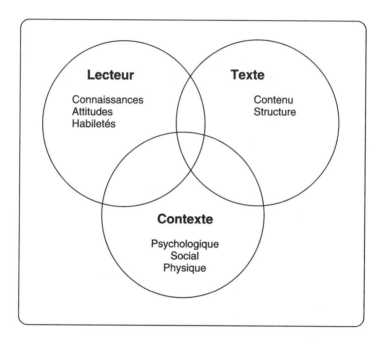

Figure 2 : L'historique des conceptions des problèmes en lecture

Le développement des problèmes de lecture

Si le modèle interactionniste nous permet d'expliquer pourquoi un lecteur ne comprend pas tel texte dans tel contexte, il nous permet également d'expliquer comment un élève a développé des problèmes de lecture de sorte que son rendement en lecture est devenu inférieur à celui des autres élèves de son groupe d'âge. Le principe central de l'explication est le suivant : *les problèmes de lecture vont se développer quand une des variables ne joue pas pleinement son rôle dans la situation de lecture pendant une longue période de temps.*

Pour voir concrètement comment le manque d'ajustement d'une des variables peut influencer à long terme le développement de la lecture, nous verrons trois exemples complémentaires : 1- un exemple tiré de la variable **texte** (ce qui se passe lorsqu'un élève est placé devant des textes trop difficiles); 2- un exemple tiré de la variable **contexte psychologique** (ce qui se passe lorsqu'un élève n'a pas d'intention de lecture); 3- un exemple tiré de la variable **contexte social** (ce qui se passe lorsqu'un élève reçoit une rétroaction inappropriée sur sa lecture).

Que se passe-t-il si un lecteur lit constamment des textes trop difficiles?

Pour qu'il y ait compréhension, il faut qu'il y ait un ajustement raisonnable entre, d'une part, les connaissances du lecteur et ses habiletés et, d'autre part, la forme et le contenu du texte. Plusieurs élèves sont constamment placés devant des textes trop difficiles. Certaines recherches ont montré qu'effectivement, en classe, les bons lecteurs sont placés devant des textes faciles à lire pour eux alors que les lecteurs faibles doivent lire des textes qui dépassent largement leur niveau de lecture (Gambrell et Hathington, 1981). L'exposition répétée à des textes trop difficiles risque d'entraîner des conséquences néfastes pour le jeune lecteur.

Précisons d'abord ici ce que nous entendons par « texte difficile ». Il s'agit d'un texte qui se situe à un niveau élevé de frustration pour l'élève et non pas simplement un texte qui contient quelques informations nouvelles. Il faut évidemment présenter aux élèves des textes qui leur permettront d'acquérir des connaissances nouvelles, mais il ne faut pas que l'écart soit trop grand entre les connaissances du lecteur et celles contenues dans le texte. Comme adultes, dans nos lectures personnelles, nous ne faisons pratiquement plus l'expérience d'une lecture frustrante, car nous avons suffisamment de connaissances sur les facteurs qui empêchent la compréhension pour tout simplement rejeter le texte. Cependant à l'école, l'élève a rarement le choix des textes qu'il doit lire.

Quand nous parlons de situations répétées, nous parlons de situations quotidiennes qui s'étalent sur plusieurs mois. Une situation répétée aura des chances de se rencontrer, par exemple, chez un élève de cinquième année qui accuse un ou deux ans de retard en lecture et qui n'a que rarement la chance de lire en classe des textes à sa portée. Il est bien certain que le fait d'être placé à l'occasion devant un texte trop difficile n'a pas d'effet nocif sur le développement de l'habileté à lire.

Que se passe-t-il donc quand un élève est régulièrement placé devant des textes trop difficiles?

☐ Pour comprendre le texte, cet élève essaiera d'utiliser des stratégies qu'il connaît déjà, mais il y a fort à parier que ces stratégies ne fonctionneront pas ou ne fonctionneront que très partiellement, ce qui empêchera le lecteur de les consolider. Prenons, par exemple, la stratégie qui consiste à utiliser le contexte pour trouver le sens d'un mot nouveau. Si le texte est trop difficile, il y aura trop de mots nouveaux pour que l'élève puisse utiliser efficacement cette stratégie. De plus, le sens de la phrase ne sera pas assez clair pour qu'il puisse s'en servir pour émettre des hypothèses.

☐ Il ne fera pas d'inférences; il n'apprendra pas à faire des liens entre des parties du texte. Il est bien difficile en effet de faire des liens entre des parties de texte qui ne sont pas elles-mêmes bien comprises.

☐ Il ne pourra que difficilement réfléchir sur sa façon de travailler (objectivation); il prendra l'habitude de lire sans gérer sa compréhension.

☐ Il développera une attitude passive; il deviendra de moins en moins actif parce qu'il trouvera de moins en moins de sens dans ses lectures; il lira sans se questionner.

☐ Bref, il ne développera pas d'expérience dans la construction de la compréhension.

Il ne s'agit pas simplement ici d'hypothèses sur le comportement possible du lecteur. On a démontré à plusieurs reprises que des bons lecteurs se comportaient comme des lecteurs peu habiles devant des textes trop difficiles. Par exemple, en lecture orale, on a montré qu'un bon lecteur devant un texte trop difficile faisait le même type de méprises qu'un lecteur peu habile. On a également montré que des lecteurs adultes considérés comme habiles modifiaient leurs stratégies de lecture selon le niveau de difficulté du texte. Alors qu'ils utilisaient des stratégies variées et efficaces dans des textes faciles et moyennement faciles, ils se rabattaient sur des stratégies inférieures face à des textes difficiles et rejoignaient le comportement des lecteurs peu habiles (Kletzien, 1991).

Que se passe-t-il quand un lecteur aborde les textes sans intention de lecture?

Un lecteur qui aborde une tâche de lecture s'attend habituellement à comprendre le texte; il sait pourquoi il lit, c'est-à-dire qu'il a une intention de lecture. Lorsqu'un lecteur ne s'attend pas à trouver du sens dans un texte, deux raisons sont possibles. Premièrement, il peut s'agir d'un enfant qui est arrivé en première année à l'école sans avoir réalisé que la lecture est une activité fonctionnelle qui implique une recherche de compréhension. Ce type d'enfant considère la lecture comme une tâche qui appartient au domaine scolaire et qu'il faut exécuter parce que l'enseignant lui demande de le faire. Des recherches récentes ont montré que, chez les enfants qui entrent en maternelle, un des meilleurs indices de la réussite dans leur apprentissage de la lecture est la conception générale que les enfants se font de la lecture avant l'apprentissage formel (Purcell-Gates et Dahl, 1991). Une deuxième raison qui explique qu'un élève ne s'attende pas à trouver du sens en lisant provient d'expériences négatives en lecture. Lorsqu'un lecteur a éprouvé régulièrement des difficultés à comprendre les textes qu'on lui présente, il en vient à associer la lecture à une situation d'échec dans laquelle il est incapable de trouver un sens.

Que se passe-t-il donc quand un élève est pendant une longue période de temps placé dans des situations de lecture où il ne cherche aucune signification?

☐ Cet élève ne développera pas de stratégies de compréhension puisqu'il ne cherche pas de sens dans l'activité.

☐ Il ne fera pas de liens avec ses connaissances personnelles comme le font les lecteurs habiles parce qu'il ne réalise pas que la lecture est une activité de langage qui fait appel à ses connaissances.

☐ Il n'apprendra pas à gérer le déroulement de sa lecture, c'est-à-dire qu'il ne développera pas de système d'alarme qui lui permet de réaliser qu'il vient de perdre le sens du texte et qu'il doit réagir.

☐ Il attribuera ses échecs à un manque d'habileté et ses réussites au hasard. Pour lui, la lecture sera une situation dans laquelle il sera certain de ne trouver aucun sens quoi qu'il fasse. Il continuera à se demander comment les autres font pour réussir à lire.

Que se passe-t-il quand l'élève reçoit constamment une rétroaction inappropriée sur sa lecture?

Les recherches effectuées sur l'intervention auprès des lecteurs en difficulté montrent que l'enseignant interagit différemment avec les élèves selon leur habileté en lecture. Deux types de comportements ont été principalement observés chez les enseignants.

Premièrement, on a constaté que les enseignants interrompaient proportionnellement plus souvent les élèves en difficulté que les lecteurs habiles suite à une méprise en lecture. Plus précisément, dans une recherche, on a constaté que les bons lecteurs étaient interrompus 24 % du temps pour des erreurs en lecture orale et les lecteurs faibles 68 % du temps; pour les bons lecteurs, l'interruption se produisait à la fin d'une unité alors qu'elle était faite au point d'erreur pour les lecteurs en difficulté (Allington, 1983). Si ce type d'intervention se produit de façon répétée, il aura comme effet d'amener les lecteurs en difficulté à compter sur une gestion externe plutôt que de les inciter à développer des habiletés d'autogestion de la compréhension. Ils deviendront plus passifs et plus dépendants de l'adulte.

On a également constaté que devant le même type d'erreur en lecture, l'enseignant centrait l'élève en difficulté sur le décodage, alors qu'il guidait les lecteurs plus habiles vers la compréhension (Cazden, 1981). De plus, des observations montrent que lorsque les enseignants travaillent avec des sous-groupes d'élèves en difficulté, ils se limitent à des questions qui sont dans 93 % des cas d'ordre littéral et ne demandent qu'une réponse d'un ou de deux mots (Progrow, 1990). Il y aurait donc une tendance de la part des enseignants à orienter les élèves faibles en lecture vers des processus moins élaborés. Que se passe-t-il quand un apprenti-lecteur est régulièrement placé dans ce contexte d'intervention? Les interventions qui orientent les lecteurs en difficulté vers le décodage, le repérage ou l'exercice d'habiletés isolées, non seulement n'aident pas les élèves, mais risquent même de leur nuire en renforçant ces derniers dans leur conception erronée de la lecture, conception qui associe la lecture à une activité scolaire qui a peu à voir avec la compréhension. Bref, les lecteurs en difficulté ont besoin de réaliser que la lecture n'est pas un processus de décodage, mais un processus de construction de sens (Paris et Winograd, 1990; Harris et Pressley, 1991).

L'effet Matthieu et l'abandon scolaire

Nous avons vu l'effet de l'une ou l'autre des variables du modèle sur le développement de la lecture, mais il faut réaliser que ces variables agissent en interaction, qu'il y a un effet d'entraînement d'une variable sur l'autre, ce qui multiplie les effets négatifs. À cause de cette multiplication des effets négatifs, l'élève qui était faible en lecture au point de départ aura donc tendance à devenir de plus en plus faible. Tous les enseignants connaissent bien cet effet cumulatif qui fait que les élèves en difficulté prennent de plus en plus de retard par rapport aux autres. Pour caractériser ce phénomène qui fait que l'écart entre les lecteurs forts et les lecteurs faibles s'agrandit avec le temps, certains auteurs parlent de l'effet Matthieu (Stanovich, 1991). Cet effet tire son nom de l'évangile selon Matthieu (XXV : 29) : « Car à celui qui a, l'on donnera et il aura du surplus, mais à celui qui n'a pas, on enlèvera même ce qu'il a ».

Pour illustrer l'effet Matthieu, nous suivrons le cheminement hypothétique en lecture d'un élève jusqu'à son abandon des études secondaires. Nous regarderons cet élève à son entrée en première année où, de prime abord, il ne se démarque pas encore des autres élèves puisqu'aucun élève de la classe ne sait lire en septembre, puis nous le suivrons dans son cheminement scolaire en examinant l'interaction des trois variables Lecteur-Texte-Contexte.

Situation du lecteur à risque en première année

Lecteur. Notre élève arrive en première année avec un bagage limité de connaissances et de vocabulaire, ce qui est souvent le cas, par exemple, dans les milieux défavorisés. De plus, la lecture n'est pas pour lui associée à une situation agréable; il n'a eu en fait que très peu de contacts avec l'écrit. On a estimé que certains enfants arrivent en maternelle avec derrière eux plus de 2000 heures d'échanges avec les parents autour de la lecture (soit par des livres lus par les parents, par des activités quotidiennes informelles reliées à l'écrit...). D'autres enfants n'ont accumulé que quelques heures de contact avec l'écrit dans leur répertoire; on pense ici aux enfants à qui les adultes n'ont jamais lu de livres (Adams, 1990).

Texte. Parce que notre élève a peu de connaissances en général, les textes qui lui seront présentés contiendront plus de concepts et de vocabulaire qui lui sont étrangers. De plus, comme il a peu entendu raconter ou lire d'histoires, il a moins de connaissances intuitives sur la structure des récits. Bref, les premiers textes qu'il aura à lire risquent d'être plus difficiles pour lui et de ne pas rejoindre ses intérêts.

Contexte. Notre élève ne sait pas qu'il doit chercher du sens dans la lecture. Il ne sait pas trop pourquoi il réalise les tâches qu'on lui propose et se sent démuni face à celles-ci; pour résoudre son problème, il aura souvent tendance à imiter son voisin ou à essayer des réponses au hasard. Au cours de l'année, parce qu'il est moins habile, les adultes auront tendance à intervenir différemment avec lui et à l'orienter vers des processus de décodage plutôt que vers la compréhension. De plus, les situations dans lesquelles il lira seront moins nombreuses : il ne demandera pas de livres, n'en choisira pas, etc. On a constaté que le lecteur peu habile, dès la première année, lit trois fois moins de mots en moyenne en classe que les lecteurs habiles.

Bref, à la fin de l'année, l'écart sera déjà marqué entre notre élève faible et les élèves habiles en lecture. À la fin de la première année, le rendement en lecture prédit avec une « précision alarmante » qui réussira dans la carrière scolaire. En effet, 90 % des enfants qui commencent leur première année parmi les plus faibles en lecture resteront les plus faibles en lecture tout au long du primaire (Juel, 1988; McGill-Franzen et Allington, 1991).

Situation du lecteur en difficulté au deuxième cycle du primaire

Lecteur. Au deuxième cycle, notre élève aura vraisemblablement appris à décoder, mais sa lecture sera encore plus ou moins hésitante, et surtout on constatera qu'il ne comprend pas les textes qu'on lui donne à lire. Étant donné ses habiletés limitées en lecture, il aura peu développé de connaissances nouvelles et de vocabulaire par les textes. Enfin, son attitude envers la lecture ne sera plus neutre mais carrément négative.

Texte. On sait qu'au deuxième cycle, les textes à lire en classe commencent à être plus denses et plus abstraits. Certains chercheurs ont montré que les résultats en lecture des enfants de milieux défavorisés se rapprochent des normes nationales de la 1re à la 3e année, mais sont en dessous de la moyenne à partir de la 4e année. Ces élèves possèdent tout juste le langage nécessaire pour maîtriser la lecture des premières années, mais ils ne possèdent pas le vocabulaire spécifique et abstrait de plus en plus présent au deuxième cycle et leur milieu social ne leur permet pas d'acquérir ce vocabulaire (Chall, 1991). Ainsi donc notre élève qui a déjà moins d'habiletés que les autres sera face à des textes de plus en plus denses et pour lesquels il ne possède pas le vocabulaire nécessaire et par lesquels il ne pourra améliorer ses habiletés en lecture.

Contexte. Parce qu'il ne sait pas à quoi sert la lecture, notre élève développera des habiletés moins variées que les autres élèves de la classe; il n'utilisera probablement qu'une seule stratégie au détriment des autres, il ne sera pas flexible dans son apprentissage, il ne sera ni actif ni curieux. Comme au deuxième cycle, il se fait relativement peu d'enseignement de stratégies de compréhension en classe, il y a peu de chances que notre élève se retrouve dans un contexte qui lui fournisse un enseignement adéquat des stratégies de lecture. On tient souvent pour acquis que les élèves développeront ces stratégies au cours de tâches de lecture. Les tâches de lecture sont nécessaires certes, mais elles ne dispensent pas l'enseignant de son rôle d'intervention, et ce, particulièrement auprès des élèves qui éprouvent des difficultés de compréhension, c'est-à-dire justement ces élèves qui n'ont pas réussi à développer des stratégies de lecture de façon autonome (Dole et al., 1991).

Bref, notre élève termine son primaire avec peu d'habiletés en lecture et surtout très peu d'intérêt envers cette dernière. Il aura probablement déjà repris une ou deux années sans pour autant avoir atteint le niveau de lecture de ses compagnons plus jeunes.

Situation du décrocheur potentiel au secondaire

Lecteur. À l'entrée au secondaire, notre élève sera donc plus âgé que ses compagnons et sera clairement identifié comme un lecteur peu habile. Il ne sera en rien motivé par la lecture, mais surtout il sera convaincu qu'il est incapable de réussir quoi qu'il fasse. Il se sentira continuellement démuni devant les tâches de lecture et impuissant face à l'échec.

Texte. Au secondaire, l'élève sera confronté à des textes dans lesquels il devra identifier, puis intégrer des informations nouvelles dans les différentes matières scolaires. Cependant, comme il n'aura pas développé suffisamment les habiletés cognitives qui lui permettent d'apprendre à partir des textes, il considérera la plupart des textes comme incompréhensibles.

Contexte. Le cours primaire n'a pas vraiment convaincu notre élève de l'utilité de la lecture, c'est pourquoi la lecture ne fait pas partie de sa vie; il n'a jamais réalisé que la lecture pouvait être une source de développement et pouvait l'aider dans sa vie quotidienne. C'est donc un élève qui ne lit jamais en dehors des tâches imposées par l'école, d'autant plus qu'il ne réussit pas (et n'est pas motivé) à trouver un sens aux textes obligatoires. De plus, comme l'enseignement du secondaire est surtout centré sur la matière à apprendre et non sur les stratégies de lecture, l'élève qui n'est pas autonome dans sa quête d'informations à partir des textes ne recevra probablement pas de support en ce sens.

Bref, comme les habiletés de lecture sont indispensables dans toutes les matières scolaires du secondaire, notre élève vivra des difficultés à tous les niveaux. Il associera l'école à l'échec et l'abandon scolaire fera partie des possibilités de réaction à cette situation négative qu'il vit depuis le début de la scolarité. Il ne pourra plus suivre le rythme de l'école; il abandonnera alors l'école autant que l'école l'abandonnera.

Conclusion

Il découle de ce modèle interactionniste que le travail auprès d'un lecteur en difficulté doit s'effectuer sur différents plans simultanément. Par exemple, nous pouvons aider l'élève à développer des stratégies, mais s'il lit souvent des textes trop difficiles, il ne pourra pas appliquer les stratégies apprises. Nous pouvons amener l'élève à chercher du sens dans la lecture, mais s'il n'a pas les habiletés nécessaires, il démissionnera devant la tâche; nous pouvons lui présenter des textes à son niveau, mais s'il ne lit que dans des circonstances limitées, il n'aura pas assez de pratique pour consolider ses stratégies. Bref, il faut considérer les difficultés en lecture dans une perspective interactionniste. De plus, puisque l'interaction entre les variables conduit à l'élargissement des écarts entre les lecteurs habiles et les lecteurs moins habiles, il devient évident que les interventions pédagogiques visant à prévenir l'abandon scolaire doivent prendre place dès le début du primaire.

Bibliographie

Adams, M. J. (1990). *Beginning to Read. Thinking and Learning about Print.* Cambridge : MIT Press.

Allington, R. (1983). The Reading Instructions Provided to Readers of Differing Reading Abilities. *The Elementary School Journal,* 83 (5), pp. 548-559.

Bond, G.L. et Tinker, M.A. (1967). *Reading Difficulties,* New York : Appleton-Century-Crofts.

Bouchard, L. (1975). Influence du développement moteur sur l'apprentissage des enfants normaux de première année, *Québec français,* 17, pp. 12-34.

Cazden, C. B. (1981). Social Context of Learning to Read, in J. T. Guthrie (Ed), *Comprehension and Teaching : Research Views,* Newark : International Reading Association, pp. 118-140.

Chall, J. (1991). The Best Ideas for Reading Teachers, in E. Fry (Ed), *Ten Best Ideas for Reading Teacher,* New York : Addison-Wesley, pp. 1-6.

Dole, J.A. et al. (1991). Moving from the Old to the New : Research on Reading Comprehension Instruction, *Review of Educational Research,* 61 (2), pp. 239-264.

Gambrell, L.B. et Hathington, B.S. (1981). Adult Disabled Readers' Metacognitive Awareness about Reading Tasks and Strategies, *Journal of Reading Behavior,* 13 (3), pp. 215-222.

Giasson, J. (1990). *La compréhension en lectture,* Boucherville : Gaétan Morin.

Harris, K. R. et Pressley, M. (1991). The Nature of Cognitive Strategy Instruction : Interactive Strategy Construction, *Exceptional Children,* 57 (5), pp. 392-404.

Johnston, P.H. (1985). Understanding Reading Disabilities : A Case Study Approach, *Harvard Educational Review,* 55, pp. 153-177,

Juel, C. (1988). Learning to Read and Write : A Longitudinal Study of 54 Children from First through Fourth Grades, *Journal of Educational Psychology,* 80, pp. 437-447.

Kletzien, S.B. (1991). Strategy Use by Good and Poor Comprehenders Reading Expository Text of Differing Levels, *Reading Research Quarterly,* 26 (1), pp. 67-87.

Lipson, M.Y. et Wixson, K. (1986). Reading Disability Research : An Interactionist Perspective, *Review of Educational Research,* 56 (1), pp. 111-126.

Mathewson, G.C. (1976). The Function of Attitude in the Reading Process, in H. Singer et B. Ruddell (Eds.), *Theoretical Models and Processes of Reading,* Newark : International Reading Association, pp. 655-676.

Ministère de l'Éducation du Québec (1991). *Prévention de l'abandon scolaire,* mémoire d'étape, Québec : Direction générale de la recherche et du développement.

McDermott, R.P. (1976). Achieving School Failure : An Anthropological Approach to Illiteracy and Social Stratification, in H. Singer et B. Ruddell (Eds.), *Theoretical Models and Processes of Reading.* Newark : International Reading Association, pp. 389-429.

McGill-Franzen et A., Allington, A. (1991). Every Child's Right : Literacy, *The Reading Teacher,* 45 (2), pp. 81-92.

Myers, J. (1991). Now that Literacy Happens in Contexts, How Do We Know if the Contexts Are Authentic? In Zutell, J., McCormick, S. (Eds), *Learner Factors / Teacher Factors : Issues in Literacy Research and Instruction,* Fortieth Yearbook of The National Reading Conference, Chicago : National Reading Conference, pp. 91-97.

Orton, S.T. (1925). Word-blindness in School Children, *Archives of Neurology and Psychiatry,* 14, pp. 581-615.

Paris, S. et Winograd, P. (1990). Promoting Metacognition and Motivatiom of Exceptional Children, *Remedial and Special Education,* 11 (6), pp. 7-15.

Pogrow, S. (1990). Challenging At-risk Students : Findings from the HOTS program, *Phi Delta Kappan,* 71 (5), pp. 389-397.

Pucell-Gates, V. et Dahl, K.L. (1991). Low-SES Children's Success and Failure at Early Literacy Learning in Skills-based Classrooms, *Journal of Reading Behavior,* 23 (1), pp. 1-35.

Richek, M.A. et al. (1989). *Reading Problems Assessment and Teaching Strategies,* Englewood Cliffs, NJ : Prentice Hall.

Ruben, A. M. (1989). Preventing School Dropouts Through Classroom Guidance, *Elementary School Guidance and Counseling,* 24 (1), pp. 21-29.

Stanovich, K. E. (1991). Discrepancy Definitions of Reading Disability : Has Intelligence Led Us Astray? *Reading Research Quarterly,* 26 (1), pp. 7-30.

Vellutino, F. (1977). Alternative Conceptualizations of Dyslexia : Evidence of Support of a Verbal-deficit Hypothesis, *Harvard Educational Review,* 47(3), pp. 334-354.

Walker, B.J. (1989). *The Interactive Model of Reading : Deciding How Disability Occurs,* Communication présentée au congrès annuel de l'international Reading Association, New Orleans, Avril.

Weiner, M. et Cromer, W. (1967). Reading and Reading Difficulty : A Conceptual Analysis, *Harvard Educational Review,* 37, pp. 620-643.

Wittrock, M. C. (1991). Educational Psychology, Literacy, and Reading Comprehension, *Educational Psychologist,* 26 (2), pp. 109-116.

---

[1] Le masculin est utilisé sans aucune discrimination dans le seul but d'alléger le texte.

L'écriture et ses difficultés d'apprentissage

Claude Simard, professeur
Département de didactique
Faculté des sciences de l'éducation
Université Laval

Clé indispensable au succès scolaire, l'écriture constitue un des grands volets de l'enseignement de la langue maternelle. Pour passer du primaire au secondaire, du secondaire au collégial et même du collégial à l'université, les candidates et les candidats sont soumis à des épreuves nationales de français par lesquelles ils doivent démontrer leur maîtrise de la langue écrite. Le savoir-écrire n'est pas requis uniquement pour la réussite en langue maternelle. Toutes les autres matières exigent des jeunes qu'ils sachent écrire pour pouvoir réaliser leurs travaux et répondre à leurs examens en mathématiques, en sciences et en sciences humaines.

Le présent article vise à présenter des données essentielles sur l'enseignement/apprentissage de l'écriture. Il est divisé en trois parties. La première tente d'identifier les diverses dimensions de l'écriture. La deuxième examine les principales sources de difficulté dans l'apprentissage de l'écriture. Enfin, la troisième partie décrit les caractéristiques d'un environnement pédagogique propre à favoriser l'acquisition du savoir-écrire. Le domaine est très vaste, et on comprendra facilement qu'en raison des contraintes d'espace imposées et de l'objectif de vulgarisation visé, ce texte n'offre qu'un survol des sujets qu'il aborde.

1. Dimensions multiples de l'écriture

Le savoir-écrire suppose l'intégration de très nombreux savoirs et savoir-faire. Il s'agit d'une habileté pluridimensionnelle dont les différents aspects sont interdépendants. La *figure a* qui suit résume les diverses facettes de l'écriture. Il convient de remarquer que la plupart de ces dimensions ressortissent aussi aux autres modes d'utilisation du langage, tant à l'écoute, à l'expression orale qu'à la lecture. Nous dégagerons plus loin certains traits spécifiques de l'écriture lorsque nous aborderons, dans la deuxième partie du texte, les difficultés d'apprentissage du savoir-écrire.

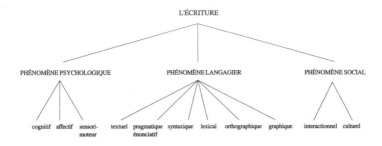

Figure a : Dimensions de l'écriture

Ce schéma en arbre reconnaît trois composantes fondamentales de l'écriture : la composante psychologique, la composante langagière et la composante sociale. La dimension langagière est placée au centre étant donné que l'écriture se définit avant tout comme un comportement langagier. Dans l'enseignement, il convient de porter une attention primordiale à cette dimension sans négliger bien sûr les autres. Nous regarderons les deux phénomènes périphériques du psychologique et du social avant d'étudier le phénomène central relevant du langage.

1.1   L'écriture comme phénomène psychologique

Sous l'angle du sujet écrivant, on observe que l'écriture met en oeuvre les systèmes cognitif, affectif et sensori-moteur de la personne humaine.

L'écriture sollicite grandement la pensée (sur cette question, cf. Gregg et Steinberg, 1980). Pour écrire un texte, il faut posséder des connaissances sur le monde et se représenter le contenu de son message ainsi que les caractéristiques de la situation de communication. Le scripteur active divers processus cognitifs liés à la recherche d'information en mémoire, à l'organisation, l'analyse et la synthèse des données, etc. S'il compose un texte de fiction ou un texte littéraire, il recourt à son imagination et à son esprit d'invention.

Comme tout phénomène humain, l'écriture suscite des réactions positives ou négatives. Les attitudes face à l'écrit varient selon les sujets, mais en général on constate malheureusement qu'elles sont plutôt conflictuelles, la plupart des gens éprouvant des sentiments de malaise à son égard. Au-delà des aspects motivationnels, l'écriture, sur le plan affectif, peut être conçue comme un mode d'expression personnelle et de libération du moi. Ainsi des pédagogues comme E. Bing (1976) ont exploité cette fonction catharsique de l'écriture auprès de jeunes élèves caractériels.

Même si l'écriture constitue surtout une activité mentale, elle engage également le corps. Les signes écrits sont matérialisés par la main. Nécessitant une coordination oculo-manuelle, la graphomotricité (Tajan, 1982) concerne la reproduction des lettres, l'alignement des mots et la gestion de l'espace de la page.

1.2　L'écriture comme phénomène social

Au même titre que les autres activités langagières, l'écriture constitue un phénomène social dans la mesure où on écrit pour communiquer avec les autres. Les sphères de la société déterminent divers emplois de l'écrit : le discours journalistique, publicitaire, politique, juridique, religieux, littéraire, scientifique, etc. Sur le plan social, on peut envisager, d'un côté, les relations entre les personnes participant à un échange écrit, de l'autre, les normes et les valeurs en vigueur dans une communauté écrivante.

L'aspect interactionnel de l'écriture renvoie à la relation qui s'instaure entre le scripteur et le lecteur à l'intérieur de la situation de communication dans laquelle ils sont engagés. Dans cette perspective, le scripteur considère les buts, les enjeux de l'échange, le statut des interlocuteurs, leurs connaissances, leurs croyances, leurs opinions ainsi que les circonstances entourant la communication (texte officiel ou familier, message à caractère éphémère comme une note de service ou message destiné à résister au temps comme une loi, etc.).

D'autre part, il existe des habitudes et des conventions d'écriture pouvant varier d'un secteur à l'autre ou d'une communauté à l'autre. Songeons à l'exemple banal des anglo-saxons qui s'étonnent du caractère ampoulé des formules de salutation employées par les francophones dans leurs lettres officielles. En plus des normes rédactionnelles, l'écriture participe à la construction d'une culture à travers les valeurs, les idéologies et les représentations que les textes visent à transmettre. Sa dimension culturelle apparaît enfin dans sa fonction artistique. Exploitant de façon particulière le matériau verbal et traduisant une vision originale du monde, les oeuvres littéraires sont elles-mêmes soumises à des règles de composition (les caractéristiques des genres par exemple) qui se transforment d'une époque à l'autre.

1.3　L'écriture comme phénomène langagier

Impliquant la composante psychologique et sociale, la composante langagière se ramifie en six branches : textuelle, pragmatique, syntaxique, lexicale, orthographique et graphique. Dans notre schéma, ces aspects sont ordonnés du plus abstrait au plus facilement observable.

Un texte, loin de se ramener à une accumulation de phrases, forme un tout organisé. Les recherches récentes en linguistique textuelle (pour une synthèse, v. Adam 1990) ont permis de mieux connaître les structures et les mécanismes entrant dans l'organisation générale des textes. Deux concepts de base émergent : les types textuels et la cohérence.

Les discours écrits présentent des configurations très diversifiées. Plusieurs auteurs (pour un classement des typologies, cf. Petitjean 1989) ont tenté de regrouper les textes en types et en sous-types. On reconnaît entre autres le type narratif (le conte, le roman, le fait divers...), le type informatif (le manuel, l'article scientifique...), le type argumentatif (la lettre d'opinion, l'éditorial...), etc. Ces types d'arrangement textuel n'apparaissent pas isolément, mais bien au contraire, ils s'entremêlent dans les discours réels. Leur maniement s'avère donc très délicat.

L'effet d'unité produit par un texte est souvent évoqué par le terme « cohérence ». La langue dispose d'un certain nombre de mécanismes de cohérence qui assurent la liaison entre les phrases. Parmi les mécanismes de cohérence à maîtriser, signalons la coréférence (désignation d'un même référent au fil du texte par divers procédés : *Le soleil se couchait. Il était près de disparaître derrière les montagnes. L'astre répandait une couleur ambrée sur la ligne d'horizon.*) ainsi que les marqueurs de relation et d'organisation textuelle aux valeurs multiples *(donc, pourtant, certes, mais, en effet, d'abord, ensuite, en outre, d'une part... d'autre part, en somme, c'est-à-dire...).*

La dimension pragmatique et énonciative de l'écriture concerne ce qui, dans le texte, renvoie à ses caractéristiques psychosociales et spatio-temporelles. Certaines marques linguistiques servent plus spécifiquement à exprimer le degré d'engagement du scripteur face à ce qu'il dit, à refléter son intention dominante, à indiquer son attitude à l'égard du lecteur ou encore à signaler le temps et le lieu de la communication. Ces marques correspondent notamment aux pronoms personnels, aux temps verbaux, aux adverbes du type *ici, maintenant, là* de même qu'aux diverses formes de modalisation ou d'appréciation (*Il faut partir, On prétend que..., Cette idée est géniale, Léo a sûrement raison, Quel chauffard!* etc.).

Les dimensions syntaxique, lexicale et orthographique de l'écriture sont sans doute les mieux connues et entrent dans le cadre de la phrase. La syntaxe porte sur la construction de la phrase et les relations entre les mots qui la composent. Le lexique concerne le vocabulaire employé dans un texte. Les qualités souvent mentionnées à cet égard sont l'exactitude, la correction et l'adéquation. Le scripteur doit bien choisir ses mots en fonction des contenus à véhiculer, de l'entourage linguistique dans lesquels il les place et de la situation de communication où s'insère son discours.

Traditionnellement, on distingue l'orthographe d'usage et l'orthographe grammaticale ou d'accord. La première s'applique à la partie fixe des mots que donnent les dictionnaires. La seconde régit la partie des mots (généralement la finale) qui varie d'après leur fonction dans la phrase. En dépit de son rôle subsidiaire de code de transcription de la langue, l'orthographe jouit d'une importance sociale considérable. Encore aujourd'hui, pour une large part de la population, le savoir-écrire se réduit à la seule connaissance de la norme orthographique. Au système orthographique, on peut ajouter les signes extra-alphabétiques de la ponctuation. Malgré leur dimension à peine perceptible, les signes de ponctuation exercent des fonctions non négligeables pour l'intelligibilité des textes, en contribuant à leur segmentation et à leur structuration.

L'apparence générale d'un texte, sa disposition spatiale, ses caractéristiques visuelles ne sont pas d'ordre strictement matériel, mais jouent également un rôle dans la construction du sens. La dimension typographique paraît malheureusement négligée, sinon ignorée, par l'école. Le bon scripteur se préoccupe pourtant de la mise en page, de la répartition des blocs de texte, du choix des caractères, de la segmentation en paragraphes et, selon le type de texte, du jeu des titres et des sous-titres.

1.4 Interdépendance des dimensions de l'écriture

En raison de son caractère analytique, la description qui précède des composantes de l'écriture tend à livrer une vision fragmentée, ce qui pourrait laisser croire que les divers aspects identifiés sont autonomes et peuvent être envisagés de façon isolée dans l'enseignement. En réalité, il s'exerce une interaction constante entre les divers plans du savoir-écrire.

La figure arborescente choisie veut justement représenter l'écriture comme un processus ramifié dont toutes les parties sont liées les unes aux autres et concourent au fonctionnement de l'ensemble. Voici quelques exemples qui illustrent cette interaction.

Le plan textuel se rattache étroitement à la dimension cognitive puisque les structures de textes correspondent à des schèmes généraux d'entendement dans lesquels se moulent en quelque sorte les idées et les intentions du scripteur. L'aspect graphique du texte agit aussi en lien avec la dimension textuelle, étant donné que les procédés typographiques doivent mettre en évidence l'organisation d'ensemble du texte.

La dimension interactionnelle influe directement sur les caractéristiques pragmatiques et lexicales à donner à un texte. Selon la nature des rapports entre le scripteur et le lecteur, selon le caractère officiel ou amical du contexte de communication, le scripteur pourra marquer plus ou moins sa présence dans son discours et utiliser un vocabulaire spécialisé ou courant, soigné ou familier.

Comme dernier exemple, rappelons que l'orthographe grammaticale suppose la saisie des relations syntaxiques entre les mots. Le dossier de l'orthographe n'est pas seulement d'ordre linguistique. Il a de larges échos sur le plan culturel, particulièrement dans la francophonie où la correction orthographique paraît survalorisée (Millet et al., 1990) et où écrire en commettant des erreurs d'orthographe mène à une sévère disqualification sociale.

2. Difficultés d'apprentissage de l'écriture

L'analyse précédente montre combien est complexe le phénomène de l'écriture. Cette complexité rend son apprentissage long et ardu. Nous examinerons maintenant les difficultés à vaincre pour l'acquisition du savoir-écrire. Par difficulté, il faut entendre de façon très large tout écueil qui peut gêner l'apprentissage et que tout apprenti scripteur doit surmonter. Des difficultés non résorbées peuvent devenir de lourdes entraves et conduire à des troubles d'apprentissage ressortissant à l'orthopédagogie. Nous ne parlerons pas dans les paragraphes suivants des pathologies proprement dites de l'écriture, lesquelles affecteraient une infime minorité (environ 5 %) de la population scolaire (Ellis, 1989).

La *figure b* identifie sept principales sources de difficultés de l'écriture. Des flèches les unissent pour montrer leur interdépendance. Nous allons analyser chacun de ces facteurs, mais le lecteur devra toujours garder à l'esprit qu'ils agissent les uns sur les autres et qu'on ne peut pas les traiter séparément dans la réalité de la classe.

MOTIVATIONNELLES

ÉNONCIATIVES

PROCÉDURALES

TEXTUELLES

LINGUISTIQUES

ORTHOGRAPHIQUES

SENSORI-MOTRICES

Figure b : Difficultés de l'écriture

2.1 Difficultés d'ordre motivationnel

Le goût d'écrire semble peu répandu. Des études sociologiques (entre autres Dabène, 1987) ont révélé que la plupart des gens éprouvent un fort sentiment d'insécurité linguistique lorsqu'ils sont placés en situation de rédaction.

À l'école, les choses ne sont guère plus encourageantes. Une bonne partie des élèves du primaire et encore plus du secondaire n'aiment pas écrire. Or on a établi (White, 1987) que des attitudes négatives face à l'écrit vont très souvent de pair avec une compétence déficiente.

Les besoins sociaux rattachés à l'écriture sont, pour l'ensemble de la population, moindres que ceux qui touchent la lecture. Dans la vie privée, l'écriture a cédé sa place aux moyens audio-visuels tels que le téléphone, le magnétophone et la vidéo. La correspondance familiale ou entre amis devient de plus en plus rare. Dans la vie publique et le monde du travail, la situation s'avère cependant différente même si la lecture domine encore. La plupart des emplois modernes exigent une certaine compétence scripturale allant de la capacité à remplir un formulaire, à rédiger un rapport pour le policier ou le garde-chasse jusqu'à rédiger un jugement à la cour. En fait, l'audio-visuel n'a pas détrôné l'écrit; au contraire, avec l'arrivée des micro-ordinateurs, l'écrit se multiplie.

Il existe donc des justifications sociales pour apprendre à écrire. Néanmoins, ces motivations d'ordre social exercent une influence réduite sur les élèves, spécialement ceux du primaire et du premier cycle du secondaire qui vivent encore trop en marge des réalités du marché du travail. L'école doit par conséquent trouver d'autres sources de motivation pour stimuler le désir d'apprendre à écrire. Les agents d'éducation doivent déployer des efforts pour mettre en place une pédagogie de la langue qui fasse voir à l'élève l'écriture comme une activité intéressante et enrichissante. Le programme de français du ministère de l'Éducation insiste à ce propos sur la nécessité de proposer aux élèves des situations de communication écrite « signifiantes ». Nous reviendrons plus loin sur ce point.

2.2   Difficultés d'ordre énonciatif

Ces difficultés découlent des conditions mêmes de production de l'écrit. Contrairement à l'oral, qui se réalise la plupart du temps en situation, l'écrit se manifeste hors contexte, c'est-à-dire a) que le scripteur ne peut pas s'appuyer sur des données perceptibles, de sorte qu'il ne peut pas par exemple montrer les choses ou les personnes dont il parle, sauf bien sûr le cas particulier où les référents sont évoqués à l'écrit par des illustrations ou des schémas; b) qu'en l'absence du lecteur il doit produire seul son message sans pouvoir compter sur la rétroaction de son interlocuteur. En termes spécialisés, on dit que l'apprenant doit passer d'une conduite langagière dialogique et immédiate à une gestion monologique et différée du langage.

Ces conditions énonciatives auxquelles ne sont pas habitués la plupart des enfants ont des répercussions importantes sur le plan linguistique et cognitif. Elles obligent d'abord le sujet à une verbalisation plus explicite. Le jeune scripteur doit apprendre à verbaliser tout ce qui est nécessaire à la reconstitution du sens de son message. Ses discours doivent en quelque sorte faire preuve d'une « autosuffisance » linguistique. De plus, l'écrit conduit à une forme de décentration. Le scripteur doit arriver à écrire en fonction de l'autre et non pas uniquement selon son propre point de vue. La prise en compte d'un destinataire absent amène le sujet écrivant à prévoir les connaissances et les opinions de son lecteur ainsi qu'à bien jauger la relation psychosociale qui les lie tous les deux. Il doit en outre être capable de relire et de corriger ses propres textes en se mettant à la place de l'autre.

Pour le jeune enfant à tendance égocentrique, ces exigences de verbalisation et de décentration pèsent lourd dans l'appropriation de l'écrit. Elles peuvent être explorées très tôt, même avant le début de l'étude spécifique de l'écrit. En effet, certaines activités orales où le locuteur parle de choses absentes ou n'est pas en contact visuel avec le récepteur peuvent aider l'enfant à se familiariser avec l'usage du langage « hors situation ».

2.3 Difficultés d'ordre procédural

Des recherches récentes (pour une synthèse, voir le n° 49 de la revue *Pratiques*, 1988) ont permis de mieux comprendre le processus d'écriture. Plus réfléchi en général que la production orale, l'acte d'écrire suppose l'orchestration de tâches multiples. Comme l'écrit Claudine Garcia-Debanc (1990, p. 28), « le rédacteur doit gérer simultanément [...] diverses opérations : il doit à la fois garder en mémoire ses idées, les relier d'une manière logique, respecter le code orthographique ou syntaxique. Il se trouve ainsi en état de *surcharge cognitive.* »

En gros, les opérations rédactionnelles se partagent en trois groupes : a) la planification, qui englobe des activités de conceptualisation, d'organisation et d'adaptation du texte à l'auditoire telles que définir le but du discours, se représenter le lecteur et brosser un plan guide; b) la mise en texte, qui correspond à l'activité de rédaction proprement dite durant laquelle le scripteur produit une suite de phrases en tenant compte de contraintes locales (syntaxe, lexique, orthographe, ponctuation, calligraphie) et de contraintes globales (structure du texte, cohérence, etc.); c) la révision, qui implique une relecture critique du texte en vue du repérage et de la correction des erreurs et des lacunes. Chez le scripteur avancé, les opérations rédactionnelles, loin de se réaliser successivement, se produisent de façon coordonnée, voire concomitante. Ainsi un scripteur expérimenté pourra, en rédigeant, repenser son canevas de départ ou reprendre un passage insatisfaisant.

On sait que les jeunes éprouvent de la difficulté à gérer le processus complexe de l'écriture (Landreville, 1990). Ils manquent de stratégies pour planifier, ils tombent souvent en « panne d'idées », ils se mettent précipitamment à écrire sans réfléchir aux enjeux, au contexte et à l'organisation du discours qu'ils veulent rédiger. De surcroît, ils révisent mal leurs textes, incapables qu'ils sont souvent de repérer et de corriger les dysfonctionnements de toute nature.

À la suite des travaux en psychologie cognitive sur le processus rédactionnel, un courant pédagogique a vu le jour ces dernières années en vue d'aider les élèves à développer de bonnes méthodes de rédaction. Certains auteurs utilisent l'expression un peu rébarbative de « stratégies de facilitation procédurale » (Bereiter et Scardamalia 1982; Garcia-Debanc, 1990). Ces interventions pédagogiques consistent par exemple à expliciter par des schémas ou autrement les phases de l'acte d'écrire, à faire découvrir par les élèves des critères textuels opératoires, à exploiter des grilles de révision, à favoriser l'écriture en groupe de manière à répartir les tâches ou à recourir à la lecture mutuelle et l'évaluation par les pairs.

2.4 Difficultés d'ordre textuel

Les programmes contemporains de langue maternelle de l'ensemble des pays occidentaux veulent élargir le répertoire discursif des jeunes, c'est-à-dire leur connaissance des modes d'organisation des grands ensembles verbaux que sont les discours et les textes. On vise à former des scripteurs polyvalents pouvant manier différents types de textes à l'intérieur de toutes sortes de situations de communication.

En écriture, l'élève n'a pas seulement à traiter des énoncés déjà élaborés comme en lecture. Il a en plus à constituer et à agencer des discours écrits par ses propres moyens. L'expérience ordinaire du langage place surtout les jeunes en situation de réception et beaucoup moins de production. La compétence textuelle acquise par l'écoute ou la lecture peut certes fournir une base utile au scripteur novice. Mais cela ne le rend pas forcément apte à mettre lui-même en oeuvre les formes textuelles qu'il peut par ailleurs comprendre. C'est un fait depuis longtemps attesté dans le champ de l'acquisition du langage qu'un décalage existe entre les capacités de réception et les capacités de production, les premières dépassant souvent les secondes.

Les contenus d'apprentissage en écriture sont nombreux et variés. Au fil du cursus scolaire, l'élève sera amené à composer différents types de textes. Il devra se familiariser avec des types réputés plus exigeants à la fois sur le plan verbal et conceptuel comme l'explication ou l'argumentation (Schneuwly, 1988). Même avec le récit, qui est pourtant le type le plus courant, certains élèves, notamment les écoliers de 6-9 ans, pourront se montrer maladroits à articuler une structure narrative (Fayol, 1984).

Le scripteur novice devra en outre apprendre à construire les diverses formes possibles d'actualisation des structures textuelles. Par exemple, en écriture narrative de fiction, il devra pouvoir marquer la distinction entre un conte et une légende ou encore respecter les caractéristiques du récit d'aventures ou du récit fantastique. Dans le domaine de l'argumentation, il sera appelé à travailler les procédés communs et distincts relevant de la lettre d'opinion, de la dissertation ou de l'annonce publicitaire.

Toute cette diversité est accentuée par le fait que les structures textuelles, loin de s'exclure mutuellement, se combinent la plupart du temps dans les discours réels. Il ne suffit donc pas de maîtriser en soi les structures narratives, argumentatives, informatives ou autres. Il convient, de surcroît, de savoir les agencer, d'arriver par exemple à insérer un dialogue ou une description dans un récit ou à se servir d'un récit pour étayer une opinion à l'intérieur d'un texte argumentatif.

Sur le plan textuel, bien d'autres aspects sollicitent les ressources de l'apprenante et de l'apprenant. Mentionnons entre autres les exigences de catégorisation et de hiérarchisation des informations dans les textes documentaires. Sur le plan des mécanismes de cohérence, on sait que les scripteurs apprentis n'identifient pas toujours bien les référents des pronoms substituts, commettent des discordances temporelles entre les phrases et manipulent assez maladroitement les connecteurs.

2.5   Difficultés d'ordre linguistique

Le mot « linguistique » s'applique ici plus spécifiquement aux unités grammaticales et lexicales de la langue qui interviennent au niveau de la phrase. Deux phénomènes influencent l'usage à l'écrit de la morphosyntaxe et du vocabulaire.

On a vu tout à l'heure que le message écrit, élaboré générale-ment « hors situation », se construit presque uniquement avec des moyens linguistiques, en l'absence de gestes, de mimiques, d'intona-tions et de données concrètes. Cette verbalisation plus poussée inhérente à la production écrite nécessite un répertoire linguistique plus étendu et plus diversifié. Ainsi la grammaire de l'écrit, par rapport à celle de l'oral, recourt à un nombre plus varié de conjonctions comme *de crainte que, outre que, attendu que,* etc. Elle use de tournures particulières et possède même des temps spécifiques, tel le passé simple. Par rapport aux situations courantes de communication orale, le scripteur est également amené à employer un vocabulaire plus étendu, plus recherché ou plus spécialisé.

Par ailleurs, du point de vue grammatical et lexical, l'écrit s'avère nettement plus normé que l'oral quotidien. Les élèves doivent s'habituer à utiliser la variété correcte du français lorsqu'ils écrivent. Les contraintes normatives comme l'obligation de la double négation, l'exclusion des tournures interrogatives critiquées, l'emploi circonspect des mots à connotation familière ou populaire peuvent dérouter particulièrement les jeunes dont le langage est éloigné du français standard.

2.6   Difficultés d'ordre orthographique (y compris la ponctuation)

Toutes les enquêtes (Bureau, 1985; v. aussi les rapports annuels du MEQ concernant les épreuves nationales de rédaction) révèlent que l'orthographe d'usage, l'orthographe d'accord et la ponctuation constituent la principale source d'erreurs dans les textes des élèves.

Les raisons de cette méconnaissance de l'orthographe peuvent bien sûr être cherchées du côté des attitudes des apprenantes et des apprenants ou des méthodes pédagogiques des enseignantes et des enseignants. Mais on oublie souvent que cela tient avant tout à la complication de notre système orthographique lui-même (Catach, 1978 et 1989). Alors que les élèves italiens arrivent à maîtriser assez bien le code de transcription très simple de leur langue en relativement peu de temps, les élèves francophones doivent mettre des années pour parvenir à une compétence orthographique acceptable. Chez certains, la hantise de la faute d'orthographe conduit même à de graves blocages face à l'écriture.

Quant à la ponctuation, qui, malgré ce que l'on pense, a peu à voir avec les pauses de la voix, des recherches récentes (pour une synthèse, voir le no 70 de *Pratiques*, 1991) ont mis en lumière qu'en dépit de leur aspect anodin, les signes de ponctuation sont très complexes et longs à acquérir. Ils fonctionnent à tous les plans du discours (le mot, la phrase et le texte). Ils sont pris en compte en lecture relativement tardivement (guère avant 11-12 ans). Enfin ils exercent des fonctions variées : marquer les divisions du texte, indiquer un changement de locuteur, noter des rapports syntaxiques ou exprimer certaines nuances affectives.

2.7 Difficultés d'ordre moteur

L'écriture implique le développement de la motricité fine. Deux qualités sont requises de la part de l'apprenant : la lisibilité du tracé et la rapidité du geste. En soi, l'acte d'écrire est laborieux. Pour donner une idée du rythme plutôt lent de l'écriture, signalons qu'un adulte traite environ 150 mots par minute à l'oral et 300 en lecture contre une trentaine en situation d'écriture manuscrite (Smith, 1982).

Les faiblesses sensori-motrices du jeune enfant lui causent un lourd handicap dans sa conquête de l'écrit. Sa lenteur d'exécution explique en partie (l'orthographe est un autre puissant frein) la brièveté de ses textes. Elle entraîne en outre certains oublis ou certaines incohérences, car l'enfant perd le fil de ses idées, trop concentré qu'il est à reproduire les lettres et à aligner les mots. On dit que sa main ne suit pas sa pensée. Enfin cette maladresse pèse lourd sur l'activité de révision. En effet, les scripteurs apprentis ont peu tendance à revoir leurs textes, à effacer, à remplacer, à biffer, notamment en raison des grands efforts que leur demande l'acte graphique. Le traitement de texte peut fournir une aide précieuse pour remédier à ce problème (Landreville, 1990).

2.8 Entrecroisement des difficultés de l'écriture

Comme le montre, dans ce même chapitre, Jocelyne Giasson à propos de la lecture, les difficultés d'apprentissage des compétences langagières forment un continuum et s'influencent mutuellement. De la même manière qu'en lecture, les problèmes à résoudre en écriture qui viennent d'être brièvement décrits obéissent au principe des vases communicants.

Il serait illusoire de penser qu'on peut vaincre une difficulté en axant tous les efforts didactiques sur ce seul aspect. Reprenons le dernier cas des difficultés sensori-motrices. On pourrait supposer à la manière traditionnelle qu'en début de scolarité l'enseignement doit se concentrer uniquement sur la calligraphie pour amener l'enfant à acquérir le plus tôt possible les automatismes graphomoteurs. Ce serait oublier que l'enfant qui ne fait que des exercices calligraphiques ne développe pas les autres dimensions de l'écriture et se forge malheureusement une représentation réductrice et peu stimulante de la langue écrite. Sur le plan motivationnel comme sur le plan textuel ou énonciatif, ce compartimentage pourrait entraîner des effets désastreux. L'enfant en viendrait à concevoir l'écriture comme une simple activité de transcription manuscrite. En tant que scripteur, il ne soupçonnerait guère la notion de texte et de discours, trop habitué à ne recopier que des mots ou des phrases isolément. Enfin, il n'aurait pas la possibilité d'expérimenter l'écrit comme un mode de communication et d'expression personnelle utile et attrayant.

En didactique de l'écriture comme de toutes les autres composantes langagières, l'enseignement, à certains moments, doit bien sûr s'attarder sur certains points précis, mais en ne négligeant jamais l'ensemble. Le linguiste et didacticien Eddy Roulet a bien expliqué ce défi d'harmoniser le particulier et le global qu'on doit sans cesse relever en didactique des langues :

> « *Le didacticien est en effet toujours pris entre deux exigences, à première vue contradictoires : faire acquérir aux apprenants des savoirs et des savoir-faire discursifs globaux, même si ceux-ci relèvent de domaines très différents, et découper la matière en unités d'enseignement/apprentissage assez réduites pour pouvoir être traitées par les apprenants et évaluées par les enseignants. [Il faut] tenir constamment les deux bouts de la chaîne, la vision globale de la compétence discursive - avec ses composantes très diverses, du social au phonologique, et les interactions entre celles-ci - et la vision détaillée de chacune des composantes - avec ses principes et ses marques spécifiques* ». (Roulet , 1991, p. 20)

3. Caractéristiques d'un environnement pédagogique favorisant l'apprentissage de l'écriture

À la lumière des travaux récents sur l'enseignement de l'écriture (Graves, 1983; Calkins, 1986; Hillocks, 1986; Blain, 1988; Jolibert, 1988; Charolles, 1989; Garcia-Debanc, 1990), on peut distinguer au moins sept conditions à satisfaire pour créer une pédagogie féconde de l'écriture. Plusieurs de ces conditions sont déjà formulées dans le programme actuel de français langue maternelle.

3.1 Faire écrire régulièrement les élèves

Tout le monde convient que le développement de la compétence écrite demande un entraînement continu puisque l'écriture est avant tout un savoir-faire, une conduite langagière, plutôt qu'un savoir théorique à assimiler par l'étude réflexive. D'autre part, l'écriture correspond à une activité globale touchant une multitude d'aspects de la langue et de la pensée. Seule l'expérience de situations d'écriture complète peut amener l'apprenant à atteindre une synergie rédactionnelle satisfaisante.

La multiplication des pratiques de rédaction en classe semble plus facile à réaliser au primaire qu'au secondaire, du moins dans l'état actuel du système scolaire. Au secondaire, l'entraînement à l'écriture de textes est entravé par le trop grand nombre d'élèves confiés aux enseignantes et aux enseignants de français et par le cloisonnement des matières scolaires. La conjonction de ces deux facteurs fait en sorte que les élèves du secondaire au Québec n'écrivent pas assez souvent dans la classe de français et ne rédigent pour ainsi dire jamais de textes en sciences et en sciences humaines. Nous devrions imiter les anglo-saxons qui ont tenté de lever cet obstacle en lançant le mouvement « writing across the curriculum », c'est-à-dire « écrire dans toutes les matières ».

3.2 Proposer aux élèves des situations d'écriture motivantes

Le programme de français du MEQ suggère à juste titre de créer en classe des situations de communication écrite « signifiantes ». Il convient de diminuer les activités artificielles où l'élève est obligé d'écrire pour les seules fins de l'institution scolaire. Les situations proposées doivent autant que possible comprendre de véritables enjeux communicatifs, s'adresser à des interlocuteurs réels et provenir d'une intention de communication ou d'expression authentique. La compétence écrite se développe mieux si elle s'appuie sur un désir d'écrire bien vivant. Parmi les nouvelles approches pédagogiques pouvant stimuler le goût d'écrire, on peut citer entre autres les ateliers d'écriture et le travail en projet.

3.3   Varier les types de textes

L'emploi de la langue change selon les conditions dans lesquelles elle est mise en oeuvre. La recherche contemporaine a établi que l'apprentissage de l'écrit ne se réalise pas pareillement d'un type de texte à l'autre. Le récit de fiction n'implique pas à l'évidence les mêmes connaissances ni les mêmes fonctions langagières que la rédaction d'un texte informatif ou d'une argumentation. Comme l'affirme B. Schneuwly (1988, p.170), « l'enseignement doit donc être conçu de manière différentielle [et] aborder différents types de textes à tout âge »

3.4   Implanter un mode d'organisation de la classe favorisant l'écriture individuelle et le travail de groupe

À l'école comme dans la société, l'écriture se définit comme une activité soliloque, individuelle. L'élève doit donc vivre en classe des situations lui permettant de s'habituer à écrire seul. Cependant, pour diminuer la complexité du processus d'écriture, l'enseignement peut profiter du travail de groupe (l'équipe optimale ne dépassant pas trois membres) à cause de l'aide mutuelle que les élèves peuvent s'apporter. La division des tâches allège le travail d'écriture en répartissant entre les élèves la planification, la mise en texte, la correction et la diffusion. Au contact des plus forts, les faibles peuvent observer de bons modèles de stratégies rédactionnelles. L'évaluation par les pairs peut contribuer à affiner les capacités de révision des apprenantes et des apprenants. Différents dispositifs peuvent ainsi être mis en place et adaptés pour exploiter le groupe à la fois comme outil d'apprentissage et facteur de motivation (v. les propositions de Garcia-Debanc, 1990). Il s'agit d'une voie à explorer qui ne peut évidemment pas constituer à elle seule une panacée. Elle doit être envisagée en lien avec les six autres principes énoncés ici.

3.5 Compléter les activités globales d'écriture par des activités spécifiques d'acquisition de savoirs et de savoir-faire identifiés par l'évaluation formative

Ainsi qu'il a été souligné plus haut, la didactique de l'écriture repose sur l'équilibre à maintenir entre les activités globales et les activités spécifiques de structuration et de consolidation. À un moment ou à un autre, les élèves doivent forcément s'arrêter sur telle règle d'accord, tel emploi de la virgule, tel mécanisme de reprise lexicale, tel genre de texte, etc. Une étude soutenue et systématique de la langue, des discours et du processus rédactionnel apparaît indispensable. Le défi consiste à assurer le réinvestissement des apprentissages spécifiques dans des situations de production globale de textes.

Pour susciter le transfert, l'enseignante ou l'enseignant doit faire percevoir la pertinence fonctionnelle des connaissances transmises, en prenant le plus possible en compte les lacunes et les difficultés manifestées dans les textes des élèves. Autrement dit, l'enseignement de l'écriture suppose l'évaluation formative, soit une évaluation procurant une rétroaction utile à l'apprenante ou l'apprenant plutôt qu'une notation aboutissant seulement à une sanction.

3.6 Élaborer avec les élèves des critères relatifs à la fois aux textes et au processus rédactionnel

Qui dit évaluation formative dit établissement de critères d'appréciation. Les critères à dégager en classe doivent toucher tout autant le produit de l'écriture - les textes - que le processus lui-même de rédaction. Ils sont censés faciliter l'identification des qualités d'un texte bien formé ainsi que les méthodes de rédaction efficaces.

Pour que les élèves s'approprient vraiment ces critères, ils doivent eux-mêmes les découvrir et en éprouver la pertinence. Étant donné qu'on a affaire à des scripteurs apprentis et non experts, et que les textes forment des entités variables et mouvantes, les critères à découvrir n'équivalent nullement à des normes figées. Au contraire, il s'agit de balises à préciser, à améliorer, à remodeler au fil des tâches soumises et du cursus scolaire.

Divers outils et techniques pédagogiques ont été élaborés ces derniers temps pour faciliter l'explicitation de critères en écriture. Pensons par exemple à l'analyse de textes d'experts dans une perspective non plus seulement thématique mais aussi textuelle et discursive, le classement des textes de diverses sortes, l'observation de l'enseignante ou de l'enseignant comme scripteur modèle, l'emploi de guides de planification et de grilles de révision, etc. Une telle démarche d'explicitation rejoint l'enseignement explicite des stratégies prôné actuellement en lecture (Giasson, 1991).

3.7 Éviter le compartimentage de la langue maternelle en renforçant les liens entre lecture et écriture, et en rattachant la classe de français aux autres matières

L'éparpillement des connaissances ne contribue guère à leur appropriation. Une vision morcelée et cumulative des faits de langue et de discours empêche l'intégration des dimensions du langage, condition essentielle à sa maîtrise. En classe de français, la clé du succès réside donc dans la mise en correspondance des contenus abordés. Par exemple, on peut travailler les connecteurs en examinant leur fonctionnement syntaxique (nature, rôle et position) tout en montrant comment ils articulent les parties d'un paragraphe ou d'un texte. Les élèves peuvent de la sorte établir un lien entre les connaissances acquises sur les connecteurs et celles relevant des structures textuelles. Ils en viennent à créer des réseaux de connaissances et à comprendre que tout se tient dans le langage.

Dans le domaine de l'écrit, on doit veiller à coordonner les activités de lecture et d'écriture. Il s'agit de deux processus complémentaires qui s'éclairent mutuellement. Rédiger consiste au fond à baliser le parcours d'une lecture. Les enseignants et les enseignantes ont donc tout à gagner à s'appuyer sur cette dialectique : l'élève lit pour mieux écrire et écrit pour mieux lire.

On a évoqué plus haut le fait que la langue maternelle traverse l'apprentissage de toutes les autres matières. Cette donnée fondamentale est malheureusement oubliée dans le système scolaire actuel ainsi que dans la formation des maîtres. Les enseignantes et les enseignants de sciences, de mathématiques et de sciences humaines devraient être plus conscients qu'ils manipulent du langage avec leurs élèves. En collaboration avec leurs collègues de français, ils devraient aider leurs élèves à maîtriser les habiletés langagières nécessaires à leurs disciplines.

Pour conclure brièvement, redisons que l'apprentissage de l'écriture à l'école doit être considéré comme une priorité, car l'écriture reste encore à notre ère technologique l'instrument le plus puissant de la pensée et de la communication.

Bibliographie

Adam, J.-M. (1990). *Éléments de linguistique textuelle, théorie et pratique de l'analyse textuelle,* Liège : Mardaga.

Coordination de Bessonat, D. (1991). La ponctuation, *Pratiques,* no 70.

Bereiter, C.et Scardamalia, M. (1982). From Conversation to Composition : The Role of Instruction in a Developmental Process, *Advances in Instructional Psychology,* R. Glaser (Ed.), vol. 2, Hillsdale : LEA.

Bing, É. (1976). *Et je nageai jusqu'à la page,* Paris : Éditions des femmes.

Blain, D. et al. (1988). *Contribution à la pédagogie du texte II,* Genève : Université de Genève, Coll. « Cahiers de la section des sciences de l'éducation », no 52.

Bureau, C. (1985). *Le français écrit au secondaire,* Québec : Conseil de la langue française.

Calkins, L. M. (1986). *The Art of Teaching Writing,* Portsmooth : Heineman.

Catach, N. (1978). *L'orthographe,* Paris : PUF, (coll. « Que sais-je », no 685).

Catach, N. (1989). Les délires de l'orthographe, Paris : Plon.

Charolles, M. et al. (1989). *Pour une didactique de l'écriture,* Metz : Centre d'analyse syntaxique de l'Université de Metz.

Coordination de M. Charolles (1986). Les activités rédactionnelles, *Pratiques,* 49.

Dabène, M. (1987). L'adulte et l'écriture, *Contribution à une didactique de l'écrit en langue maternelle,* Bruxelles : De Boeck-Wesmael.

Ellis, A.W. (1989). *Lecture, écriture et dyslexie : une approche cognitive,* Neuchâtel : Delachaux et Niestlé.

Fayol, M. (1985). *Le récit et sa construction,* Neuchâtel : Delachaux et Niestlé.

Garcia-Debanc, C. (1990). *L'élève et la production d'écrits,* Metz : Centre d'analyse syntaxique de l'Université de Metz.

Giasson, J. (1990). *La compréhension en lecture,* Boucherville : Gaëtan Morin.

Graves, D.H. (1983). *Writing : Teachers and Children at Work,* Exeter : Heineman.

Greff, L. et Steinberg, E.R. (Eds.) (1980). *Cognitive Process in Writing,* Hillsdale : L. Erlbaum.

Hillocks, G. (l986). *Research on Written Composition, New Directions for Teaching,* Urbana : National Conference on Research in English.

Jolibert, J. et al. (1988). *Former des enfants producteurs de textes,* Paris : Hachette.

Landreville, G. (1990). *Les difficultés d'écriture au primaire et l'apport de la recherche sur le traitement de texte,* Montréal : Centre québécois de recherche sur les applications pédagogiques de l'ordinateur.

Millet, A. et al. (1990). *Orthographe mon amour,* Grenoble : Presses universitaires de Grenoble.

Petitjean, A. (1989). Les typologies textuelles, *Pratiques,* 62, pp. 86-125.

Roulet, E. (1991). L'enseignement-apprentissage de la compétence discursive et l'analyse du discours, *Revue de l'Association canadienne de linguistique appliquée,* 13(2), pp. 7-22.

Schneuwly, B. (1988). *Le langage écrit chez l'enfant, La production des textes informatifs et argumentatifs,* Neuchâtel : Delachaux et Niestlé.

Smith, F. (1982). *Writing and the Writer,* New York : Holt, Rinehart and Winston.

Tajan, A. (1982). *La graphomotricité,* Paris : PUF. (Coll. « Que sais-je? », no 1998).

White, J. (1987). *Pupils' Attitudes to Writing at Age 11 and 15,* Windsor : NFER-Nelson.

Les mathématiques : la bosse? Non. Des trous? Parfois...

Jean J. Dionne, professeur
Département de didactique
Faculté des sciences de l'éducation
Université Laval

Lucie DeBlois, étudiante graduée
Département de didactique
Faculté des sciences de l'éducation
Université Laval

S'intéresser à la réussite scolaire, c'est aussi s'intéresser au succès dans chacune des matières. Or, le phénomène est bien connu, les mathématiques constituent un domaine où, hélas, un grand nombre d'élèves éprouvent des difficultés. À cause notamment de l'importance accordée à cette discipline par l'école, les conséquences de cet état de fait sont souvent tragiques, pouvant dans les cas extrêmes, pousser à l'abandon scolaire ou alors, amener des élèves à délaisser certaines voies au profit d'autres où les mathématiques sont moins présentes.

Diverses initiatives ont été mises de l'avant pour faire face à ces problèmes : activités de rattrapage, ateliers de démystification ou de démythification, cours d'appoint, interventions orthopédagogiques auprès des élèves reconnus comme étant en difficulté. Certains succès ponctuels ont été obtenus mais les mathématiques demeurent un champ que les élèves abordent encore trop souvent avec crainte et dans lequel beaucoup se retrouvent en état d'échec. De là à croire que les mathématiques sont affaire de « bosse », où le succès ne serait l'apanage que de quelques surdoués bien particuliers, il y a un pas trop vite franchi.

Nous croyons important de faire disparaître ce mythe de la « bosse » et aussi d'accroître le nombre de celles et ceux qui se sentent à l'aise et qui réussissent vraiment en mathématiques. C'est dans ce double but que nous présentons ce texte : il se veut une modeste contribution au progrès de l'enseignement des mathématiques et, plus particulièrement, au progrès des interventions auprès des élèves qui éprouvent des difficultés dans cette discipline.

Dans le premier point, nous nous arrêtons à quelques problèmes qui, depuis longtemps, entachent l'enseignement des mathématiques et présentons quelques éléments de solutions potentielles : c'est là que la compréhension joue un rôle central. Nous verrons ensuite comment ces problèmes s'étendent au domaine de l'orthopédagogie : ceci nous amènera à proposer, au point 3, une théorie nouvelle, centrée justement sur l'idée de compréhension. Cette théorie se veut cependant bien collée à la pratique des orthopédagogues : en effet, la compréhension des divers concepts y est décrite en tableaux de critères explicites, critères qui peuvent servir de guide au moment d'évaluer les élèves, ou dans le diagnostic et la remédiation. Dans la dernière partie, nous présenterons trois études de cas où un tel tableau, portant sur la compréhension de la numération positionnelle, a justement guidé des interventions auprès d'enfants en difficulté d'apprentissage.

Un second texte fait suite à celui-ci; il traite du problème de l'évaluation de la compréhension. C'est en effet une chose de croire en l'importance de cette compréhension, c'en est une autre de pouvoir en tenir compte pratiquement dans l'enseignement quotidien. Consciente de ce problème, Nantais a élaboré un nouvel outil qui permet à l'enseignante ou l'enseignant de vraiment se centrer sur les processus de pensée de ses élèves. Fitzback-Labrecque a, pour sa part, étudié comment cet outil pouvait servir l'orthopédagogue dans sa tâche et l'aider à établir une meilleure collaboration avec les titulaires de classes.

On le devine aisément à ce qui précède, un enseignement des mathématiques s'appuyant avant tout sur la compréhension que se construit l'élève nous apparaît comme une voie prometteuse si on pense réussite en mathématiques et, ultimement, réussite scolaire. Cette conviction nous a guidés dans la présentation des réflexions et recherches qui suivent, réflexions et recherches conduites en étroite collaboration avec les gens du milieu scolaire.

1. Enseignement des mathématiques et constructivisme

L'enseignement des mathématiques souffre d'un problème fondamental, issu de la nature même de la discipline. Celle-ci est souvent considérée comme une science **algorithmique** dans la mesure où elle débouche sur des règles et procédures qui permettent de résoudre rapidement plusieurs types de problèmes. Elle est par ailleurs une science **formelle**, car l'on y insiste sur la rigueur des définitions et démonstrations de même que sur le recours à un symbolisme souvent sophistiqué qu'il faut manipuler correctement. Ces deux aspects, s'ils ne traduisent pas tout ce que sont les mathématiques, n'en ont pas moins marqué l'enseignement (Dionne, 1988) et influencent encore fortement la pratique actuelle. Car l'utilisation des règles et procédures s'avère facile à évaluer et on croit trop souvent que l'emploi des définitions et des symboles peut amener à une bonne compréhension. La forme est alors, hélas, confondue avec le contenu, les idées. Le problème fondamental émergeant de ces perspectives, c'est que trop souvent l'élève est amené à apprendre par coeur une foule de procédures et de définitions qu'il ne peut justifier, ni même s'expliquer (Carpenter et al., 1981; Erlwanger, 1975). Il se trouve alors écrasé sous un fardeau de connaissances éparpillées, fardeau cognitif dépassant rapidement les capacités de sa mémoire. **Seule la compréhension, définie comme l'organisation des connaissances en schèmes structurés, c'est-à-dire l'établissement de réseaux cognitifs reliant les divers éléments de la connaissance, peut soulager l'élève de ce fardeau.**

Hélas, règles et définitions sont plus faciles à faire reproduire qu'à faire comprendre de sorte que, dans la perspective algorithmique et formelle, l'accent est davantage mis sur la transmission des connaissances que sur leur reconstruction par l'élève. Par contre, dans une perspective constructiviste, on se centre sur l'apprenante et l'apprenant et on tente de le guider dans la construction de ses schèmes conceptuels en s'appuyant sur des connaissances préalablement acquises. Chaque pas devient alors une extension des connaissances accumulées, ce que Piaget décrivait en termes de « continuels dépassements des élaborations successives » (Piaget, 1948/1972). L'élève a ainsi plus de chances d'éviter certaines disconti-nuités cognitives car il peut alors relier ses connaissances entre elles, les structurer, c'est-à-dire « comprendre ». Nul besoin alors de tout mémoriser car la pérennité des savoirs est assise sur une base plus solide.

2. Regard sur l'orthopédagogie des mathématiques

Ce problème fondamental tout juste évoqué de l'enseignement des mathématiques marque également la plupart des interventions auprès des élèves en difficulté, beaucoup des cours ou activités de récupération notamment, mais aussi de multiples interventions de nature orthopédagogique. Trop souvent hélas, on ne s'attaque qu'aux manifestations superficielles des difficultés, c'est-à-dire à la performance déficiente au niveau des opérations de nature algorithmique. Les mathématiques se voient ainsi réduites à des procédures, leur contenu assimilé à un ensemble de signes alors que l'on méprend la manipulation correcte de ces signes pour la compréhension des transformations mathématiques qu'elle exprime. On confond connaissance mathématique et savoir-faire, en s'arrêtant à l'aspect formel sans atteindre les idées qui devraient se retrouver derrière. Malheureusement, se limiter à ce seul aspect de l'apprentissage ne suffit pas à régler les vrais problèmes : le cas classique de Benny rapporté par Erlwanger (1973) en est un exemple probant. En effet, cet élève avait réussi à obtenir pendant plusieurs années des résultats supérieurs à 80 %, sans pour autant comprendre les mathématiques sous-jacentes aux procédures qu'il appliquait.

Comment expliquer ce caractère limité de beaucoup d'interventions orthopédagogiques? Notons d'abord que les orthopédagogues ne disposent guère d'outils et d'approches qui leur permettraient de dépasser les aspects algorithmique et formel des mathématiques : ce qui explique d'ailleurs que, se sentant mal armés, plusieurs d'entre eux négligent les mathématiques et concentrent leurs efforts sur l'apprentissage du français. Et lorsqu'ils interviennent en mathématiques, ils reproduisent les modèles qu'ils connaissent, ceux que l'on a utilisés avec eux. Tout cela n'est d'ailleurs que manifestations d'un mal plus profond : l'**absence d'une théorie orthopédagogique explicite.** Cette situation empêche les intervenantes et les intervenants de s'affranchir du cadre restreint dans lequel, trop souvent, ils se voient enfermés et de se concentrer sur la question fondamentale de la construction et de la structuration des connaissances, c'est-à-dire sur la compréhension.

Par théorie orthopédagogique, nous entendons un cadre référentiel permettant de situer les procédures dans le ou les schèmes conceptuels qui les sous-tendent, et ce, dans le but d'expliquer les difficultés éprouvées par les élèves. Par exemple, un élève pourrait bien ne pas pouvoir compter à partir de l'un des termes dans l'addition procédure additive du "counting on"), tout simplement parce qu'il ne conserve pas encore le nombre. Nous proposons ici une telle théorie orthopédagogique qui, précisons-le, appartient au domaine de la didactique des mathématiques : ceci pour dire que nous ne pensons pas régler tous les problèmes à tous les niveaux. Certains enfants peuvent en effet éprouver des difficultés car ils sont émotivement perturbés ou parce qu'ils souffrent d'un handicap quelconque, physique ou intellectuel. Nous nous intéressons plutôt ici, ce doit être clair d'après ce qui précède, aux enfants qui éprouvent des difficultés dans leur apprentissage des mathématiques tout en se révélant adaptés dans les autres domaines. C'est donc avant tout au plan de la cognition en mathématiques que nous oeuvrons et qu'il faut situer notre proposition.

3. Esquisse d'une théorie de l'orthopédagogie

Nous avons vu plus haut l'importance centrale de la compréhension dans l'apprentissage des mathématiques. On ne se surprendra donc pas de retrouver celle-ci au premier plan de notre théorie. Mais encore faut-il pouvoir préciser ce qu'on entend par compréhension.

Certains y voient encore une dichotomie : comprend-comprend pas. D'autres, on l'a vu, la réduisent à l'application correcte de règles. Afin de dépasser ces points de vue primitifs, Herscovics et Bergeron (1983) se sont inspirés de l'épistémologie génétique de Piaget pour élaborer un modèle spécifiquement conçu pour décrire la compréhension de schèmes conceptuels mathématiques. Au cours des années, ce modèle a été enrichi et raffiné en vue d'obtenir des descriptions plus précises (Herscovics et Bergeron, 1988). La dernière version s'inscrit, à l'instar des précédentes, dans une perspective résolument constructiviste : elle prend en effet comme point de départ la construction des préconcepts physiques des notions mathématiques considérées et c'est d'un processus de mathématisation de ces préconcepts qu'émergent les schèmes conceptuels mathématiques (Bergeron et Herscovics, 1989).

Ce modèle propose donc deux paliers, le premier décrivant la **compréhension des concepts physiques préliminaires** et le second s'attachant à la **compréhension du concept mathématique émergeant**. Le premier palier présente une hiérarchie de trois niveaux de compréhension : la compréhension intuitive, la compréhension procédurale logico-physique et l'abstraction logico-physique. Le second palier comprend non plus des niveaux de compréhension, mais trois composantes : la compréhension procédurale logico-mathématique, l'abstraction logico-mathématique et la formalisation. Dans ce qui suit, nous allons décrire ce qui se cache derrière ces termes en prenant l'exemple de la compréhension du nombre cardinal, celui qui sert à répondre à la question « combien? » et que l'on peut considérer comme la mesure de la pluralité.

3.1 La compréhension des concepts physiques préliminaires : le palier logico-physique

Avant même de pouvoir dire combien, le jeune enfant sait déjà s'il a devant lui **un** ou **plusieurs** objets, il peut décider s'il y en a **peu** ou **beaucoup**, cela, en s'appuyant sur ses simples expériences physiques et sa perception visuelle. De même, en comparant visuellement deux ensembles composés respectivement de, par exemple, dix et vingt objets, il peut déterminer lequel en comprend **plus**, lequel en comprend **moins**, ou encore, s'il se trouve devant deux collections comportant le même nombre d'éléments, il arrivera à dire qu'il y en a « **pareil** » ou « **la même chose** ». Il n'y a évidemment ici que des appréhensions très globales, rien n'y est précis : l'enfant ne pourrait guère choisir de façon sûre entre deux paquets de dix-huit et dix-neuf bonbons respectivement... C'est pourquoi on considère ceci comme de la **compréhension intuitive.** D'où la définition générale :

la **compréhension intuitive** d'une notion a trait à la perception globale de cette notion; elle résulte d'une forme de pensée basée essentiellement sur la perception sensorielle, avant tout visuelle, et ne fournit que des approximations non numériques grossières.

Par la suite, l'enfant sentira le besoin de préciser ses intuitions : c'est là qu'il devra se doter de procédures. Les premières procédures élaborées ne font pas encore appel au dénombrement ni à l'objet mathématique « nombre » : c'est pourquoi on les dit « logico-physiques ». Ces premières procédures, qui permettent à l'enfant de prolonger et de rendre plus fiables ses intuitions, sont essentiellement basées sur des correspondances terme à terme : ainsi, il s'assurera qu'il en a recu autant que sa copine en plaçant chacun de ses bonbons face à l'un de ceux appartenant à celle-ci, la longueur équivalente des rangées le rassurant alors sur l'équité de la distribution. Les recherches de Herscovics et Bergeron (1988) montrent que, dès la maternelle, la majorité des enfants peuvent utiliser de telles correspondances terme à terme pour générer un ensemble de cubes plus petit, équipotent ou plus grand qu'un autre donné, ou comportant un élément de plus ou de moins que cet autre. Ceci illustre la définition de la **compréhension procédurale logico-physique** :

la **compréhension procédurale logico-physique** a trait à l'acquisition de procédures logico-physiques s'exerçant sur des objets ou des transformations physiquement perceptibles que l'enfant peut relier à ses connaissances intuitives et utiliser de façon appropriée.

À mesure que s'accroît son expérience de la pluralité, l'enfant découvre notamment que cette pluralité n'est pas affectée par certaines transformations : ainsi, il arrivera à ne plus être abusé par l'étirement d'une des rangées d'objets dans le test piagétien de conservation et conclura que la quantité est toujours la même dans les deux rangées malgré l'espace plus grand qu'occupe une de celles-ci. Il se trouve donc à voir au-delà de ce que lui révèlent ses yeux. De même, il arrive à conclure à l'invariance d'une quantité même si celle-ci est tour à tour contractée, dispersée, déplacée, retournée ou encore si l'on en cache une partie. Ce sont là une partie des critères permettant de juger de l'abstraction logico-physique du nombre cardinal. D'une façon générale, on définit cette forme d'abstraction de la façon suivante :

l'**abstraction logico-physique** a trait soit à la construction d'invariants par rapport à des transformations spatio-temporelles, soit à la réversibilité des actions (e.g. enlever est perçu comme l'inverse d'ajouter), soit à la composition des transformations (ainsi, une suite d'ajouts peut se réduire à un seul), soit à la généralisation (par exemple, l'enfant qui découvre la commutativité de la réunion d'ensembles quelconques).

3.2 La compréhension des concepts mathématiques émergeant des concepts physiques préliminaires : le palier logico-mathématique

On le devine aisément à ce qui précède et aux appellations retenues pour les désigner, ce qui distingue l'un de l'autre les deux paliers du modèle, c'est essentiellement que la compréhension décrite dans le premier s'applique à des notions physiques, celle de la pluralité par exemple, alors que dans le second, on verra apparaître les objets plus spécifiquement mathématiques. C'est ainsi qu'au chapitre des procédures touchant la pluralité, des correspondances biunivoques ne seront plus simplement établies entre deux collections d'objets concrets mais pourront aussi l'être entre les objets d'une telle collection et les mots de la comptine des nombres. Cet exemple met d'ailleurs très justement en évidence la continuité qui existe entre ce que l'on retrouve au premier et au second paliers.

Ce second palier, nous l'avons déjà annoncé, comprend trois composantes : la compréhension procédurale logico-mathématique, l'abstraction logico-mathématique et la formalisation. Nous allons les illustrer en poursuivant avec l'exemple du nombre cardinal.

Pour parler de compréhension procédurale du nombre cardinal, il faut évidemment plus que la simple connaissance de la comptine « un, deux, trois... ». Car, ayant défini ce nombre cardinal comme mesure de la pluralité, on s'attend à trouver ici une action de mesure de cette pluralité, c'est-à-dire une activité de dénombrement. Fuson et al. (1988) ont décrit divers niveaux d'habileté dans la récitation de cette comptine :

- récitation à partir de un;

- récitation à partir de un jusqu'à un nombre donné;

- récitation à partir d'un nombre donné;

- récitation partant d'un nombre donné et se terminant à un autre, aussi fixé;

- récitation à rebours en partant d'un nombre donné;

récitation à rebours partant d'un nombre donné et s'arrêtant à un autre, aussi fixé.

On voit apparaître ces niveaux d'habileté derrière les procédures de dénombrement qui constituent l'essentiel des critères de la compréhension procédurale logico-mathématique du nombre cardinal. Ainsi, la procédure la plus élémentaire de comptage que l'enfant peut utiliser consiste à simplement dénombrer des objets à partir de un, ce qui la rattache au premier niveau d'habileté. Par la suite, il peut générer un ensemble comportant un nombre donné d'éléments, ce qui exige un dénombrement avec arrêt à un nombre fixé. On peut aussi lui demander de compter des objets d'une rangée dont les premiers - on lui en donne le nombre - sont dissimulés ou de générer un ensemble de tant d'éléments dont on lui donne les premiers cachés dans un sac. D'autres tâches touchent le comptage à rebours : par exemple, on cache six objets d'une rangée de douze, on indique à l'enfant qu'il y a douze objets dans l'ensemble et on lui demande de trouver combien sont cachés. Ces exemples montrent bien que la compréhension procédurale du nombre cardinal dépasse la simple habileté de réciter « à vide » la comptine des nombres. Elle fait intervenir toute une gamme de procédures, au-delà même de la procédure initiale de dénombrement d'une quantité à partir d'un premier objet, procédures où l'idée de correspondance terme à terme demeure toujours présente même si parfois moins évidente. Ceci illustre bien la définition générale :

> la **compréhension procédurale logico-mathématique** a trait à l'acquisition de procédures logico-mathématiques explicites que l'apprenante ou l'apprenant peut relier aux notions physiques préliminaires sous-jacentes et utiliser de façon appropriée.

Dans la compréhension abstraite, on trouvera de nouveau des invariants; le nombre cardinal étant défini comme mesure de la pluralité, on y retrouvera donc l'invariance de la pluralité mais aussi celle de sa mesure. En 1962, Gréco rapporte avoir modifié la tâche piagétienne sur la conservation en demandant aux enfants de dénombrer les éléments d'une rangée avant d'étirer celle-ci; puis, la dissimulant, il a demandé aux enfants combien il y avait d'objets dans cette rangée. Celles et ceux qui ont donné une réponse exacte ont été décrits comme **conservant la quotité.** Cependant, plusieurs de ces enfants ayant reconnu que les rangées comportaient encore toutes deux sept éléments, ont affirmé du même souffle que la rangée étirée en avait plus! On a donc des enfants qui conservent la quotité sans conserver le nombre ou, si vous préférez, qui conservent l'« étiquette » rattachée à une pluralité sans conserver cette pluralité. Autrement dit, certains enfants savent que le résultat du dénombrement est invariant par rapport à un étirement de la rangée, mais ce dénombrement n'est pas, à leurs yeux, une véritable mesure de la pluralité puisqu'ils croient que celle-ci a été changée par la transformation. On dira donc d'un enfant qu'il conserve le nombre cardinal et satisfait un des critères de son abstraction logico-mathématique lorsqu'il conserve à la fois quotité et pluralité. Car alors seulement perçoit-il ce nombre comme mesure de la pluralité. À ce premier critère, on peut adjoindre les autres précédemment décrits en abordant l'invariance de la pluralité : il suffit d'y ajouter l'intervention du dénombrement. Ceci met bien en évidence, encore une fois, les liens étroits existant entre les deux paliers du modèle tout en illustrant la définition générale :

> l'**abstraction logico-mathématique** a trait, soit à la construction d'invariants logico-mathématiques, conjointement avec les invariants logico-physiques pertinents, soit à la réversibilité, soit à la composition de transformations et opérations logico-mathématiques, soit à la généralisation.

La dernière composante, la formalisation, se rapporte bien évidemment au symbolisme mathématique. Si l'on s'arrête au nombre, on constate que les enfants possèdent très tôt des connaissances souvent étendues à ce chapitre de la symbolisation. Comme le rapportent Bergeron et Herscovics (1989), dès la maternelle, si on leur demande d'envoyer un message pour indiquer combien d'objets se trouvent devant eux, certains représenteront chaque objet par un dessin ou, plus tard, par une marque quelconque. D'aucuns, qui savent écrire les chiffres, écriront la séquence 1,2,3,4,5,6,7 pour indiquer la présence de sept objets : ils représentent alors de façon détaillée leur action de dénombrement, montrant clairement qu'ils ont établi une correspondance biunivoque entre les objets et les chiffres. D'autres enfin écrivent simplement le chiffre « 7 », mesure de la quantité qui leur a été fournie. Ceci nous amène à la définition générale :

> la **formalisation** a trait aux interprétations courantes, c'est-à-dire l'axiomatisation et la preuve formelle qui, au niveau primaire, peuvent être respectivement reliées à la découverte d'axiomes et à la recherche de justifications mathématiques. Deux autres significations sont aussi associées à la formalisation, celle de confiner une notion mathématique dans une définition formelle, et celle d'utiliser une symbolisation de notions pour lesquelles une certaine compréhension procédurale ou un certain degré d'abstraction existe déjà.

3.3   Quelques remarques supplémentaires

Quelques remarques s'imposent ici. Tout d'abord, malgré ce que l'on pourrait parfois croire, le modèle de compréhension que nous venons de décrire n'est pas linéaire. Nous l'avons vu, il est en effet possible d'élaborer certaines procédures logico-mathématiques à partir de procédures logico-physiques ou d'arriver à des abstractions logico-mathématiques à partir d'abstractions logico-physiques. La même absence de linéarité existe entre les composantes du second palier puisque l'enfant peut déjà formaliser certaines procédures sans être encore passé par l'abstraction logico-mathématique. C'est ce qu'illustre le diagramme suivant :

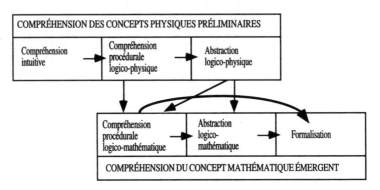

Ce modèle de compréhension a déjà été utilisé pour décrire la compréhension de plusieurs autres schèmes conceptuels, dont la numération positionnelle (DeBlois, 1990; Fitzback, 1990), l'addition (Herscovics et Bergeron, 1989), la multiplication (Nantais et Herscovics, 1989), la longueur et sa mesure (Héraud, 1989), la droite et son équation (Dionne et Boukhssimi, 1989). Il constitue une base précieuse pour notre théorie car, en regroupant en une véritable matrice cognitive les connaissances impliquées dans la construction d'une notion, il permet d'émettre des hypothèses quant aux causes probables des difficultés observées chez les élèves. Dans la première partie de ce texte, alors que nous parlions brièvement du constructivisme, était évoquée l'importance de la continuité dans la construction des schèmes conceptuels, continuité qui doit exister autant à l'intérieur d'un schème donné qu'entre divers schèmes. Dès lors, et c'est là le fondement de notre théorie, un bon nombre de difficultés pourraient vraisemblablement être décrites en termes de **trous cognitifs**, c'est-à-dire par l'absence d'un élément de connaissance, ou en termes de **discontinuités cognitives**, lorsqu'il manque des liens entre des éléments de connaissance. Par exemple, Ginsburg (1977) a relevé plusieurs cas d'élèves n'ayant pu établir de liens entre les mathématiques scolaires, d'où un problème de discontinuité entre le palier logico-physique et le palier logico-mathématique.

Cette théorie n'est pas encore achevée et il s'en faut de beaucoup. Cependant, les quelques expérimentations tentées à ce jour se sont révélées encourageantes. Dans la dernière partie de ce texte, nous rapportons trois études de cas réalisées dans le cadre de ces expériences. Elles ont été menées auprès d'élèves du primaire, en difficulté relativement sérieuse en mathématiques. Nous le verrons, les interventions ont été organisées de façon différente pour chacune et chacun, en fonction de la personnalité du sujet, de ses attitudes et réactions. Toutes les interventions portent cependant sur le même concept de numération positionnelle, notion centrale s'il en est, et qui était source de problèmes pour chacun des sujets. Le concept a fait l'objet d'une analyse préalable dans le contexte du modèle que nous venons de décrire et cette analyse, brièvement esquissée dans ce qui suit, fournit des balises intéressantes pour guider les actions de l'intervenante ou de l'intervenant.

Trois études de cas

Nos trois élèves éprouvaient, disions-nous, des difficultés sérieuses en mathématiques. Les symptômes de leurs problèmes étaient les suivants : ils oubliaient ce qui venait d'être manipulé, ils confondaient des procédures, ils ne parvenaient pas à généraliser une procédure à des problèmes du même type, ils dissociaient les apprentissages faits dans des lieux différents (maison-classe, local de l'orthopédagogue-classe) et à des moments différents.

Il fallait donc utiliser des approches qui permettent à ces enfants de réussir ou à tout le moins, de sentir qu'ils avaient une compétence lors de la réalisation de certaines tâches mathématiques. C'est ainsi qu'on a choisi de se démarquer d'une intervention plutôt traditionnelle (démonstration-exécution) en devenant guide plutôt qu'instructeur et en utilisant des approches qui permettent de partir des connaissances des enfants, de leurs représentations mentales. Les approches en question sont le **jeu**, l'**imagerie mentale** et la **stratégie de Walt Disney**, cette dernière s'inscrivant dans la programmation neuro-linguistique. Le terme « approche » est ici retenu puisqu'il s'agit ici d'utiliser un langage et une orientation didactique qui favorisent la compréhension du concept de numération positionnelle.

On a défini des critères de compréhension pour chacune des composantes expliquées plus haut dans le modèle théorique. À titre d'exemples, au premier palier, celui de la compréhension logico-physique, le niveau intuitif inclut des critères comme reconnaître que plus il y a de chiffres, plus le nombre est grand, ou encore, que le nom dizaine identifie un paquet de dix, le nom quinzaine, un paquet de quinze, le nom centaine, un paquet de cent. La capacité de compter par bonds ou de compter un à un a été retenue comme critère au niveau procédural. Pour la compréhension abstraite logico-physique, l'enfant reconnaît l'invariance de la quantité, quelle que soit l'organisation des groupements et des regroupements.

Le second palier traite de la compréhension logico-mathématique émergeant des concepts physiques préliminaires. Ainsi, pour la composante procédurale, l'enfant sait enlever ou ajouter des unités, des dizaines ou des centaines à un nombre donné et trouver le nouveau nombre ainsi obtenu. Pour la composante abstraite, il reconnaît le nombre de dizaînes ou de centaines dans un nombre en tenant compte de l'inclusion des dizaines dans les centaines. Quant à la composante formelle, elle permet notamment de lire, d'écrire des nombres, d'exprimer la décomposition d'un nombre.

De nouvelles recherches permettent actuellement de raffiner et de compléter cette première liste de critères de compréhension, présentée ici de manière sommaire. Cependant, même imparfaite, cette première description a constitué une grille d'analyse efficace pour la préparation des interventions auprès des enfants et l'observation de leurs progrès dans la compréhension du concept de numération positionnelle à travers les trois approches expérimentées.

Sachant qu'une intervention peut faciliter la transition d'une composante de la compréhension vers une autre (Ginsburg et Opper 1978), quelles sont les limites et les forces des trois approches expérimentées?

Les trois études de cas ont eu lieu auprès de trois enfants de huit ans. Leur enseignante avait dépisté des difficultés d'apprentissage en numération positionnelle. Durant six semaines, compte tenu du prétest et du post-test, des rencontres ont été tenues à raison d'une par semaine. Les interventions, enregistrées sur vidéo, portaient sur une seule approche pour chaque enfant.

Comme on ne pouvait expérimenter tous les jeux, nous avons choisi d'utiliser un jeu de fabrication maison. Les participantes et les participants, après avoir répondu correctement à une question inscrite sur un carton, déplacent leur jeton sur les barreaux d'une échelle afin d'en atteindre le sommet. Environ 180 questions différentes, portant toutes sur la numération positionnelle, peuvent être choisies, en fonction du résultat obtenu par l'addition ou la soustraction de trois dés. Après avoir répondu à la question posée, la participante ou le participant peut confronter sa réponse à celle inscrite au verso de la carte. **Le jeu** expérimenté, où les règles permettent le hasard et la compétition, favorise un travail à partir du plaisir et du désir de gagner la partie.

Cette approche a été l'occasion de nouveaux apprentissages sans toutefois faire apparaître tous les critères d'une compréhension abstraite logico-physique ou logico-mathématique. Le jeu expérimenté a permis de solutionner un grand nombre de tâches au cours d'une même séance. Cela s'est avéré très positif puisque l'enfant a ainsi appris à reconnaître des problèmes semblables dissimulés sous des formulations différentes. À quelques reprises en effet, le hasard a favorisé l'apparition rapprochée de tels problèmes, invitant ainsi l'enfant à réutiliser avec confiance une procédure et, de ce fait, la généraliser. C'est ainsi que l'enfant est arrivé à utiliser efficacement, pour résoudre des problèmes à terme manquant, le double comptage et le comptage par bonds. Cette approche a aussi favorisé la persévérance, la motivation lors d'une tâche et la prise de conscience des erreurs.

Les limites de cette approche apparaissent notamment lorsque le hasard ne favorise pas l'apparition de questions pertinentes, compte tenu des problèmes de l'enfant. Par ailleurs, le jeu insiste souvent plus sur la réponse que sur la procédure, notamment lorsque l'enfant lit cette réponse au dos de la carte sans s'interroger davantage sur ce qui lui permettrait d'y arriver. Nous espérions pourtant que ces réponses, en suscitant une confrontation, amèneraient l'enfant à prévoir la meilleure façon de solutionner un problème semblable. La confrontation semble avoir eu lieu, elle a servi à ébranler des croyances, mais l'absence d'exploration, causée par le désir de l'enfant de gagner rapidement la partie, n'a pas favorisé la remise en question de ces croyances. Ajoutons enfin que pour l'intervenant, le rôle de partenaire s'est substitué alors au rôle de guide.

La deuxième approche expérimentée a été celle dite de l'**imagerie mentale**. Cette approche vise à mettre l'enfant en contact avec ses représentations mentales, vues comme outils de réflexion, favorisant le développement des connaissances et facilitant leur organisation ou réorganisation. Elle a aussi été utilisée afin d'amener l'enfant à concevoir comme nécessaire l'établissement d'un langage commun permettant de communiquer efficacement. La contre-argumentation, les invitations à utiliser des souvenirs, à prévoir des solutions à partir de ceux-ci, sont les principales composantes du dialogue. Voici un exemple d'intervention s'appuyant sur ces techniques de base : l'enfant croit que 908 et 809 ont la même valeur. On lui demande si on a la même valeur lorsqu'un nombre est écrit et lorsqu'on l'imagine. Il reconnaît cette similitude. On lui propose donc d'imaginer à nouveau les deux nombres et de dire si l'un des deux nombres est plus grand. À l'aide de son image mentale, il reconnaîtra le plus grand nombre (DeBlois, 1990).

Des trois approches utilisées, l'imagerie mentale est celle qui semble avoir favorisé le plus l'évolution de la compréhension de la numération positionnelle vers l'abstraction logico-physique et a même fait apparaître quelques critères de l'abstraction logico-mathématique.

L'adaptation à de nouvelles situations semble facilitée par le fait que l'enfant est invité non seulement à assimiler la réalité présentée mais à s'accommoder à sa nouvelle expérience. Le questionnement de l'enfant sur ses représentations et ses conceptions fait apparaître les différents obstacles qu'il rencontre dans sa construction d'une compréhension de la numération. Par exemple, si, au chapitre des petits nombres, l'invariance de la pluralité et de la quotité par rapport à un changement de disposition est acquise, cette même conservation peut ne pas l'être pour les nombres comportant des groupements et des regroupements. Ainsi, il y a hésitation à reconnaître l'équivalence entre dix petits groupes de cubimath et un groupe de cent cubimath « parce que ça prend plus de place ».

Comme prévu, cette approche a permis d'observer les difficultés relatives à la mise en commun d'un vocabulaire, de même que celles liées à la reproduction et à la transformation d'images. Au cours des deux premières rencontres, lorsqu'il s'agit de transformer les représentations des nombres (images reproductrices), le vocabulaire de l'enfant devient imprécis, des nombres sont omis dans le comptage. Par exemple, lorsqu'on demande d'enlever 4 unités au nombre 162, l'enfant dit qu'il faut enlever « 4 en tout » mais ajoute « il faut enlever des dizaines ». On doit alors lui proposer d'utiliser des objets réels pour soutenir ses opérations. Cette approche donne donc l'heure juste quant à la nécessité de retourner à des activités logico-physiques. Elle amène à un dialogue adapté au développement de la pensée de cet enfant et à la construction du concept à l'étude car on doit garder en mémoire les conceptions exprimées, les représentations exposées afin de formuler des questions allant dans la perspective de l'évolution de sa compréhension. Deux questions sont apparues importantes : pourquoi...? comment...? On s'est d'ailleurs rendu compte, au cours de la troisième rencontre, que si la difficulté est trop grande, l'enfant régresse au point de ne plus reconnaître les manipulations déjà effectuées. Devant l'inconnu, l'enfant « organise » la réalité pour la rendre cohérente avec ce qui est su ou connu; l'adaptation devient ainsi davantage une assimilation qu'une accommodation.

Nous avons aussi pu mesurer l'importance de la présentation d'un problème. Par exemple, nous avons présenté les chiffres 5, 0, 5, 3 sur des cartons différents que nous avons superposés et nous avons proposé à l'enfant de faire le nombre le plus grand possible. Il a juxtaposé les chiffres comme autant d'unités, affirmant que le zéro ne valait rien et que le nombre 5053 se lisait cinq cent cinquante-trois. La structure conventionnelle à laquelle le nombre appartenait n'était pas reconnue, les chiffres ne se voyant pas reconnaître de valeur positionnelle.

Les limites de cette approche se situent davantage au niveau de la très grande concentration nécessaire à la reproduction et à la transformation d'images (souvenirs), à la compréhension par l'adulte de ce qui a été imaginé par l'enfant et à la mémorisation des séquences de transformations requises.

La stratégie de Walt Disney, issue de la programmation neuro-linguistique, a été utilisée dans le but de favoriser la prise de conscience des étapes de réflexion nécessaires pour résoudre un problème. Présentée par West et Rioux (1988), elle utilise trois personnages : le rêveur qui donne plusieurs idées sans les censurer, le réalisateur qui exécute les idées émises et le juge qui sanctionne et choisit la solution la plus plausible. L'enfant devient successivement chacun des trois personnages, ce qui l'aide dans la mise en place de différentes étapes dans sa réflexion. Par ailleurs, le fait qu'il puisse attribuer à ces personnages les erreurs qu'il commet favorise chez lui la disparition d'une attitude de fuite observable lorsqu'une difficulté est rencontrée.

La stratégie de Walt Disney a surtout facilité l'acquisition d'une compréhension procédurale du premier palier, où se manifestaient deux des trois critères, ainsi que le passage à une compréhension procédurale du deuxième palier .

Au cours de l'expérimentation de cette approche, l'enfant a appris à conserver une rigueur dans le déroulement de sa pensée pour arriver à solutionner un problème. Cette approche invite fortement à une réflexion avant et après la réalisation d'un travail. Cela ne se fait toutefois pas sans heurt. Ainsi, au cours des deux premières séances, l'enfant était incapable de juger de la vraisemblance d'une solution : par exemple, le nombre 127 ne pouvait contenir 12 dizaines parce que : « ça faisait trop ».

L'étape du juge a favorisé l'utilisation d'un vocabulaire formel, au sens du modèle de Herscovics et Bergeron, de même que, après quelques expériences, la reconnaissance des erreurs qui sont alors attribuées soit au rêveur ou au réalisateur. C'est lorsque l'intervention se situe à cette étape, qu'elle permet une restructuration des connaissances et des croyances de l'enfant. L'élève est alors libéré de ses préoccupations de recherche d'une solution au problème posé. C'est aussi à ce moment que les compréhensions apparaissent avec évidence. Cette approche incite à laisser de la place aux compétences de l'enfant et à ses tâtonnements avant d'intervenir.

Cette approche présente quelques inconvénients : en effet, elle requiert un certain temps de familiarisation avec la démarche, pendant lequel l'apprentissage du rôle de chacun des personnages masque parfois l'étude du concept mathématique. Par exemple, à la deuxième séance, l'enfant ne réutilise pas l'« image » de la centaine manipulée à la première séance car la prise de conscience des procédures utilisées n'a pas eu lieu, l'apprentissage des actions de chacun des trois personnages ayant pris toute la place. D'autre part, on a observé que l'enfant oublie les premières possibilités envisagées par le rêveur lorsque vient le moment de la réalisation. Il a donc fallu lui suggérer d'expérimenter chacune des solutions envisagées successivement.

Toutes ces approches confrontent tôt ou tard l'enfant à ses conceptions et à ses représentations. Le jeu favorise une activité de type « exercice » à travers le plaisir et le désir d'apprendre et la lecture de la réponse au verso de la carte-consigne confronte l'enfant à ses solutions. L'imagerie mentale permet de connaître immédiatement les représentations mentales de l'enfant et de formuler un questionnement favorisant une restructuration. La stratégie de Walt Disney invite l'enfant à procéder par étapes, à « organiser » une démarche, ajustant au fil des événements les conceptions et les croyances, diminuant d'autant les attitudes d'attentes ou d'actions-réactions.

Cette recherche illustre bien l'importance d'utiliser, avant de commencer un travail de rééducation, un outil théorique qui rende plus facile l'analyse de la compréhension d'un concept, outil précieux qui permet de dépasser les performances des enfants pour comprendre le processus de leur pensée. L'erreur est alors considérée comme une étape, non pas nécessaire, mais normale dans le processus de construction de la connaissance plutôt que comme un échec.

Reste cependant un problème, celui de l'évaluation de la compréhension. Celle-ci n'est pas facile à cerner et ce ne sont pas les examens traditionnels ou objectifs qui nous permettront de l'atteindre. D'autres recherches ont été menées autour de ce problème et ont conduit à l'élaboration d'un nouvel outil et à sa mise à l'épreuve. Nantais et Fitzback nous en présentent les résultats dans l'article qui suit.

Bibliographie

Bergeron, J.C. & Herscovics, N. (1989). *A Model to Describe the Construction of Mathematical Concepts from an Epistemological Perspective,* Actes du Groupe Canadien d'Étude en Didactique des Mathématiques, Quigley (Ed.), Memorial University of Newfoundland, pp. 99-114.

Carpenter, T.P. et al. (1981). *Results from the Second Mathematics Assessment of the National Assessment of Educational Progress,* N.C.T.M., Richmond, Virginia.

DeBlois, L. (1990). *Étude de trois approches pouvant favoriser l'atteinte de la compréhension abstraite logico-mathématique de la numération chez des élèves de troisième année,* mémoire de maîtrise présenté à la Faculté des sciences de l'éducation de l'Université Laval, Québec.

Dionne, J.J. (1988). *Vers un renouvellement de la formation et du perfectionnement des maîtres du primaire : le problème de la didactique des mathématiques,* Collection Prix Grégoire, Faculté des sciences de l'éducation, Université de Montréal.

Dionne, J.J. et Boukhssimi, D. (1989). *La compréhension de concepts géométrico-algébriques dans le curriculum,* Actes de la 41e rencontre de la CIEAEM. Warbeq, A. (Dir.), Université Libre de Bruxelles.

Erlwanger, S.H. (1975). Case Studies of Children's Conceptions of Mathematics, *The Journal of Children's Mathematical Behavior,* 1, no 3, pp. 157-283.

Erlwanger, S.H. (1973). Benny's Conception of Rules and Answers in IPI Mathematics, *The Journal of Children's Mathematical Behavior,* 1, no 2, pp. 7-26.

Fitzback, M. (1990). *L'utilisation de la mini-entrevue par les orthopédagogues : trois études de cas,* mémoire de maîtrise présenté à la Faculté des sciences de l'éducation de l'Université Laval, Québec.

Fuson, K. (1988). Children's Counting and Concept of Number, New York : Springer-Verlag.

Ginsburg, H.P. (1977). *Children's Arithmetics, The Learning Process,* New York : D. Van Nostran Company.

Ginsburg, H.P. et Opper, S. (1978). *Piaget's Theory of Intellectual Development,* 2nd edition, New York : Prentice Hall.

Gréco, P. (1962). *Structures numériques élémentaires, Études d'épistémologie génétique.* Vol. XIII, Paris : P.U.F.

Héraud, B. (1989). *A Conceptual Analysis of the Notion of Length and its Measure,* Proceedings of the Thirteenth Conference of PME, Vergnaud, Rogalski et Artigue (Eds.) CNRS, Paris, II, pp. 83-90.

Herscovics, N. et Bergeron, J.C. (1983). Models of Understanding, *Zentralblatt für Didaktik der Mathematik,* 2, pp. 75-82.

Herscovics, N. et Bergeron, J.C. (1988). *On Extended Model of Understanding,* Proceedings of the tenth Annual Meeting of PME-NA, Dekalb, Illinois, pp. 15-22.

Herscovics, N. et Bergeron, J.C. (1989). *Analyse épistémologique des débuts de l'addition,* Actes de la 41e rencontre de la CIEAEM, Warbeq, A. (Ed.), Université Libre de Bruxelles.

Nantais, N. et Herscovics, N. (1989). *Epistemological Analysis of Early Multiplication,* Proceedings of the thirteenth Conference of PME. Vergnaud, Rogalski et Artique (Eds), CNRS, Paris III, pp. 18-24.

Piaget, J. (1948/72). *Où va l'éducation?* Paris : Denoël/Gonthier.

West, W. et Rioux, D. (1988). *Notes de cours* PPG-62372, Université Laval, Québec.

La mini-entrevue
Un nouvel outil formatif
pour évaluer la compréhension
en mathématiques

Nicole Nantais, professeure
Faculté d'éducation
Université de Sherbrooke

Michelle Fitzback-Labrecque
Étudiante graduée
Université Laval

Ce texte se situe dans le prolongement du précédent où l'on expliquait l'importance de la compréhension comme facteur de succès en mathématiques et, ultimement, comme facteur de réussite scolaire. Mais ce n'est pas tout de vouloir s'attacher à la compréhension des élèves, encore faut-il avoir des moyens pratiques d'évaluer celle-ci. La mini-entrevue est justement un nouvel outil d'évaluation de la compréhension mathématique : nous l'avons développé pour répondre à un besoin pressant exprimé par des enseignantes et des enseignants qui, sensibilisés à l'importance de la compréhension dans le processus d'apprentissage en mathématiques, ont voulu cerner la pensée de l'enfant dans un tel processus. Nos études exploratoires ont été guidées par plusieurs expérimentations auprès d'enfants du primaire et nous ont permis de développer une forme de questionnement en nous appuyant sur les méthodes cliniques; nous avons gardé le souci de développer un outil vraiment pratique pour le maître ou l'orthopéda-gogue afin de l'aider à évaluer la compréhension de chaque élève.

La mini-entrevue a fait l'objet d'expérimentations dans le contexte scolaire avec des enseignantes et des orthopédagogues du primaire; les retombées de cet outil ainsi que les résultats des expérimentations nous permettent d'entrevoir des implications nombreuses, notamment au plan pédagogique. Avant d'aborder, au point 2, ces implications pédagogiques de l'utilisation de la mini-entrevue, nous sentons le besoin de faire une brève description de l'outil et d'en expliquer les principales caractéristiques : nous nous y attardons dans la première partie. Une troisième partie racontera les expériences menées avec des orthopédagogues dans le cadre de leur tâche.

1.   La mini-entrevue

La mini-entrevue consiste en un dialogue entre l'intervieweur et l'élève dans le contexte d'une tâche précise se rapportant à des notions déjà enseignées. La principale caractéristique de la mini-entrevue est de pouvoir être utilisée avec chaque élève d'une classe dans un laps de temps relativement court, tout en étant intégrée à l'enseignement régulier. Même si, lors d'une telle entrevue, un problème donné exige une réponse, celle-ci ne joue qu'un rôle de deuxième plan, car c'est l'identification de la procédure utilisée pour y arriver qui est l'objectif principal visé; il s'agit alors de coordonner le questionnement avec l'activité de l'élève afin d'être renseigné sur les procédures employées. Par ailleurs, la mini-entrevue comporte des règles méthodologiques rigoureuses tant dans son questionnement que dans son déroulement. Nous les décrivons dans la partie qui suit.

1.1   Cadre conceptuel

La construction d'un schème conceptuel en mathématiques doit s'étaler sur une longue période, et il importe d'évaluer chacune des étapes importantes de cette construction. La mini-entrevue permet d'évaluer un aspect précis de la compréhension d'une notion mathématique et, afin de pouvoir interpréter les réponses de l'élève, une analyse conceptuelle de cette notion doit être faite au préalable. Comme outil d'analyse, nous avons retenu le modèle constructiviste de Herscovics et Bergeron (1982 a, b), et sa version élargie (Herscovics et Bergeron, 1988) décrite par Dionne et DeBlois dans le texte qui précède celui-ci. Ce modèle permet de décrire la compréhension d'une notion mathématique dans ses différentes composantes en tenant compte d'aspects tant psychologiques que didactiques.

1.2 Questionnement semi-standardisé

Le déroulement de la mini-entrevue est régi par un questionnement semi-standardisé, c'est-à-dire par une série de questions préparées d'avance et qui sont essentiellement les mêmes pour chaque élève. Cette forme de questionnement s'avère nécessaire parce que notre objectif est de déterminer le plus efficacement possible si, pour une notion donnée, chaque élève a atteint ou non tel niveau de compréhension. Comme l'enseignement de toute notion suppose l'exis-tence de certaines connaissances préalables, la mini-entrevue se doit, dans un premier temps, de vérifier si chaque enfant les possède. L'entrevue semi-standardisée donne assez de flexibilité pour permettre à l'intervieweur de poursuivre certaines pistes intéressantes et d'ajuster la formulation des questions au cas où elles ne seraient pas comprises par l'élève.

1.3   La durée de la mini-entrevue

L'entrevue individuelle des élèves d'une classe entière prend beaucoup de temps; donc, pour être utilisable avec chaque élève de la classe, la mini-entrevue doit être de courte durée, de cinq à dix minutes. La courte durée est une caractéristique essentielle, d'où, d'ailleurs, l'appellation de mini-entrevue, pour que l'enseignante ou l'enseignant puisse l'utiliser dans sa classe avec tous ses élèves. Cependant, cette contrainte de temps limite l'utilisation de la mini-entrevue à l'évaluation des notions clés du programme, celles qui constituent des éléments importants dans la construction d'un schème donné.

1.4   La préparation des questions

Afin d'éviter de poser un tas de questions inutiles et pour ne retenir que les questions importantes, chacune d'elles repose sur une base rationnelle établie à partir de considérations d'ordre psychopédagogique. Celles-ci régissent l'emboîtement des questions et l'ordre dans lequel elles apparaissent, de la plus difficile à la plus facile; cet ordre se justifie par le fait qu'en commençant par un problème plus facile ne nécessitant qu'une procédure primitive, l'élève serait porté à la réutiliser dans des situations plus complexes alors qu'il aurait pu employer des stratégies plus évoluées s'il n'avait pas été centré sur la première. En procédant ainsi, on évite aussi que l'entrevue ne se transforme davantage en séquence d'apprentissage que d'évaluation. La mini-entrevue vise les processus de pensée et ceux-ci sont difficilement identifiables lorsque les questions ne font appel qu'à la mémorisation. Ainsi, comment voir la procédure additive développée par un élève s'il ne fait qu'utiliser ses tables d'additions? Il faut alors déterminer jusqu'où il utilise sa seule mémoire afin de dépasser ce point. Ce n'est que par la suite qu'on peut poser des problèmes qui exigent réellement l'utilisation de procédures et qui font appel à la compréhension de l'élève.

1.5   Un outil d'évaluation formative

La mini-entrevue est le fruit de plusieurs recherches exploratoires qui nous ont amenées à développer un outil qui permette une évaluation individuelle, rationnelle et systématique, évaluation qui n'est ni sommative, ni normative, mais de caractère formatif puisqu'elle vise à fournir une double rétroaction : l'une au niveau de l'élève, pour situer sa compréhension, et l'autre au niveau de l'enseignante ou de l'enseignant, pour vérifier l'efficacité de ses interventions.

L'analyse des expériences des trois enseignantes ayant utilisé la mini-entrevue au cours d'une recherche (Nantais, 1987, 1992) a révélé que cet outil permet une évaluation qui est un net enrichissement par rapport à l'évaluation plus traditionnelle. Tout d'abord, parce qu'elle fournit à ces dernières un moyen concret de dépasser les seules réponses des élèves pour accorder davantage d'attention à leur raisonnement, à leurs processus de pensée. Là-dessus, les indications obtenues sont nettes et unanimes : en effet, les enseignantes impliquées dans ces expériences arrivent à décrire en détail les étapes suivies par chaque élève pour résoudre ses problèmes; elles prennent conscience qu'il existe plusieurs façons de résoudre un problème et que les procédures peuvent varier pour un même élève selon que la présentation du problème s'appuie ou non sur du matériel concret. Elles se sont même parfois montrées étonnées du degré de sophistication des procédures utilisées par certains élèves alors que dans d'autres cas, des enfants ont manifesté une compréhension moins évoluée que ce qu'elles avaient cru à la suite de leur performance dans les tests usuels. De plus, grâce à la mini-entrevue, elles ont pu identifier la nature des difficultés rencontrées par leurs élèves et ainsi envisager des pistes d'intervention appropriées.

Toutes ces remarques nous amènent à conclure au caractère vraiment formatif des évaluations faites par les enseignantes et nous croyons qu'il serait d'un grand intérêt sur le plan didactique de généraliser l'utilisation de la mini-entrevue.

Ayant décrit en quoi consiste la mini-entrevue et ses principales caractéristiques, nous pouvons maintenant tenter de dégager les implications que peut avoir un tel instrument, tant au plan pédagogique qu'au plan de l'orthopédagogie.

2. Implications pédagogiques de la mini-entrevue

La création d'un outil comme la mini-entrevue comporte plusieurs implications au plan pédagogique et pose en même temps un certain nombre de questions pour lesquelles il nous semble pertinent de chercher des éléments de réponse. Parmi ces questions, la principale touche l'utilisation de la mini-entrevue dans les classes, que l'on parle de son utilisation systématique ou de son utilisation généralisée. On entend par utilisation systématique, une intégration méthodique de la mini-entrevue dans la pédagogie d'une classe, et, par utilisation généralisée, son implantation dans l'ensemble des classes.

La première question soulève d'autres problèmes sous-jacents, comme le type de préparation que l'utilisation de la mini-entrevue exige ou encore, l'existence de banques d'entrevues pouvant être disponibles pour les enseignantes et les enseignants. La deuxième question, celle de la généralisation, soulève le problème de l'implantation de la mini-entrevue et débouche sur la question plus globale de la formation et du perfectionnement des maîtres.

2.1 Utilisation systématique de la mini-entrevue

La mini-entrevue se différencie des autres formes traditionnelles d'évaluation en ce sens qu'elle est essentiellement qualitative et formative. Si l'on parle de systématisation, c'est que l'on croit qu'elle devrait avoir une place importante dans le processus d'évaluation des élèves. Or, ceci suppose que les maîtres reçoivent une préparation adéquate à l'élaboration et l'utilisation de la mini-entrevue et qu'ils aient en main des exemples de mini-entrevues sur diverses notions.

Préparation à la mini-entrevue

Certains éléments d'ordre méthodologique sont absolument essentiels pour toute personne qui veut utiliser la mini-entrevue. Ainsi cette personne doit être renseignée sur l'existence et sur les objectifs de l'outil, sur ses règles de fonctionnement, sur ses exigences et sur ses contraintes. La mini-entrevue ne peut se réduire à poser une série de questions et exige une préparation adéquate; aussi, l'enseignante ou l'enseignant doit être muni d'un cadre de référence lui fournissant des instruments d'analyse cohérents, suffisamment élaborés pour permettre une description convenable de la pensée de l'enfant, sans quoi l'utilité de l'outil serait grandement diminuée.

Au plan pédagogique, nous croyons que le simple fait d'utiliser une mini-entrevue et de questionner les enfants à partir de tâches bien structurées renseigne indéniablement le maître sur leur pensée et peut l'inciter à donner plus d'importance à la démarche qu'à la seule réponse et à prendre conscience de l'importance de la compréhension dans le processus d'apprentissage. Cette sensibilisation peut l'amener à modifier petit à petit son approche pédagogique en réalisant qu'il existe plusieurs façons de comprendre une notion et qu'elles ne sont pas nécessairement les mêmes pour tous les enfants. Ceci pourrait faire surgir le besoin d'utiliser cette forme d'évaluation de façon plus systématique. En effet, une enseignante ou un enseignant peut commencer par utiliser la mini-entrevue avec un premier concept une première année, pour la reprendre l'année suivante et ajouter une deuxième entrevue portant sur un deuxième concept. Par étapes, il arrivera ainsi à toucher les points les plus fondamentaux de son programme et la disponibilité de banques de mini-entrevues facilement accessibles ne pourra ici que faciliter sa tâche en lui permettant d'arriver plus rapidement à évaluer l'ensemble des concepts clés du programme.

Banques de mini-entrevues

Avant de pouvoir utiliser la mini-entrevue de façon systématique, l'enseignante ou l'enseignant doit avoir à sa disposition quelques exemples de mini-entrevues qui couvrent certains concepts clés de son programme. Car, l'élaboration de mini-entrevues exige temps, énergie et connaissances; on pourrait difficilement demander aux enseignantes et enseignants de préparer eux-mêmes des mini-entrevues dans le cadre de leur travail régulier, d'abord parce qu'ils n'en ont pas le temps, mais aussi parce que cela requiert une formation plus spécialisée qui est davantage du domaine de la recherche ou de la didactique. Pour les fins de notre recherche, nous avons élaboré deux mini-entrevues portant sur le dénombrement dans l'addition des petits nombres : la première porte sur le dénombrement à partir de un et la deuxième sur le dénombrement à partir d'un terme. L'utilisation de ces deux mini-entrevues a suscité chez plusieurs enseignantes et enseignants un désir d'en avoir d'autres et nous croyons que par le biais de banques de mini-entrevues soigneusement mises au point, on pourrait promouvoir une utilisation plus large de cet outil.

2.2 Utilisation généralisée de la mini-entrevue

Quant à la question de la généralisation de la mini-entrevue à tous les enseignantes et enseignants, on ne peut ignorer qu'elle exige une remise en question de tout l'acte pédagogique. Plusieurs d'entre eux pourraient avoir de grandes réticences à utiliser un tel outil. C'est pourquoi cette question de généralisation débouche sur le problème plus global de la formation et du perfectionnement des maîtres.

Si l'on veut généraliser le recours à la mini-entrevue, il faut d'abord penser à lui faire une place dans les programmes de formation et de perfectionnement des maîtres. L'intégration de la mini-entrevue, comme outil d'évaluation, dans le processus global de compréhension, a déjà été amorcée dans plusieurs cours de didactique au niveau de la formation universitaire. Les conclusions d'une recherche, dans laquelle l'approche utilisée intégrait justement la formation à la mini-entrevue comme outil d'évaluation, indiquent que :

> « *cet outil (la mini-entrevue) remplit plusieurs fonctions capitales, facilitant l'exploration de la compréhension auprès*

des enfants, ce qui permet d'enrichir le cours tout en lui fournissant un prolongement pratique, les maîtres sachant que, s'ils insistent davantage sur la démarche de l'enfant, sur les processus de pensée que celui-ci met en jeu, ils pourront ensuite être cohérents avec ce choix au moment de l'évaluation, ce qui évite les angoisses de la contradiction ». (Dionne, 1988, p. 299)

On peut donc espérer que le recours à une approche centrée sur la compréhension au niveau de la formation initiale des futurs enseignants et enseignantes les incitera à mieux comprendre l'approche constructiviste dans l'apprentissage de la mathématique et à reconnaître l'importance d'évaluer la compréhension de chaque enfant dans un tel processus.

D'une façon pratique et réaliste, on ne peut s'attendre à ce que tous les enseignantes et enseignants assurent leur perfectionnement à l'intérieur de cours universitaires. Il faudra alors avoir recours à d'autres personnes comme les conseillères et conseillers pédagogiques ou les responsables de l'enseignement de la mathématique qui pourraient eux-mêmes être formés lors de séances d'études et à leur tour, dans le cadre de journées pédagogiques, susciter l'intérêt et le besoin chez les maîtres de l'utilisation de la mini-entrevue comme outil d'évaluation formative.

3. Du côté de l'orthopédagogie

Ce ne sont cependant pas toutes les enseignantes et enseignants qui accepteront d'utiliser cet instrument car, nous l'avons vu, ce recours s'avère exigeant : il demande une préparation sérieuse, certaines modifications dans le fonctionnement de la classe, du temps pour analyser les réponses obtenues. D'où les questions : serait-il possible et utile qu'une personne extérieure à la classe prépare la mini-entrevue, interroge les élèves et analyse leurs réponses? Qui pourrait se consacrer à une telle tâche de façon régulière? Et qu'est-ce qu'une telle opération apporterait au maître et à ses élèves? Pour le savoir, il fallait tenter l'expérience...

3.1 La tâche de l'orthopédagogue

Or, dans un grand nombre d'écoles au Québec, on trouve un ou une orthopédagogue qui, le hasard faisant bien les choses, travaille à la fois avec les élèves et avec les maîtres. La tâche de ces personnes varie sans doute d'une commission scolaire et même d'une école à l'autre, mais on retrouve certaines caractéristiques assez générales.

Auprès des enfants, sa tâche est surtout orientée vers le diagnostic et la remédiation : il travaille avec les élèves pris individuellement ou en petit groupe, élèves chez qui on a détecté des problèmes d'apprentissage, particulièrement en français ou en mathématiques. Dans certains cas, il lui faut faire de la rééducation et aider les élèves à développer des structures cognitives demeurées déficientes. À d'autres moments, il donne des cours de récupération portant sur une notion spécifique en s'efforçant de la relier à des acquis antérieurs afin d'amener un enfant au niveau de son groupe et lui permettre d'y fonctionner ensuite de façon autonome. Enfin, dans les cas les plus simples, il apporte un renforcement pédagogique sous forme d'activités supplémentaires offertes à des élèves ne présentant pas de difficultés marquées mais dont l'apprentissage s'avère plus lent.

Afin d'aider les enseignantes et enseignants, l'orthopédagogue prépare et corrige divers tests écrits pour évaluer les connaissances et habiletés de leurs élèves. Il peut ainsi fournir au maître un profil de sa classe, un portrait de ce que ses élèves ont tiré des enseignements reçus. L'orthopédagogue pourra par la suite suggérer ou aider le maître à construire des matériels didactiques et des activités d'apprentissage adaptés aux besoins des enfants, compte tenu des résultats des tests.

Si l'on considère la nature de la tâche de l'orthopédagogue, on voit facilement que la mini-entrevue peut s'avérer fort utile à ce spécialiste : elle lui permettrait de réaliser des évaluations plus complètes et plus formatives, l'aidant à mieux détecter les difficultés des élèves en mathématiques et à mieux y remédier. L'orthopédagogue serait aussi en mesure de fournir aux maîtres des portraits de classe plus précis et plus raffinés et de l'aider à préparer des activités d'apprentissage sans doute plus pertinentes et fructueuses.

Cependant, tout ceci demeure hypothétique et exige certaines vérifications; d'où nos questions de recherche :

-   comment la mini-entrevue peut-elle être intégrée à la tâche de l'orthopédagogue?

-   qu'est-ce que le recours à un tel outil par l'orthopédagogue apporte aux maîtres et à leurs élèves?

Méthode

La meilleure façon de trouver des réponses à ces questions était de tenter l'expérience avec de vraies orthopédagogues dans les conditions normales de leur travail à l'école. D'où notre choix de procéder par études de cas.

Lors d'une rencontre d'une demi-journée, trois orthopédagogues volontaires (trois femmes) venant de trois écoles différentes se sont vu présenter la mini-entrevue, à la fois au plan théorique et au plan pratique : après une période de discussion et d'échanges sur les différents moyens d'évaluation et sur les expériences de chacune en ce domaine, on leur a expliqué ce qu'est la mini-entrevue, l'esprit dans lequel cet outil a été conçu, les objectifs qu'il vise à atteindre tout autant que la façon dont on prépare les questions, le matériel et la manière d'interroger les enfants pour bien atteindre le but fixé en un temps raisonnable. Puis on leur a fourni un questionnaire d'entrevue portant sur le concept de numération. Elles ont également été munies d'un cadre de référence permettant l'analyse des réponses des élèves : ce cadre s'appuie sur la description de la compréhension du concept de numération suivant le modèle de Herscovics et Bergeron (1988), évoqué plus haut. On leur a enfin expliqué en quoi consistait l'expérience que nous voulions mener, ce qu'elles auraient à faire pour fournir les données nécessaires à nos analyses.

Cette rencontre collective d'une demi-journée a été prolongée par une ou deux brèves rencontres individuelles ou conversations téléphoniques au cours desquelles nous avons répondu aux questions des orthopédagogues. Ces questions ont, dans certains cas, porté sur la mini-entrevue et la façon de la réaliser ou d'analyser les réponses mais le plus souvent, les orthopédagogues s'interrogeaient sur ce que nous attendions d'elles aux fins plus spécifiques de notre expérience : devaient-elles nous fournir les enregistrements des entrevues? Quelle forme devrait prendre le journal de bord que nous demandions de tenir?...

Les réponses à ces questions fournies et l'ensemble de la préparation achevée, chacune des trois orthopédagogues a ensuite utilisé la mini-entrevue avec chaque élève (n = 25) d'une classe de troisième année de l'école où elle travaille. Puis elle a procédé à l'analyse des réponses des enfants afin d'évaluer leur compréhension : elle a de plus comparé cette évaluation aux résultats obtenus par les mêmes enfants lors de tests plus traditionnels passés à la même période. Elle a enfin communiqué ses conclusions au maître et les a aussi utilisées dans son propre travail avec les élèves.

Les données recueillies

Tout au long de cette expérience, nous avons recueilli des données de divers types :

- les notes quotidiennes consignées par les orthopédagogues où elles décrivent ce qui s'est passé et ce qu'elles ont fait; ceci comprend leurs remarques sur l'outil, sur les problèmes rencontrés, les solutions qu'elles ont imaginées, etc.;

- les réponses fournies par les orthopédagogues à un questionnaire portant sur la pertinence du recours à un tel outil, sur les changements apportés à leur façon habituelle de travailler, etc.;

- les résultats obtenus par ces élèves aux tests usuels donnés par la commission scolaire.

Comme nous le verrons dans la suite, l'analyse de ces données nous a permis de non seulement apporter certaines réponses aux questions posées mais de mettre aussi en lumière certains éléments imprévus et finalement plutôt intéressants.

Résultats

Pour savoir si l'utilisation de la mini-entrevue pouvait s'intégrer à la tâche des orthopédagogues, nous avons tout d'abord considéré le temps qu'elles avaient consacré à l'expérience : une vingtaine d'heures en moyenne! Grosso modo, les entrevues ont demandé entre 10 et 15 minutes par élève, soit six heures au total, auxquelles il faut ajouter le temps de préparation (2h), d'administration du test traditionnel (1h), d'analyse des réponses au test et à l'entrevue (2h), de rencontre avec le maître de la classe visitée (2h), d'interventions auprès des élèves (4h) et de préparation du rapport d'expérience (3h). C'est beaucoup, car ce temps a été consacré à une seule classe alors que l'orthopéda-gogue doit intervenir dans toutes les classes et à tous les niveaux, depuis la maternelle jusqu'à la sixième année. Aussi, les orthopédagogues ont-elles dû réaménager le reste de leur tâche et faire quelques heures supplémentaires. Par contre, une partie de ce temps était exigée à cause du caractère expérimental du travail accompli : notamment le temps consacré au rapport et une des deux heures passées avec le maître. D'autre part, une autre portion du temps utilisé avec cette classe l'aurait été de toute façon; car il y aurait eu administration et correction du test écrit, rencontre avec le maître et certaines interventions auprès des enfants. De sorte que le temps vraiment « neuf » requis par la mini-entrevue ne dépasse pas les huit à dix heures.

C'est là une exigence lourde, jugent les orthopédagogues, mais qui demeure acceptable : d'abord parce qu'elles n'auront pas à faire d'entrevues de ce type à toutes les semaines mais surtout parce qu'elles pourront réduire le temps requis lorsqu'elles auront plus d'expérience du côté mathématique. Et c'est là la surprise évoquée plus haut : toutes trois nous ont avoué qu'à l'instar d'un grand nombre de leurs collègues, elles ne travaillent presque jamais en mathématiques, préférant intervenir en français où elles étaient et se sentaient mieux outillées et préparées. En mathématiques, elles se contentaient d'administrer les examens écrits traditionnels et d'en transmettre les résultats au maître sans vraiment travailler avec les enfants. En somme, la mini-entrevue devenait pour elles l'occasion d'entrer dans un domaine de leur tâche qu'elles n'avaient jusqu'alors que très peu exploré. Elles ne considéraient donc plus la question du temps comme un problème grave dans la mesure où elles pensaient réduire un peu le temps accordé au français pour l'utiliser en mathématiques et ainsi mieux équilibrer leurs interventions entre les deux disciplines.

Sur la mini-entrevue, elles ne tarissaient pas d'éloges, ce qui explique d'ailleurs leur absence de réticence devant la nécessité de réorganiser un peu leur travail. Elles n'y voyaient que des avantages :

- pour l'enfant qui, par les questions essentiellement tournées vers ses processus de pensée, est amené à communiquer activement sa compréhension, à la verbaliser;

- pour elles-mêmes qui se voyaient enfin munies d'un outil permettant d'observer tous les enfants dans leur démarche mathématique pour relever leurs difficultés, même celles qui se cachent sous des performances acceptables aux examens écrits. « C'est un outil très pertinent pour repérer les élèves qui ont acquis des automatismes sans avoir de représentations concrètes du processus..., ce qu'un test traditionnel ne révèle pas » a dit l'une d'elles. Nous pouvons ici ajouter que leurs analyses de la compréhension des enfants se sont avérées très satisfaisantes, parfois même pénétrantes;

- pour le professeur, car disent-elles encore, avec une telle démarche d'évaluation, elles pourront l'aider plus efficacement à centrer son enseignement sur les concepts et non sur la performance et les bonnes réponses, et ainsi modifier ses attitudes face aux mathématiques. De plus, le fait de mettre en évidence les forces et les faiblesses d'un groupe de niveau donné permet même des interventions préventives auprès des maîtres oeuvrant aux niveaux qui précèdent;

- pour les parents enfin avec qui la communication devient plus facile puisqu'elles peuvent leur expliquer avec davantage de précision ce que leur enfant a compris ou non et comment ils pourront l'aider s'ils le désirent.

Cet enthousiasme des orthopédagogues est partagé par les professeurs des classes où l'expérience a été menée. Celles-ci affirment n'avoir pas été dérangées par les entrevues même si à tout moment, des enfants entraient ou sortaient de la classe pour aller rencontrer l'orthopédagogue. Dans l'ensemble, les conclusions de l'évaluation faite à l'aide de cette mini-entrevue ont confirmé plusieurs de leurs propres évaluations mais pour trois ou quatre élèves dans chacune des classes, elles reconnaissent que la mini-entrevue a révélé des problèmes de compréhension qui n'étaient pas perceptibles dans les tâches écrites réalisées par les enfants. Les trois maîtres ont jugé intéressant le matériel (jetons pour les unités et enveloppes contenant des jetons pour les dizaines) utilisé pour l'entrevue et, par la suite, s'en sont servi en classe. Elles l'ont aussi proposé aux parents dont les enfants éprouvaient des difficultés. Toutes trois ont voulu savoir si l'expérience serait reprise une autre année et ont affirmé vouloir en profiter à nouveau : elles ont cependant suggéré que l'évaluation soit faite en tout début d'année de façon à pouvoir dès le départ mieux orienter leurs efforts en fonction des besoins des enfants.

En guise de conclusion

Ces résultats montrent bien la pertinence de la mini-entrevue : le renouvellement de l'évaluation qu'elle rend possible répond très nettement à un besoin. C'est aussi un outil que les enseignantes et enseignants peuvent, de façon réaliste, penser utiliser avec leurs élèves dans le cadre de leur enseignement régulier, comme l'a démontré l'expérience de Nantais (1987, 1992). Bien sûr, cela exige la mise en place de certaines conditions - préparation des maîtres, création des banques d'entrevues, certaines réorganisations dans la gestion de la classe - mais celles-ci n'ont rien d'utopiques, et l'effort exigé paraît finalement assez réduit en regard des bénéfices que les élèves pourraient en retirer. La réaction des orthopédagogues de l'expérience, qui jusqu'alors oeuvraient très peu du côté mathématiques même si cela faisait partie de leur tâche et qui ont été amenées à changer leur approche, est à cet égard révélatrice. Comme l'est aussi celle des enseignantes ayant participé à cette dernière étude, qui reconnaissent avoir mieux cerné le problème de compréhension de certains de leurs élèves à partir de ce que l'orthopédagogue a pu leur fournir et qui seraient enchantées de voir l'expérience reprise dans le futur. Le fait que, dans ces derniers cas, les mini-entrevues aient été faites par une personne autre que le maître titulaire de la classe ne semble donc pas avoir été un obstacle majeur à son efficacité et qui sait, cette efficacité étant maintenant reconnue par les enseignantes, peut-être serait-il possible de les convaincre de faire elles-mêmes les entrevues ou du moins une partie de celles-ci à l'avenir.

Bibliographie

Dionne, J. (1988). *Vers un renouvellement de la formation et du perfectionnement des maîtres du primaire : le problème de la didactique des mathématiques,* Publications de la Faculté des sciences de l'éducation, coll. Prix Grégoire, Université de Montréal.

Fitzback, M. (1990). *La mini-entrevue, un outil d'évaluation pour l'orthopédagogue,* mémoire de maîtrise présenté à la Faculté des sciences de l'éducation de l'Université Laval, Québec.

Herscovics, N. et Bergeron, J. C. (1982a). Des modèles de la compréhension, *Revue des sciences de l'éducation,* VIII(3), pp. 576-596.

Herscovics, N. et Bergeron, J. C. (1982b). Pourquoi et comment décrire la compréhension de la mathématique?, Bulletin de l'Association *Mathématique du Québec,* XXII(1), pp. 9-17.

Herscovics, N. et Bergeron, J.C. (1988). *On Extended Model of Understanding,* Proceedings of the tenth Annual Meeting of PME-NA, Dekalb, Illinois, pp. 15-22.

Nantais, N. et al. (1983). *La mini-entrevue : un nouvel outil d'évaluation de la compréhension en mathématique au primaire,* Actes de la 5e Conférence annuelle du Chapitre nord-américain du PME, Montréal.

Nantais, N. et al. (1984). *The Skills-understanding Dilemma in Mathematics Education,* Proceedings of the 6th Annual Meeting of the PME-NA, Madison, Wisconsin, pp. 229-235.

Nantais, N. (1987). *Expérimentation de la mini-entrevue par des enseignants du primaire,* Actes de la XIe Rencontre du PME, juillet, Montréal, II, pp. 121-127.

Nantais, N. (1992). *La mini-entrevue: un nouvel outil d'évaluation de la compréhension mathématique au primaire,* Publications de la Faculté des sciences de l'éducation, coll. Prix Grégoire, Université de Montréal.

Les formes d'évaluation et la réussite scolaire des élèves qui rencontrent des difficultés d'apprentissage à l'école

Joanne Munn
Direction de l'adaptation scolaire
et des services complémentaires
Ministère de l'Éducation

Dans le débat actuel sur la réussite éducative, on reconnaît que la réussite, l'échec ou l'abandon au secondaire se préparent à l'éducation préscolaire et au primaire et que c'est l'aboutissement d'un processus qui a souvent commencé dès le début des études. Or, il faut déplorer le fait qu'on ne réussit pas toujours à déceler tous les facteurs qui favorisent ou qui entravent le développement scolaire d'un élève ni à rectifier la situation lorsqu'il y a lieu d'agir (MEQ, 1992). Afin de donner aux jeunes toutes les chances de réussite, les écoles devraient rendre plus systématiques leurs mécanismes visant à diagnostiquer les causes des difficultés. De plus, elles devraient situer au premier plan des solutions envisagées, la concertation de l'ensemble des intervenantes et intervenants incluant les élèves.

Dans l'optique où l'accompagnement de l'élève dans sa démarche éducative est importante pour assurer sa réussite scolaire, l'évaluation pédagogique occupe une place prépondérante car elle contribue à cerner les besoins de l'élève et à le soutenir dans ses difficultés et dans ses réussites.

Dans les pages qui suivent, nous faisons ressortir les liens entre la réussite éducative des élèves qui ont des difficultés d'apprentissage à l'école et l'évaluation des apprentissages, en examinant les rôles complémentaires de l'évaluation sommative et de l'évaluation formative. En outre, nous mettons en évidence l'importance de l'évaluation formative interactive pour diagnostiquer les forces et les faiblesses des élèves et pour déterminer les pistes d'intervention. Les propos sont illustrés à l'aide d'un exemple qui porte sur l'évaluation de la lecture.

Afin de bien faire comprendre l'optique dans laquelle nous souhaitons aborder les diverses fonctions de l'évaluation des apprentissages des élèves rencontrant des difficultés d'apprentissage à l'école, nous traçons d'abord un bref aperçu historique de la conception de la notion de difficulté d'apprentissage.

1. Historique de la conception de la notion de difficulté d'apprentissage

Depuis quarante ans, le champ d'étude des difficultés d'apprentissage a connu un essor considérable. Le nombre d'élèves en difficulté a augmenté considérablement et un grand nombre de méthodes d'évaluation ainsi que de modes d'intervention auprès de ces élèves se sont développés. Selon Keogh (1983) qui a fait un relevé exhaustif des écrits sur la problématique des difficultés d'apprentissage, il existe peu de domaines en éducation aussi confus, tant au plan conceptuel qu'opérationnel, que la question des difficultés d'apprentissage. Malgré le nombre élevé de publications sur le sujet et un grand nombre d'approches pour aider les élèves, la compréhension de ce que sont les difficultés d'apprentissage et ce que l'on doit faire pour les prévenir ou les corriger continue d'être une source de controverse. Selon cette auteure, il existe aux États-Unis, plus de mille quatre cents techniques et tests différents servant à identifier les élèves qui ont des difficultés d'apprentissage et proposant des interventions auprès d'eux (Keogh, 1982, 1986).

De façon générale, on peut dire que quatre principaux modèles ont caractérisé le domaine d'étude des difficultés d'apprentissage au cours des quatre dernières décennies. Ils sont décrits très brièvement dans les lignes qui suivent. S'ils diffèrent par leur contenu, ces quatre modèles partagent des caractéristiques communes : tous situent la difficulté d'apprentissage dans l'élève, tous recherchent les causes des difficultés pour intervenir sur les déficits de l'élève et tous rendent l'adulte seul responsable de l'enseignement. Cette dernière caractéristique a pour effet de conférer un rôle passif à l'élève.

Dans les années cinquante, c'est le modèle médical qui prédomine. À cette époque, l'on croit que des déficits au niveau de certains processus neuropsychologiques expliquent à eux seuls les difficultés d'apprentissage. Conséquemment, des programmes d'entraînement sur les fonctions dites préalables à la lecture comme le développement de la latéralité ou la discrimination visuelle sont mis sur pied.

Les deux décennies suivantes sont caractérisées par le modèle psychologique et le modèle béhavioriste. On met alors l'emphase sur les problèmes émotifs, on croit surtout à l'effet du renforcement et on intervient principalement au niveau des comportements mesurables et observables. Les apprentissages sont morcellés parce que l'on espère ainsi les rendre plus accessibles aux élèves.

Par la suite, les années quatre-vingt ont donné naissance aux approches centrées sur le développement des stratégies cognitives. Au lieu d'associer les difficultés d'apprentissage à des déficits perceptuels ou à des problèmes émotifs, on pense que l'élève en difficulté ne sait pas comment apprendre. On prend de la distance par rapport aux objets d'étude pour se centrer sur les processus cognitifs.

Plus récemment, les années quatre-vingt-dix ont permis de constater les limites des approches développées au cours des quatre précédentes décennies. Il ressort de différentes études que la plupart des approches qui ne sont pas faites en relation avec les objets d'étude prévus dans les programmes scolaires sont peu efficaces. Les élèves soumis à des programmes tels que des programmes d'entraînement visuo-moteur font certes des progrès mais on ne constate pas ou peu d'amélioration au niveau des apprentissages scolaires. « L'ensemble des recherches nous mettent en garde d'effectuer une intervention qui soit trop éloignée des objectifs réels de l'apprentissage, et qui en retarde l'atteinte. » (Goupil, 1990).

À l'heure actuelle, au niveau de l'étiologie des difficultés d'apprentissage, on tend de plus en plus à considérer que l'élève n'est pas le seul responsable de ses problèmes d'apprentissage et qu'il n'y a pas une cause unique à ces difficultés : des facteurs tels que la qualité de l'enseignement, de la planification et de l'évaluation doivent également être considérés (MEQ, 1990).

Parce que l'on comprend mieux que chaque élève a un rythme et une démarche d'apprentissage qui lui sont propres et que chacun utilise des stratégies différentes selon les situations auxquelles il doit faire face on tend à reconnaître la nécessité d'avoir une approche systémique et interactionniste pour intervenir auprès des élèves qui rencontrent des difficultés d'apprentissage à l'école.

En outre, une meilleure connaissance de l'apprentissage et de ses rouages a mis en évidence l'importance du rôle actif que doit avoir l'élève pour progresser ainsi que de la nécessité de miser sur ses forces pour remédier à ses faiblesses. On considère désormais comme fondamentale la nécessité de varier les situations d'apprentissage et de les adapter aux caractéristiques des élèves.

Dans la perspective où l'adaptation de l'enseignement aux caractéristiques et aux besoins de chaque élève est favorisée, l'évaluation des apprentissages occupe une place importante car elle permet non seulement de déceler la nature des difficultés mais aussi de mettre en évidence les forces de l'élève afin de cibler les pistes d'intervention les plus efficaces.

2. L'évaluation des apprentissages et les élèves qui rencontrent des difficultés d'apprentissage à l'école

En adaptation scolaire, l'évaluation pédagogique peut servir entre autres choses à décider du classement ou de la promotion des élèves, à déterminer les mesures d'aide nécessaires à leur progression ainsi qu'à sélectionner les objectifs prioritaires pour mettre sur pied le plan d'intervention.

Dans la situation de l'élève en difficulté, l'évaluation de type sommatif et celle de type formatif ont des fonctions complémentaires. Si l'évaluation sommative répond davantage à des besoins d'ordre administratif, l'évaluation formative, quant à elle, cible les aspects d'ordre pédagogique.

2.1 L'évaluation de type sommatif

L'évaluation de type sommatif est une démarche qui vise à porter un jugement sur le degré de réalisation des apprentissages visés dans un programme d'études ou dans une partie importante d'un programme. Ce type d'évaluation nous permet de prendre des décisions relatives notamment au passage à la classe supérieure ou à l'orientation de l'élève (MEQ, 1985).

Dans l'analyse de la situation de l'élève en difficulté d'apprentissage, l'évaluation sommative contribue à déterminer l'écart entre les apprentissages réalisés par l'élève et ceux prévus dans les programmes d'études, principalement dans ceux de langue maternelle et de mathématique.

Pour déterminer un niveau de retard de plus d'un an (retard scolaire mineur), on se base sur des données qui portent sur l'ensemble des apprentissages prévus dans un programme d'études d'un degré donné et qui permettent de comparer le rendement de l'élève à celui de l'ensemble des élèves de sa commission scolaire. Dans le cas où l'on souhaite déterminer un niveau de retard de deux ans ou plus (retard scolaire important), il faut également avoir des informations sur les apprentissages prévus dans les degrés précédents.

Lors de démarches d'évaluation sommative, le jugement porté sur le niveau de retard se fait généralement à partir de résultats d'épreuves-synthèse. En lecture, par exemple, on mesure la compréhension en lecture des élèves. Pour ce faire, on utilise un instrument de mesure qui présente une ou plusieurs situations de lecture comportant une intention de lecture, un ou plusieurs textes ainsi qu'une ou plusieurs tâches à effectuer. L'instrument de mesure porte uniquement sur le produit, ici la compréhension, et non sur le processus d'apprentissage. Les résultats obtenus permettent de juger de la maîtrise des objectifs prévus dans un ou plusieurs degrés. Par exemple, à partir des résultats d'une ou de plusieurs épreuves validées, on pourrait dire qu'un élève de 6e année réussit comme un élève de 3e année.

Les informations obtenues lors des démarches d'évaluation sommative sont globales; elle permettent d'inférer l'habileté de l'élève à comprendre un ou plusieurs textes. L'évaluation sommative a un caractère statique. L'élève subit l'épreuve. Généralement, les résultats obtenus ne sont pas réinvestis dans l'enseignement. En fait, on se limite au constat des réussites et des échecs. Les données obtenues ne renseignent pas de manière détaillée sur la cause des erreurs ni sur les interventions correctives nécessaires.

2.2　L'évaluation de type formatif

Contrairement à l'évaluation de type sommatif qui a pour but la sanction des études ou le passage à une classe supérieure, l'évaluation de type formatif vise plutôt la régulation des apprentissages par le biais d'activités correctives ou d'enrichissement (Scallon, 1988). L'évaluation formative est orientée vers une aide pédagogique immédiate à l'élève. Ainsi, elle permet de recueillir des données sur l'atteinte des objectifs des programmes d'études ainsi qu'au sujet du développement des habiletés et des stratégies d'apprentissage de l'élève. Par l'interaction qu'elle induit entre l'élève, l'enseignante ou l'enseignant et la situation d'apprentissage, elle joue un rôle-clé dans un processus d'adaptation de l'enseignement.

> « Son but (l'évaluation formative) est d'assurer une régulation des processus de formation, c'est-à-dire de fournir des informations détaillées sur les processus et/ou les résultats d'apprentissage de l'élève afin de permettre une adaptation des activités d'enseignement/apprentissage ». (Allal, 1989)

L'importance de l'évaluation formative auprès des élèves réside dans le fait qu'elle ne se limite pas à l'observation comme c'est le cas de l'évaluation sommative, mais enchaîne une action qui porte à la fois sur l'apprentissage et sur l'enseignement. L'intérêt majeur qu'elle offre lors de l'intervention c'est l'interactivité entre les diverses composantes de la situation d'apprentissage.

« ..*toutes les interactions de l'élève - avec le maître, avec d'autres élèves, avec un matériel pédagogique - constituent des occasions d'évaluation (ou d'auto-évaluation) qui permettent des adaptations de l'enseignement et de l'apprentissage* ». (Allal, 1989)

De plus, en évaluation formative les erreurs sont considérées comme des moments dans l'apprentissage et non comme des faiblesses répréhensibles ou des manifestations pathologiques. C'est en constatant les erreurs commises par l'élève que l'on peut connaître les processus qu'il utilise de manière inadéquate, les concepts ou les notions qu'il ne maîtrise pas.

En lecture, l'évaluation formative porte à la fois sur la lectrice ou le lecteur, les stratégies qu'elle ou il utilise, mais également sur le texte et le contexte (Giasson, 1991). Par exemple, on vérifie si l'élève a compris l'intention de lecture et la tâche qu'il doit réaliser. On s'intéresse à ses intérêts face au réel traité ainsi qu'à sa capacité à utiliser ses connaissances antérieures, etc.

Lors de l'intervention l'enseignante ou l'enseignant n'est pas le seul responsable de l'évaluation formative : l'élève doit être le plus possible impliqué dans cette démarche afin qu'il puisse prendre conscience de ses forces et de ses faiblesses et être en mesure de se prendre en charge. Sa participation contribue à augmenter sa motivation à apprendre et son autonomie.

2.3   L'évaluation formative interactive

L'évaluation formative a une fonction diagnostique parce qu'elle permet de repérer les facteurs qui entravent l'apprentissage en vue d'y remédier. L'observation de l'élève au quotidien, en cours d'apprentissage, est souvent le moyen le plus approprié pour réaliser l'évaluation formative. On peut également relever les erreurs dans ses travaux, ses devoirs ou autres productions scolaires. À ce titre, l'observation des parents et celle de l'élève lui-même doivent être considérées. L'élève devrait, le plus possible, être associé aux démarches évaluatives.

Toutefois, pour déceler la nature des difficultés et déterminer les pistes d'intervention, il est nécessaire d'examiner plus en détail le fonctionnement de l'élève face une tâche donnée. Pour ce faire, il faut non seulement obtenir des informations détaillées sur les objectifs des programmes d'études (les concepts, les connaissances, les habiletés, les techniques, etc.), mais il faut également avoir des renseignements sur les stratégies d'apprentissage, les processus cognitifs que l'élève utilise judicieusement ou non.

Des recherches récentes mettent en valeur l'apport que peut avoir l'évaluation formative interactive pour cerner la nature des difficultés d'un élève (Société GRICS 1991; Cazabon, 1991; MEQ, 1991). Cette évaluation est appelée interactive parce qu'elle se fait de manière dynamique et qu'elle permet au moment même de sa réalisation, une intervention auprès de l'élève. Elle permet à l'enseignante ou l'enseignant de suivre le cheminement de l'élève dans son apprentissage. Elle suppose une attention aux comportements, aux questions, aux erreurs de l'élève en vue d'adapter les activités pédagogiques en conséquence (MEQ, 1984). La personne intervenant auprès de l'élève doit être capable de modifier le cours de la démarche évaluative selon les réponses et les réactions de l'élève. Cette aisance chez l'intervenante ou l'intervenant, qui lui permet de clarifier un concept ou de fournir un exemple supplémentaire, suppose une très bonne connaissance de la didactique et des programmes d'études.

« L'élève réalise des tâches évaluatives écrites ou orales et selon ses réponses (bonnes ou mauvaises) l'enseignant oriente la séance d'évaluation. On cherche surtout à comprendre le fonctionnement cognitif de l'élève face à la tâche. Le but recherché est de juger quelles stratégies l'élève utilise de manière appropriée ou non, de déterminer sa façon de traiter les informations fournies par la tâche ou, encore, sa capacité de réorienter son activité en fonction d'informations nouvelles provenant de la tâche ou de l'enseignant ». (Société GRICS, 1991)

En lecture, l'évaluation formative interactive pourrait avoir pour principal objet les stratégies de compréhension. Au lieu d'observer uniquement le résultat de l'apprentissage (la compréhension), on chercherait à obtenir des informations sur le processus d'apprentissage de l'élève. Par exemple, on pourrait s'assurer que l'élève connaît et utilise des stratégies de dépannage pour comprendre des mots nouveaux, qu'il est capable de saisir le sens d'une question ou encore qu'il est habile à faire des liens entre le texte et ses connaissances antérieures ou ses propres expériences. On pourrait également vérifier quelle est sa conception de la lecture et s'il a des attitudes favorables face à la lecture (MEQ, 1991).

En outre, des informations sur le contexte dans lequel on place l'élève pour réaliser une activité de lecture devraient être recueillies de même que des données sur les caractéristiques des textes qu'on lui soumet. En fait, des démarches d'évaluation formative interactive permettraient de chercher les causes des échecs et de déterminer les objectifs de l'intervention.

L'évaluation interactive ne se réalise pas uniquement par le biais d'épreuves écrites. Des procédés comme la verbalisation, l'objectivation et le questionnement sont utilisés. Ce type d'évaluation a un caractère dynamique et progressif. L'évaluation se réalise selon les réactions de l'élève. Ce dernier joue un rôle actif; il peut vérifier et modifier ses apprentissages au cours de la démarche évaluative.

Le tableau présenté à la page suivante illustre brièvement quelques caractéristiques de l'évaluation sommative et de l'évaluation formative interactive en lecture.

Tableau 1

**Comparaison de quelques caractéristiques
de l'évaluation sommative
et de l'évaluation formative interactive
de la lecture**

Évaluation sommative	Évaluation formative interactive
Vérification du produit	Vérification du produit et du processus
Consignation globale des résultat	Consignation détaillée des résultats
Informations globales	Informations détaillées et analytiques
Vérification de la maîtrise des apprentissages	Identification des forces et des faiblesses
Constat des réussites et des échecs	Recherche des causes des échecs, intervention, sensibilisation de l'élève
Compréhension globale du texte (informations données explicitement ou implicitement)	Le texte Vérification de la reconstruction des réseaux d'information
	La lectrice ou le lecteur
	Analyse de ses processus, ses structures cognitives et affectives
	Le contexte Analyse de l'intérêt envers la situation de lecture, des habitudes de travail, des conditions de lecture

Évaluation sommative	Évaluation formative interactive
Épreuves écrites	Épreuves écrites,
	auto-évaluation,
	autocorrection,
	objectivation, verbalisation
Caractère statique: l'élève subit l'épreuve.	Caractère progressif: l'élève peut vérifier et améliorer ses apprentissages
Peu ou pas de retour sur les épreuves.	L'élève est actif: il s'autocorrige et participe aux interventions L'élève est actif: il s'autocorrige et participe aux interventions

Tiré de: Ministère de l'Éducation (1991). *L'habileté à lire. Du diagnostic à l'intervention dans la lecture de textes informatifs. Première secondaire. Cheminements particuliers.* Québec: Gouvernement du Québec.

Conclusion

La réussite éducative repose entre autres choses sur l'importance de l'accompagnement de l'élève dans sa démarche éducative. Cet accompagnement suppose le soutien de l'élève non seulement pour l'aider à surmonter ses difficultés mais également l'appui dans ses réussites si minimes soient-elles. Ceci est particulièrement important dans le cas des élèves qui rencontrent des problèmes d'apprentissage à l'école.

On tend actuellement à considérer qu'il n'existe pas une cause unique aux difficultés d'apprentissage. Conséquemment, en milieu scolaire, les interventions faites auprès des élèves qui rencontrent des difficultés d'apprentissage doivent porter sur un ensemble de facteurs. C'est donc à partir de l'élève, de ses caractéristiques individuelles (son rythme d'apprentissage, ses aptitudes, ses traits de personnalité, sa motivation, sa démarche d'apprentissage, etc.) et de ses besoins particuliers (besoin d'un enseignement concret, d'attention, de stimulation, etc.) qu'il faut s'engager dans la mise en oeuvre d'interventions adaptées aux besoins de l'élève. Pour y arriver, il faut planifier systématiquement une intervention structurée qui implique la concertation de plusieurs agentes et agents d'éducation. Le succès de l'intervention est tributaire de la qualité de l'évaluation qui a été faite.

Dans cette optique, l'évaluation des élèves qui ont des difficultés d'apprentissage occupe une place prépondérante: elle doit être d'abord une évaluation pédagogique en relation avec les programmes d'études et l'environnement éducatif dans le but de faciliter une intervention appropriée en tenant compte d'indices, autant positifs que négatifs, propres à chaque élève. L'évaluation formative est le moyen qui paraît le plus approprié, en contexte scolaire, pour assurer la progression des apprentissages des élèves et ultimement leur réussite éducative.

En outre, l'évaluation formative interactive qui permet de cerner la nature des difficultés semble être une nouvelle façon de faire fort prometteuse pour déterminer les pistes d'interventions adéquates. On devrait y accorder une plus grande importance en cherchant à rationaliser le temps accordé à l'évaluation de type sommatif.

Bibliographie

Allal, L. (1989). Stratégies d'évaluation formative: conceptions psychopédagogiques et modalités d'application, dans, *L'évaluation formative dans un enseignement différencié,* Allal, L., Cardinet, J. et P. Perrenoud, Berne, Peter Lang.

Cazabon, B. (1991). L'évaluation formative de la communication : l'intégration des composantes, *Revue Mesure et évaluation,* vol. 14, no 3, pp. 5-21.

Giasson, J. (1991). *La compréhension en lecture,* Boucherville : Gaëtan Morin éditeur.

Goupil, G. (1990). *Élèves en difficulté d'adaptation et d'apprentissage,* Boucherville : Gaétan Morin éditeur.

Keogh, B. K. (1982). Research in Learning Disabilities: a View of States and Needs in Das J.P., Milcahy R.F. et A.E. Wall, *Theory and Research in Learning Disabilities,* New-York : Plenum, pp. 27-44.

Keogh, B.K. (1983). Classification, Compliance and Confusion, *Journal of Learning Disabilities,* 16, 25.

Keogh, B.K. (1986). Futur of the Field : Research and Practice, *Journal of Learning Disabilities,* 19(8), pp. 455-460.

Ministère de l'Éducation (1983). *Guide d'évaluation en classe, primaire, Introduction générale,* Québec : Gouvernement du Québec.

Ministère de l'Éducation (1985). *Éléments de docimologie, fascicules 1, 2, 3 et 4,* Québec : Gouvernement du Québec.

Ministère de l'Éducation (1991). *L'habileté à lire. Du diagnostic à l'intervention dans la lecture de textes informatifs. Première secondaire. Cheminements particuliers.* Québec : Gouvernement du Québec.

Ministère de l'Éducation (1991). *Cadre référentiel: contexte d'intervention auprès des élèves qui ont des difficultés à l'école,* Document de travail, Québec : Gouvernement du Québec.

Ministère de l'Éducation (1992). *Chacun ses devoirs. Plan d'action sur la réussire éducative,* Québec : Gouvernement du Québec.

Scallon, G. (1988). *L'évaluation formative des apprentissages. La réflexion,* Québec : Les presses de l'université Laval.

Société de gestion du réseau informatique des commissions scolaires, GRICS (1991). *L'évaluation des élèves qui ont des difficultés d'apprentissage. Épreuves pour déterminer le niveau de retard des écoliers du primaire.* État de la situation, Montréal.

« Si Einstein avait connu l'évaluation formative! »

Gérard Scallon, professeur
Département de mesure et évaluation
Faculté des sciences de l'éducation
Université Laval

Le titre de ce texte mérite certaines explications. Les difficultés d'adaptation et d'apprentissage à l'école ont été, sont et seront vraisemblablement le lot d'une multitude d'individus. Le cas d'Einstein est particulièrement intéressant car ses pérégrinations avec ses professeurs de lycée et les matières enseignées cadrent mal avec la célébrité du personnage. Einstein se disait doté d'une mauvaise mémoire et détestait les matières où il lui fallait débiter du par coeur (Hoffmann, 1975, pp. 33, 35 et 39).

Le cas d'Einstein, et bien d'autres moins frappants, ne sauraient servir de preuve pour faire le procès de tout un système éducatif. On pourrait s'en servir tout au plus pour démontrer le caractère très relatif et ambigu des notions de difficulté d'apprentissage et d'échec. C'est un sujet fort complexe et toujours d'actualité, malheureusement. Fort complexe, car il implique une multitude de facteurs qui relèvent de l'organisation scolaire, de la pédagogie et aussi de certaines pratiques évaluatives. C'est dans ce cadre très général de l'échec scolaire que l'avènement de l'évaluation formative prend une signification particulière. Ce sera principalement l'objet de ce texte. Et pour ce qui est de lier Einstein à l'évaluation formative, comme le titre le suggère, cela exige des clarifications qui seront apportées en cours de route.

Les origines de l'évaluation formative

D'un point de vue historique, l'évaluation formative des apprentissages est étroitement reliée à une conception de l'éducation qui a été désignée sous diverses appellations : par exemple, la « pédagogie de maîtrise » ou la « pédagogie du succès » (le - mastery learning - des écrits américains). L'approche se présente essentiellement comme un rejet assez radical de la pédagogie traditionnelle caractérisée par un enseignement collectif ou simultané qui impose le même rythme de croisière à tous les élèves. Les différences en aptitudes observées au départ de toute séquence d'enseignement et d'apprentissage se retrouvent presque intactes au fil d'arrivée, comme en témoignent habituellement les résultats d'évaluation (Carroll, 1963; Bloom, 1968; Birzéa, 1982). L'enseignement indifférencié offert à tous les élèves, quelles que soient leurs caractéristiques au départ, n'est pas le seul facteur à mettre en cause. Les pratiques évaluatives qui accompagnent la pédagogie traditionnelle à laquelle il a été fait allusion font partie intégrante du problème soulevé et ce, de deux façons assez particulières :

1) la passation d'examens ou de contrôles à des moments fixes, identiques pour tous les élèves, quel que soit le niveau auquel ils sont rendus dans leur démarche d'apprentissage;

2) l'absence de régulation devant faire suite aux divers moments d'évaluation des apprentissages.

L'évaluation et l'échec par définition

Il n'est pas très difficile de démontrer que, dans le cadre de la pédagogie traditionnelle qui a été dénoncée par les tenants de la pédagogie du succès, l'évaluation peut jouer un rôle prépondérant dans la révélation des échecs. Par exemple, le seul fait d'imposer des examens à des moments identiques pour tous les élèves, que ces derniers soient prêts ou non, est une façon de créer des échecs. La figure 1 illustre ce genre de situation et fait voir, par des zones ombragées, la portion de matière non vue par certains élèves, faute de temps. Le problème est amplifié par des examens trop fréquents dans une pratique d'évaluation continue à fonction sommative. Dans un tel cas, « **ne pas maîtriser** » et « **ne pas avoir eu le temps de maîtriser** » sont des réalités confondues.

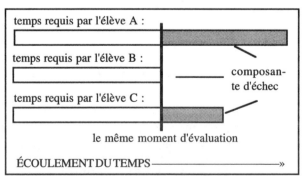

Figure 1 :   le moment de l'évaluation et l'amplification des différences individuelles en temps d'apprentissage requis.

Dans un contexte de pédagogie du succès, les moments de l'évaluation sont adaptés au rythme de croisière de chaque élève, comme le fait voir la figure 2, ou encore les contrôles et examens surviennent lorsque les élèves ont atteint une maîtrise suffisante des apprentissages visés. Ces diverses mesures sont assurées par une pratique d'évaluation formative dont le rôle essentiel est de révéler, pour chaque élève, des difficultés de parcours afin d'y apporter remède. Nous reviendrons sur ce point.

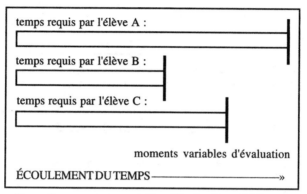

Figure 2 :   moments variables d'évaluation;   différences attendues en niveaux de maîtrise atteints.

L'interprétation normative est une autre façon de révéler des échecs ou des difficultés d'une manière arbitraire. Il est assez facile de démontrer que la position relative occupée par un élève (ex., son rang) dans un groupe dépend forcément de sa compétence mais aussi de la force du groupe. Scallon (1988a, pp. 39-41) a fourni une démonstration assez élaborée de ce genre de situation.

La signification d'origine de l'évaluation

C'est bien pour contrer ou atténuer les inconvénients de la pédagogie dite traditionnelle qu'est née la pédagogie du succès. Toutefois, la mission de ce type de pédagogie qui est celle de faire réussir le plus grand nombre d'élèves possible ne saurait être accomplie sans que certaines mesures soient prises, en commençant par un choix éclairé d'interventions d'ordre didactique et d'ordre pédagogique. La mise en œuvre d'une pratique d'évaluation des apprentissages, dont la fonction exclusive est de surveiller la progression des élèves pour y apporter des améliorations ou des correctifs, constitue la marque distinctive de toute pédagogie du succès. Il s'agit d'une pratique centrée sur la régulation des apprentissages à laquelle on a donné le nom d'**évaluation formative**. On est alors très loin de ces contextes pédagogiques dans lesquels les événements d'enseignement et d'apprentissage se succèdent sans aucun temps d'arrêt.

Si chacun des événements importants d'enseignement et d'apprentissage peuvent être associés à des objectifs pédagogiques, on peut facilement visualiser une progression avec ses balises ou moments de régulation indiqués par des flèches de retour (voir la figure 3). De ce point de vue, il revient à l'évaluation formative d'orienter les actions à poser à chacun des moments fixés pour une régulation éventuelle de la progression des élèves.

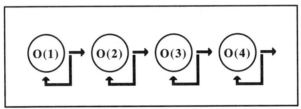

Figure 3 :   séquence d'enseignement et d'apprentissage balisée par des moments d'évaluation formative.

Aujourd'hui, ce n'est plus la seule façon de voir l'évaluation formative c'est-à-dire comme une pratique centrée sur des actions « curatives » ou « correctives » à poser. C'est sans doute la première qui nous a été donnée pour se saisir de l'esprit véritable qui est à sa source : l'intention délibérée d'offrir à tous les élèves d'un groupe donné la chance de réussir en leur faisant reprendre, par exemple, les apprentissages échoués. Méthodologiquement, l'évaluation formative ainsi conçue présente certaines contraintes. Il faut la situer dans une démarche à trois phases : 1) la période d'enseignement et d'apprentissage, 2) le moment de vérification (évaluation formative) et 3) l'action corrective (qui est une forme de régulation). Ces trois phases sont tellement démarquées qu'elles pourraient être menées à des moments distincts. De plus, sans être dogmatique, on peut supposer que la mise en application de toute la démarche exige beaucoup des enseignantes et des enseignants puisqu'il leur faut assumer tout le suivi des interventions d'évaluation et en particulier la gestion des actions de régulation.

La rétroaction (ou le feedback) comme autre signification

Il apparaît de plus en plus juste de prétendre que la méthodologie proposée à l'origine pour l'évaluation formative est d'inspiration docimologique beaucoup plus que d'inspiration didactique. Cette prétention s'appuie sur le fait que les problèmes à résoudre en cette matière se rapportaient et se rapportent encore à la qualité des jugements que la démarche permet de rendre explicites. L'importance accordée à la mesure dite « critériée » et les préoccupations de l'ordre de la fiabilité et de la détermination de seuils de réussite en témoignent avec beaucoup d'éloquence.

Les recherches sur le « feedback », non forcément identifiées à des contextes de pédagogie de maîtrise et à l'évaluation formative, présentent un intérêt indéniable pour toute pédagogie qui se préoccupe d'améliorer la qualité des apprentissages. Et dans bien des cas la rétroaction ou « feedback » peut se présenter comme une modalité d'action corrective (Yeany et Miller, 1983; Provencher, 1985). Méthodologiquement, cette rétroaction fait partie intégrante de la démarche de vérification des apprentissages (exercice, épreuve, test ou examen). On peut même ajouter que le contenu et la structure de l'instrument peuvent être exclusivement dominés par la perspective d'une rétroaction, ce qui se traduit par la question suivante :

Quelle information claire et précise fournir à chaque élève sur ses points forts et ses points faibles et qui peut se substituer à un enseignement correctif?

La qualité du jugement à produire devient une préoccupation secondaire. Il n'est d'ailleurs pas interdit de penser que la compétence de l'élève puisse être améliorée pendant le déroulement même de la démarche de vérification, ce qui donne une allure assez fugitive au jugement qu'on voudrait retenir. La méthodologie des profils de performance, celle de la détection des erreurs systématiques et le recours à des grilles descriptives pour apprécier des productions complexes s'inscrivent dans cette lignée (Scallon, 1988b).

Avec la rétroaction comme principale destination, l'évaluation formative n'est plus une entreprise dominée par les règles de la docimologie pour être ensuite juxtaposée aux interventions pédagogiques. Pour bien la démarquer de cette orientation particulière, on devrait parler de **perspective didactique** pour l'évaluation formative, là où les exercices de vérification sont la continuation de la démarche d'enseignement et d'apprentissage. Et ce n'est pas sans surprise qu'il nous faut constater que le tout premier exemple qui nous a été donné pour réaliser l'évaluation formative s'inscrivait déjà dans cette perspective. En effet, Bloom, Madaus et Hastings (1971) ont, les premiers, illustré la démarche en décrivant un scénario de passation d'un exercice écrit de connaissances, suivi d'un échange entre l'enseignante ou l'enseignant et tous les élèves sur la qualité des réponses produites à l'exercice. Il s'agit d'une forme de rétroaction collective qui, d'après les auteurs, peut être remplacée par un solutionnaire remis à chaque élève dans un scénario d'autocorrection. L'absence de toute forme de notation est « frappante » et il apparaît nettement qu'il s'agit là d'une démarche didactique beaucoup plus que docimologique. Malheureusement, l'exemple a été négligé pour se perdre dans la nuit des temps. La figure 4 présente le schéma qui devrait permettre de visualiser la perspective didactique de l'évaluation formative.

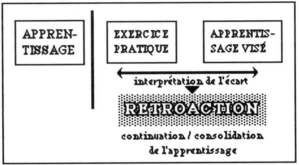

Figure 4 :   démarche d'évaluation formative dans une perspective didactique ayant pour objet la rétroaction.

L'évaluation formative et la lutte aux échecs : résultats de recherche

Rappelons que la pratique de l'évaluation formative est née d'une conception de l'éducation véhiculée par la pédagogie du succès. Il ne faut donc pas se surprendre de constater que les recherches sur l'efficacité de cette pratique soient étroitement liées aux recherches sur l'efficacité des stratégies empruntées pour réaliser la pédagogie du succès, dont la mission est de fournir à tous les élèves les meilleures chances de réussir.

Il serait assez onéreux de faire état ici de toutes les recherches menées sur le sujet de même que de faire état de toutes les recensions qui présentent des synthèses de résultats. Et dans chacune des recherches citées, il serait difficile d'isoler les effets « purs » de l'évaluation formative, étant donné la multitude de facteurs qui entrent en jeu, par exemple : la forme de récompense, le recours à des examens sommatifs « internes » ou « externes », l'intérêt et l'engagement des élèves à l'égard de la matière, le degré d'exigence des seuils de réussite à atteindre, la qualité des interventions correctives etc. Certaines recensions, comme celle de Kulik, Kulik et Bangert-Drowns (1990), permettent de dégager cependant des tendances assez particulières qui se rapportent à la méthodologie de l'évaluation formative. Les dispositifs de recherche utilisés dans les 108 études recensées, ayant été catalogués par des descripteurs, il est devenu alors possible d'associer les résultats les plus positifs et les plus significatifs à l'un des pôles de chacun de ces descripteurs lorsque les études sont contrastées. Par exemple, comme le rapportent Kulik, Kulik et Bangert-Drowns (1990, p. 286), les effets les plus marqués sur les résultats s'observent dans les groupes d'élèves qui devaient atteindre des seuils très élevés de réussite (100 %), comparativement à des groupes soumis à plus d'indulgence. La figure 5 présente les principaux descripteurs utilisés dans la recension de Kulik, Kulik et Bangert-Drowns, et en caractères gras et soulignés, l'aspect de chaque descripteur associé à des résultats significatifs.

Il est intéressant de constater que, parmi les facteurs à considérer dans la méthodologie de l'évaluation formative, un degré élevé d'exigence justifiant des actions correctives et une rétroaction fréquente constituent les conditions favorables à la réussite. De plus, comme en témoignent les auteurs de la recension, les effets positifs observés sont encore plus marqués chez les élèves faibles que chez les élèves forts. Nombre de recherches ont également indiqué des effets tout aussi positifs sur l'attitude et la motivation des élèves.

Matière:
• **sces sociales** • maths • sces naturelles • sces humaines

Résultats obtenus à des ...
• examens standardisés • **examens-maison**

Rythme d'apprentissage :
• **imposé par l'enseignant** • individuel

Niveaux d'exigence (seuils) :
• **élevés (100 %)** • indulgents

Rétroaction (ou «feedback») :
• espacée-peu fréquente • **fréquente**

Figure 5 : caractéristiques des groupes expérimentaux (en caractères gras et soulignés) dans les études qui ont produit des résultats positifs en faveur de la pédagogie du succès (d'après les conclusions de Kulik, Kulik et Bangert-Drowns, 1990).

Autre point important à signaler : dans le cadre des applications de la pédagogie du succès, il ne semble pas que l'individualisation de l'enseignement soit un investissement rentable dans la lutte contre les échecs scolaires. Kulik et coll. rapportent d'ailleurs que les études ayant fait usage du système PSI (*le Personalized System of Instruction*, une forme d'enseignement individualisé développée par Keller [1968]) et celles caractérisées par le modèle LFM (le *Learning for Mastery* qui est une approche collective développée par Bloom [1968]) ne présentent pas d'effets significativement différents sur l'apprentissage (Kulik et coll., 1990, p. 285).

L'évaluation formative : un aspect de la formation et une habileté à développer

Que la perspective de l'évaluation formative soit docimologique ou didactique, on doit reconnaître que l'élève peut demeurer relativement passif devant les événements de régulation. Bien sûr que l'approche « rétroaction » peut s'inscrire dans des démarches autocorrectives, et c'est un pas important dans une certaine direction, mais cela ne sollicite pas un haut degré d'engagement de la part de l'élève. L'auto-évaluation correspond à cette préoccupation et peut donner à la pratique de l'évaluation formative une teinte bien particulière. Rendre l'élève capable de vérifier ses capacités et ses réalisations, de façon autonome, devient alors un objectif de formation.

On comprendra que la perspective docimologique ne semble pas avoir autorisé ce genre d'ouverture pour des raisons de fiabilité et de crédibilité des jugements à mettre en évidence. Les démarches autonomes d'évaluation formative se dessinent plus aisément dans le prolongement de la perspective didactique. Il aura fallu un bon moment avant de pouvoir opérationnaliser le concept même d'auto-évaluation et il n'est pas certain que le terme évoque une signification univoque pour toutes les personnes qui s'y intéressent.

Historiquement, l'auto-évaluation est apparue au regard de l'évaluation de performances ou de productions complexes (voir Leselbaum, 1982 et Scallon, 1988b). Tel a été l'enjeu de nombreux programmes de l'enseignement professionnel et tout particulièrement l'enjeu du programme de français du ministère de l'Éducation du Québec, avec un entraînement des élèves à l'objectivation de leurs pratiques de communication, en lecture et en écriture.

Pour ce qui est des habiletés cognitives développées dans des matières comme les sciences et les mathématiques, il est encore difficile de cerner l'auto-évaluation d'un point de vue méthodologique. Le domaine de l'acquisition de connaissances et des activités de mémorisation offre des perspectives assez inédites en cette matière et peut rejoindre un objet d'apprentissage quelque peu négligé ces dernières années : celui des méthodes de travail intellectuel.

On peut penser à fournir aux élèves un questionnaire qui constitue en quelque sorte une forme de récitation traitant du contenu d'un texte qu'ils devaient lire. Les questions posées ont été imaginées par l'enseignante ou l'enseignant et la participation des élèves se limitera à une forme de codage de leurs réponses, à l'aide d'un corrigé ou d'un solutionnaire. Dans la poussée de l'entraînement à l'auto-évaluation, on pourrait demander aux élèves de rédiger eux-mêmes les questions à poser au regard du texte lu et ce, en guise de préparation à un examen éventuel. Le but de l'exercice demeure toujours dans l'ordre d'une récitation pour favoriser la mémorisation mais dans ce deuxième cas, l'élève est le principal maître d'oeuvre de la démarche. Les bonnes réponses, inscrites au moment de rédiger les questions, peuvent être masquées lors de la récitation et révélées après coup à titre de rétroaction. Les questions ainsi imaginées par chaque élève appartiennent à quel niveau ou à quel processus de lecture? sont-elles pertinentes? sont-elles sensiblement les mêmes que celles qui apparaîtront à l'examen? Voilà autant de questions qui relèvent d'un domaine de recherche comme celui de l'autoquestionnement (voir Laveault et Fournier, 1990) et qui intéressent les méthodes de travail intellectuel à inculquer graduellement dans le répertoire d'habiletés intellectuelles des élèves. Cela nous ramène aux apprentissages de base en lecture (là où l'apprentissage par textes est une formule pédagogique utilisée). Dans cette perspective, l'évaluation formative devient une facette importante de la formation.

Les écrits sur la rétroaction ou le « feedback » fournissaient déjà un cadre théorique et conceptuel pour développer des scénarios d'évaluation formative dans une perspective didactique. L'auto-évaluation tout comme l'autoquestionnement semblent devoir s'appuyer sur un domaine d'étude relativement nouveau, celui de la métacognition, c'est-à-dire ce trait caractéristique des individus capables de savoir qu'ils savent et capables de savoir qu'ils ne savent pas ou qu'ils ne comprennent pas.

Inconsciemment, nous sommes revenus à Einstein. De ce qui précède, il serait difficile de prétendre que l'étudiant qui allait devenir l'un des plus grands génies de l'Histoire aurait pu profiter de l'approche docimologique ou de l'approche didactique de l'évaluation formative. À l'instar de tous les génies, peut-on avancer l'hypothèse que le personnage était vraisemblablement doué d'une bonne dose de métacognition, ce qui lui donnait des capacités d'autorégulation? Le titre de cet exposé demeure bien une question soulevée.

Bibliographie

Abrecht, R. (1991). *L'évaluation formative : une analyse critique,* Bruxelles : De Boeck-Wesmael.

Bastin, G. et A. Roosen (1990). *L'école malade de l'échec,* Bruxelles : De Boeck-Wesmael, s.a.

Birzéa, C. (1982). *La pédagogie du succès,* Paris : Presses Universitaires de France.

Bloom, B. S. (1968). *Mastery Learning, Evaluation Comment,* 1(2) Los Angeles : University of California at Los Angeles, Center for the Study of Evaluation of Instructional Programs.

Bloom, B. S. (1976). *Human Characteristics and School Learning,* New York : McGraw-Hill Book Co.

Bloom, B. S. (1984). The 2 Sigma Problem : the Search for Methods of Group Instruction as Effective as one-to-one Turoring, *Educational Researcher,* 13(6), pp. 4-16.

Bloom, B. S. et al. (1971). *Handbook on Formative and Summative Evaluation of Student Learning,* New York : McGraw-Hill Book Co.

Bloom, B.S. et al. (1981). *Evaluation to Improve Learning,* New York : McGraw-Hill Book Co.

Carroll, J. B. (1963). A Model of School Learning, *Teachers College Record,* 64(8), pp. 723-733.

De Landsheere, V. (1988). *Faire réussir, faire échouer,* Paris : Presses Universitaires de France.

Hoffmann, B. (1975). *Albert Einstein, créateur et rebelle,* (Traduit de l'américain par Maurice Manly). Paris : Éditions du Seuil.

Keller, F. S. (1968). Good-bye Teacher..., *Journal of Applied Behavior Analysis,* 1(1), pp. 79-89.

Kulik, Chen-Lin. C. et al. (1990). Effectiveness of Mastery Learning Programs : A Meta-Analysis, *Review of Educational Research,* 60(2), pp. 265-299.

Laveault, D. et Fournier, C. (1990). Évaluation par objectifs : une approche métacognitive, *Mesure et évaluation en éducation,* 13(1), pp. 57-74.

Leselbaum, N. (1982). *Autonomie et auto-évaluation,* Paris : Economica.

Provencher, G. (1985). Les fonctions informatives et les principaux facteurs des feed-back correctifs dans l'apprentissage scolaire, Revue des sciences de l'éducation, XI(1), pp. 67-81.

Scallon, G. (1988a). *L'évaluation formative des apprentissages, Tome 1 : La réflexion,* Québec : Les Presses de l'Université Laval.

Scallon, G. (1988b). *L'évaluation formative des apprentissages, Tome 2 : L'instrumentation,* Québec : Les Presses de l'Université Laval.

Yeany, R. H. et Miller, P.A. (1983). Effects of Diagnostic/Remedial Instruction on Science Learning : a Meta Analysis, *Journal of Research in Science Teaching,* 20(1), pp. 19-26.